T0271446

Printed in the United States
By Bookmasters

Printed in the United States
By Bookmasters

الدولة العثمانية

عوامل النهوض وأسباب السقوط

الجزء الأول

مكتبة حسن العصرية
للطباعة والنشر والتوزيع
بيروت - لبنان

الطبعة الأولى	:	1431هـ/ 2010 م
عنوان الكتاب	:	**الدولة العثمانية** 1 / 2
تأليف	:	الدكتور علي محمد الصلابي
عدد الصفحات	:	400 صفحة
قياس	:	17 × 24
صف وإخراج	:	غنى الريّس الشحيمي
تصميم الغلاف	:	فؤاد وهبي
الناشر	:	مكتبة حسن العصرية
هاتف	:	009613790520
تلفاكس	:	009617920452
ص.ب.	:	14-6501 بيروت- لبنان

E-mail: Library.hasansaad@hotmail.com

طبع في لبنان 2010 **Printed in Lebanon 2010**

الدكتور علي محمد الصلابي

الدولة العثمانية

عوامل النهوض وأسباب السقوط

الجزء الأول

مكتبة حسن العصرية
للطباعة والنشر والتوزيع
بيروت - لبنان

الإهداء

إلى العلماء العاملين، والدعاة المخلصين،

وطلاب العلم المجتهدين،

وأبناء الأمة الغيورين:

أهدي هذا الكتاب سائلاً المولى عز وجل بأسمائه

الحسنى وصفاته العُلا أن يكون خالصاً

لوجهه الكريم

قال تعالى: ﴿فَمَن كَانَ يَرْجُو لِقَاءَ رَبِّهِ فَلْيَعْمَلْ عَمَلاً صَالِحًا وَلاَ يُشْرِكْ بِعِبَادَةِ رَبِّهِ أَحَدًا﴾ [الكهف: 110].

المقدمة

إن الحمد لله، نحمده ونستعينه ونستغفره، ونعوذ بالله من شرور أنفسنا ومن سيئات أعمالنـا. من يهده الـلـه فلا مضل له، ومن يضلل فلا هادي له. وأشهد أن لا إله إلا الـلـه وحده لا شريـك له. وأشهد أن محمداً عبده ورسوله ﴿ يا أيها الذين آمنوا اتقوا الـلـه حَق تقاتِهِ ولا تموتن إلا وأنتم مسلمون﴾ (سورة آل عمران : آية 102).

﴿يا أيها الذين آمنوا اتقوا الـلـه وقولوا قولاً سديداً يصلح لكم أعمالكـم ويغفـر لكـم ذنـوبكم ومن يطعِ الـلـه ورسوله فقد فازاً فوزاً عظيماً﴾ (سورة النساء، الآية 1).

أما بعد؛

يا رب لك الحمد كما ينبغي لجلال وجهك وعظيم سلطانك، لك الحمد حتى ترضى ولك الحمد إذا رضيت.

هذا الكتاب السادس (صفحات من التاريخ الإسلامي) يتحدث عـن الدولـة العثمانيـة (عوامـل النهوض وأسباب السقوط)؛ فيعطي صورة واضحة عن أصول الأتراك، ومتى دخلوا في الإسلام وعـن أعمالهم المجيدة عبر التاريخ، ويستل من بطون المصادر والمراجع بعض الـتراجم لشخصيات تركيـة صهرها القرآن الكريم وساهمت في بناء الحضارة الإسلامية، ونصرت مـذهب أهـل الـسنة أمثـال، السلطان سلجوق، وألب أرسلان، ونظام الملك، وملكشاه، ويتحدث الكتاب عن جهادهـم ودعـوتهم وحبهم للعلم والعدل، ويبين أن الأتـراك الـذين قـاموا ببنـاء الدولـة العثمانيـة امتـداداً للـسلاجقة ويتحدث حديثاً منصفاً عن زعماء الدولة العثمانية كعثمان الأول، وأورخان، ومـراد الأول، وبايزيـد الأول، ومحمد جلبي، ومراد الثاني ومحمد الفاتح، ويبين صفاتهم والمنهج الذي ساروا عليـه، وكيـف تعاملوا مع سنن الـلـه في بناء الدولة

كسنة التدرج، وسنة الأخذ بالأسباب، وسنة تغيير النفوس، وسنة التدافع، وسنة الابتلاء، وكيف حقق القادة الأوائل شروط التمكين، وكيف أخذوا بأسبابه المادية والمعنوية؟ وما هي المراحل التي مرت بها؟ وكيف كان فتح القسطنطينية نتيجة لجهود تراكمية شارك فيها العلماء والفقهاء والجنود والقادة على مر العصور وكر الدهور وتوالي الأزمان؟

ويبين للقارئ الكريم أن النهوض العثماني كان شاملاً في كافة المجالات العلمية والسياسية والاقتصادية والإعلامية والحربية، وأن للتمكين صفات، لابد من توفرها في القادة، والأمة، وبفقدها يفقد التمكين.

ويوضح للقارئ حقيقة الدولة العثمانية والأسس التي قامت عليها والأعمال الجليلة التي قدمتها للأمة؛ كحماية الأماكن المقدسة الإسلامية من مخططات الصليبية البرتغالية، ومناصرة أهالي الشمال الأفريقي ضد الحملات الصليبية الإسبانية وغيرها، وإيجاد وحدة طبيعية بين الولايات العربية، وإبعاد الزحف الاستعماري عن ديار الشام ومصر، وغيرها من الأراضي الإسلامية، ومنع انتشار المذهب الاثني عشري الشيعي الرافضي إلى الولايات الإسلامية التابعة للدولة العثمانية ومنع اليهود من استيطان فلسطين، ودورها في نشر الإسلام في أوروبا ويتحدث هذا البحث عن سلبيات الخلافة العثمانية، والتي كان لها الأثر في إضعاف الحكم، كإهمال اللغة العربية التي هي لغة القرآن الكريم والحديث الشريف في أخر عهدها، وعدم الوعي الإسلامي الصحيح، وانحرافها عن شرع الله تعالى وتأثرها بالدعوات التغريبية،

ويتكلم عن حقيقة الصراع بين الحركة الوهابية والدولة العثمانية، وعن الدور المشبوه الذي قام به محمد علي لصالح بريطانيا وفرنسا في ضربه للتيار الإسلامي في مصر، والحجاز، والشام، وعن حركته التغريبية التي كانت خطوة نحو الانسلاخ عن المبادئ الإسلامية الأصيلة ويتحدث عن الدعم الماسوني الذي كان خلف سياسات محمد علي المدمرة للأمة الإسلامية ويوضح الكتاب أن محمد علي كان مخلباً وخنجراً

مسموماً استعمله الأعداء في تنفيذ مخططاتهم ولذلك وقفوا معه في نهضته العلمية، والاقتصادية والعسكرية بعد أن أيقنوا بضعف الجانب العقدي والإسلامي لديه ولدى أعوانه وجنوده، وكيف ترتب على دور محمد علي في المنطقة بأسرها أن تنبهت الدول الأوروبية إلى مدى الضعف الذي أصبحت عليه الدولة العثمانية، وبالتالي استعدادها لتقسيم أراضيها حينما تتهيأ الظروف السياسية.

ويتكلم عن السلطان محمود الثاني الذي ترسم خطى الحضارة الغربية في حركته الإصلاحية، ويتحدث عن أبنه عبد المجيد الذي تولى السلطنة من بعده والذي كان خاضعاً لتأثير وزيره رشيد باشا الذي وجد مثله وفلسفته في الماسونية، وكيف ساهم هذا الوزير مع أنصاره في دفع عجلة التغريب التي كانت تدور حول نقاط ثلاثة هامة: الاقتباس من الغرب فيما يتعلق بتنظيم الجيش، والاتجاه بالمجتمع نحو التشكيل العلماني، والاتجاه نحو مركزية السلطة في استانبول والولايات، وكيف كانت الخطوات الجرية التي اتخذها الماسون الأتراك نحو علمنة الدولة وإظهار خطى كلخانة وهمايون والوصول إلى دستور مدحت باشا عام 1876م وكان ذلك الحدث أول مرة في تاريخ الإسلام ودوله يجري العمل بدستور مأخوذ عن الدستور الفرنسي والبلجيكي والسويسري وهي دساتير وضعية علمانية.

ويوضح للقارئ كيف وضعت حركة التنظيمات الدولة العثمانية رسمياً على طريق نهايتها كدولة إسلامية، فعلمنة القوانين ووضعت مؤسسات تعمل بقوانين وضعية، وابتعدت الدولة عن التشريع الإسلامي في مجالات التجارة والسياسة والاقتصاد، وبذلك سحب من الدولة العثمانية شرعيتها من أنظار المسلمين.

ويبين للقارئ الكريم كيف هيمن رجال التغريب على الدولة العثمانية في زمن السلطان عبد العزيز وعندما تعرض لكثير من مخططاتهم عزلوه ثم قتلوه.

ويتحدث عن الجهود العظيمة التي قام بها السلطان عبد الحميد خدمة للإسلام، ودفاعاً عن دولته، وتوحيداً لجهود الأمة تحت رايته، وكيف ظهرت فكرة الجامعة

الإسلامية في معترك السياسة الدولية في زمن السلطان عبد الحميد؟ ويفصل الكتاب في الوسائل التي اتخذها السلطان عبد الحميد في تنفيذ مخططه للوصول إلى الجامعة الإسلامية، كالاتصال بالدعاة، وتنظيم الطرق الصوفية، والعمل على تعريب الدولة، وإقامة مدرسة العشائر، وإقامة خط سكة حديد الحجاز، وإبطال مخططات الأعداء، ويركز الكتاب على جهود الصهيونية العالمية في دعم أعداء السلطان عبد الحميد كالمتمردين الأرمن، والقوميين البلقان، وحركة حزب الاتحاد والترقي، والوقوف مع الحركات الانفصالية عن الدولة العثمانية وكيف استطاع أعداء الإسلام عزل السلطان عبد الحميد؟ وما هي الخطوات التي اتخذت للقضاء على الخلافة العثمانية؟ وكيف صنع البطل المزيف مصطفى كمال؟ الذي عمل على سلخ تركيا من عقيدتها وإسلامها، وحارب التدين، وضيق على الدعاة، ودعا إلى السفور والاختلاط، ولم يترك الكتاب الحديث عن بشائر الإسلام في تركيا ويشير إلى الجهود العظيمة التي قامت بها الحركة الإسلامية في تركيا بفصائلها المتعددة وتترك القارئ المسلم ينظر بنور الإيمان إلى مستقبل الإسلام في تركيا والعالم أجمع.

وفي نهاية الكتاب يهتم الباحث بإبراز أسباب السقوط من المنظور القرآني، ليبين للقارئ أن أسباب السقوط عديدة منها؛ انحراف الأمة عن مفاهيم دينها، كعقيدة الولاء والبراء، ومفهوم العبادة، وانتشار مظاهر الشرك والبدع، وانحرافات وظهور الصوفية المنحرفة كقوة منظمة في المجتمع الإسلامي تحمل عقائد وأفكار وعبادات بعيدة عن كتاب الله وسنة رسوله صلى الله عليه وسلم ، وينبه القارئ المسلم عن خطورة الفرق المنحرفة في إضعاف الأمة كالفرقة الأثنى عشرية الشيعية الرافضية، والدروز والنصيرية والإسماعيلية، والقاديانية، والبهائية وغيرها من الفرق الضالة المحسوبة على الإسلام، ويتحدث الكتاب عن غياب القيادة الربانية كسبب في ضياع الأمة وخصوصاً عندما يصبح علمائها ألعوبة بيد الحكام الجائرين، ويتسابقون على الوظائف والمراتب وغاب دورهم المطلوب منهم، وكيف أصيبت العلوم الدينية في نهاية الدولة العثمانية بالجمود

والتحجر؟ وكيف اهتم العلماء بالمختصرات والشروح والحواشي والتقريرات؟ وتباعدوا عن روح الإسلام الحقيقة المستمدة من كتاب الله وسنة رسوله صلى الله عليه وسلم ، ورفض كثير من العلماء فتح باب الاجتهاد، وأصبحت الدعوة لفتح بابه تهمة كبيرة تصل إلى الرمي بالكبائر، وتصل عند بعض المقلدين والجامدين إلى حد الكفر، وتعرض الكتاب للظلم الذي انتشر في الدولة وما أصابها من الترف والانغماس في الشهوات وشدة الاختلاف والتفرق وما ترتب عن الابتعاد عن شرع الله من آثار خطيرة، كالضعف السياسي،والحربي، والاقتصادي، والعلمي، والأخلاقي، والاجتماعي، وكيف فقدت الأمة قدرتها على المقاومة، والقضاء على أعدائها؟ وكيف استعمرت وغزيت فكرياً، نتيجة لفقدها لشروط التمكين وابتعادها عن أسبابه المادية والمعنوية، وجهلها بسنن الله في نهوض الأمم وسقوطها، قال تعالى: ﴿ولو أن أهل القرى آمنوا واتقوا لفتحنا عليهم بركات من السماء والأرض، ولكن كذبوا فأخذناهم بما كانوا يكسبون﴾(سورة الأعراف: آية 196).

إن هذا الجهد المتواضع قابل للنقد والتوجيه وفي حقيقته محاولة جادة للجمع والترتيب والتفسير والتحليل للأحداث التاريخية التي وقعت في زمن الدولة العثمانية والتي تأثرت بحركة الشعوب في صراعها العنيف فيما بينها نتيجة للاختلاف في العقائد والمناهج والأهداف والقيم والمثل؛ فإن كان خيراً فمن الله وحده وإن أخطأت السبيل فأنا عنه راجع إن تبين لي ذلك، والمجال مفتوح للنقد والرد والتوجيه وهدفي من الكتاب:

1. تسليط الأضواء على زعماء الدولة العثمانية، كعثمان الأول، وأورخان ومحمد الفاتح وغيرهم.
2. بيان المنهج الذي سارت عليه الدولة العثمانية في مسيرتها الطويلة.
3. التركيز على العوامل التي ساهمت في بناء الدولة العثمانية والأسباب التي نخرتها وساهمت في إضعافها ثم سقوطها وزوالها.

4. تسهيل مبدأ الاعتبار والاتعاظ بمعرفة أحوال الدول، والنظر في سنن اللــه في الآفاق وفي الأنفس والمجتمعات.

5. بيان الكيد العظيم الذي تعرضت له الدولة العثمانية من قبل النصارى واليهود والعلمانيين الأتراك.... وغيرهم.

6. كشف الزور والبهتان الذي تعرضت له الدولة العثمانية من الأقلام المسمومة وبيان بطلان من سمّى الحكم العثماني استعماراً وقرنه بالاستعمار الغربي، كالاستعمار الفرنسي، والانكليزي .

7. الدفاع عن أخواننا في العقيدة (العثمانيين) الذين تعرضوا للظلم ونسب إلى تاريخهم أباطيل وأكاذيب من قبل اليهود والنصارى والعلمانيين العرب والأتراك وترشيد الأجيال لمعرفة حقيقة العثمانيين .

8. إظهار صفحات الجهاد العظيم الذي قام به العثمانيون، ومساهماتهم في الدعوة إلى اللــه والتي حاول أعداء الأمة طمسها والتشكيك فيها، والطعن في حقيقتها.

9. أثراء المكتبة الإسلامية التاريخية بالأبحاث المنبثقة عن عقيدة صحيحة وتصور سليم بعيدة عن سموم المستشرقين، وأفكار العلمانيين الذين يسعون لقلب الحقائق التاريخية من أجل خدمة أهدافهم.

10. بيان أن حركات الإصلاح التي تستحق التقدير والاحترام في الأمة هي التي سارت وتسير على منهج القرآن الكريم، وسنة سيد المرسلين صلى اللــه عليه وسلم في العقائد والعبادات والأخلاق والمعاملات وكافة شؤون الحياة.

11. التعريف ببعض العلماء العاملين والفقهاء الراسخين الذين ساهموا في بناء الدولة العثمانية وتربية الأمة، كالشيخ أحمد الكوراني، وشمس الدين آق (محمد بن حمزة) وغيرهم.

هذا وقد قمت بتقسيم الكتاب إلى مدخل وسبعة فصول ونتائج البحث:

المدخل: المناهج المعاصرة في كتابة تاريخ الدولة العثمانية.

الفصل الأول: جذور الأتراك وأصولهم ويشتمل على ثلاثة مباحث:

المبحث الأول: أصل الأتراك وموطنهم.

المبحث الثاني: قيام الدولة السلجوقية.

المبحث الثالث: نهاية الدولة السلجوقية.

الفصل الثاني: قيام الدولة العثمانية وفتوحاتها: ويشتمل على ستة مباحث:

المبحث الأول: عثمان مؤسس الدولة العثمانية.

المبحث الثاني: السلطان أورخان بن عثمان.

المبحث الثالث: السلطان مراد الأول.

المبحث الرابع: السلطان بايزيد الأول.

المبحث الخامس: السلطان محمد الأول.

المبحث السادس: السلطان مراد الثاني.

الفصل الثالث: محمد الفاتح وفتح القسطنطينية ويشتمل على سبعة مباحث:

المبحث الأول: السلطان محمد الفاتح.

المبحث الثاني: الفاتح المعنوي للقسطنطينية (الشيخ آق شمس الدين).

المبحث الثالث: آثر فتح القسطنطينية على العالم الأوروبي والإسلامي.

المبحث الرابع: أسباب فتح القسطنطينية.

المبحث الخامس: أهم صفات محمد الفاتح.

المبحث السادس: شيء من أعماله الحضارية.

المبحث السابع: وصية السلطان محمد الفاتح لأبنه.

الفصل الرابع: السلاطين الأقوياء بعد محمد الفاتح ويشتمل على تسعة مباحث:

وأخيراً: أرجو من الـلـه تعالى أن يكون عملاً خالصاً لوجهه الكريم وأن يثيبني عـلى كـل حـرف كتبته ويجعله في ميزان حسناتي وأن يثيب إخواني الذين أعانوني بكافة ما يملكـون مـن أجـل إتمـام هذا الكتاب .

((سبحانك اللهم وبحمدك أشهد أن لا إلـه إلا أنـت أسـتغفرك وأتـوب إليـك، وآخـر دعوانـا أن الحمد لله رب العالمين)).

الفقير إلى عفو ربه ومغفرته

علي محمد حمد الصّلابي

المدخل

المناهج المعاصرة في كتابة تاريخ الدولة العثمانية

تمهيد

لم يتورع المؤرخون الأوروبيون واليهود والنصارى والعلمانيون الحاقدون بالهجوم على تاريخ الدولة العثمانية، فاستخدموا أساليب، الطعن والتشويه والتشكيك فيما قام به العثمانيون من خدمة للعقيدة والإسلام، وسار على هذا النهج الباطل أغلب المؤرخين العرب بشتى انتماءاتهم واتجاهاتهم، القومية، والعلمانية، وكذلك المؤرخون الأتراك الذين تأثروا بالتوجه العلماني الذي تزعمه مصطفى كمال، فكان من الطبيعي أن يقوموا بإدانة فترة الخلافة العثمانية، فوجدوا فيما كتبه النصارى واليهود ثروة ضخمة لدعم تحولهم القومي العلماني في تركيا بعد الحرب العالمية الأولى.

كان الموقف من التاريخ العثماني بالنسبة للمؤرخ الأوربي بسبب تأثره بالفتوحات العظيمة التي حققها العثمانيون، وخصوصاً بعد أن سقطت عاصمة الدولة البيزنطية (القسطنطينية) وحولها العثمانيون دار إسلام وأطلقوا عليها إسلام بول (أي دار الإسلام)، فتأثرت نفوس الأوربيين بنزعة الحقد والحقد والمرارة الموروثة ضد الإسلام فانعكست تلك الأحقاد في كلامهم وأفعالهم، وكتاباتهم وحاول العثمانيون مواصلة السير لضم روما إلى الدولة الإسلامية ومواصلة الجهاد حتى يخترقوا وسط أوروبا ويصلوا إلى الأندلس لإنقاذ المسلمين فيها، وعاشت أوروبا في خوف وفزع وهلع ولم تهدأ قلوبهم إلا بوفاة السلطان محمد الفاتح.

وكان زعماء الدين المسيحي من قساوسة ورهبان وملوك يغذون الشارع الأوروبي بالأحقاد والضغائن ضد الإسلام والمسلمين، وعمل رجال الدين المسيحي على حشد الأموال والمتطوعين لمهاجمة المسلمين (الكفرة على حد زعمهم) البرابرة، وكلما انتصر ـ العثمانيون على هذه الحشود ازدادت موجة الكره والحقد على الإسلام وأهله، فأتهم زعماء المسيحيين العثمانيين بالقرصنة، والوحشية والهمجية، وعلقت تلك التهم في ذاكرة الأوروبيين.

لقد كانت الهجمات الإعلامية المركزة من زعماء المسيحية بسبب الحفاظ على مكاسبهم السياسية والمادية، وكرههم للإسلام وأهله، وبالفعل استطاعت بعض الأسر الحاكمة في أوروبا أن يتربعوا على صدور المجتمعات الأوروبية في الحكم فترة زمنية طويلة، وحققوا مكاسب ضخمة فأثروا ثراء كبير ونصبوا حول أنفسهم هالة كبيرة اعتمدت في مجملها على الضلال والتضليل .

ومع أن المجتمعات الأوروبية ثارت على هذه الفئات، بعد أن اكتشفت ضلالها وتضليلها، مع بداية عصر النهضة، وبداية مرحلة جديدة في التاريخ الأوروبي، إلا أنه لم يستطع وجدان المجتمع الأوروبي أن يتخلص من تلك الرواسب الموروثة من هذه الفئات تجاه العالم الإسلامي بشكل عام وتجاه الدولة العثمانية بشكل خاص. ولذلك اندفعت قواتهم العسكرية المدعومة بحضارته المادية للانتقام من الإسلام والمسلمين، ونزع خيراتهم بدوافع دينية واقتصادية وسياسية وثقافية، وساندهم كتابهم ومؤرخوهم، للطعن والتشويه والتشكيك في الإسلام وعقيدته وتاريخه، فكان نصيب الدولة العثمانية من هذه الهجمة الشرسة كبير.

وشارك اليهود الأوروبيون بأقلامهم المسمومة، وأفكارهم المحمومة في هذه الهجمات المتواصلة ضد الدولة العثمانية خصوصاً والإسلام عموماً، وازداد عداء اليهود للدولة العثمانية بعد أن فشلت كافة مخططاتهم في اغتصاب أي شبر من أراضي هذه الدولة لإقامة كيان سياسي لهم طوال أربعة قرون هي عمر الدولة العثمانية السنية،

استطاع اليهود بمعاونة الصليبية والدول الاستعمارية الغربية ومن خلال محافلهم الماسونية أن يحققوا أهدافهم على حساب الأنظمة القومية التي قامت في العالم الغربي والإسلامي والتي وصفت نفسها بالتقدمية والتحضر ـ واتهمت الخلافة العثمانية على طول تاريخها بالتخلف والرجعية والجمود والانحطاط وغير ذلك واعتبرت المحافل الماسونية، والمنظمات الخفية التابعة لليهود والقوى العالمية المعادية للإسلام والمسلمين أن مسألة تشويه الفترة التاريخية للدولة العلية العثمانية من أهم أهدافها.

أما المؤرخون العرب في العالم الإسلامي فقد ساروا في ركب الاتجاه المهاجم لفترة الخلافة العثمانية مدفوعين إلى ذلك بعدة أسباب يأتي في مقدمتها إقدام الأتراك بزعامة "مصطفى آتاتورك" على إلغاء الخلافة الإسلامية في عام 1924م، وأعقب ذلك إقدام الحكومة العلمانية التركية بالتحول الكامل إلى المنهج العلماني في الجوانب الاجتماعية والاقتصادية والسياسية على حساب الشريعة الإسلامية التي ظلت سائدة في تركيا منذ قيام الدولة العثمانية، وتحالفت هذه الحكومة مع السياسة الأوروبية المعادية للدول الإسلامية والعربية، واشتركت سلسلة الأحلاف العسكرية الأوروبية بعد نهاية الحرب العالمية الثانية، والتي رفضتها الشعوب العربية الإسلامية وبعض حكوماتها، وقد كانت تركيا من أوائل الدول التي اعترفت بقيام الكيان السياسي الإسرائيلي في فلسطين عام 1948م مما جعل الشعوب العربية الإسلامية تندفع خلف حكوماتها القومية، بعد غياب الدولة العثمانية التي كانت تجاهد كل من تسول له نفسه بالاعتداء على شبر من أراضي المسلمين.

ويأتي سبب التبعية البحثية لمدرسة التاريخ العربي لتاريخ المنهجية الغربية كعامل هام في الاتجاه نحو مهاجمة الخلافة العثمانية، خصوصاً بعد التقاء وجهات النظر بين المؤرخين الأوروبيين المؤرخين العرب حول تشويه الخلافة الإسلامية العثمانية.

ولقد تأثر كثير من مؤرخين العرب بالحضارة الأوروبية المادية، ولذلك اسندوا كل ما هو مضيء في تاريخ بلادهم إلى بداية الاحتكاك بهذه الحضارة البعيدة كل البعد عن

المنهج الرباني، واعتبروا بداية تاريخهم الحديث من وصول الحملة الفرنسية على مصر والشام وما أنجزته من تحطيم جدار العزلة بين الشرق والغرب، وما ترتب عليه بعد ذلك من قيام الدولة القومية في عهد محمد علي في مصر، وصحب ذلك اتجاههم لإدانة الدولة العثمانية التي قامت بالدفاع عن عقيدة الشعوب الإسلامية ودينها وإسلامها من الهجمات الوحشية التي قام بها الأوروبيون النصارى.

لقد احتضنت القوى الأوروبية الاتجاه المناهض للخلافة الإسلامية وقامت بدعم المؤرخين والمفكرين في مصر والشام إلى تأصيل الإطار القومي وتعميقه من أمثال البستاني واليازجي وجورج زيدان وأديب إسحاق وسليم نقاش وفرح أنطوان وشبلي شميل وسلامة موسى وهنري كورييل وهليل شفارتز وغيرهم، ويلاحظ أن معظمهم من النصارى واليهود، كما أنهم في أغلبهم إن لم يكونوا جميعاً من المنتمين إلى الحركة الماسونية التي تغلغلت في الشرق الإسلامي منذ عصر محمد علي والتي كانت بذورها الأولى مع قدوم نابليون في حملته الفرنسية.

لقد رأى أعداء الأمة الإسلامية أن دعم التوجه القومي والوقوف مع دعاته كفيل بتضعيف الأمة الإسلامية والقضاء على الدولة العثمانية.

واستطاعت المحافل الماسونية أن تهيمن على عقول زعماء التوجه القومي في داخل الشعوب الإسلامية، وخضع أولئك الزعماء لتوجيه المحافل الماسونية أكثر من خضوعهم لمطالب شعوبهم وبخاصة موقفها من الدين الإسلامي الذي يشكل الإطار الحقيقي لحضارة المسلم وثقافته وعلومه ولم يتغير هذا المنهج المنحرف لدى المؤرخين العرب بشكل عام بعد قيام الانقلاب العسكري في مصر سنة 1952م، حيث اتجهت الحكومة العسكرية في مصر منذ البداية، والتفت حولها أغلب الحكومات العسكرية إلى دعم التوجه القومي، كما أن معظم هذه الحكومات ارتكزت على أسس أكثر علمانية في كافة الجوانب بما في ذلك الجانب الثقافي والفكري، فنظروا إلى الخلافة العثمانية والحكم العثماني للشعوب الإسلامية والعربية بأنه كان غزواً واحتلالاً، واسندوا إليه

كافة عوامل التخلف والضعف والجمود والانحطاط التي ألمت بالعالم العربي الإسلامي، واعتبروا حركات الانشقاق والتمرد التي قامت إبان الفترة العثمانية، والتي كان دافعها الأطماع الشخصية، أو مدفوعة من القوى الخارجية المعادية للخلافة الإسلامية، اعتبروها حركات استقلالية ذات طابع قومي كحركة علي بك الكبير في مصر، والقرمانليين في ليبيا، وظاهر العمر في فلسطين، والحسينيين في تونس، والمعنيين والشهابيين في لبنان، وغير ذلك من أجل تأصيل الاتجاه القومي الذي طرحوه. بل زعموا أن محمد علي كان زعيماً قومياً حاول توحيد العالم العربي، وأنه فشل بسبب أنه لم يكن عربي الجنس، وتناسوا أن محمد علي كان ذا أطماع شخصية، جعلته يرتبط بالسياسة الاستعمارية التي دعمت وجوده، وحققت به أهدافها الشريرة من ضرب الدولة السعودية السلفية، وإضعاف الخلافة العثمانية، ومساندته المحافل الماسونية في ضرب القوى الإسلامية في المنطقة وتهيئتها بعد ذلك للاحتلال الغربي المسيحي الحاقد لقد تحالفت المحافل اليهودية الماسونية مع القوى الاستعمارية الغربية والقوى المحلية العميلة التي أمكن تطويعها من خلال أطماعها، والتقوا جميعاً في تدمير القوة الإسلامية ومصادرة حريات شعوبها وسلب خيراتها وأقامت حكم ديكتاتوري مدعوم بالسلاح الغربي الحديث وهو ما مثله محمد علي وقد شارك بعض المؤرخين السلفيين في المشرق العربي في الهجوم على الفترة العثمانية مدفوعين إلى ذلك بالرصيد العدائي الذي خلّفه دور الخلافة العثمانية ضد الدعوة السلفية في عديد من مراحلها بسبب مؤامرات الدول الغربية الاستعمارية التي دفعت السلاطين العثمانيين بالصدام بالقوة الإسلامية في نجد قلب الدعوة السلفية وكذلك لمساندة الخلافة للاتجاه الصوفي وبما يصاحبه من مظاهر تخل بالجوانب الأساسية للشريعة الإسلامية، فضلا عن أن دولة الخلافة في سنواتها الأخيرة قد سيطر عليها دعاة القومية التركية الذين ابتعدوا بها عن الالتزام بالمنهج الإسلامي الذي تميزت به الدولة العثمانية لفترات طويلة في تاريخها وشجع كافة المسلمين بالارتباط بها وتأييدها والوقوف معها.

وأما المؤرخون الماركسيون فقد شنوا حرباً لا هوادة فيها على الدولة العثمانية واعتبروا فترة حكمها تكريساً لسيادة النظام الإقطاعي الذي هيمن على تاريخ العصور الوسطى السابقة، وأن العثمانيين لم يُحدثوا أي تطور في وسائل أو قوى الإنتاج، وأن التاريخ الحديث يبدأ بظهور الطبقة البورجوازية ثم الرأسمالية التي أسهمت في إحداث تغيير في الجوانب الاقتصادية والاجتماعية في بداية القرن التاسع عشر، والتقوا في ذلك مع المؤرخين الأوربيين من أصحاب الاتجاه الليبرالي وكذلك مع أصحاب المنظور القومي وقام بعض المؤرخين والمفكرين من النصارى واليهود بترويج للاتجاهين الغربي والماركسي بواسطة التأليف والترجمة لمؤلفاتهم، والذي ساندته المحافل الماسونية، حيث أنهم حاولوا أن يبتعدوا عن أي من الأطر الإسلامية الوحدوية مفضلين عليها الدعوة القومية بمفهومها المحلي أو العربي، كمشروع الهلال الخصيب في الشام أو مشروع وحدة وادي النيل بين مصر ـ والسودان فضلاً عن نشاطهم في ترويج الاتجاهات القومية المحدودة كالدعوة إلى الفرعونية في مصر، والآشورية في العراق، والفينيقية في الشام..الخ.

وأما المؤرخون الأتراك الذين برزوا في فترة الدعوة القومية التركية فقد تحاملوا كثيراً على فترة الخلافة العثمانية سواء لمجاراة الاتجاه السياسي والفكري الذي ساد بلادهم والذي حمّل الفترة السابقة كافة جوانب الضعف والانهيار أو لتأثر الأتراك بالموقف المشين الذي بدت عليه سلطة الخلافة والتي أصبحت شكلية بعد الإطاحة بالسلطان عبد الحميد سنة 1909م حيث انهزمت في معارك متعددة عندما دخلت الحرب العالمية الأولى وترتب على تلك الخسائر ضياع كثير من أراضيها وتسليمها بتوقيع معاهدة سيفر سنة 1918م، والذي في حقيقته هزيمة لرجال الاتحاد والترقي، ونتيجة لسياستها، في حين استطاعت الحركة القومية بزعامة مصطفى كمال أن تنقذ تركيا من هذه الإهانة وتستعيد الكثير من الأراضي التركية وتجبر اليونان والقوى التي تساندها، إلى جانب تأثر المفكرين الأتراك بموقف بعض العرب الذين ساندو الحلفاء

الغربيين إبان الحرب الأولى ضد دولة الخلافة وإعلان الثورة عليها سنة 1916م وبرغم تفاوت الأسباب وتباينها ألا أن كثير من المؤرخين التقوا على تشويه وتزوير تاريخ الخلافة الإسلامية العثمانية، لقد اعتمد المؤرخون الذين عملوا على تشويه الدولة العثمانية على تزوير الحقائق، والكذب والبهتان والتشكيك والدس ولقد غلبت على تلك الكتب والدراسات طابع الحقد الأعمى، والدوافع المنحرفة، بعيدة كل البعد عن الموضوعية، وأدى ذلك إلى ظهور رد فعل إسلامي للرد على الاتهامات والشبهات التي وجهت للدولة العثمانية ولعل من أهمها وأبرزها تلك الكتابة المستفيضة التي قام بها الدكتور عبد العزيز الشناوي في ثلاثة مجلدات ضخمة تحت عنوان "الدولة العثمانية دول إسلامية مفترى عليها" وبرغم الجهد الذي بذله ودافعه الإسلامي، والموضوعية التي اتسم بها هذا العمل في أغلبه، إلا أنه لم يعالج كافة جوانب التاريخ العثماني وعليه بعض الملاحظات مثل حديثه عن حقيقة الإنكشارية والتي لا تثبت أمام البحث العلمي النزيه، ومن الجهود المشكورة في هذا الميدان ما قام به الباحث الكبير والأستاذ الشهير المتخصص في تاريخ الدولة العثمانية الدكتور محمد حرب الذي كتب للأمة الإسلامية بعض الكتب القيمة مثل؛ العثمانيون في التاريخ والحضارة، السلطان محمد الفاتح فاتح القسطنطينية وقاهر الروم، والسلطان عبد الحميد آخر السلاطين العثمانيين الكبار، ومن الأعمال القيمة في تاريخ الدولة العثمانية ما قدمه الدكتور موفق بني المرجة كرسالة علمية لنيل درجة الماجستير تحت عنوان "صحوة الرجل المريض أو السلطان عبد الحميد" أو الخلافة الإسلامية واستطاع هذا الكتاب أن يبين كثير من الحقائق المدعومة بالوثائق والحجج الدامغة وغير ذلك من الكتاب المعاصرين إلا أن هناك جوانب في تاريخ الخلافة العثمانية وفي تأريخنا الإسلامي في العصر الحديث تحتاج إلى إعادة النظر من منظور إسلامي يساهم في إبراز الحقائق، والتئام تلك الشروخ التي نتجت عن صياغة تاريخنا من منظور قومي علماني خدم أعداءنا في المقام الأول واستخدموه كوسيلة من وسائلهم في تمزيق الشعوب الإسلامية.

وعلينا عندما نكتب التاريخ الحديث أن نبين ونظهر دور المحافل الماسونية والمخططات الغربية في توجيه هذه الصياغة التاريخية الخبيثة والتي يقوم بها مجموعة من عملاء اليهود والنصارى من أدعياء المنهج الليبرالي والعلماني حيث يقومون بإبراز العناصر الماسونية على الساحة التاريخية ووضعم في دور الحركة الماسونية في الوقوف مع حركات التحرر.

إن التاريخ الإسلامي القديم والحديث علم مستهدف من قبل كل القوى المعادية للإسلام باعتباره الوعاء العقدي والفكري والتربوي في بناء وصياغة هوية الشعوب الإسلامية[1].

وهذه محاولة متواضعة للبحث في التاريخ العثماني في عمومه وتهتم بدور الخلافة العثمانية في الشمال الإفريقي، وتمتد هذه الدراسة إلى الجذور القديمة التي قامت عليها الدولة العثمانية إلى أن سقطت الخلافة على يد العميل الانجليز، والملحد الكبير مصطفى كمال وفي ثنايا هذه الدراسة يتعرض الباحث لأسباب القوة العثمانية وأسباب ضعفهم، وصفات رجالهم وسلاطينهم الأقوياء، واهتمامهم بالعلماء وتطبيق شرع الله وجهادهم العظيم لنشر الإسلام والدفاع عن دياره ضد الحملات الصليبية التي لا تنتهي، ويلتزم الكاتب بمنهج أهل السنة عند عرض الأحداث محاولاً أن يتقيد بالعدل والإنصاف عند الحكم على الأحداث لعله يساهم في تصحيح الكثير من الأحكام والمفاهيم الخاطئة التي ألمت بالدولة الإسلامية العثمانية و الله من وراء القصد وهو الهادي إلى الصراط المستقيم.

---

(1) انظر: قراءة جديدة في تاريخ العثمانيين، د. زكريا بيومي، ص 7، 8، 9 إلى 16، 17.

الفصل الأول

جذور الأتراك وأصولهم

المبحث الأول

أصل الأتراك ومواطنهم

في منطقة ما وراء النهر والتي نسميها اليوم (تركستان) والتي تمتد من هضبة منغوليا وشمال الصين شرقاً إلى بحر الخزر (بحر قزوين) غرباً، ومن السهول السيبرية شمالاً إلى شبه القارة الهندية وفارس جنوباً، استوطنت عشائر الغز[1] وقبائلها الكبرى تلك المناطق وعرفوا بالترك أو الأتراك[2].

ثم تحركت هذه القبائل في النصف الثاني من القرن السادس الميلادي، في الانتقال من موطنها الأصلي نحو آسيا الصغرى في هجرات ضخمة. وذكر المؤرخون مجموعة من الأسباب التي ساهمت في هجرتهم؛ فالبعض يرى أن ذلك بسبب عوامل اقتصادية ، فالجدب الشديد وكثرة النسل، جعلت هذه القبائل تضيق ذرعاً بمواطنها الأصلية، فهاجرت بحثاً عن الكلاء والمراعي والعيش الرغيد[3] والبعض الآخر يعزوا تلك الهجرات لأسباب سياسية حيث تعرضت تلك القبائل لضغوط كبيرة من قبائل

---

(1) انظر: تاريخ الترك في آسيا الوسطى، بارتولد ترجمة أحمد العيد ص106.
(2) انظر : أخبار الأمراء والملوك السلجوقية تحقيق د. محمد نور الدين ص2-4.
(3) انظر: قيام الدولة العثمانية، ص8.

أخرى أكثر منها عدداً وعدة وقوة وهي المغولية، فأجبرتها على الرحيل، لتبحث عن موطن آخر وتترك أراضيها [1] بحثاً عن نعمة الأمن والاستقرار وذهب إلى هذا الرأي الـدكتور عبد اللطيـف عبد اللـه بن دهيش [2].

واضطرت تلك القبائل المهاجرة أن تتجه غرباً، ونزلت بالقرب مـن شـواطئ نهـر جيحون ، ثـم استقرت بعض الوقت في طبرستان، وجرجان ، [3] فأصبحوا بالقرب من الأراضي الإسلامية والتي فتحها المسلمون بعد معركة نهاوند وسقوط الدولة الساسانية في بلاد فارس سنة 21هـ/641م [4].

اتصالهم بالعالم الإسلامي:

في عام 22هـ/642م تحركت الجيوش الإسلامية إلى بـلاد البـاب لفتحهـا وكانـت تلـك الأراضي يسكنها الأتراك، وهناك التقى قائد الجيش الإسلامي عبد الرحمن بن ربيعة بملك التـرك شهربراز، فطلب من عبد الرحمن الصلح وأظهر استعداده للمشاركة في الجيش الإسلامي لمحاربـة الأرمـن ، فأرسله عبد الرحمن إلى القائد العام سراقة بن عمرو، وقد قام شهر براز بمقابلة سراقـة فقبـل منـه ذلك، وكتب للخليفة عمر بن الخطاب رضي اللـه عنـه يعلمه بالأمر، فوافق على مـا فعـل، وعـلى إثر ذلك عقد الصلح، ولم يقع بين الترك والمسلمين أي قتال، بل سار الجميع إلى بلاد الأرمن لفتحهـا ونشر الإسلام فيها [5].

وتقدمت الجيوش الإسلامية لفتح البلدان في شمال شرق بلاد فارس حتى تنتشر

---

(1) انظر: كتاب السلوك، أحمد المقريزي، ج1، قسم 1 ، ص3.
(2) انظر: قيام الدولة العثمانية للدكتور عبد اللطيف دهيش، ص8.
(3) انظر: الكامل في التاريخ (22/8).
(4) انظر: شوقي أبو خليل: نهاوند ، ص55-70.
(5) انظر: تاريخ الأمم والملوك محمد بن جرير الطبري (257،256/3).

دعوة الله فيها، بعد سقوط دولة الفرس أمام الجيوش الإسلامية والتي كانت تقف حاجزاً منيعاً أمام الجيوش الإسلامية في تلك البلدان، وبزوال تلك العوائق، ونتيجة للفتوحات الإسلامية ، أصبح الباب مفتوحاً أمام تحركات شعوب تلك البلدان والأقاليم ومنهم الأتراك فتم الاتصال بالشعوب الإسلامية، واعتنق الأتراك الإسلام، وانضموا إلى صفوف المجاهدين لنشر الإسلام وإعلاء كلمة الله [1].

وفي عهد الخليفة الراشد عثمان بن عفان رضي الله عنه تم فتح بلاد طبرستان، ثم عبر المسلمون نهر جيحون سنة 31هـ ونزلوا بلاد ما وراء النهر، فدخل كثير من الترك في دين الإسلام، وأصبحوا من المدافعين عنه والمشتركين في الجهاد لنشر دعوة الله بين العالمين [2].

وواصلت الجيوش الإسلامية تقدمها في تلك الأقاليم فتم فتح بلاد بخارى في عهد معاوية بن أبي سفيان رضي الله عنه وتوغلت تلك الجيوش المضفرة حتى وصلت سمرقند، وما أن ظهر عهد الدولة الإسلامية حتى صارت بلاد ما رواء النهر جميعها تحت عدالة الحكم الإسلامي وعاشت تلك الشعوب حضارة إسلامية عريقة [3].

وازداد عدد الأتراك في بلاط الخلفاء والأمراء العباسيين وشرعوا في تولي المناصب القيادية والإدارية في الدولة؛ فكان منهم الجند والقادة والكتاب. وقد التزموا بالهدوء والطاعة حتى نالوا أعلى المراتب.

ولما تولى المعتصم العباسي الخلافة فتح الأبواب أمام النفوذ التركي وأسند إليهم مناصب الدولة القيادية وأصبحوا بذلك يشاركون في تصريف شؤون الدولة، وكانت سياسة المعتصم تهدف إلى تقليص النفوذ الفارسي ، الذي كان له اليد المطلقة في إدارة

---

(1) انظر: الدولة العثمانية والشرق العربي ، محمد أنيس ، ص12،13.
(2) انظر: فتوح البلدان ، احمد بن يحيى البلاذري ، ص405،409.
(3) انظر: خراسان لمحمود شاكر ، ص20-35.

الدولة العباسية منذ عهد الخليفة المأمون[1] .

وقد تسبب اهتمام المعتصم بالعنصر التركي إلى حالة سخط شديدة بين النـاس والجنـد، فخشيـ المعتصم من نقمة الناس عليه، فأسس مدينة جديدة هي (سامراء)، تبعد عن بغداد حوالي 125كـم وسكنها هو وجنده وأنصاره.

وهكذا بدأ الأتراك منذ ذلك التاريخ في الظهور في أدوار هامـة عـلى مسرـح التـاريخ الإسلامي حتى أسسوا لهم دولة إسلامية كبيرة كانت على صلة قوية بخلفاء الدولة العباسية عرفـت بالدولـة السلجوقية[2] .

---

(1) انظر: قيام الدولة العثمانية، ص12.
(2) انظر: المصدر السابق، ص12.

المبحث الثاني

قيام الدولة السلجوقية

كان لظهور السلاجقة على مسرح الأحداث في المشرق العربي الإسلامي، أثر كبير في تغير الأوضاع السياسية في تلك المنطقة التي كانت تتنازعها الخلافة العباسية السنيّة من جهة، والخلافة الفاطمية الشيعية من جهة ثانية.

وقد أسس السلاجقة دولة تركية كبرى ظهرت في القرن الخامس للهجرة (الحادي عشر ـ الميلادي)، لتشمل خراسان وما وراء النهر وإيران والعراق وبلاد الشام وآسيا الصغرى. وكانت الري في إيران ثم بغداد في العراق مقر السلطنة السلجوقية، بينما قامت دويلات سلجوقية في خراسان وما رواء النهر (كرمان) وبلاد الشام (سلاجقة الشام) وآسيا الصغرى سلاجقة الروم، وكانت تتبع السلطان السلجوقي في إيران والعراق.

وقد ساند السلاجقة الخلافة العباسية في بغداد ونصروا مذهبها السنّي بعد أن أوشكت على الانهيار بين النفوذ البويهي الشيعي في إيران والعراق، والنفوذ العبيدي (الفاطمي) في مصر والشام. فقضى السلاجقة على النفوذ البويهي تماماً وتصدوا للخلافة العبيدية (الفاطمية)[1].

لقد استطاع طغرل بك الزعيم السلجوقي أن يسقط الدولة البويهية في عام 447هـ في بغداد وأن يقضي على الفتن وأزال من على أبواب المساجد سب الصحابة، وقتل شيخ الروافض أبي عبد الله الجلاب لغلوه في الرفض[2].

---

(1) انظر: السلاطين في المشرق العربي، د. عصام محمد شبارو، ص171.
(2) انظر: أيعيد التاريخ نفسه، محمد العبده، ص67.

لقد كان النفوذ البويهي الشيعي مسيطراً على بغداد والخليفة العباسي ، فبعد أن أزال السلاجقة الدولة البويهية من بغداد ودخل سلطانهم طغرل بك إلى عاصمة الخلافة العباسية استقبله الخليفة العباسي القائم بأمر الله استقبالاً عظيماً، وخلع عليه خلعة سنية، وأجلسه إلى جواره، وأغدق عليه ألقاب التعظيم ، ومن جملتها أنه لقبه بالسلطان ركن الدين طغرل بك، كما أصدر الخليفة العباسي أمره بأن ينقش اسم السلطان طغرلبك على العملة، ويذكر اسمه في الخطبة في مساجد بغداد وغيرها، مما زاد من شأن السلاجقة. ومنذ ذلك الحين حل السلاجقة محل البويهيين في السيطرة على الأمر في بغداد، وتسيير الخليفة العباسي حسب إرادتهم [1].

كان طغرلبك يتمتع بشخصية قوية ، وذكاء حاد، وشجاعة، فائقة ، كما كان متديناً ورعاً عادلاً، ولذلك وجد تأييداً كبيراً ومناصرة عظيمة من شعبه، وقد أعد جيشاً قوياً، وسعى لتوحيد كلمة السلاجقة الأتراك في دولة قوية [2].

وتوطيداً للروابط بين الخليفة العباسي القائم بأمر الله، وبين زعيم الدولة السلجوقية طغرلبك، فإن الخليفة تزوج من ابنة جفري بك الأخ الأكبر لطغربك، وذلك في عام 448هـ/1059م ثم في شعبان عام 454هـ/1062م تزوج طغربك من ابنة الخليفة العباسي القائم بالله. لكن طغربك لم يعش طويلاً بعد ذلك، حيث أنه توفي ليه الجمعة لليوم الثامن من شهر رمضان عام 455هـ/ 1062م ، وكان عمره إذ ذاك سبعين عاماً، بعد أن تمت على يده الغلبة للسلاجقة في مناطق خراسان وإيران وشمال وشرق العراق [3].

---

(1) انظر: قيام الدولة العثمانية ، ص19.
(2) المصدر السابق، ص17.
(3) انظر: تاريخ الدولة العلية العثمانية، محمد فريد بك ، ص25.

أولاً: السلطان (محمد) الملقب ألب أرسلان أي الأسد الشجاع:

تولى ألب أرسلان زمام السلطة في البلاد بعد وفاة عمه طغرلبك، وكانت قد حدثت بعض المنازعات حول تولي السلطة في البلاد، لكن ألب أرسلان استطاع أن يتغلب عليها. وكان ألب أرسلان -كعمه طغرل بك- قائداً ماهراً مقداماً، وقد اتخذ سياسة خاصة تعتمد على تثبيت أركان حكمه في البلاد الخاضعة لنفوذ السلاجقة ، قبل التطلع إلى إخضاع أقاليم جديدة، وضمها إلى دولته. كما كان متلهفاً للجهاد في سبيل الله ، ونشر دعوة الإسلام في داخل الدولة المسيحية المجاورة له، كبلاد الأرمن وبلاد الروم، وكانت روح الجهاد الإسلامي هي المحركة لحركات الفتوحات التي قام بها ألب أرسلان وأكسبتها صبغة دينية، وأصبح قائد السلاجقة زعيماً للجهاد، وحريصاً على نصرة الإسلام ونشره في تلك الديار، ورفع راية الإسلام خفاقة على مناطق كثيرة من أراضي الدولة البيزنطية [1].

لقد بقي سبع سنوات يتفقد أجزاء دولته المترامية الأطراف، قبل أن يقوم بأي توسع خارجي.

وعندما أطمئن على استتباب الأمن، وتمكن حكم السلاجقة في جميع الأقاليم والبلدان الخاضعة له، أخذ يخطط لتحقيق أهدافه البعيدة، وهي فتح البلاد المسيحية المجاورة لدولته، وإسقاط الخلافة الفاطمية (العبيدية) في مصر، وتوحيد العالم الإسلامي تحت راية الخلافة العباسية السنّية ونفوذ السلاجقة، فأعد جيشاً كبيراً أتجه به نحو بلاد الأرمن وجورجيا، فافتتحها وضمها إلى مملكته، كما عمل على نشر الإسلام في تلك المناطق [2]. وأغار ألب أرسلان على شمال الشام وحاصر الدولة المرداسية في حلب، والتي أسسها صالح بن مرداس على المذهب الشيعي سنة

---

(1) انظر: قيام الدولة العثمانية ، ص20.
(2) انظر: قيام الدولة العثمانية، ص20.

414هـ/1023م وأجبر أميرها محمود بن صالح بن مرداس على إقامة الدعوة للخليفة العباسي بدلاً من الخليفة (الفاطمي/ العبيدي سنة 462هـ/1070م) [1]. ثم أرسل قائده الترك أتنسز بن أوق الخوارزمي في حملة إلى جنوب الشام فأنتزع الرملة وبيت المقدس من يد (الفاطميين) العبيديين ولم يستطيع الاستيلاء على عسقلان التي تعتبر بوابة الدخول إلى مصر، وبذلك أضحى السلاجقة على مقربة من قاعدة الخليفة العباسي والسلطان السلجوقي داخل بيت المقدس [2].

وفي سنة 462هـ ورد رسول صاحب مكة محمد بن أبي هاشم إلى السلطان يخبره بإقامة الخطبة للخليفة القائم وللسلطان وإسقاط خطبة صاحب مصر (العبيدي) وترك الأذان بـ(حي على العمل) فأعطاه السلطان ثلاثين ألف دينار وقال له : إذا فعل أمير المدينة كذلك أعطيناه عشرين ألف دينار [3].

لقد أغضبت فتوحات ألب أرسلان دومانوس ديوجينس إمبراطور الروم، فصمم على القيام بحركة مضادة للدفاع عن إمبراطوريته. ودخلت قواته في مناوشات ومعارك عديدة مع قوات السلاجقة، وكان أهمها معركة (ملاذكرد) في عام 463هـ الموافق أغسطس عام 1070م [4] قال ابن كثير: (وفيها أقبل ملك الروم ارمانوس في جحافل أمثال الجبال من الروم والرخ والفرنج، وعدد عظيم وعُدد ، ومعه خمسة وثلاثون ألفاً من البطارقة، مع كل بطريق مائتا ألف فارس، ومعه من الفرنج خمسة وثلاثون ألفاً، ومن الغزاة الذين يسكنون القسطنطينية خمسة عشر ألفاً ، ومعه مائة ألف نقّاب وخفار [5] ، وألف روزجاري، ومعه أربعمائة عجلة تحمل النعال والمسامير،

(1) انظر: السلاطين في المشرق العربي ، د.عصام محمد ، ص25.
(2) انظر: مرآة الزمان لسبط بن الجوزي، ص161.
(3) انظر: أيعيد التاريخ نفسه، محمد العبده ، ص68.
(4) المصدر السابق نفسه، ص20.
(5) النقاب والخفار: من ينقب ومن يحفر.

وألفا عجلة تحمل السلاح والسروج والغرادات والمناجيق، منها منجنيق عدة ألف ومائتا رجل، ومن عزمه قبحه الله أن يبيد الإسلام وأهله، وقد أقطع بطارقته البلاد حتى بغداد، واستوصى نائبها بالخليفة خيراً، فقال له : ارفق بذلك الشيخ فانه صاحبنا، ثم إذا استوثقت ممالك العراق وخراسان لهم مالوا على الشام وأهله ميلة واحدة، فاستعادوه من أيدي المسلمين ، والقدر يقول : ﴿لعمرك إنهم لفي سكرتهم يعمهون﴾ (سورة الحجر: الآية : 72). فالتقاه السلطان ألب أرسلان في جيشه وهم قريب من عشرين ألفاً، بمكان يقال له الزهوة، في يوم الأربعاء لخمس بقين من ذي القعدة، وخاف السلطان من كثرة جند الروم، فأشار عليه الفقيه أبو نصر محمد بن عبد الملك البخاري بأن يكون وقت الوقعة يوم الجمعة بعد الزوال حين يكون الخطباء يدعون للمجاهدين ، فلما كان ذلك الوقت وتوافق الفريقان وتواجه الفئتان ، نزل السلطان عن فرسه وسجد لله عز وجل ، ومرغ وجهه في التراب ودعا الله واستنصره، فأنزل نصره على المسلمين ومنحهم أكتافهم فقتلوا منهم خلقاً كثيراً، وأسر ملكهم ارمانوس، أسره غلام رومي، فلما أوقف بين يدي الملك ألب أرسلان ضربه بيده ثلاثة مقارع وقال : لو كُنت أنا الأسير بين يديك ما كنت تفعل؟ قال : كل قبيح، قال فما ظنك بي؟ فقال: إما أن تقتل وتشهرني في بلادك، وإما أن تعفو وتأخذ الفداء وتعيدني. قال : ما عزمت على غير العفو والفداء. فأفتدى منه بألف ألف دينار وخمسمائة ألف دينار. فقام بين يدي الملك وسقاه شربة من ماء وقبل الأرض بين يديه، وقبل الأرض إلى جهة الخليفة إجلالاً وإكراماً، وأطلق له الملك عشرة ألف دينار ليتجهز بها، وأطلق معه جماعة من البطارقة وشيعه فرسخاً، وأرسل معه جيشاً يحفظونه إلى بلاده، ومعهم راية مكتوب عليها لا إله إلا الله محمد رسول الله،....) [1].

لقد كان نصر ألب أرسلان بجيشه الذي لم يتجاوز خمسة عشر ألف محارب على

(1) البداية والنهاية (108/12).

جيش الإمبراطور دومانوس الذي بلغ مائتي ألف، حدثاً كبيراً، ونقطة تحول في التاريخ الإسلامي لأنها سهلت على إضعاف نفوذ الروم في معظم أقاليم آسيا الصغرى، وهي المناطق المهمة التي كانت من ركائز وأعمدة الإمبراطورية البيزنطية. وهذا ساعد تدريجياً للقضاء على الدولة البيزنطية على يد العثمانيين.

لقد كان ألب أرسلان رجلاً صالحاً أخذ بأسباب النصر المعنوية والمادية، فكان يقرب العلماء ويأخذ بنصحهم وما أروع نصيحة العالم الرباني أبي نصر محمد بن عبد الملك البخاري الحنفي، في معركة ملاذكرد عندما قال للسلطان ألب أرسلان: إنك تقاتل عن دين وعد الله بنصره وإظهاره على سائر الأديان. وأرجو أن يكون الله قد كتب باسمك هذا الفتح فالقهم يوم الجمعة في الساعة التي يكون الخطباء على المنابر، فإنهم يدعون للمجاهدين.

فلما كان تلك الساعة صلى بهم، وبكى السلطان ، فبكى الناس لبكائه، ودعا فأمنوا، فقال لهم من أراد الانصراف فلينصرف، فما ههُنا سلطان يأمر ولا ينهى. وألقى القوس والنشاب ، واخذ السيف، وعقد ذنب فرسه بيده، وفعل عسكره مثله، ولبس البياض وتحنط وقال: إن قتلت فهذا كفني[1] الله أكبر على مثل هؤلاء ينزل نصر الله.

وقتل هذا السلطان على يد أحد الثائرين واسمه يوسف الخوارزمي وذلك يوم العاشر من ربيع الأول عام 465هـ الموافق 1072م ودفن في مدينة مرو بجوار قبر أبيه فخلفه أبنه ملكشاه[2] .

شيء من أخلاق السلطان ألب أرسلان:

(كان رحيم القلب، رفيقاً بالفقراء وكثير الدعاء بدوام ما أنعم الله عليه، اجتاز يوماً

(1) انظر : تاريخ الإسلام للذهبي ، حوادث ووفيات 470،461، ص2.
(2) انظر: قيام الدولة العثمانية، ص21.

بمرو على فقراء الخرائسين ، فبكى، وسأل اللـه تعالى أن يغنيه من فضله وكـان يكـثر الصـدقة ، فيتصدق في رمضان بخمسة عشر ألف دينار، وكان في ديوانه أسماء خلق كثير من الفقراء في جميع ممالكه، عليهم الإدارات والصلات، ولم يكن في جميع بلاده جناية ولا مصادرة، قد قنع مـن الرعايـا بالخراج الأصلي يؤخذ منهم كل سنة دفعتين رفقاً بهم) [1] .

كتب إليه بعض السعاة في شأن وزيره نظام الملك وذكروا ماله في ممالكه فاستدعاه فقال : خذ إن كان هذا صحيحاً فهذب أخلاقك وأصلح أحوالك، وإن كان كذبوا فأغفر لـه زلتـه، الحـرص عـلى حفظ مال الرعايا، بلغ أن غلاماً من غلمانه أخذ إزاراً لبعض أصحابه فصلبه فارتـدع سـائر المماليـك خوفاً من سطوته [2] .

وكان كثيراً ما يُقرأ عليه تواريخ الملوك وآدابهم، وأحكام الشريعة، ولمّا اشتهر بين الملـوك حُسـن سيرته، ومحافظته على عهوده، أذعنوا له بالطاعة والموافقة بعد الامتناع، وحضروا عنده من أقـاصي ما وراء النهر إلى أقاصي الشام [3] .

ثانياً: ملكشاه وفشله في توحيد الخلافة والسلطنة:

تولى السلطنة بعد ألب أرسلان ابنه ملكشاه وعارضه عمـه قـاورد بـن جفـري حـاكم سـلاجقة كرمان وطالب بالسلطنة ووقع الصدام بينهما قرب همذان حيث انهزم قارود وقتل وبـذلك سـيطر ملكشاه على دولة سلاجقة كرمان عين عليها سلطان شاه بن ألب أرسلان سنة 465هـ/1073م.

واتسعت الدولة السلجوقية في عهد السلطان ملكشاه لتبلغ أقصى امتداد لها من

(1) الكامل لابن الأثير (252/6).
(2) انظر : البداية والنهاية (114/12).
(3) الكامل لابن الأثير (253/6).

أفغانستان شرقاً إلى آسيا الصغرى غرباً وبلاد الشام جنوباً، وذلك بعد أن سقطت دمشق على يد قائده أتسز سنة 468هـ/1075م، وأقيمت الدعوة للخليفة العباسي.

وأسند ملكشاه المناطق التي سيطر عليها في بلاد الشام، لأخيه تاج الدولة تتمش سنة 470هـ/1077م، وذلك من أجل متابعة الفتح. فأسس هذا الأخير دولة سلاجقة الشام كما عين ملكشاه أحد أقاربه ويدعى سليمان بن قتلمش بن إسرائيل والياً على آسيا الصغرى التي كانت تتبع بلاد الروم، لمتابعة الفتح سنة 470هـ/1077م ، فأسس هذا أيضاً دولة سلاجقة الروم[1] وقد استمرت هذه الدولة 224 سنة ، ليتعاقب على حكمها أربعة عشر من سليلة أبي الفوارس قتلمش بن إسرائيل، وكان أولهم سليمان بن قتلمش الذي يعتبر مؤسس هذه الدولة[2] وقد تمكن من فتح إنطاكية سنة 477هـ/1084م ، كما تمكن أبنه داود من السيطرة على قونية سنة 480هـ/1087م ليتخذها عاصمة له. وكانت قونية من أغنى وأجمل المدن البيزنطية في آسيا الصغرى؛ وقد حولها السلاجقة من مدينة بيزنطية مسيحية إلى مدينة سلجوقية إسلامية. وقد سقطت هذه الدولة على يد المغول سنة 700هـ/1300م[3] وأصبحت فيما بعد من أملاك الدولة العثمانية.

لقد كان سلاجقة الروم حريصين على تتريك آسيا الصغرى ونشر الإسلام فيها على المذهب السنّي وكانوا سبباً في نقل الحضارة الإسلامية إلى تلك الأقاليم، واسقطوا الخط الدفاعي الذي كان يحمي المسيحية من أوروبا ضد الإسلام في الشرق[4] .

ورغم هذه السلطنة القوية زمن ملكشاه، لم يفلح قائده أتسز في توحيد بلاد الشام ومصر، بعد أن شكل السلاجقة تهديداً فعلياً للدولة العبيدية (الفاطمية) داخل مصر.

---

(1) انظر: السلاطين في المشرق العربي ، ص28.
(2) المصدر السابق، ص29.
(3) انظر : السلاطين في المشرق العربي، ص29.
(4) المصدر السابق نفسه، ص29.

وعندما أراد أتسز غزو مصر، حلت به الهزيمة على يد قوة من العرب، قبل مواجهة الجيش الكبير الذي أعده الوزير بدر الجمالي في رجب 469هـ/1076م، وقد أدى فشل أتسز إلى مزيد من التشرذم، والتمزق السياسي والصراع الدامي، لينتهي الأمر بمقتله سنة 471هـ/1078م [1].

كذلك لم يفلح ملكشاه في جعل الخلافة العباسية تتحول إلى أسرته السلجوقية ، عندما زوج ابنته إلى الخليفة العباسي المقتدي بأمر الله سنة 480هـ/1087م، فرزقت منه بولد، كما زوج أبنته الأخرى إلى المستظهر العباسي . ولم يتمكن من حصر الخلافة والسلطنة في شخص حفيده [2].

وفاته:

توفي السلطان ملكشاه وانتهى دور القوة والمجد (447-485هـ/1055-1092م) الذي عرفته الدولة السلجوقية في عهد السلاطين الثلاثة ، طغرل بك، وألب أرسلان، وملكشاه، لتبدأ مرحلة الضعف والصراع ولقد ظهر في زمن ألب أرسلان وملكشاه الوزير نظام الملك الذي يهمنا معرفة سيرته ودروه في قوة الدولة السلجوقية.

ثالثاً: نظام الملك:

قال عنه الذهبي : (الوزير الكبير، نظام الملك، قوام الدين ، أبو علي الحسن بن علي ابن إسحاق الطوسي، عاقل، سائس، خبير ، سعيد، متدين، محتشم، عامر المجلس بالقرّاء والفقهاء.

أنشأ المدرسة الكبرى ببغداد وأخرى بنيسابور ، وأخرى بطوس، ورغب في العلم، وأدرّ على الطلبة الصلات، وأملى الحديث، وبعد صيته) [3].

---

(1) انظر: مرآة الزمان، سبط ابن الجوزي، ص182.
(2) انظر: السلاطين في المشرق العربي، ص30.
(3) سير أعلام النبلاء (94/19).

تنقلت به الأحوال إلى أن وزر للسلطان ألب أرسلان، ثم لابنه ملكشاه، فدبر ممالكه على أتم ما ينبغي، وخفف المظالم، ورفق بالرعايا، وبني الوقوف، وهاجرت الكبار إلى جانبه [1].

وأشار على ملكشاه بتعيين القواد والأمراء الذين فيهم خلق ودين وشجاعة وظهرت آثار تلك السياسة فيما بعد ومن هؤلاء القواد الذين وقع عليهم الاختيار آق سنقر جد نور الدين محمود، الذي ولي على حلب وديار بكر والجزيرة قال عنه ابن كثير: (من أحسن الملوك سيرة وأجودهم سريرة) [2] وقام ولده عماد الدين زنكي ببداية الجهاد ضد الصليبيين، ثم قام من بعده نور الدين محمود ، هذه الأسرة هي التي وضعت الأساس لانتصارات صلاح الدين والظاهر بيبرس وقلاوون ضد الصليبيين، وافتتحت عهد التوحيد والوحدة في العالم الإسلامي [3].

وكذلك كان آق سنقر البرسقي من قواد السلطان محمود السلجوقي، وكان أميراً للموصل، واشتغل بجهاد الصليبيين، وفي سنة 520هـ قتله الباطنيون، وهو يصلي في الجامع الكبير في الموصل. قال عنه ابن الأثير: "وكان مملوكاً تركياً خيراً، يحب أهل العلم والصالحين ويرى العدل ويفعله، وكان خير الولاة، يحافظ على الصلوات في أوقاتها، ويصلي من الليل متهجداً" [4].

ويحدثنا المؤرخ أبو شامة من آثار السلاجقة لاسيما في زمن نظام الملك: (فلما ملك السلجوقية جددوا من هيبة الخلافة ما كان قد درس لاسيما في وزارة النظام الملك، فإنه أعاد الناموس والهيبة إلى أحسن حالاتها) [5].

(1) المصدر السابق (95/19).
(2) البداية والنهاية (157/12).
(3) انظر: أيعيد التاريخ نفسه، ص68.
(4) الكامل (633/10) نقلاً عن أيعيد التاريخ نفسه، ص68.
(5) الروضتين في أخبار الدولتين (31/1) نقلاً عن أيعيد التاريخ نفسه.

ضبطه لأمور الدولة:

لما تولى ملكشاه أمور الدولة انفلت أمر العسكر وبسطوا أيديهم في أموال النَّاس، وقالوا ما يمنع السلطان أن يعطينا الأموال إلا نظام الملك، وتعرض الناس لأذى شديد، فذكر ذلك نظام الملك للسلطان، فبين له ما في هذا الفعل من الضعف، وسقوط الهيبة، والوهن ، ودمار البلاد، وذهاب السياسة ، فقال له: أفعل في هذا ما تراه مصلحة! فقال له نظام الملك: ما يمكنني أن افعل إلا بأمرك فقال السلطان: قد رددت الأمور كلها كبيرها وصغيرها إليك، فأنت الوالد؛ وحلف له، وأقطعه إقطاعاً زائداً على ما كان ، وخلع عليه ، ولقبه ألقاباً من جملتها : أتابك، ومعناه الأمير الوالد، فظهرت من كفايته، وشجاعته، وحسن سيرته ما أثلج صدور الناس، فمن ذلك أن امرأة ضعيفة استغاثت به، فوقف يكلمها وتكلمه، فدفعها بعض حجّابه ، فأنكر ذلك عليه وقال : إنما استخدمتك لأمثال هذه، فإن الأمراء والأعيان لا حاجة لهم إليك، ثم صرفه عن حجابته [1] .

حبه للعلم واحترامه للعلماء وتواضعه:

كان يحب العلم وخصوصاً الحديث، شغوفاً به وكان يقول : إني أعلم بأني لست أهلاً للرواية ولكني أحب أن أربط في قطار [2] نقلة حديث رسول الله صلى الله عليه وسلم [3] ، فسمع من القشيري ، أبي مسلم بن مهر بزد، وأبي حامد الأزهري [4] .

وكان حريصاً على أن تؤدي المدارس التي بناها رسالتها المنوطة بها فعندما أرسل إليه أبو الحسن محمد بن علي الواسطي الفقيه الشافعي أبيات من الشعر يستحثه على

---

(1) انظر: الكامل لابن الأثير (256/2).
(2) قطار: قافلة.
(3) انظر: البداية والنهاية (150/12).
(4) انظر: سير أعلام النبلاء للذهبي (95/19).

المساعدة للقضاء على الفتن التي حدثت بين الحنابلة والأشاعرة قام نظام الملك وقضى على الفتنة ومما قاله أبو الحسن الواسطي من الشعر :

يا نظام الملك قد حلّ	ببغداد النظام
وابنك القاطن فيها	مستهان مستضام
وبها أودى له قتلى	غلام، وغلام
والذي منهم تبقي	سالماً فيه سهام
يا قوام الدين لم	يبقى ببغدا مقام
عظُم الخطبُ وللحرب	اتصال ودوام
فمتى لم تحسم الداء	أياديك الحسام
ويكف القوم في	بغداد قتل وانتقام
فعلى مدرسة فيها	ومن فيها السلام
واعتصام بحَريم	لك من بعدُ حرام[1]

لقد كان مجلسه عامراً بالفقهاء والعلماء، حيث يقضي معهم جُلّ نهاره، فقيل له: (إن هؤلاء شغلوك عن كثير من المصالح، فقال: هؤلاء جمال الدنيا والآخرة، ولو أجلستهم على رأسي لما استكثرت ذلك، وكان إذا دخل عليه أبو القاسم القشيري وأبو المعالي الجويني قام لهم وأجلسهما معه في المقعد، فإن دخل أبو علي الفارندي قام وأجلسه مكانه، وجلس بين يديه، فعوتب في ذلك فقال : إنهما إذا دخلا عليّ قال: أنت وأنت، يطروني ويعظموني، ويقولوا فيّ مالا فيّ، فأزداد بهما ما هو مركوز في نفس

(1) انظر: الكامل (276/6).

البشر، وإذا دخل عليّ أبوعلي الفارندي ذكرني عيوبي وظلمي ، فأنكسر فأرجع عن كثير مما أنا

فيه...) .[1]

قال عنه ابن الأثير: (وأما أخباره، فإنه كان عالماً، ديناً، جواداً، عادلاً، حليماً، كثير الصفح عن المذنبين ، طويل الصمت، كان مجلسه عامراً بالقرّاء، والفقهاء، وأئمة المسلمين، وأهل الخير والصلاح...) .[2]

كان من حفظة القرآن ، ختمه وله إحدى عشرة، واشتغل بمذهب الشافعي، وكان لا يجلس إلا على وضوء، وما توضأ إلا تنفّل[3] ، وإذا سمع المؤذن أمسك عن كل ما هو فيه وتجنبه، فإذا فرغ لا يبدأ بشيء قبل الصلاة وكان، إذا غفل المؤذن ودخل الوقت فأمره بالأذان ، وهذا قمة حال المنقطعين للعبادة في حفظ الأوقات، ولزوم الصلوات[4] ، وكانت له صلة بالله عظيمة وقال ذات مرة: رأيت ليلة في المنام إبليس فقلت له : ويحك خلقك الله وأمرك بالسجود له مشافهة فأبيت، وأنا لم يأمرني بالسجود له مشافهة وأنا أسجد له في كل يوم مرات، وأنشأ يقول:

من لم يكن للوصال أهلاً   فكلُّ إحسانه ذنوب[5]

وكان يتمنى أن يكون له مسجد يعبد الله فيه، ومكفول الرزق قال في هذا المعنى : كنت أتمنى أن يكون لي قرية خالصة، ومسجد أتفرد فيه لعبادة ربي، ثم تمنيت بعد ذلك أن يكون لي رغيف كل يوم، ومسجد أعبد الله فيه[6] .

ومن تواضعه انه كان ليلة يأكل الطعام، وبجانبه أخوه أبو القاسم، وبالجانب

---

(1) البداية والنهاية (150/12).
(2) الكامل (337/6).
(3) انظر: سير أعلام النبلاء (96/19).
(4) انظر: الكامل (337/6).
(5) البداية والنهاية (150/12).
(6) انظر: الكامل (338/6).

الآخر عميد خُراسان، والى جانب العميد إنسان فقير، مقطوع اليد، فنظر نظام الملك فرأى العميد يتجنب الأكل مع المقطوع، فأمره بالانتقال إلى الجانب الآخر، وقرّب المقطوع إليه فأكل معه.

وكانت عادته أن يحضر الفقراء طعامه ويقربهم إليه، ويدنيهم[1].

ومن شعره:

بعد الثمانين ليس قُوة قد ذهبت شهوة الصُّبوة

كأنني والعصا بكّفي موسى ولكن بلا نُبُوَّة[2]

وينسب إليه أيضاً:

تقوس بعد طول العُمر ظهري وداستني الليالي أيَّ دَوْسِ

فأمسي والعصا تمشي أمامي كأن قوامها وتر بقوسِ

وكان يتأثر بسماع الشعر فعندما دخل عليه أبوعلي القومَسَاني في مرضةٍ مرضها، يعوده فأنشأ يقول:

إذا مرضنا نوَينا كل صالحةٍ فإن شفينا فمنا الزيغ والزَّلَلُ

نرجو الإله إذا خفنا ونسخطه إذا أمنا فما يزكو لنا عمل

فبكى نظام الملك وقال : هو كما يقول[3].

---

(1) نفس المصدر السابق.
(2) تاريخ الإسلام حوادث ووفيات 481-490/ ص147.
(3) طبقات الشافعية الكبرى للسبكي (328/4).

وفاته:

في عام 485هـ من يوم الخميس، في العاشر من شهر رمضان وحان وقت الإفطار، صلىّ نظام الملك المغرب، وجلس على السِّماط، وعنده خلق كثير من الفقهاء، والقرّاء، والصوفية، وأصحاب الحوائج، فجعل يذكر شرف المكان الذي نزلوه من أراضي نهاوند، وأخبار الوقعة التي كانت بين الفرس والمسلمين، في زمان أمير المؤمنين، عمر بن الخطاب رضي الله عنه ، ومن استشهد هناك من الأعيان ، ويقول : طوبى لمن لحق بهم.

فلما فرغ من إفطاره ، خرج من مكانه قاصداً مَضْرِب حَرَمه فبدر إليه حدث ديلميّ، كأنه مُستميح، أو مستغيث، فعلق به ، وضربه، وحمل إلى مضرب الحرم.

فيقال : إنه أول مقتول قتلته الإسماعيلية (الباطنية)، فأنبث الخبر في الجيش، وصاحت الأصوات، وجاء السلطان ملكشاه حين بلغه الخبر، مظهراً الحزن، والنحيب والبكاء وجلس عند نظام الملك ساعة، وهو يجُود بنفسه، حتى مات، فعاش سعيداً ، ومات شهيداً فقيداً حميداً [1].

وكان قاتله قد تعثر بأطناب الخيمة، فلحقه مماليك نظام الملك وقتلوه.

وقال بعض خدامه: كان آخر كلام نظام الملك أن قال : لا تقتلوا قاتلي، فإني قد عفوت عنه وتشهد ومات [2].

ولما بلغ أهل بغداد موت نظام الملك حزنوا عليه، وجلس الوزير والرؤساء للعزاء ثلاثة أيام ورثاه الشعراء بقصائد، منهم مقاتل بن عطية حيث قال:

كان الوزير نظامُ الملكِ لؤلؤة ... يتيمة صاغها الرحمن من شرفٍ

---

(1) انظر: طبقات الشافعية الكبرى (323،322/4).
(2) نفس المصدر السابق (323/4).

عزَّت فلم تعرفِ الأيامُ قيمتها   فردَّها غيره منه إلى الصـــدف[1]

قال عنه ابن عقيل: بهر العقول سيرة النظام جوداً وكرماً وعـدلاً، وإحيـاءً لمعـالم الـدين، كانـت أيامه دولة أهل العالم، ثم ختم له بالقتل وهو مارٌّ إلى الحج في رمضان فمات ملكاً في الـدنيا، ملكـاً في الآخرة ، رحمه الـلـه .[2]

(1) البداية والنهاية (151/12).
(2) نظر: سير أعلام النبلاء (96/19).

المبحث الثالث

نهاية الدولة السلجوقية

كان للسلطان ملكشاه عند وفاته أربعة أبناء هم بركيارق ومحمد وسنجر ومحمود. وكان محمود، والذي عرف فيما بعد بناصر الدين محمود، طفلاً فبايعوه على تولي السلطة لأن أمه تركان خاتون، كانت ذات شأن كبير أيام ملكشاه. وقد استمر حكمه حوالي العامين من 485هـ/1092م والى عام 487هـ/1094م، حيث توفي هو وأمه. ثم جاء من بعده ركن الدين أبو المظفر بركيارق بن ملكشاه، واستمر حكمه حتى عام 498هـ/1105م، ثم تلاه ركن الدين ملكشاه الثاني وفي نفس العام تولى السلطة غياث الدين أبو شجاع محمد، واستمر حكمه حتى عام 511هـ/1128م وكان آخر حكام الدولة السلجوقية العظمى فيما وراء النهر والتي كانت لها السيطرة على خراسان وإيران والعراق. وقد انقرضت دولتهم عام 522هـ/1128م وذلك على يد شاهنات خوارزم[1]. وبسقوط الدولة السلجوقية العظمى فيما وراء النهر انفرط عقد السلاجقة وتمزقت وحدتهم، وضعفت قوتهم، حتى أصبح السلاجقة شيعاً وأحزاباً ومعسكرات متباينة، تتصارع فيما بينها، حول الظفر بالعرش، وانقسمت على ضوء ذلك الدولة السلجوقية العظمى إلى عدة دول وإمارات صغيرة. ولم تكن هذه الدولة والإمارات الصغيرة تخضع لحكم سلطان واحد كما كان الحال في عهد كل من السلطان طغرلبك الأول والسلطان ألب أرسلان والسلطان ملكشاه وأسلافهم. بل كان كل جزء من أجزاء الدولة السلجوقية مستقلاً تحت قيادة منفصلة، لا يوجد بينها أي تعاون يذكر[2].

---

(1) انظر: تاريخ دولة آل سلجوق لمحمد الاصبهاني ص81-154.
(2) انظر: قيام الدولة العثمانية ص23.

ونتيجة لذلك خرجت الدولة الخوارزمية فيما وراء النهر وهي تلك الدولة التي وقفت ردحاً من الزمن أمام الهجمات المغولية وقد قامت معها إمارات سلجوقية في شمال العراق والشام عرفت بالأتابكيات، وأثناء ذلك برزت سلطنة سلاجقة الروم، وهي السلطنة التي قاومت الحملات الصليبية ، واستطاعت أن تحصرها في الركن الشمالي الغربي من آسيا الصغرى. أما سلطنة سلاجقة الروم فقد دمرتها الغارات المغولية المتلاحقة.

لقد تضافرت عوامل عديدة في سقوط السلطنة السلجوقية التي مهدت بدورها لسقوط الخلافة العباسية.

ومن هذه العوامل:

1.الصراع داخل البيت السلجوقي بين الأخوة والأعمام والأبناء والأحفاد.

2.تدخل النساء في شؤون الحكم.

3.إذكاء نار الفتنة بين الحكام السلاجقة من قبل بعض الأمراء والوزراء والأتابك

4.ضعف الخلفاء العباسيين الذين تميزوا بالضعف أمام القوة العسكرية السلجوقية، فلم يتورعوا عن الاعتراف بشرعية كل من يجلس على عرش السلطنة السلجوقية والخطبة لكل منتصر قوي [1].

5.عجز الدولة السلجوقية عن توحيد بلاد الشام ومصر والعراق تحت راية الخلافة العباسية.

6.الانقسام الداخلي بين السلاجقة والذي وصل إلى حد المواجهة العسكرية المستمرة، وهذا ما أنهك قوة السلاجقة حتى انهارت سلطنتهم في العراق.

7.المكر الباطني الخبيث بالدولة السلجوقية وتمثل ذلك في حملة التصفيات

---

(1) انظر: السلاطين في المشرق العربي ص50.

والمحاولات المستمرة لاغتيال سلاطين السلاجقة وزعمائهم وقاداتهم.

الغزو الصليبي القادم من وراء البحار وصراع الدولة السلجوقية مع جحافل الغزو الوحشية القادمة من أوروبا وغير ذلك من الأسباب والعوامل إلا أن السلاجقة كانت لهم أعمال جليلة من أهمها:

I. كان لهم دور في تأخير زوال الخلافة العباسية، حوالي قرنين من الزمان، حيث أوشكت قبل مجيئهم على الانقراض في ظل سيطرة البويهيين الشيعة الروافض.

II. منعت الدولة السلجوقية الدولة العبيدية في مصر من تحقيق أغراضها الهادفة إلى توحيد المشرق العربي الإسلامي تحت الراية الباطنية العبيدية الرافضية.

III. كانت الجهود التي بذلتها الدولة السلجوقية تمهيداً لتوحيد المشرق الإسلامي والذي تم على يد صلاح الدين الأيوبي وتحت راية الخلافة العباسية السنيّة[1].

IV. قام السلاجقة بدور ملموس في النهوض بالمنطقة الخاضعة لهم علمياً وإدارياً ونشروا الأمن والاستقرار فيها.

V. وقفوا في وجه التحركات الصليبية من جانب الإمبراطورية البيزنطية، وحاولوا صد الخطر المغولي إلى حد كبير.

VI. رفعوا من شأن المذهب السني وعلمائه في تلك المناطق[2]

هذه نبذة موجزة عن السلاجقة السنيين ودورهم في نصرة الإسلام، وإن من الظلم والزور والبهتان أن نطلق على أولئك الشجعان كلمة الشراذم كما فعل الأستاذ نجيب زبيب في الموسوعة العامة في لتاريخ المغرب والأندلس[3].

---

(1) انظر: السلاطين في المشرق العربي ص51.
(2) انظر: قيام الدولة العثمانية ص24.
(3) انظر: الموسوعة العامة لتاريخ المغرب والأندلس (10/3).

الفصل الثاني

قيام الدولة العثمانية وفتوحاتها

ينتسب العثمانيون إلى قبيلة تركمانية كانت عند بداية القرن السابع الهجري الموافق الثالث عشر الميلادي تعيش في كردستان، وتزاول حرفة الرعي، ونتيجة للغزو المغولي بقيادة جنكيزخان على العراق ومناطق شرق آسيا الصغرى، فإن سليمان جد عثمان هاجر في عام 617هـ الموافق 1220م مع قبيلته من كردستان إلى بلاد الأناضول فأستقر في مدينة أخلاط [1] ثم بعد وفاته في عام 628هـ الموافق 1230م خلفه ابنه الأوسط أرطغرل، والذي واصل تحركه نحو الشمال الغربي من الأناضول ، وكان معه حوالي مائة أسرة وأكثر من أربعمائة فارس [2] وحين كان ارطغرل والد عثمان فاراً بعشيرته التي لم يتجاوز تعدادها أربعمائة عائلة، من ويلات الهجمة المغولية، فإذا به يسمع عن بعد جلبة وضوضاء، فلما دنا منها وجد قتالاً حامياً بين مسلمين ونصارى وكانت كفة الغلبة للجيش البيزنطي، فما كان من أرطغرل إلا أن تقدم بكل حماس وثبات لنجدة إخوانه في الدين والعقيدة، فكان ذلك التقدم سبباً في نصر المسلمين على النصارى [3] وبعد انتهاء المعركة قدر قائد الجيش الإسلامي السلجوقي هذا الموقف لأرطغرل ومجموعته، فأقطعهم أرضاً في الحدود الغربية للأناضول بجوار الثغور في الروم ، [4]

---

(1) أخلاط مدينة في شرق تركيا الحالية قريبة من بحيرة وآن في أرمينيا.
(2) انظر: قيام الدولة العثمانية ص26.
(3) انظر: جوانب مضيئة في تاريخ العثمانيين، زياد أبو غنيمة ص36.
(4) انظر: الفتوح الإسلامية عبر العصور د. عبد العزيز العمري ص353.

وأتاحوا لهم بذلك فرصة توسيعها على حساب الروم، وحقق السلاجقة بذلك حليفاً قوياً ومشاركاً في الجهاد ضد الروم، وقد قامت بين هذه الدولة الناشئة وبين سلاجقة الروم علاقة حميمة نتيجة وجود عدو مشترك لهم في العقيدة والدين، وقد استمرت هذه العلاقة طيلة حياة أرطغرل، حتى إذا توفي سنة 699هـ-1299م[1] خلفه من بعده في الحكم ابنه عثمان الذي سار على سياسة أبيه السابقة في التوسع في أراضي الروم[2] .

(1) تاريخ سلاطين آل عثمان تحقيق بسام الجابي للقرماني ص10.
(2) انظر: تاريخ الدولة العلية ص115 محمد فريد.

المبحث الأول

عثمان مؤسس الدولة العثمانية

في عام 656هـ/1258م ولد لارطغرل ابنه عثمان الذي تنتسب إليه الدولة العثمانية[1] وهي السنة التي غزا فيها المغول بقيادة هولاكو بغداد عاصمة الخلافة العثمانية، وكانت الأحداث عظيمة، والمصائب جسيمة، يقول ابن كثير: " ومالوا على البلد فقتلوا جميع من قدروا عليه من الرجال والنساء والولدان والمشايخ والكهول والشبان، ودخل كثير من الناس في الآبار وأماكن الحشوش، وقني الوسخ، وكمنوا كذلك أياماً لا يظهرون وكان الجماعة من الناس يجتمعون إلى الحانات ويغلقون عليهم الأبواب فتفتحها التتار إما بالكسر وإما بالنار، ثم يدخلون عليهم فيهربون منهم إلى أعالي الأمكنة فيقتلونهم بالأسطح، حتى تجري الميازيب من الدماء في الأزقة، فإنا لله وإنا إليه راجعون. وكذلك في المساجد والجوامع والربط، ولم ينج منهم أحد سوى أهل الذمة من اليهود والنصارى ومن التجأ إليهم[2] .

لقد كان الخطب عظيم والحدث جلل، والأمة ضعفت ووهنت بسبب ذنوبها ومعاصيها ولذلك سلط عليها المغول، فهتكوا الأعراض، وسفكوا الدماء، وقتلوا الأنفس، ونهبوا الأموال، وخربوا الديار، في تلك الظروف الصعبة والوهن المستشري في مفاصل الأمة ولد عثمان مؤسس الدولة العثمانية، وهنا معنى لطيف ألا وهو بداية الأمة في التمكين هي أقصى نقطة من الضعف والانحطاط تلك هي بداية الصعود نحو العزة والنصر والتمكين، إنها حكمة الله وإرادته ومشيئته النافذة.

---

(1) انظر: السلطان محمد الفاتح ص12 عبد السلام عبد العزيز ص12.
(2) البداية والنهاية (193،192/13).

قال تعالى:﴿ إن فرعون علا في الأرض وجعل أهلها شيعاً يستضعف طائفة منهم يذبح أبنائهم ويستحي نساءهم إنه كان من المفسدين﴾ (سورة القصص:3).

وقال سبحانه وتعالى : ﴿ ونريد أن نمن على الذين استضعفوا في الأرض ونجعلهم أئمة ونجعلهم الوارثين ونمكن لهم في الأرض﴾ (القصص، آية: 5،6).

ولاشك أن الله تعالى قادر على أن يمكن لعباده المستضعفين في عشية أو ضحاها، بل في طرفة عين قال تعالى: ﴿ إنما قولنا لشيء إذا أردناه أن نقول له كن فيكون .﴾ (النحل: 40).

فلا يستعجل أهل الحق موعود الله عز وجل لهم بالنصر والتمكين، فلابد من مراعاة السنن الشرعية والسنن الكونية، ولابد من الصبر على دين الله عز وجل: ﴿ولو شاء الله لانتصر منهم ولكن ليبلو بعضكم ببعض﴾ (سورة محمد: 4).

و الله إذا أراد شيئاً هيأ له أسبابه وأتى به شيئاً فشيئاً بالتدرج لا دفعة واحدة.

وبدأت قصة التمكين للدولة العثمانية مع ظهور القائد عثمان الذي ولد في عام سقوط الخلافة العباسية في بغداد.

أولاً: أهم الصفات القيادية في عثمان الأول:

عندما نتأمل في سيرة عثمان الأول تبرز لنا بعض الصفات المتأصلة في شخصيته كقائد عسكري، ورجل سياسي، ومن أهم هذه الصفات:

1. الشجاعة: عندما تنادى أمراء النصارى في بورصة ومادانوس وأدره نوس وكته وكستله البيزنطيون في عام 700هـ/1301م لتشكيل حلف صليبي لمحاربة عثمان بن أرطغرل مؤسس الدولة العثمانية واستجابت النصارى لهذا النداء وتحالفوا للقضاء

على الدولة الناشئة تقدم عثمان بجنوده وخاض الحروب بنفسه وشتت الجيوش الصليبية وظهرت منه بسالة وشجاعة أصبحت مضرب المثل عند العثمانيين[1] .

2. **الحكمة**: بعد ما تولى رئاسة قومه رأى من الحكمة أن يقف مع السلطان علاء الدين ضد النصارى، وساعده في افتتاح جملة من مدن منيعة ، وعدة قلاع حصينة، ولذلك نال رتبة الإمارة من السلطان السلجوقي علاء الدين صاحب دولة سلاجقة الروم. وسمح له سك العملة باسمه، مع الدعاء له في خطبة الجمعة في المناطق التي تحته[2] .

3. **الإخلاص**: عندما لمس سكان الأراضي القريبة من إمارة عثمان أخلاصه للدين تحركوا لمساندته والوقوف معه لتوطيد دعائم دولة إسلامية تقف سداً منيعاً أمام الدولة المعادية للإسلام والمسلمين[3] .

4. **الصبر**: وظهرت هذه الصفة في شخصيته عندما شرع في فتح الحصون والبلدان، ففتح في سنة 707هـ حصن كته، وحصن لفكه، وحصن آق حصار، وحصن قوج حصار. وفي سنة 712هـ فتح حصن كبوه وحصن يكيجه طرا قلوا، وحصن تكرر بيكارى وغيرها وقد توج فتوحاته هذه بفتح مدينة بروسة في عام 717هـ/1317م، وذلك بعد حصار شديد دام عدة سنوات، ولم يكن فتح بروسة من الأمور السهلة بل كان من أصعب ما واجهه عثمان في فتوحاته، حيث حدثت بينه وبين قائد حاميتها اقرينوس صراع شديد استمر عدة سنوات حتى استسلم وسلم المدينة لعثمان. قال تعالى :﴿ يأيها الذين آمنوا اصبروا وصابروا ورابطوا واتقوا الله لعلكم تفلحون﴾ (سورة آل عمران:200).

---

(1) انظر: جوانب مضيئة في تاريخ العثمانيين الأتراك ص197.
(2) انظر: قيام الدولة العثمانية ص25.
(3) انظر: قيام الدولة العثمانية ص26.

53

5. **الجاذبية الإيمانية:** وتظهر هذه الصفة عندما احتك به اقرينوس قائد بروسه واعتنق الإسلام أعطاه السلطان عثمان لقب (بك) وأصبح من قادة الدولة العثمانية البارزين فيما بعد، وقد تأثر كثير من القادة البيزنطيين بشخصية عثمان ومنهجه الـذي سـار عليـه حتـى امتلأت صفوف العثمانيين منهم [1]، بل أن كثيراً مـن الجماعـات الإسلامية انخرطت تحـت لواء الدولة العثمانية كجماعة (غزياروم) أي غزاة الروم، وهي جماعة إسلامية كانت ترابط على حدود الروم وتصد هجماتهم عن المسلمين منـذ العصر ـ العبـاسي، وقـد أعطتهـا هـذه المرابطة خبرات في جهاد الروم عمقت فيها انتماءهـا للإسلام والتزامهـا بكـل مـا جـاء بـه الإسلام من نظام، وجماعة (الإخيان) (أي الإخوان) وهـم جماعـة مـن أهـل الخير يعينـون المسلمين ويستضيفونهم ويصاحبون جيوشهم لخدمة الغزاة وكان معظم أعضاء هـذه الجماعة من كبار التجار الذي سخروا أموالهم للخدمات الإسلامية مثل : إقامـة المسـاجد والتكايا و"الخانات" الفنادق، وكانت لهم في الدولة مكانة عالية، ومن هذه الجماعة علماء ممتازون عملـوا في نشرـ الثقافة الإسلامية وحببوا الناس في التمسك بالـدين، وجماعـة (حاجيات روم) أي حجاج أرض الروم، وكانت جماعة عـلى فقـه بالإسلام، ومعرفـة دقيقـة لتشريعاته، وكان هدفها معاونـة المسـلمين عمومـاً والمجاهـدين خصوصـاً وغـير ذلـك مـن الجماعات [2].

6. **عدله:** تروي معظم المراجع التركية التي أرّخت للعثمانيين أن أرطغرل عهد لابنـه عـثمان مؤسس الدولة العثمانية بولاية القضاء في مدينة قره جه حصار بعد الاسـتيلاء عليهـا مـن البيزنطيين في عـام 684هـ/1285م وأن عـثمان حكـم لبيزنطي نصراني ضد مسـلم تـركي، فاستغرب البيزنطي وسأل عثمان: كيف

---

(1) المصدر السابق نفسه، ص28.
(2) انظر: التراجع الحضاري في العالم الإسلامي د. علي عبد الحليم ص331،332.

تحكم لصالحي وأنا على غير دينك، فأجابه عثمان: بل كيف لا أحكم لصالحك، و الله الذي نعبده ، يقول لنا : ﴿ إن الله يأمركم أن تؤدوا الأمانات إلى أهلها وإذا حكمتم بين الناس أن تحكموا بالعدل﴾ (سورة النساء)، وكان هذا العدل الكريم سبباً في اهتداء الرجل وقومه إلى الإسلام [1] .

إن عثمان الأول استخدم العدل مع رعيته وفي البلاد التي فتحها، فلم يعامل القوم المغلوبين بالظلم أو الجور أو التعسف أو التجبر، أو الطغيان، أو البطش، وإنما عاملهم بهذا الدستور الرباني: ﴿ أما من ظلم فسوف نعذبه ثم يرد إلى ربه فيعذبه عذاباً نكراً۞ وأما من آمن وعمل صالحاً فله جزاء الحسنى وسنقول له من أمرنا يسراً﴾ (سورة الكهف: آية: 87، 88). والعمل بهذا الدستور الرباني يدل على إيمان وتقوى وفطنة وذكاء وعلى عدل وبر ورحمة.

7. <u>الوفاء:</u> كان شديد الاهتمام بالوفاء بالعهود، فعندما اشترط أمير قلعة اولوباد البيزنطية حين استسلم للجيش العثماني، أن لا يمر من فوق الجسر أي عثماني مسلم إلى داخل القلعة التزم بذلك وكذلك من جاء بعده [2] . قال تعالى ﴿وأوفوا بالعهد إن العهد كان مسؤولا﴾ (سورة الإسراء:آية 34).

8. <u>التجرد لله في فتوحاته:</u> فلم تكن أعماله وفتوحاته من أجل مصالح اقتصادية أو عسكرية أو غير ذلك ، بل كان فرصة تبليغ دعوة الله ونشر دينه ولذلك وصفه المؤرخ احمد رفيق في موسوعته (التاريخ العام الكبير) بأنه (كان عثمان متديناً للغاية)، وكان يعلم أن نشر الإسلام وتعميمه واجب مقدس وكان مالكاً لفكر

---

(1) انظر: جوانب مضيئة ص32.
(2) المصدر السابق نفسه، ص33.

سياسي واسع متين ، ولم يؤسس عثمان دولته حباً في السلطة وإنما حباً في نشر الإسلام) ⁽¹⁾ .

ويقول مصر اوغلو: "لقد كان عثمان بن أرطغرل يؤمن إيماناً عميقاً بأن وظيفته الوحيدة في الحياة هي الجهاد في سبيل الله لإعلاء كلمة الله، وقد كان مندفعاً بكل حواسه وقواه نحو تحقيق هذا الهدف" ⁽²⁾ .

هذه بعض صفات عثمان الأول والتي كانت ثمرات طبيعية لإيمانه بالله تعالى والاستعداد لليوم الآخر ، وحبه لأهل الإيمان وبغضه لأهل الكفر والعصيان وحبه العميق للجهاد في سبيل الله والدعوة إليه ولذلك كان عثمان في فتوحاته يطلب من أمراء الروم في منطقة آسيا الصغرى أن يختاروا أحد ثلاثة أمور هي الدخول في الإسلام، أو دفع الجزية، أو الحرب، وبذلك أسلم بعضهم، وانضم إليه البعض الآخر وقبلوا دفع الجزية. أما ما عداهم فقد شن عليهم جهاداً لا هوادة فيه فانتصر عليهم، وتمكن من ضم مناطق كبيرة لدولته.

لقد كانت شخصية عثمان متزنة وخلابة بسبب إيمانه العظيم بالله تعالى واليوم الآخر ، ولذلك لم تطغ قوته على عدالته، ولا سلطانه على رحمته، ولا غناه على تواضعه، وأصبح مستحقاً لتأييد الله وعونه، ولذلك أكرمه الله تعالى بالأخذ بأسباب التمكين والغلبة وهو تفضل من الله تعالى على عبده عثمان، فجعل له مكنة وقدرة على التصرف في آسيا الصغرى من حيث التدبير والرأي وكثرة الجنود والهيبة والوقار، لقد كانت رعاية الله له عظيمة ولذلك فتح له باب التوفيق وحقق ما تطلع إليه من أهداف وغاية سامية لقد كانت أعماله عظيمة بسبب حبه للدعوة إلى الله، فقد جمع بين الفتوحات العظيمة بحد السيف، وفتوحات القلوب بالإيمان والإحسان، فكان إذا

---

(1) انظر: جوانب مضيئة ص33.
(2) المصدر السابق نفسه، ص33.

ظفر بقوم دعاهم إلى الحق والإيمان بالله تعالى وكان حريصاً على الأعمال الإصلاحية في كافة الأقاليم والبلدان التي فتحها، فسعى في بسط سلطان الحق والعدالة ، وكان صاحب ولاء ومحبة لأهل الإيمان، مثلما كان معادياً لأهل الكفران.

ثانياً: الدستور الذي سار عليه العثمانيون:

كانت حياة الأمير عثمان مؤسس الدولة العثمانية، جهاداً ودعوة في سبيل الله وكان علماء الدين يحيطون بالأمير ويشرفون على التخطيط الإداري والتنفيذ الشرعي في الإمارة ولقد حفظ لنا التاريخ وصية عثمان لابنه أورخان وهو على فراش الموت وكانت تلك الوصية فيها دلالة حضارية ومنهجية شرعية سارت عليها الدولة العثمانية فيما بعد يقول عثمان في وصيته: (**يا بني: إياك أن تشتغل بشيء لم يأمر به الله رب العالمين وإذا واجهتك في الحكم معضلة فاتخذ من مشورة علماء الدين مؤئلاً.**

يا بني: أحط من أطاعك بالإعزاز. وأنعم على الجنود، ولا يغرنك الشيطان بجندك وبمالك، وإياك أن تبتعد عن أهل الشريعة.

يا بني: إنك تعلم أن غايتنا هي أرضاء الله رب العالمين، وأن بالجهاد يعم نور ديننا كل الآفاق، فتحدث مرضات الله جل جلاله.

يا بني : لسنا من هؤلاء الذين يقيمون الحروب لشهوة حكم أو سيطرة أفراد، فنحن بالإسلام نحيا وللإسلام نموت، وهذا يا ولدي ما أنت له أهل) [1].

وفي كتاب «التاريخ السياسي للدولة العلية العثمانية» تجد رواية آخري للوصية: (**اعلم يا بني ، أن نشر الإسلام ، وهداية الناس إليه، وحماية أعراض المسلمين وأموالهم، أمانة في عنقك سيسألك الله عز وجل عنها)** [2].

---

(1) العثمانيون في التاريخ والحضارة، د.محمد حرب، ص16.
(2) انظر: جوانب مضيئة ، ص21.

وفي كتاب مأساة بني عثمان نجد عبارات أخرى من وصية عثمان لابنه أورخان تقول: (**يا بني ، أنني أنتقل إلى جوار ربي ، وأنا فخور بك بأنك ستكون عادلاً في الرعية، مجاهداً في سبيل الله، لنشر دين الإسلام.**

يا بني ، أوصيك بعلماء الأمة، أدم رعايتهم، وأكثر من تبجيلهم، وانزل على مشورتهم، فإنهم لا يأمرون إلا بخير.

يا بني ، إياك أن تفعل أمراً لا يرضى الله عز وجل ، وإذا صعب عليك أمر فاسأل علماء الشريعة، فإنهم سيدلونك على الخير.

واعلم يا بني أن طريقنا الوحيد في هذه الدنيا هو طريق الله، وأن مقصدنا الوحيد هو نشر دين الله، وأننا لسنا طلاب جاه ولا دنيا) [1] .

وفي التاريخ العثماني المصور، عبارات أخرى من وصية عثمان تقول: (**وصيتي لأبنائي وأصدقائي ، أديموا علوا الدين الإسلامي الجليل بإدامة الجهاد في سبيل الله. أمسكوا راية الإسلام الشريفة في الأعلى بأكمل جهاد. أخدموا الإسلام دائماً؛ لان الله عز وجل قد وظف عبداً ضعيفاً مثلي لفتح البلدان. اذهبوا بكلمة التوحيد إلى أقصى البلدان بجهادكم في سبيل الله ومن انحرف من سلالتي عن الحق والعدل حرم من شفاعة الرسول الأعظم يوم المحشر.**

يا بني: ليس في الدنيا أحد لا يخضع رقبته للموت وقد اقترب اجلي بأمر الله جل جلاله أسلمك هذه الدولة واستودعك المولى عز وجل. اعدل في جميع شؤونك....) [2] .

لقد كانت هذه الوصية منهجاً سار عليه العثمانيون، فاهتموا بالعلم وبالمؤسسات

---

(1)انظر: جوانب مضيئة، ص3.
(2) انظر: السلاطين العثمانيون ، ص33.

العلمية وبالجيش، وبالمؤسسات العسكرية ، وبالعلماء واحترامهم، وبالجهاد الـذي أوصل فتوحاً إلى أقصى مكان وصلت إليه رايته جيش مسلم وبالإمارة وبالحضارة . [1]

ونستطيع أن نستخرج الدعائم والقواعد والأسس التي قامت الدولة العثمانية مـن خلال تلك الوصية:

1- (يا بني إياك أن تشتغل بشيء لم يأمر به اللـه رب العالمين):

إنها دعوة إلى الالتزام بشرع اللـه في كـل صغيرة وكبيرة، وبحيـث يكون حكم اللـه وأمره مهيمناً على كل شيء قال تعالى : ﴿إن الحكم إلا لله ، أمر ألا تعبدوا إلا إياه ذلك الـدين القيم ، ولكن أكثر الناس لا يعلمون﴾ (سورة يوسف: آية40).

يعني : (ما الحكم الحق في الربوبية والعقائد والمعاملات إلا لله وحده يوحيه لمن اصطفاه مـن رسله، لا يمكن لبشر أن يحكم فيه برأيه وهواه، ولا بعقله واستدلاله ولا باجتهاده واستحسانه، فهذه القاعدة هي أساس دين اللـه تعالى علـى ألسنة جميع رسله لا تختلـف بـاختلاف الأزمنـة والأمكنة) [2] لقد نزل القرآن الكريم من أجل تحقيق العبودية والحاكمية لله تعالى قال سبحانه : ﴿إنا أنزلنا إليك الكتاب بالحق لتحكم بين الناس بما أراك اللـه﴾ (سورة النساء: آية 105) فكما أن تحقيق العبودية غاية من إنزال الكتاب فكذلك تطبيق الحاكمية غاية من إنزاله . [3]

إن عثمان يوصي ابنه كحاكم من بعده لدولة إسلامية أن يتقيـد بحكم اللـه في أعمالـه، لأنه يعلم أن إقامة حكم اللـه من خلال الحاكم المسلم عهد وميثاق ذكره اللـه تعالى: ﴿

---

(1) انظر: العثمانيون في التاريخ والحضارة ، ص26.
(2) تفسير المنار (309/12).
(3) انظر: الحكم والتحاكم في خطاب الوحي (433/1).

واذكروا نعمة الـلـه عليكم وميثاقه الذي واثقكم به، إذ قلتم سمعنا وأطعنا واتقوا الـلـه إن الـلـه عليم بذات الصدور﴾ (سورة المائدة: 7). فهذا تذكير مـن الـلـه تعـالى لعبـاده المؤمنين بنعمته عليهم في الشرع الذي شرعه لهم في هذا الدين العظيم، المرسل به الرسول الكريم، وأخذ للعهد والميثاق عليهم في متابعته ونصرته وإبلاغه والقيام به، وهذا مقتضى البيعة التـي كـان الصحابة يبايعون عليها رسول الـلـه صلى الـلـه عليـه وسـلم ، عـلى السـمع والطاعـة في المنشـط والمكره، كما أن الإخلال بعهد الحاكمية جاهلية قال تعالى : ﴿أفحكم الجاهليـة يبغـون، ومـن أحسن من الـلـه حكماً لقوم يوقنون﴾ (سورة المائدة: 50). ففي الآية الكريمـة إنكـار وتـوبيخ وتعجب من حال من يتولى عن حكم الـلـه وهو يبغي حكم غيره والآية تعبـير لليهـود بـأنهم مـع كونهم أهل كتاب وعلم يبغون حكم الجاهلية التي هي هوى وجهل لا يصدر عن كتاب ولا يرجع إلى وحي[1] .

إن تحقيق الحاكمية، تمكين للعبودية، وقيام بالغاية التي من أجلها خلق الإنسان والجـان، قـال تعالى: ﴿وما خلقت الجن والإنس إلا ليعبدون﴾ (سورة الذاريات: 56). أي ليطيعوه وحـده لا شريك له[2] .وإن المفهوم الواسع الرحيب للعبادة ليشمل علائـق وأعـمالاً كثـيرة، منهـا مـا يمكـن أن يقيمه الأفراد ومنها ما لا يمكن تحقيقه على الوجه الأكمل إلا في ظـل دولـة الإسـلام وهـذه المعـاني الرفيعة كانت واضحة في ذهن المؤسس الأول للدولة العثمانيـة ولـذلك وصى الأمـير أورخـان بهـذه العبارة المنهجية المسددة (يا بني إياك أن تشـتغل بشيـء لم يـأمر بـه الـلـه رب العـالمين) وهـذا التوجيه من عثمان لابنه كفرد وكرئيس لدولة وفي طياته معنى كون العبادة لها أصلان:

احدهما: أن لا يعبد إلا الـلـه، والثاني : أن يعبد بما أمر وشرع[3] . فإنه مما لاشك فيه كانت

(1) تفسير أبي السعود (71/2).
(2) تفسير ابن كثير (239/4).
(3) مجموع الفتاوى (173/10).

الدولة العثمانية حريصة على حماية هذين الأصلين بمحاربة الشرك في داخلها وعملت على تقليص نفوذه خارجها وكانت حريصة على حماية الشرع ضد من يعاود الاعتداء عليه بابتداع أو تحريف أو تغيير أو تبديل، وكل ذلك من حرص أميرها والعلماء الذين من حوله على تحقيق العبودية لله على الوجه المرضي، وعلى حماية الدين من دخائل وانتحالات المضلين، وبهذا تكون دولة بني عثمان أخذت الصبغة الشرعية. (لقد كانت نشأتها إسلامية ، خالصة، مشبوبة بإيمان عميق، متوجهة إلى أهداف عقائدية)[1] .

2- إذا واجهتك في الحكم معضلة فاتخذ من مشورة علماء الدين مؤئلاً:

إن الله تعالى قد شرع نظام الشورى لحكم بالغة، ومقاصد عظيمة، ولما فيها من المصالح الكبيرة، والفوائد الجليلة التي تعود على الأمة والدولة والمجتمع بالخير والبركة ولذلك أمر عثمان الأول ابنه أن يجعل من العلماء مجلس شورى له في معضلات الأمور وفي هذا الإرشاد امتثال لأمر الله واقتداء برسول الله صلى الله عليه وسلم .

- قال تعالى : ﴿فبما رحمة من الله لنت لهم ولو كنت فظاً غليظ القلب لانفضوا من حولك فاعف عنهم واستغفر لهم وشاورهم في الأمر، فإذا عزمت فتوكل على الله إن الله يحب المتوكلين﴾ (سورة آل عمران: آية:159).

قال الأستاذ سيد قطب -رحمه الله- : (وبهذا النص الجازم ﴿وشاورهم في الأمر﴾ يقرر الإسلام هذا المبدأ في نظام الحكم - حتى ومحمد رسول الله صلى الله عليه وسلم هو الذي يتولاه، وهو نص قاطع لا يدع للأمة المسلمة شكاً في أن الشورى مبدأ أساسي لا يقوم نظام الإسلام على أساس سواه)[2] .

(1) المسألة الشرقية ، محمود ثابت الشاذلي ، ص54.
(2) في ظلال القرآن الكريم (501/4).

- وقال تعالى : ﴿والذين استجابوا لربهم وأقاموا الصلاة وأمرهم شورى بينهم ومما رزقناهم ينفقون﴾ (سورة الشورى:آية: 38).

يقول الأستاذ عبد القادر عودة -رحمه الله- "الشورى من دعائم الإيمان وصفة من الصفات المميزة للمسلمين ، سوى الله بينها وبين الصلاة والإنفاق في قوله: ﴿ والذين استجابوا لربهم وأقاموا الصلاة وأمرهم شورى بينهم ومما رزقناهم ينفقون﴾. فجعل للاستجابة لله نتائج بين لنا أبرزها، وأظهرها، وهي إقامة الصلاة والشورى والإنفاق، وإذا كانت الشورى من الإيمان فإنه لا يكمل إيمان قوم يتركون الشورى، ولا يحسن إسلامهم إذا لم يقيموا الشورى إقامة صحيحة، ومادامت الشورى صفة لازمة للمسلم لا يكمل إيمانه إلا بتوفرها، فهي إذن فريضة إسلامية واجبة على الحاكمين والمحكومين، فعلى الحاكم أن يستشير في كل أمور الحكم والإدارة والسياسة، والتشريع وكل ما يتعلق بمصلحة الأفراد أو المصلحة العامة، وعلى المحكومين أن يشيروا على الحاكم بما يرونه في هذه المسائل كلها، سواء استشارهم الحاكم أو لم يستشرهم . [1]

والأحاديث القولية والسنة الفعلية الدّالة على وجوب الشورى كثيرة ونكتفي بما ذكرنا خوفاً من الإطالة.

وفي رواية أن عثمان أمر ابنه بأن ينزل على رأي العلماء في قوله : ' وأنزل على مشورتهم فإنهم لا يأمرون إلا بخير .. ' [2] وكأن عثمان - رحمه الله - يرى أن الشورى ملزمة للحاكم وقد ذهب إلى هذا الرأي مجموعة من العلماء المعاصرين منهم العلامة أبو الأعلى المودودي - رحمه الله - : ' وخامسة قواعد الدولة الإسلامية حتمية تشاور

_____
(1) الإسلام وأوضاعنا السياسية ، ص193.
(2) انظر: جوانب مضيئة، ص21.

قادة الدولة وحاكمها مع المسلمين والنزول على رضاهم ورأيهم، وإمضاء نظام الحكم بالشورى. يقول تعالى: ﴿وأمرهم شورى بينهم﴾، ﴿ وشاورهم في الأمر﴾ [1].

(إن قاعدة: ﴿وأمرهم شورى بينهم﴾ تتطلب بذاتها خمسة أمور: خامسها التسليم بما يجمع عليه أهل الشورى أو أكثريتهم، أما أن يستمع ولي الأمر إلى آراء جميع أهل الشورى ثم يختار هو بنفسه بحرية تامة، فإن الشورى في هذه الحالة تفقد معناها وقيمتها، فالله لم يقل: (تؤخذ آراؤهم ومشورتهم في أمرهم) وإنما قال : ﴿وأمرهم شورى بينهم﴾ يعني أن تسير الأمور بتشاور فيما بينهم، وتطبيق هذا القول الإلهي لا يتم بأخذ الرأي فقط، وإنما من الضروري لتنفيذه وتطبيقه أن تجري الأمور وفق ما يتقرر بالإجماع أو الأكثرية..) [2].

وهكذا نرى الأمير عثمان يسبق كثير من العلماء والمفكرين المعاصرين في ذهابه إلى أن الشورى ملزمة ويأمر بأنه بالنزول عند رأي العلماء ولكونهم لا يأمرون إلا بخير.

لقد ساهمت الشورى في بناء الدولة العثمانية وتماسك رعاياه وعززت السلطان السياسي والجهادي والدعوي للدولة وكانت الآراء تتقلب وفقا لجدارتها، وبمقدار انسجامها مع عقيدة الأمة ودستور الدولة، لقد كان الحكام العثمانيون يريدون لحكمهم أن يستمر ولنظام دولتهم أن يستقر ولذلك حرصوا على الإلمام بحقيقة الأوضاع ببلادهم وجعلوا من الشورى خير سبيل لتحقيق هذه الغاية.

ولقد تطورت الشورى في الدولة العثمانية بل أصبح لكل إقليم حاكم يطلق عليه باشا وله مجلس الديوان يتشاورون في شؤون الحكم والرعية، ولقد شكلت مجالس

---

(1) الخلافة والملك، ص41-42.
(2) الحكومة الإسلامية ، ص94.

وعين نواب وممثلون لكل جماعة وأتيحت الفرصة للاختيار وتتطور الأمر حتى وصل في عهد السلطان محمد الفاتح إلى تشكيل مجلس استشاري لأمور الدولة.

إن أشكال الشورى وأساليب تطبيقها ووسائل تحقيقها وإجراءاتها كانت في زمن الدولة العثمانية عرضة للاجتهاد والبحث والاختيار، أما أصل الشورى في إدارة شؤون الدولة فكان بالنسبة لهم من قبيل المحكم الثابت الذي لا يجوز تجاهله أو إهماله وإن كان تاريخ الدولة العثمانية لا يخلو من ظهور بعض السلاطين المتسلطين.

3- يا بني أوصيك بعلماء الأمة، أدم رعايتهم وأكثر من تبجيلهم:

كان عثمان على صلة متينة مع كبار العلماء والفقهاء وكبار الصالحين في عهده وكثيراً ما يجلس الساعات الطوال بين أيديهم ويتلقى مواعظهم ويستفيد من علمهم ويشاورهم في أمور الدولة وكان يتردد على المولى الشيخ 'إده بالي' القرماني المولد وقد زوجه ابنته بسبب رؤيا : 'كان في أحد الأيام يبيت عنده، فرأى في المنام قمراً خرج من حضن الشيخ ودخل حضنه، وعند ذلك نبتت شجرة عظيمة سدت أغصانها الآفاق، وتحتها جبال عظيمة تتفجر منها الأنهار، والناس ينتفعون بتلك الأشجار لأنفسهم ودوابهم وبساتينهم، فقص هذه الرؤيا على الشيخ فقال: لك البشرى، بما نلت مرتبة السلطنة، وينتفع بك وبأولادك المسلمون، وإني زوجت لك ابنتي هذه .. '(1).

لقد حاول بعض الكتاب أن يجعل من تلك الرؤيا أسطورة لا حقيقة لها مع أن هذه الرؤيا ذكرت في كتاب مهم اسمه الشقائق النعمانية في تاريخ الدولة العثمانية، وهذا الكتاب أفاد وأجاد في ذكر علماء وفقهاء الدولة لفترات زمنية ممتدة.

إن هذه الرؤيا لا تخالف العقل ولا النقل، لأن عثمان الأول رحمه الله كان رجلاً تقياً

---

(1) الشقائق النعمانية في علماء الدولة العثمانية، تأليف طاش كبر زاده، ص7 نقلاً عن تاريخ الدولة العثمانية ، د.علي حسون ، ص25.

ورعاً ومن ثمار التقوى الرؤيا الصالحة وثناء الخلق ومحبتهم : قال تعالى: ﴿ألا إنّ أوليـاء الـلـه لا خوف عليهم ولا هم يحزنون الذين آمنوا وكانوا يتقون لهم البُشرى في الحيـاة الدنيا وفي الآخرة...﴾ [يونس : 62-64].

والبشرى في الدنيا ما بشر الـلـه به المؤمنين المتقين، في غير مكان مـن كتابـه وعـن النبـي صلى الـلـه عليه وسلم : " الرؤيا الصالحة مـن الـلـه .. " [1] وعنـه عليه الصلاة والسلام : " لم يبـق مـن النبوة إلا المبشرات قالوا: وما المبشرات ؟ قال: " الرؤيا الصالحة " [2] وعـن أبي ذر قـال: قلت لرسـول الـلـه صلى الـلـه عليه وسلم : الرجل يعمل العمل لله ويحبه الناس "فقال تلك عاجل بشرى المؤمن" [3].

إن عثمان الأول - رحمه الـلـه - وضع الـلـه لـه محبة في قلوب المسـلمين لجهاده وتقواه وصلاحه.

إن وصية عثمان لابنه باحترام العلماء أصبحت منهجاً سار عليه حكام الدولة العثمانيـة وهـذا يدل على التزام العثمانيين بشرـع الـلـه تعالى، لأن الشرـيعة أعطـت اعتبـاراً للعلمـاء وبنته عـلى أمرين:

- أن طاعتهم طاعة لله – عز وجل ولرسوله صلى الـلـه عليه وسلم ، فالتزام أمرهم واجب.

- أن طاعتهم ليست مقصودة لذاتها بل هي تبعٌ لطاعة الـلـه ورسوله صلى الـلـه عليه وسلم

.

والأدلة على هذه المنزلة وهذا الاعتبار للعلماء في الشريعة كثيرة منها:

الدليل الأول: قوله تعالى: ﴿يا أيها الذين آمنوا أطيعـوا الـلـه وأطيعوا الرسـول وأولي

---

(1) البخاري ، كتاب الرؤيا ، باب رؤيا الصالحين (88/8) رقم 6986.
(2) البخاري ، كتاب الرؤيا ، باب المبشرات (89/8) رقم 6990.
(3) مسلم ، كتاب الرؤيا، باب (2034/4).

الأمر منكم ﴾ (سورة النساء، الآية: 59).

وقد اختلف المفسرون في أولي الأمر منكم على أقوال فقيل: هم السلاطين وذوو القدرة.

وقيل: هم أهل العلم.

قال ابن عباس - رضي الله عنهما - " يعني أهل الفقه والدين، وأهل طاعة الله الذين يعلمون الناس معاني دينهم، ويأمرونهم بالمعروف، وينهونهم عن المنكر، فأوجب الله سبحانه طاعتهم على عباده " [1].

والتحقيق أن الأمراء إنما يطاعون إذا أمروا بمقتضى ـ العلم، فطاعتهم تبعٌ لطاعة العلماء، فإن الطاعة إنما تكون في المعروف وما أوجبه العلم، فكما أن طاعة العلماء تبع لطاعة الرسول، فطاعة الأمراء تبع لطاعة العلماء، فإن الطاعة إنما تكون في المعروف وما أوجبه العلم، فكما أن طاعة العلماء تبع لطاعة الرسول، فطاعة الأمراء تبع لطاعة العلماء ولما كان قيام الإسلام بطائفتين، العلماء والأمراء، وكان الناس لهم تبعاً، كان صلاح العالم بصلاح هاتين الطائفتين، وفساده بفسادهما [2].

والدليل الثاني : أن الله - سبحانه - أوجب الرجوع إليهم وسؤالهم عما أشكل: قال تعالى: ﴿فاسألوا أهل الذكر إن كنتم لا تعلمون﴾ [سورة الأنبياء، الآية: 7].

وعموم هذه الآية، فيها مدح أهل العلم، وأن أعلى أنواعه، العلم بالكتاب المنزل، فإن الله أمر من لا يعلم بالرجوع إليهم في جميع الحوادث في ضمنه تعديل لأهل العلم وتزكية لهم حيث أمر بسؤالهم، وأن بذلك يخرج الجاهل من التبعة.. [3].

---

(1) تفسير الطبري (149/5).
(2) إعلام الموقعين (10/1) بتحقيق عبدالرؤوف سعد.
(3) تفسير السعدي (206/4).

إن الآيات والأحاديث التي تبين دور العلماء كثيرة ونكتفي بما ذكرنا.

لقد كان العلماء في مسير الدولة العثمانية مرجع للسلاطين عند الفتن والملاحم والمحن وكانت لهم مقدرة عظيمة على حشد الناس تحت لواء الجهاد في سبيل الله تعالى، وإقامة شرعه على الرعية وكانوا لا يسمحون للسلطان أن يتجاوز أحكام الشرع وإلا ربما هيجوا عليه الناس وعزلوه، وكانت أحكام العلماء والفقهاء تستنبط من:

1- القرآن الكريم:

قال تعالى: ﴿إنا أنزلنا إليك الكتاب بالحق لتحكم بين الناس بما أراك الله﴾ (سورة النساء: 105).

فهو المصدر الأول الذي يشتمل على جميع الأحكام الشرعية التي تتعلق بشؤون الحياة البشرية، كما يتضمن مبادئ أساسية وأحكاماً قاطعة لإصلاح كل شعبة من شعب الحياة، كما بين القرآن الكريم للمسلمين كل ما يحتاجون إليه من أسس تقوم عليها دولتهم.

2- السنة المطهرة:

هي المصدر الثاني الذي يستمد منه العلماء الأحكام ومن خلالها يعرفون الصيغ التنفيذية والتطبيقية لأحكام القرآن ممثلة في قيادة الرسول صلى الله عليه وسلم للأمة ومن خلال السنة يمكن التعرف على نوعية المجتمع المثالي الذي ينشده الإسلام.

3- إجماع الأمة:

وخاصة الصحابة، وفي مقدمتهم الخلفاء الراشدين قال تعالى: ﴿ومن يشاقق الرسول من بعد ما تبين له الهدى ويتبع غير سبيل المؤمنين نوله ما تولى ونصله جهنم وساءت مصيراً﴾ (النساء: 115).

4- مذهب العلماء والمجتهدين:

قال تعالى: ﴿وإذا جاءهم أمر من الأمن أو الخوف أذاعوا به، ولو ردوه إلى الرسـول وإلى أولي الأمر منهم لعلمه الذين يستنبطونه منهم﴾ (سورة النساء، آية : 83).

والآية دليل على الأخذ بالاجتهاد إذا عُدم النص والإجماع [1] ، ولأن العلماء في أمة محمد صـلى اللـه عليه وسلم كالأنبياء في بنـي إسرائيل، فهم المؤتمنون علـى نقل العلم، والمفوضون في استنباط الأحكام المتجددة في عمومات الشريعة، لا لعصمة اختصوا بها - فليس في الإسلام كهنـوت - ولكـن لأهليتهم في أن يُسموا - "أهل الذكر " و اللـه تعالى يقول : ﴿فاسألوا أهل الـذكر إن كنـتم لا تعلمون﴾ (سورة النحل، آية: 43).

لقد كان علماء الدولة العثمانية علـى فهـم عميق لـروح الشريعة وقواعدها ولهـم المقـدرة علـى معالجة ما يستجد من قضايا في ضوء هذا الفهم، وكانـت لهـم القـدرة علـى فهـم ضبط المناط في الأحكام وقياس الفروع على الأصول فيها.

ولقد كان المذهب الحنفي له القدح المعلى عنـد علماء الدولـة وإن كـانوا لا يستغنون عـن بقيـة المذاهب السنية التي كانت لها احترامها عند السلاطين العثمانيين.

لقد حرص علماء الدولة العثمانية على أن يكون نظامها السياسي علـى عقيـدة التوحيـد، وتطبيـق شريعة اللـه، وتقوم على الشورى، وأن يقوم نظامها الاقتصادي علـى التعامـل بالذهب والفضة، وعدم التعامل بالربا، وعدم الاستغلال والاحتكار، وعدم الاتجار بما حـرم اللـه، وأن يقوم نظامها السلوكي والأخلاقي الاجتماعي على أساس عقيدة الإسلام، وأن يقوم نظامها التعليمي والإعلامي على قاعدة من العلوم الشرعية، وأن تقوم علاقتها الدولية على أساس عقيدة الإسلام التي وضعها اللـه سبحانه وتعالى -

---

(1) انظر: تفسير القرطبي (292/5).

حيث قال: ﴿لا ينهاكم الله عن الذين لم يقاتلوكم في الدين ولم يخرجوكم من دياركم أن تبروهم وتقسطوا إليهم إن الله يحب المقسطين . إنما ينهاكم الله عن الذين قاتلوكم في الدين وأخرجوكم من دياركم وظاهروا على إخراجكم أن تولوهم ومن يتولهم فأولئك هم الظالمون﴾ (سورة الممتحنة، آية: 8،9).

لقد كان العلماء والفقهاء في الدولة العثمانية يشرفون على تطبيق شرع الله، وإقامة الحدود، وتحريم ما حرم الله، ولا تستحل إلا ما حرم الله [1].

لقد كان معظم سلاطين الدولة يحترمون العلماء ويجلونهم .

4- (اعلم يا بني ، أن نشر الإسلام وهداية الناس إليه وحماية أعراض المسلمين وأموالهم، أمانة في عنقك سيسألك الله عز وجل عنها) [2]

لقد فهم عثمان الأول - رحمه الله - أن دين الإسلام، دين دعوة مستمرة، لا تتوقف حتى تتوقف الحياة البشرية من على وجه الأرض وأن من أهداف الدولة الإسلامية دفع عجلة الدعوة إلى الأمام ليصل نور الإسلام إلى كل إنسان. إن الدولة العثمانية كانت ترى من مسؤولياتها القيام بوظيفة الدعوة ونشرها في أرجاء الأرض وربط السياسة الخارجية على الأسس الدعوية العقدية، قبل بنائها على الأسس المصلحية النفعية، وذلك كما كان يفعل رسول الله صلى الله عليه وسلم ، كان يقوم بتبليغ الدعوة إلى الآفاق امتثالاً لقوله تعالى: ﴿يا أيها الرسول بلغ ما أنزل إليك من ربك، وإن لم تفعل فما بلغت رسالته و الله يعصمك من الناس إن الله لا يهدي القوم الكافرين﴾ (سورة المائدة، 67).

وقد امتثل عليه الصلاة والسلام للأمر وأرسل إلى ملوك الأرض، فكتب إلى ملوك

---

(1) انظر: الدولة العثمانية ، د.جمال عبد الهادي ، ص4.
(2) انظر: جوانب مضيئة ، ص21.

الروم، فقيل له : إنهم لا يقرءون كتاباً إلا إذا كان مختوماً، فاتخذ خاتماً من فضة وختم بـه الكتـب إلى الملوك، وبعث كتباً ورسلاً إلى ملوك فارس والـروم، والحبشـة ومصرـ والبلقـاء واليمامـة في يـوم واحد، ثم بعث إلى حكام عمان والبحرين واليمن وغيرهم [1] .

ولذلك اقتدى عثمان - رحمه اللـه - بالنبي صلى اللـه عليه وسـلم في دعوتـه وسـار أبنـاءه مـن بعده على هذا المنهج وظهرت في الدولة جماعـة الـدعوة وكـان الحكـام والسـلاطين يقفـون معهـا ويدعمونها مادياً ومعنوياً، ولقد سـلك العثمانيـون دولـة وشـعباً سـبلاً متعـددة مـن أجـل إدخـال النصارى في الإسلام ومن هذه الطرق:

- الاحتفال بمن يعلن اعتناقه للإسلام وإمداده بكل ما يعينه على الحياة والابتهال به في المساجد.

- حرص العثمانيون على التمسك بالدين، والتواضـع في أداء الشـعائر مـما جعـل بعـض المسـيحيين يدخلون في الإسلام.

- معاملة الرقيق من المسيحيين باللين حيث كانوا يعتقونهم إذا ثبت إخلاصهم حتى ولو ظلوا عـلى دينهم ويتولون رعايتهم وبخاصة كبار السن منهم بعد العتق فضلاً عن حسن معاملـة مـن يسـلم منهم أو يظل على دينه مما كان دافعاً لكثير منهم على اعتناق الإسلام [2] .

- أقبل كثير من العثمانيين على الزواج مـن مسـيحيات حرمـت الكنيسـة دخـولهن فيهـا مـما حـدا ببعضهن إلى اتباع أزواجهن.

- قام مـن دخـل في الإسـلام مـن النصـارى بـدعوة أقـاربهم وذويهـم لمـا رأوا مـن سـماحة الإسـلام وانسجامه مع الفطرة، ومخاطبته للعقل، وأحياءه للقلب.

- قامت الدولة العثمانية بنقل قبائل إسلامية تابعة لها إلى قرى مسيحية ونقلت أعداد

---

(1) انظر: زاد المعاد (124-119/1).
(2)انظر: قراءة جديدة في تاريخ العثمانيين، د.زكريا بيومي، ص51، 52، 53.

من النصارى إلى تجمعات إسلامية مما ساعد على انتشار الإسلام تدريجياً.

- قام السلطان مراد باتباع سياسة الإفراج عن الأسرى إذا هم اعتنقوا الإسلام وأسهم ذلك الأسلوب في زيادة عدد المسلمين.

- ومما ساعد على انتشار الإسلام في البلقان تعسف الإقطاعيين المحليين في فرض الضرائب الباهظة أن كبار رجال الدين من الإقطاعيين قد باعوا أسرار الكنيسة ووظائفها من جهة وسعوا في توثيق علاقاتهم بالنظام العثماني بل بعضهم دخل في الإسلام.

- توسع سلاطين العثمانيين في المنح والعطايا والتقدير لزعماء النصارى الذي أقبلوا على الإسلام وأظهر كثيرون منهم الإخلاص للدولة العثمانية [1] .

لقد أهتم العثمانيون بأمر الدعوة إلى الله على مستوى الخارجي وإدخال الناس في دين الإسلام ولم يتركوا أمر الإصلاح الداخلي في الدولة وإحياء فريضة الأمر بالمعروف والنهي عن المنكر .

لقد بين عثمان الأول -رحمه الله- أن حماية أعراض المسلمين وأموالهم أمانة في عنق الحاكم المسلم وهذه الأمور تدخل تحت عبادة الأمر بالمعروف والنهي عن المنكر، وتنفيذ الحدود، والدعوة إلى مكارم الأخلاق وتعليم الأمة أمر دينها، ويكون ذلك بإشراف الحاكم المسلم، فيترتب على تلك الأمور فوائد ومصالح عامة للأمة والأفراد، والحكام والمحكومين ومن أهم هذه الفوائد:

- إقامة المِلَّة والشريعة وحفظ العقيدة والدين لتكون كلمة الله هي العليا.

قال تعالى : ﴿ولولا دفع الله الناس بعضهم ببعض لهدمت صوامع وبيع وصلوات

(1)انظر: قراءة جديدة في تاريخ العثمانيين.

ومساجد يُذكر فيها اسم الـلـه كثيراً﴾ (سورة الحج: آية 40).

إن الإنسان لابد له من أمر ونهي ودعوة ، فمن لم يأمر بالخير ويدعو إليه أمر بالشر [1].

- رفع العقوبات العامة: قال تعالى : ﴿وما أصبكم من مصيبة فبما كسبت أيـديكم﴾ (سـورة الشورى: آية 30). وقال أيضاً في الجـواب عـن سـبب مصـابهم يـوم أحـد : ﴿قـل هـو مـن عنـد أنفسكم﴾ (سورة آل عمران: آية 165). فالكفر والمعاصي بأنواعها سـبب للمصـائب والمهالـك قـال تعالى: ﴿فلولا كان من القرون من قـبلكم أولـوا بقيـة ينهـون عـن الفسـاد في الأرض إلا قليلاً مما أنجينا منهم...﴾ (سورة هود: آية 116). وقـال: ﴿وما كان ربك ليهلك القرى بظلم وأهلها مصلحون﴾ (سورة هود: آية 117). "وهذه إشارة تكشـف عـن سـنة مـن سـنن الـلـه في الأمم، فإن الأمة التي يقع فيها الظلم والفساد فيجدان مـن يـنهض لـدفعهما هـي أمـم ناجيـة لا يأخذها الـلـه بالعذاب والتدمير" [2].

- استنزال الرحمة من الـلـه تعالى؛ لأن الطاعة والمعروف سبب للنعمـة قـال تعـالى : ﴿وإذ تـأذن ربكم لئن شكرتم لأزيدكم ..﴾ (سورة إبراهيم: آية7) والقيام بالأمر بالمعروف والنهي عن المنكر نوع من العبودية لله.

- تحقيق وصف الخيرية في هذه الأمة:

قال تعـالى: ﴿كنـتم خـير أمـة أخرجـت للنـاس تـأمرون بـالمعروف وتنهـون عـن المنكـر وتؤمنون بالله﴾.

(1) انظر: الأمر بالمعروف والنهي عن المنكر ، خالد السبت، ص72.
(2) في ظلال القرآن (1933/4).

- التجافي عن صفات المنافقين:

﴿والمؤمنون والمؤمنات بعضهم أولياء بعض يأمرون بالمعروف وينهون عن المنكر ويؤمنون بالله...﴾ (سورة التوبة: أية 7).

5- "يا بني أحط من أطاعك بالإعزاز ، وأنعم على الجنود" [1]:

إن أمة الإسلام تحتاج لكي تقوم بمهمتها في هداية الناس للخير إلى أن تكون صـالحة في نفسها، مصلحة لغيرها، فهي الشهيدة على الأمم لأنها أمة الوسط.

قال سبحانه : ﴿وكذلك جعلناكم أمة وسطاً لتكون شهداء على الناس ويكون الرسـول عليكم شهيداً﴾ (سورة البقرة: آية 143).

وهناك حقوق متبادلة بين الراعي والرعيـة، والحاكم والمحكوم، ومـن وصيـة عـثمان -رحمـه اللـه- لابنه يبين له حق الرعية على الحاكم ولقد حـرص العثمانيـون كحكـام عـلى تنفيـذ حقـوق الرعية ومن أهم هذه الحقوق التي قاموا بها:

1.العمل على الإبقاء على عقيدة الأمة صافية نقية.

2.بذل الأسباب المؤدية إلى وحدة الأمة.

3.العمل على حماية الأمة من أعداء الخارج.

4.أن يعمل الولاة على حماية الأمة من المفسدين والمحاربين.

5.إعداد الأمة إعداداً جهادياً.

6.حفظ ما وضعت الشريعة لأجله.

---

(1) العثمانيون في التاريخ والحضارة، ص16.

73

7.تحصيل الصدقات وأموال الزكاة والخراج والفيء وصرفها في مصارفها الشرعية.

8.تحري الأمانة في اختيار أرباب المناصب.

9.إعطاء حقوق الرعية وما يستحقونه في بيت المال من غير سرف ولا تقتير، ودفعه في وقت لا تقديم فيه ولا تأخير .

10.الإشراف المباشر على سير الأمور بين الرعية في كل النواحي الإدارية   التي تتعلق بما يصلح أحوالهم   [1] .

ومن واجبات الرعية تجاه الحكام:

1- قال تعالى: ﴿يا أيها الذين آمنوا أطيعوا الله وأطيعوا الرسول وأولي الأمر منكم﴾ (سورة النساء: آية 59).

وكان المجتمع العثماني شديد السمع والطاعة لحكامه ماداموا ملتزمين بالشريعة؛ لأنهم كانوا على علم بأن طاعة الحكام مقيدة دائماً بطاعة الله ورسوله، كما قال صلى الله عليه وسلم : "لا طاعة في المعصية ، إنما الطاعة في المعروف" [2] .

2- النصرة :

كان المجتمع العثماني دائماً يلتف حول حكامه الشرعيين ويلبي دعوة الجهاد ويبذل الغالي والرخيص ويرى ذلك عبادة لله تعالى قال تعالى: ﴿وتعاونوا على البر والتقوى﴾ (سورة المائدة: آية 2).

وكان من مفاهيم المجتمع العثماني السائدة عندهم ؛ من نصرة الحاكم ألا يهان،

---

(1) انظر: الحاكم والمحكوم في خطاب الوحي (315/2 إلى 323).
(2) مسلم، كتاب الإمارة، باب حكم من فرق أمر المسلمين (1480/3) رقم 1852.

ومن معاضدته أن يحترم، وأن يكرّم ، فقوامته على الأمة وقيادته لها لإعلاء كلمة الله، تستوجب تبجيله وإجلاله وإكرامه تبجيلاً وإجلالاً وإكراماً لشرع الله سبحانه الذي ينافح ويدافع عنه. يقول رسول الله صلى الله عليه وسلم : "إن من إجلال الله تعالى: إكرام ذي الشيبة المسلم، وحامل القرآن غير الغالي فيه والجافي عنه، وإكرام ذي السلطان المقسط" [1] .

3- النصح:

إن المجتمع العثماني كان يناصح ولاة أمره ويرى ذلك من صميم الدين لقول رسول الله صلى الله عليه وسلم : "الدين النصحية -ثلاثاً- قال الصحابة ك لمن يا رسول الله؟ قال : لله -عز وجل- ولكتابه ولرسوله ولأئمة المسلمين وعامتهم" [2] .

4- التقويم:

لقد استقر في مفهوم المجتمع العثماني أن بقاء الأمة على الاستقامة رهن استقامة ولاتها، ولذلك نجد في التاريخ العثماني صور مشرفة في تقويم الحكام وإرشادهم ونصحهم ، فهذا المولى علاء الدين علي بن أحمد الجمالي المتوفى سنة 932هـ ، فقد كان عالماً عاملاً يمضي وقته في التلاوة والعبادة والدرس والفتوى، محافظاً على الصلوات الخمس مع الجماعة، وكان كريم النفس ، طيب الأخلاق، عظيم المهابة ، صدّاعاً بالحق، عفيف اللسان لا يذكر أحد بسوء ولعلاء الدين احتساب عظيم مع السلطان سليم خان المتوفى عام 926هـ ومن ذلك: أن السلطان سليم أمر بقتل مائة وخمسين من موظفيه، فلما سمع المولى علاء الدين بالأمر ذهب إلى الديوان، ولم تكن عادته الحضور إلى السلطان إلا لأمر عظيم، فلم يشعر الوزراء وأهل الديوان إلا بدخول الشيخ المفتي عليهم، فوثبوا يستقبلونه حتى أقعدوه في صدر المجلس وقالوا له : أي شيء دعا المولى

---

(1) أبو داود ، كتاب الأدب، باب تنزيل الناس منازلهم رقم الحديث 4822.
(2) مسلم، كتاب الإيمان ، باب بيان أن الدين النصيحة، (74/1) رقم 55.

إلى المجيء إلى الديوان العالي؟ قال: أريد أن أدخل على السلطان ولي معه كلام، فاستأذنوا له على السلطان، فأذن له وحده فدخل عليه وجلس، وقال : وظيفة أرباب الفتوى أن يحافظوا على آخرة السلطان، وقد سمعت بأنك أمرت بقتل مائة وخمسين رجلاً من أرباب الديوان لا يجوز قتلهم شرعاً، فغضب السلطان وكان صاحب حدة، وقال له: لا تتعرض لأمر السلطنة وليس ذلك من وظيفتك، فقال الشيخ: بل أعترض لأمر آخرتك، وإنه من وظيفتي ، ومهما عشت فإنك ميت ومعروض على اللـه، وواقف بين يديه للحساب، فإن عفوت فلك النجاة، وإلا فإن أمامك جهنم وعليك عقاب عظيم ، ولا يعصمك ملكك ولا ينجيك سلطانك، فما كان من السلطان إلا الإذعان والتسليم أمام نداء الحق من هذا المحتسب، وخضع للحق، وعفا عنهم جميعاً ، ثم إن المحتسب لم يكتف بذلك بل طالبه أن يعيد الجميع إلى وظائفهم ففعل. رحم اللـه المولى علاء الدين الذي كان عظيماً باحتسابه جريئاً في الحق لا يخشى فيه لومة لائم ولقد تأثر السلطان سليم بهذا العالم وأرسل إليه بعد ذلك وطلب منه أن يكون قاضي العسكر وقال له جمعت لك بين الطرفين لأني تحققت أنك تتكلم بالحق، فكتب إليه وصل إلي كتابك سلمك اللـه تعالى وأبقاك وأمرتني بالقضاء وأني أمتثل أمرك إلا أن لي مع اللـه تعالى عهداً أن لا تصدر عني لفظة حكمت فأحبه السلطان محبة عظيمة [1] .

وهكذا سار العثمانيون على المنهج الذي وضعه لهم المؤسس الأول.

6- ﴿ولا يغرنك الشيطان بجندك ومالك﴾ [2] :

وهذه المعاني يعيشها من فهم القرآن الكريم وتأثر به، وتأمل في سير الأنبياء والمرسلين والمصلحين، لأنه يعلم أن التوفيق من اللـه تعالى وليس بالجند ولا بالمال وهكذا كان موقف يوسف عليه السلام قال تعالى: ﴿رب قد آتيتني من الملك وعلمتني

---

(1) انظر: شذرات الذهب (185/8).
(2) انظر: العثمانيون في التاريخ والحضارة ، ص16.

من تأويل الأحاديث فاطر السموات والأرض أنت ولي في الدنيا والآخرة توفني مسلماً وألحقني بالصالحين﴾ (سورة يوسف:آية 110). وهكذا يناجي يوسف عليه السلام ربه؛ فيقول أصبحت ممكناً في الأرض تشد إلي الرحال، وتنصاع لكلمتي الرجال، ورزقتني الفهم وصواب تأويل الرؤى ، وتفسير الأحاديث ويرجع الفضل إلى صاحب المن والفضل يقول ابن القيم: "جمعت هذه الدعوة الإقرار بالتوحيد والاستسلام للرب وإظهار الافتقار إليه، والبراءة من موالاة غيره سبحانه، وكون الوفاة على الإسلام أجل غايات العبد، وأن ذلك بيد الله لا بيد العبد، والاعتراف بالمعاد وطلب مرافقة السعداء"(1) .

وهذا ذو القرنين عندما تمّ بناء سدِّه العظيم وكان يملك الجنود والمال ويتحكم في الشعوب بالعدل قال: ﴿هذا رحمة من ربي﴾ (سورة الكهف: آية97). إنها عبارة جميلة مباركة تشير إلى عدة معاني:

1- قال سيد قطب : ﴿ونظر ذو القرنين إلى العمل العظيم الذي قام به؛ فلم يأخذه البطر والغرور، ولم تسكره نشوة القوة والعلم، ولكنه ذكر الله فشكره، ورد إليه العمل الصالح الذي وفقه إليه...﴾(2) .

إن من أعظم صور الذكر أن يتذكر العبد فضل الله عليه ، فيستشعر أن فضل الله عليه عظيم ؛ فيتواضع ويعدل ويذكر ويشكر.

وهكذا كانت وصية عثمان لابنه يحذره فيه من الشيطان ومسالكه ومداخله ويدعوه إلى الاحتراز من كيده.

---

(1) الفوائد لابن القيم ، ص21.
(2) الظلال (2293/4).

7- "وأن بالجهاد يعم نور ديننا كل الآفاق، فتحدث مرضات الـلـه جـل جلاله"[1]

إن عثمان الأول -رحمه الـلـه تعالى- كان يرى أن نشر دين الـلـه في كل الآفاق مـن وسائله الجهاد في سبيل الـلـه تعالى، وأن الغاية العليا للجهاد في سبيل الـلـه هي إعلاء كلمة الـلـه لتحقيق عبادته وحدة لا شريك له كما قال تعالى: ﴿وما خلقت الجن والإنس إلا ليعبدون ۞ مـا أريد منهم من رزق وما أريد أن يطعمون ۞ إن الـلـه هـو الـرزاق ذو القوة المتين﴾ (سورة الذاريات: آية 56،58).

ومفهوم العبادة شامل لنشاط الإسلام كله ويفسر ذلك قوله تعالى: ﴿قل إن صـلاتي ونسكي ومحياي ومماتي لله رب العالمين لا شريك لـه﴾ ۞ وبـذلك أمرت وأنـا أول المسلمين﴾ (سورة الأنعام: آية   ).

ومن أجل هذه الغاية انطلق عثمان الأول بجنوده وشعبه مجاهداً في سبيل الـلـه ولسان حاله يقول ابتعثنا الـلـه لنخرج من شاء من عبادة العباد إلى عبادة الـلـه ومن ضيق الـدنيا إلى سعتها ومن جور الأديان إلى عدل الإسلام، لقد كانت وسيلة العثمانيين من أجل إقامة حكم الـلـه ونظـام الإسلام في الأرض الجهاد في سبيل الـلـه.

وعندما حاولت دول النصارى أن تعمل عـلـى منـع توسع الدولة العثمانيـة وبـاشروا في شـن هجومهم عليها كانت وسيلة الجهاد كالصخرة العظيمة التي تتحطم عليه محاولتهم المتكررة وأمام قادة العثمانيين قول الـلـه تعالى : ﴿وقاتلوا في سبيل الـلـه الذين يقاتلونكم ولا تعتدوا إن الـلـه لا يحب المعتـدين ۞ واقتلـوهم حيـث ثقفتمـوهم، وأخرجـوهم مـن حيـث أخرجوكم، والفتنة أشد من القتل﴾ (سورة البقرة: آية 190-

---

(1) العثمانيون في التاريخ والحضارة ، ص16.

(192).

ولقد عمل العثمانيون بهذه النصيحة والوصية، فعملوا على إزالة كل العوائق التي تمنع الناس من سماع دعوة اللـه تعالى التي جاءت لتعطي الناس أكمل تصور للوجود والحياة وبأرقى نظام لتطويرها.

ولقد جاهدت الدولة العثمانية في سبيل اللـه تعالى وفتح اللـه على يديها دول وشعوب لازال الإسلام باقياً فيها حتى الآن مثل دول البلقان وعملت على حماية شعوب المسلمين مـن هجمـات النصارى الغاشمة ، فكانت سبباً في بقاء الشمال الأفريقي على إسلامه ودينه وعقيدته ، وكانـت عاملاً مهماً في حماية الأراضي المقدسة من البرتغاليين ومن دخل تحت لوائهم من النصارى إلى غـير ذلك من الأعمال الجليلة التي سنفصلها في بحثنا هذا بإذن اللـه تعالى.

8- «من انحرف عن سلالتي عن الحق والعدل حـرم مـن شـفاعة الرسـول صلى اللـه عليه وسلم الأعظم يوم المحشر» [1] :

إن عثمان -رحمه اللـه تعالى - يتبرأ من ممن ينحرف عن الحق والعدل من ذريته ويدعوا من جاء بعده بالتمسك بالحق وإقامة العدل.

إن العدل هو الدعامة الرئيسية في إقامة المجتمع الإسلامي والحكم الرباني؛ فلا وجود للإسلام في مجتمع يسوده الظلم ولا يعرف العدل ولذلك اهتم الإسلام بتقريـر هـذه القاعـدة وتأسيسـها وتدعيمها؛ فأكثر الحديث عنها في الآيات القرآنية الكريمة والأحاديث النبوية ومن هذه النصوص:

● قال تعالى : ﴿إن اللـه يأمر بالعدل والإحسان﴾ (سورة النحل: آية9) وأمر اللـه بفعل

---

(1) السلاطين العثمانيون ، ص33.

كما هو معلوم يقتضي وجوبه.

- قال تعالى : ﴿إن الـلـه يأمركم أن تؤدوا الأمانات إلى أهلها وإذا حكمتم بين النـاس أن تحكموا بالعدل..﴾ (سورة النساء : آية 58) .

- وقال تعالى : ﴿يأيها الذين آمنوا كونوا قوامين بالقسط شهداء لله ولو على أنفسكم أو الوالدين والأقربين إن يكن غنياً أو فقيراً فالله أولى بهما فلا تتبعوا الهـوى أن تعـدلوا وان تلوا أو تعرضوا فإن الـلـه كان بما تعملون خبيراً﴾ (سورة النساء: آية 135).

ثم إن ترك العدل يعد ظلماً، و الـلـه سبحانه وتعالى حرم الظلم وذم أهله وتوعدهم بالعـذاب الشديد يوم القيامة والهلاك في الدنيا[1] . قـال تعـالى : ﴿ولا تحسـبن الـلــه غـافلاً عـما يعمـل الظالمون﴾ (سورة إبراهيم: آية 42).

ومن خلال هذه التوجيهات الربانية حرص عثمان على إقامة العدل بين الناس وعمل أن يكـون هذا المبدأ واقعاً تعيشـه الأمـة العثمانيـة مـن بعـده حيـث وكـان يتحـرك بجيوشـه ويوظـف كـل إمكاناته من أجل نشر التوحيد وتعريف الناس بخالقهم، ولقد جمع بين الفتوحات العظيمـة بحـد السيف وفتوحات القلوب بالإيمان والإحسان وكان دستوره في التعامل مع الناس قول الـلــه تعـالى: ﴿أما من ظلم فسوف نعذبه ثم يرد إلى ربـه فيعذبـه عـذاباً نكـراً ۞ وأمـا مـن آمـن وعمل صالحاً فله جزاء الحسنى ، وسـنقول لـه مـن أمرنـا يسراً...﴾ (سورة الكهـف: آيـة 87،88).

ولذلك حرص في وصيته على أن يحكم من بعده بالحق والعدل وفي رواية يقول

(1) انظر: النظام السياسي في الإسلام ،د.محمد أبو فارس، ص49.

لابنه في الوصية: (اعدل في جميع شؤونك...)[1] .

9- (يا بني لسنا من هؤلاء الذين يقيمون الحروب لشهوة حكم أو سيطرة أفراد، فنحن بالإسلام نحيا وبالإسلام نموت)[2]

إن هذه الفقرة من الوصية تبين طبيعة تكوين الدولة العثمانية عن غيرها من الدول، فالغاية التي قامت من أجلها إنما هي الدفاع عن الإسلام ورفع رايته في مشارق آسيا الصغرى والقضاء على الدولة البيزنطية التي كانت تهدد المسلمين في ديارهم ومن ثم أطلق على زعيم هذه الدولة الناشئة لقب الغازي، أي المجاهد في سبيل الله، وكان يتلقى هذا اللقب في حفل مشهود بتسليمه راية الجهاد من عالم كبير[3] وأن الغازي عثمان -رحمه الله- دعا المسلمين من الترك وغيرهم لينضموا تحت راية الجهاد في سبيل الله فاستجاب له الكثير من المؤمنين الصابرين تحدوهم جميعاً رغبة شديدة في الانتصار لدين الله بالقضاء على الدولة البيزنطية[4] .

هذه الوصية الخالدة هي التي سار عليها الحكام العثمانيون في زمن قوتهم ومجدهم وعزتهم وتمكينهم.

ترك عثمان الأول الدولة العثمانية وكانت مساحتها تبلغ 16.000 كيلومتر مربع واستطاع أن يجد لدولته الناشئة منفذ على بحر مرمرة واستطاع بجيشه أن يهدد أهم مدينتين بيزنطيتين في ذلك الزمان وهي : ازنيق وبورصة[5] .

(1) انظر: السلاطين العثمانيون ، ص33.
(2) انظر: العثمانيون في التاريخ والحضارة ، ص16.
(3) انظر: المسألة الشرقية ، ص39.
(4) انظر: تركيا والسياسة العربية، ص13.
(5) انظر: العثمانيون في التاريخ والحضارة ، ص15.

المبحث الثاني

السلطان أورخان بن عثمان

726-761هـ/1327-1360م

بعد وفاة عثمان تولى الحكم ابنه أورخان، وسار على نفس سياسة والده في الحكم والفتوحات، وفي عام 727هـ الموافق 1327هـ سقطت في يده نيقوميديا، وتقع في شمال غرب آسيا الصغرى قرب مدينة اسطنبول وهي مدينة أزميت الحالية، فأنشأ بها أول جامعة عثمانية، وعهد بإدارتها إلى داود القيصري، أحد العلماء العثمانيين الذين درسوا في مصر ــ [1] واهتم ببناء الجيش على أسس عصرية وجعله جيشاً نظامياً [2].

وحرص السلطان أورخان على تحقيق بشارة رسول الله صلى الله عليه وسلم في فتح القسطنطينية ووضع خطة استراتيجية تستهدف إلى محاصرة العاصمة البيزنطية من الغرب والشرق في آن واحد، ولتحقيق ذلك أرسل ابنه وولي عهده "سليمان" لعبور مضيق "الدردنيل" والاستيلاء على بعض المواقع في الناحية الغربية.

وفي عام (758هـ) اجتاز سليمان مضيق "الدردنيل" ليلاً مع أربعين رجلاً من فرسان الإسلام ولمّا أدركوا الضفة الغربية، استولوا على الزوارق الرومية الراسية هناك، وعادوا بها إلى الضفة الشرقية، إذ لم يكن للعثمانيين أسطول حينذاك حيث لا تزال دولتهم في بداية تأسيسها، وفي الضفة الشرقية أمر "سليمان" جنوده، أن يركبوا في الزوارق حيث تنقلهم إلى الشاطئ الأوربي حيث فتحوا ميناء قلعة "ترنب"، "وغاليبولي" التي فيها قلعة "جنا قلعة" و "أبسالا" "ورودستو" وكلها تقع على مضيق "الدردنيل" من الجنوب إلى الشمال، وبهذا خطا هذا السلطان خطوة كبيرة

(1) انظر : قيام الدولة العثمانية ، ص29.
(2) انظر: العثمانيون في التاريخ والحضارة ، ص17.

استفاد بها من جاء بعده في فتح " القسطنطينية " ⁽¹⁾ .

أولاً : تأسيس الجيش الجديد ديني تتاري :

إن من أهم الأعمال التي ترتبط بحياة السلطان أورخان، تأسيسه للجيش الإسلامي وحرص على إدخال نظاماً خاصاً للجيش، فقسمه إلى وحدات تتكون كل وحدة من عشرة أشخاص، أو مائة شخص، أو ألف شخص، وخصص خمس الغنائم للإنفاق منها على الجيش، وجعله جيشاً دائماً بعد أن كان لا يجتمع إلا وقت الحرب، وأنشأ له مراكز خاصة يتم تدريبه فيها ⁽²⁾ .

كما أنه أضاف جيشاً آخر عرف بالانكشارية ⁽³⁾ ، شكله من المسلمين الجدد الذين ازداد عددهم بعد اتساع رقعة الدولة وانتصاراتها الكبيرة في حروبها مع أعدائها من غير المسلمين، ودخول أعداد كبيرة من أبناء تلك البلاد المفتوحة في الإسلام، ثم انضمامهم إلى صفوف المجاهدين في سبيل نشر ـ الإسلام، فبعد أن يعتنقوا الإسلام ويتم تربيتهم تربية إسلامية فكرياً وحربياً يعينون في مراكز الجيش المختلفة، وقد قام العلماء والفقهاء مع سلطانهم أورخان بغرس حب الجهاد والذود عن الدين والشوق إلى نصرته أو الشهادة في سبيله وأصبح شعارهم (غازياً أو شهيداً) عندما يذهبون إلى ساحة الوغى ⁽⁴⁾ .

ولقد زعم معظم المؤرخين الأجانب أن جيش الانكشارية تكون من انتزاع أطفال النصارى من بين أهاليهم ويجبرونهم على اعتناق الإسلام، بموجب نظام أو قانون زعموا أنه كان يدعى بنظام (الدفشرية)، وزعموا أن هذا النظام كان يستند إلى ضريبة

---

(1) انظر: إلى الدولة العثمانية ، الدكتور جمال عبد الهادي ، ص22.
(2) انظر: قيام الدولة العثمانية ، ص32.
(3) المصدر السابق نفسه، ص302
(4) انظر: قيام الدولة العثمانية، ص302.

إسلامية شرعية أطلقوا عليها اسم " ضريبة الغلمان " وأسموها أحياناً " ضريبة الأبناء"، وهـي ضريبة زعموا أنها تبيح للمسلمين العثمانيين أن ينتزعوا خمس عـدد أطفـال كـل مدينـة أو قريـة نصرانية ، باعتبارهم خمس الغنائم التي هـي حصة بيت مـال المسـلمين ومـن هـؤلاء المـؤرخين الأجانب الذين افتروا على الحقيقة، كارل بروكلمان، وجيبونز، وجب [1] ، إن الحقيقة تقول أن نظـام الدثرمة المزعوم ليس سوى كذبة دُسَّت على تاريخ أورخان بن عثمان ومراد بن أورخان وانسحبت من بعده على العثمانيين قاطبة، فلم يكن نظام الدثرمة هـذا إلا اهتمامـاً مـن الدولة العثمانيـة بالمشردين من الأطفال النصارى الذين تركتهم الحروب المستمرة أيتامـاً أو مشردين، فالإسلام الـذي تدين الدولة العثمانية به يرفض رفضاً قاطعاً ما يسمى بضريبة الغلمان التي نسبها المغرضون مـن المؤرخين الأجانب إليها.

لقد كانت أعداد هائلة من الأطفال فقدوا آبائهم وأمهاتهم بسبب الحروب والمعارك، فانـدفع المسلمون العثمانيون إلى احتضان أولئك الأطفال الـذين هـاموا في طرقـات المـدن المفتوحـة بعـد فقدانهم لآبائهم وأمهاتهم وحرصوا على تأمين مستقبل كريم لهم وهل من مسـتقبل كـريم وأمـين إلا في الإسلام، أفإن يحرص المسلمون علـى أن يعتنـق الأطفـال المشردون التـائهون الإسـلام، انـبرى المفترون يزعمون أن المسلمين كانوا ينتزعونهم من أحضان آبـائهم وأمهـاتهم ؟؟ ويكرهـونهم علـى الإسلام.

ومن المؤسف أن هذه الفرية الحاقدة، وهذا الإفك المبين، وهذا البهتان العظيم التفقه بعـض المؤرخين المسلمين يدرسونه في مدارسهم وجامعاتهم وكأنه أمر مسلم به ويطرح على الطلاب كأنه حقيقة من الحقائق ولقد تأثر بكتب المـؤرخين الأجانب مجموعـة مـن المـؤرخين المسـلمين ومـن هؤلاء من يشهد له بالغيرة على الإسلام، فأصبحوا يرددون هذا البهتان في كتبهم من أمثـال، المـؤرخ محمد فريد بك المحامي في

_____

(1) انظر: جوانب مضيئة ، ص122.

85

كتابه الدولة العلية العثمانية، والدكتور علي حسون في كتابه، تاريخ الدولة العثمانية، والمؤرخ محمد كرد في كتابه خطط الشام، والدكتور عمر عبد العزيز في كتابه " محاضرات في تاريخ الشعوب الإسلامية " والدكتور عبد الكريم غرايبه في كتاب العرب والأتراك.

الحقيقة تقول كل من ذكر ضريبة الغلمان أو أخذهم بالقوة من ذويهم تحت قانون أخذ خمس أطفال المدن والقرى ليس له دليل إلا كتب المستشرقين، كجب، المؤرخ النصراني سوموفيل، أو بركلمان وهؤلاء لا يطمئن إليهم في كتابة التاريخ الإسلامي ولا إلى نواياهم تجاه الإسلام وتاريخ الإسلام.

إن الذين يربون تربية خاصة على الجهاد لم يكونوا نصارى وإنما كانوا أبناء آباء مسلمين انخلعوا عن النصرانية، واهتدوا إلى الإسلام، وشرعوا من أنفسهم وعن طواعية لا عن إكراه، يقدمون أبناءهم للسلطان ليستكمل تربيتهم تربية إسلامية، أما باقي الأطفال فقد كانوا من الأيتام والمشردين الذين أفرزتهم الحروب فاحتضنتهم الدولة العثمانية.

إن حقيقة الجيش الجديد الذي أنشأه أورخان بن عثمان هي تشكيل جيش نظامي يكون دائم الاستعداد والتواجد قريباً منه في حالة الحرب أو السلم على حد سواء، فشكل من فرسان عشيرته ومن مجاهدي النفير الذين كانوا يسارعون لإجابة داعي الجهاد ومن أمراء الروم وعساكرهم الذين دخل الإسلام في قلوبهم، وحسن إسلامهم وما كاد أورخان ينتهي من تنظيم هذا الجيش حتى سارع إلى حيث يقيم العالم المؤمن التقي الحاج بكتاش وطلب منه أن يدعو لهم خيراً، فتلقاهم العالم المؤمن خير لقاء ووضع يده على رأس أحد الجنود، ودعا لهم الله أن يبيض وجوههم، ويجعل سُيوفهم حادة قاطعة، وأن ينصرهم في كل معركة يخوضونها في سبيل الله ثم مال تجاه أورخان فسأله، هل اتخذت لهذا الجيش اسماً.. ؟ قال: لا، قال: فليكن اسمه " يني جري " وتلفظ " يني تشري " أي الجيش الجديد.

وكانت راية الجيش الجديد من قماش أحمر وسطها هلال، وتحت الهلال صورة لسيف أطلقوا عليه اسم " ذي الفقار " تيمناً بسيف الإمام علي رضي الله عنه [1] .

لقد كان علاء الدين بن عثمان أخو أورخان صاحب الفكرة وكان عالماً في الشريعة ومشهور بالزهد والتصوف الصحيح [2] .

وعمل أورخان على زيادة عدد جيشه الجديد بعد أن ازدادت تبعات الجهاد ومناجزة البيزنطيين، فاختار عدداً من شباب الأتراك، وعدداً من شباب البيزنطيين الذين أسلموا وحسن إسلامهم، فضمهم إلى الجيش واهتم اهتماماً كبيراً بتربيتهم تربية إسلامية جهادية.

ولم يلبث الجيش الجديد حتى تزايد عدده، وأصبح يضم آلافاً من المجاهدين في سبيل الله.

لقد كان أورخان وعلاء الدين متفقين على أن الهدف الرئيسي لتشكيل الجيش الجديد، هو مواصلة الجهاد ضد البيزنطيين وفتح المزيد من أراضيهم بهدف نشر الإسلام فيها، والاستفادة من البيزنطيين الذين أسلموا في نشر الإسلام بعد أن يكونوا تلقوا تربية إسلامية جهادية وترسخت في قلوبهم مبادئ الإسلام سلوكاً وجهاداً.

وخلاصة القول، أن السلطان أورخان، لم ينتزع غلاماً نصرانياً واحداً من بيت أبيه، ولم يكره غلاماً نصرانياً واحداً على اعتناق الإسلام، وأن كل ما زعمه بروكلمان وجيب وجببونز، كذب واختلاق، ينبغي أن تزال آثاره من كتب تاريخنا الإسلامي [3] إن من مقتضيات الأمانة العلمية، والأخوة الإسلامية، تضع في عنق كل مسلم غيور، وخاصة العلماء والمثقفين والمفكرين، والمؤرخين والمدرسين، والباحثين، والإعلاميين،

---

(1) انظر: جوانب مضيئة ، ص147.
(2) المصدر السابق نفسه، ص144.
(3) المصدر السابق نفسه، ص155.

أمانة نسف هذه الفرية ودحض هذه الشبهة التي ألصقت بالعثمانيين وأصبحت كأنها حقيقة لا تقبل النقاش والمراجعة والحوار.

ثانياً: سياسة أورخان الداخلية والخارجية:

كانت غزوات أورخان منصبة على الروم ولكن حدث في سنة (736هـ-1336م) أن توفي أمير قره سي - وهي إحدى الإمارات التي قامت على أنقاض دولة سلاجقة الروم واختلف ولده من بعده وتنازعا الإمارة . واستفاد أورخان من هذه الفرصة فتدخل في النزاع وانتهى بالاستيلاء على الإمارة وقد كان مما تهدف إليه الدولة العثمانية الناشئة أن ترث دولة سلاجقة الروم في آسيا الصغرى وترث ما كانت تملكه واستمر الصراع لذلك بينها وبين الإمارات الأخرى حتى أيام الفاتح حيث تم إخضاع آسيا الصغرى برمتها لسلطانه.

واهتم أورخان بتوطيد أركان دولته وإلى الأعمال الإصلاحية والعمرانية ونظم شؤون الإدارة وقوى الجيش وبنى المساجد وانشأ المعاهد العلمية (1) وأشرف عليها خيرة العلماء والمعلمون وكانوا يحظون بقدر كبير من الاحترام في الدولة، وكانت كل قرية بها مدارسها وكل مدينة بها كليتها التي تعلم النحو والتراكيب اللغوية والمنطق والميتافزيقا وفقه اللغة وعلم الإبداع اللغوي والبلاغة والهندسة والفلك (2) وبالطبع تحفيظ القرآن وتدريس علومه والسنة والفقه والعقائد.

وهكذا أمضى أورخان بعد استيلائه على إمارة قره سي عشرين سنة دون أن يقوم بأي حروب، بل قضاها في صقل النظم المدنية والعسكرية التي أوجدتها الدولة، وفي تعزيز الأمن الداخلي، وبناء المساجد ورصد الأوقاف عليها وإقامة المنشآت العامة الشاسعة، مما يشهد بعظمة أورخان وتقواه، وحكمته وبعد نظره، فإنه لم يشن الحرب

---

(1) انظر: محمد الفاتح ، الدكتور سالم الرشيدي ، ص25.
(2) انظر: في أصول التاريخ العثماني ، محمد عبد الرحيم ، ص40.

تلو الحرب طمعاً في التوسع وإنما حرص على تعزيز سلطانه في الأراضي التي يتاح لـه ضمها. وحرص على طبع كل أرض جديدة بطابع الدولة المدني والعسكري والتربوي والثقافي وبذلك تصبح جزءاً لا يتجزأ من أملاكهم، بحيث أصبحت أملاك الدولة في آسيا الصغرى متماثلة ومستقرة.

وهذا يدل على فهم واستيعاب أورخان لسنة التدرج في بناء الـدول وإقامـة الحضـارة، وإحيـاء الشعوب.

وما أن تمّ أورخان البناء الداخلي حتحدث صراع على الحكم داخل الدولة البيزنطيـة وطلب الإمبراطور (كونتاكوزينوس) مساعده السلطان أورخان ضد خصمه، فأرسل قوات مـن العثمانيين لتوطيد النفوذ العثماني في أوربا. وفي عام 1358 أصاب زلزال مـدن تراقيـا فانهارت أسـوار غاليبولي وهجرها أهلها مما سهل على العثمانيين دخولها. وقد احتج الإمبراطـور البيزنطـي عـلى ذلك دون جدوى - وكان رد أورخان أن العنايـة الإلهيـة قـد فتحـت أبـواب المدينـة أمـام قواتـه. ومـا لبثـت غاليبولي أن أصبحت أول قاعدة عثمانية في أوربا، ومنها انطلقت الحملـات الأولى التي توجت في النهاية بالاستيلاء على كل شبه جزيرة البلقان.. وحين انفرد حنا الخامس باليولوجس بحكم بيزنطـة أقر كل فتـوح أورخان في أوروبا في مقابل تعهد السـلطان بتسـهيل وصـول الطعـام والمـؤن إلى القسطنطينية. وأرسل أورخان أعداداً كبيرة من القبائل المسلمة بغية الدعوة إلى الإسلام ومنع تمكن النصارى من طرد العثمانيين من أوربا [1] .

<u>ثالثاً: العوامل التي ساعدت السلطان أورخان في تحقيق أهدافه :</u>

1- المرحلية التي سار عليها أورخان واسـتفادته مـن جهـود والـده عثمان ووجـود الإمكانيـات المادية والمعنوية التي ساعدتهم على فتح الأراضي البيزنطية في الأناضول

---

(1) انظر: أصول التاريخ العثماني ، ص47.

وتدعيم سلطتهم فيها ولقد تميزت جهود أورخان بالخطى الوئيدة والحاسمة في توسيع دولته ومد حدودها، ولم ينتبه العالم المسيحي إلى خطورة الدولة العثمانية إلا بعد أن عبروا البحر واستولوا على غاليبولي [1].

2- كان العثمانيون - يتميزون - في المواجهة الحربية التي تمت بينهم وبين الشعوب البلقانية - بوحدة الصف ووحدة الهدف ووحدة المذهب الديني وهو المذهب السني.

3- وصول الدولة البيزنطية إلى حالة من الإعياء الشديد وكان المجتمع البيزنطي قد أصابه تفكك سياسي وانحلال ديني واجتماعي، فسهل على العثمانيين ضم أقاليم هذه الدولة.

4- ضعف الجبهة المسيحية نتيجة لعدم الثقة بين السلطات الحاكمة في الدولة البيزنطية وبلغاريا وبلاد الصرب والمجر، ولذلك تعذر في معظم الأحيان تنسيق الخطط السياسية والعسكرية للوقوف في جبهة واحدة ضد العثمانيين [2].

5- الخلاف الديني بين روما والقسطنطينية أي بين الكاثوليك والأرثوذكسية الذي استحكمت حلقاته وترك آثاراً عميقة الجذور في نفوس الفريقين.

6- ظهور النظام العسكري الجديد على أسس عقدية، ومنهجية تربوية وأهداف ربانية وأشرف عليه خيرة قادة العثمانيين.

---

(1) انظر: الدولة العثمانية في التاريخ الإسلامي الحديث، ص22.
(2) انظر: الدولة العثمانية في التاريخ الإسلامي الحديث ، ص23.

المبحث الثالث

السلطان مراد الأول

761-791هـ/1360-1389م

كان مراد الأول شجاعاً مجاهداً كريماً متديناً، وكان محباً للنظام متمسكاً به، عادلاً مع رعاياه وجنوده، شغوفاً بالغزوات وبناء المساجد والمدارس والملاجئ وكان بجانبه مجموعة من خيرة القادة والخبراء والعسكريين، شكل منهم مجلساً لمشورته، وتوسع في آسيا الصغرى وأوربا في وقت واحد.

ففي أوربا هاجم الجيش العثماني أملاك الدولة البيزنطية ثم استولى على مدينة أدرنه في عام (762هـ/ 1360م) وكانت لتلك المدينة أهمية استراتيجية في البلقان، وكانت ثاني مدينة في الإمبراطورية البيزنطية بعد القسطنطينية. واتخذ مراد من هذه المدينة عاصمة للدولة العثمانية منذ عام (768هـ / 1366م)، وبذلك انتقلت العاصمة إلى أوربا، وأصبحت أدرنه عاصمة إسلامية، وكان هدف مراد من هذه النقلة:

1- استغلال مناعة استحكامات أدرنة الحربية وقربها من مسرح العمليات الجهادية.

2- رغبة مراد في ضم الأقاليم الأوربية التي وصلوا إليها في جهادهم وثبتوا أقدامهم فيها.

3- جمع مراد في هذه العاصمة كل مقومات النهوض بالدولة وأصول الحكم، فتكونت فيها فئات الموظفين وفرق الجيش وطوائف رجال القانون وعلماء الدين، وأقيمت دور المحاكم وشيدت المدارس المدنية والمعاهد العسكرية لتدريب الانكشارية.

واستمرت أدرنة على هذا الوضع السياسي والعسكري والإداري والثقافي والديني حتى فتح العثمانيون القسطنطينية في عام (857هـ- 1453م)، فأصبحت عاصمة لدولتهم[1].

أولاً: تحالف صليبي ضد مراد :

مضى السلطان مراد في حركة الجهاد والدعوة وفتح الأقاليم في أوربا، وانطلق جيشه يفتح مقدونيا، وكانت لانتصاراته أصداء بعيدة، فتكون تحالف أوربي بلقاني صليبي باركه البابا أوربا الخامس، وضم الصربيين والبلغاريين والمجريين، وسكان إقليم والاشيا. وقد استطاعت الدول الأعضاء في التحالف الصليبي أن تحشد جيشاً بلغ عدده ستين ألف جندي تصدى لهم القائد العثماني " لالاشاهين " بقوة تقل عدداً عن القوات المتحالفة، وقابلهم على مقربة من "تشيرمن" على نهر مارتيزا، حيث وقعت معركة مروعة وانهزم الجيش المتحالف، وهرب الأميران الصربيان، ولكنهما غرقا في نهر مارتيزا ، ونجا ملك المجر بأعجوبة من الموت أما السلطان مراد فكان في هذه الأثناء مشتغلاً بالقتال في بلاد آسيا الصغرى حيث فتح عدة مدن ثم عاد إلى مقر سلطنته لتنظيم ما فتحه من الأقاليم والبلدان كما هو شأن القائد الحكيم[2].

وكان من نتائج انتصار العثمانيين على نهر مارتيزا أمور مهمة منها:

1- تم لهم فتح إقليم تراقيا ومقدونيا ووصلوا إلى جنوبي بلغاريا والى شرقي صربيا.

2- أصبحت مدن وأملاك الدولة البيزنطية وبلغاريا وصربيا تتساقط في أيديهم كأوراق الخريف[3].

---

(1) انظر: الدولة العثمانية في التاريخ الإسلامي الحديث، د.إسماعيل باغي، ص38.
(2) انظر: تاريخ الدولة العثمانية العلية، ص131.
(3) انظر: الدولة العثمانية في التاريخ الإسلامي الحديث ، ص37.

أول معاهدة بين الدولة العثمانية والمسيحية:

لما اشتد ساعد الدولة العثمانية خاف مجاوروها، خصوصاً الضعفاء مـنهم، فبـادرت جمهوريـة (راجوزه)[1] وأرسلت إلى السلطان مراد رسلاً ليعقـدوا مـع السـلطان مـراد معاهـدة وديـة وتجاريـة تعاهدوا فيها بدفع جزية سنوية قدرها 500 دوكا ذهب وهـذه أول معاهـدة عقـدت بـين الدولـة العثمانية والدول المسيحية[2] .

معركة قوصره:

كان السلطان مراد قد توغل في بلاد البلقان بنفسه وعن طريق قواده مما آثار الصرب، فحاولوا في أكثر من مرة استغلال غياب السلطان عن أوروبا في الهجوم علـى الجيـوش العثمانيـة فـي البلقـان وما جاورها ولكنهم فشلوا في تحقيق انتصارات تذكر على العثمانيين ، فتحالف الصرب والبوسنيون والبلغار وأعدوا جيشاً أوروبياً صليبياً كثيفاً لحرب السلطان الـذي كـان قـد وصـل بجيوشـه بعـد إعدادها إعداداً قوياً إلى منطقة كوسفو في البلقان ومن الموافقـات التـي تـذكر أن وزيـر الـسلطان مراد الذي كان يحمل معه مصحفاً فتحه على غير قصد فوقع نظره علـى هـذه الآيـة: ﴿يـا أيهـا النبي حرض المؤمنين على القتال إن يكن مـنكم عشـرون صـابرون يغلبـوا مـائتين وإن يكن منكم مائة يغلبوا ألفاً من الذين كفروا بأنهم قوم لا يفقهون﴾ (سورة الأنفال: الآيـة 65) فاستبشر بالنصر واستبشر ـ معـه المسلمون ولم يلبـث أن نشـب القتـال بـين الجمعين وحمـي وطيسه واشتدت المعركة وانجلت الحرب عن انتصار المسلمين انتصاراً باهراً حاسماً[3] .

---

(1) تطل على البحر الأدرياتيكي.
(2) انظر: تاريخ الدولة العلية العثمانية ، د.محمد فريد، ص132.
(3) انظر: محمد الفاتح ،د.سالم الرشيدي ، ص30، الفتوح الإسلامية غبر العصور، ص389.

ثانياً : استشهاد السلطان مراد :

بعد الانتصار في قُوصُووَه، قام السلطان مراد يتفقد ساحة المعركة ويدور بنفسه بين صفوف القتلى من المسلمين ويدعوا لهم، كما كان يتفقد الجرحى، وفي أثناء ذلك قام جندي من الصرب كان قد تظاهر بالموت وأسرع نحو السلطان فتمكن الحراس من القبض عليه، ولكنه تظاهر بأنه جاء يريد محادثة السلطان ويريد أن يعلن إسلامه على يديه، وعند ذلك أشار السلطان للحرس بأن يطلقوه فتظاهر بأنه يريد تقبيل يد السلطان وقام في حركة سريعة بإخراج خنجر مسموم طعن به السلطان فاستشهد رحمه الله في 15 شعبان 791هـ [1].

أ- الكلمات الأخيرة للسلطان مراد:

" لا يسعني حين رحيلي إلا أن أشكر الله إنه علام الغيوب المتقبل دعاء الفقير، أشهد إن لا إله إلا الله ، وليس يستحق الشكر والثناء إلا هو، لقد أوشكت حياتي على النهاية ورأيت نصر جند الإسلام. أطيعوا ابني يزيد، ولا تعذبوا الأسرى ولا تؤذونهم ولا تسلبوهم وأودعكم منذ هذه اللحظة وأودع جيشنا الظافر العظيم إلى رحمة الله فهو الذي يحفظ دولتنا من كل سوء" [2] لقد استشهد هذا السلطان العظيم بعد أن بلغ من العمر 65 عاماً.

ب- دعاء السلطان مراد قبل اندلاع معركة قوصوه:

كان السلطان مراد يعلم أنه يقاتل في سبيل الله وأن النصر من عنده ولذلك كان كثير الدعاء والإلحاح على الله والتضرع إليه والتوكل عليه ومن دعاءه الخاشع نستدل على معرفة السلطان مراد لربه وتحقيقه لمعاني العبودية ، يقول السلطان مراد في مناجاته

(1) انظر: تاريخ سلاطين آل عثمان للقرماني ، ص16.
(2) انظر: الفتوح الإسلامية عبر العصور، ص391.

لربه : "يا الله يا رحيم يا رب السموات يا من تتقبل الدعاء لا تخزني يا رحمن يا رحيم استجب دعاء عبدك الفقير هذه المرة رسل السماء علينا مدراراً وبدد سحب الظلام فنرى عدونا وما نحن سوى عبيدك المذنبين إنك الوهاب ونحن فقراؤك. ما أنا سوى عبدك الفقير المتضرع، وأنت العليم يا علام الغيوب والأسرار وما تخفي الصدور ليس لي من غاية لنفسي ولا مصلحة ولا يحملني طلب المغنم فأنا لا أطمع إلا في رضاك يا الله يا عليم يا موجود في كل الوجود[1] أفديك روحي فتقبل رجائي ولا تجعل المسلمين يبؤ بهم الخذلان أمام العدو. يا الله يا أرحم الراحمين لا تجعلني سبباً في موتهم، بل أجعلهم المنتصرين، إن روحي أبذلها فداءً لك يا رب إني وددت ولازلت دوماً أبغي الاستشهاد من أجل جند الإسلام، فلا ترني يا إلهي محنتهم واسمح لي يا إلهي هذه المرة أن أستشهد في سبيلك ومن أجل مرضاتك..."[2] .

وفي رواية : (يا إلهي ، أنني أقسم بعزتك وجلالك أنني لا أبتغي من جهادي هذه الدنيا الفانية، ولكنني أبتغي رضاك، ولا شيء غير رضاك يا إلهي، أنني أقسم بعزتك وجلالك أنني في سبيلك، فزدني تشريفاً بالموت في سبيلك"[3] .

وفي رواية : "يا إلهي ، ومولاي ، تقبل دعائي وتضرعي ، وأنزل علينا برحمتك غيثاً يطفئ من حولنا غبار العواصف، واغمرنا بضياء يبدد من حولنا الظلمات، حتى نتمكن من أبصار مواقع عدونا فنقاتله في سبيل إعزاز دينك العزيز.

إلهي ومولاي، إن الملك والقوة لك، تمنحها لمن تشاء من عبادك، وأنا عبدك العاجز الفقير، تعلم سري ، وجهري، أقسم بعزتك وجلالك إنني لا أبتغي من جهادي حطام هذه الدنيا الفانية ، ولكني أبتغي رضاك ولا شيء غير رضاك.

---

(1) أي موجود بعلمه في كل الوجود.
(2) انظر: الفتوح الإسلامية عبر العصور ، ص390.
(3) انظر: جوانب مضيئة ، ص190.

إلهي، ومولاي، أسألك بجاه وجهك الكريم، أن تجعلني فداء للمسلمين جميعاً، ولا تجعلني سبباً في هلاك أحد من المسلمين في سبيل غير سبيلك القويم.

إلهي، ومولاي ، إن كان في استشهادي نجاة لجند المسلمين فلا تحرمني الشهادة في سبيلك ، لأنعم بجوارك ونعم الجوار جوارك.

إلهي، ومولاي، لقد شرفتني بأن هديتني إلى طريق الجهاد في سبيلك ، فزدني شرفاً بالموت في سبيلك" [1] .

إن هذا الدعاء الخاشع دليل على معرفة السلطان مراد لله عز وجل ، وعلى أنه حقق شروط كلمة التوحيد (لا إله إلا الله) ولقد اجتمعت شروطها في سلوكه وحياته فهو على :

- علم بمعناها المراد بها نفياً وإثباتاً المنافي للجهل بذلك قال تعالى: ﴿فاعلم أنه لا إله إلا الله﴾ (سورة محمد : آية 19).

وقال تعالى: ﴿إلا من شهد بالحق وهم يعلمون﴾ (سورة الزخرف: آية 86). أي بـ " لا إله إلا الله" وهم يعلمون "بقلوبهم ما نطقوا به بألسنتهم .

- اليقين المنافي للشك، فقد كان السلطان مراد مستيقناً بمدلول هذه الكلمة، يقيناً جازماً، فإن الإيمان لا يغني فيه إلا علم اليقين لا علم الظن [2] . قال تعالى: ﴿إنما المؤمنون الذين آمنوا بالله ورسوله ثم لم يرتابوا وجاهدوا بأموالهم وأنفسهم في سبيل الله أولئك هم الصادقون﴾ (سورة الحجرات: آية 15).

- قبوله لما اقتضته هذه الكلمة بقلبه ولسانه، وانقياده لما دلت عليه من أوامر

---

(1) جوانب مضيئة ، ص40،41.
(2) معارج القبول (419/2).

واجتناب للنواهي قال تعالى: ﴿ومن يسلم وجهه إلى الله وهو محسن فقد استمسك بالعروة الوثقى﴾ (سورة لقمان: آية 22).

قال تعالى: ﴿فلا وربك لا يؤمنون حتى يحكموك فيما شجر بينهم ثم لا يجدوا في أنفسهم حرجاً مما قضيت ويسلموا تسليما﴾ (سورة

- كان صادقاً مع ربه، مخلصاً إخلاصاً طهر به شوائب الشرك من نفسه قال تعالى: ﴿وما أمروا إلا ليعبدوا الله مخلصين له الدين حنفاء﴾(سورة البينة: آية5).

- كان مخلصاً لخالقه مستعداً لبذل النفس والمال في سبيله قال تعالى: ﴿ومن الناس من يتخذ من دون الله أنداداً يحبونهم كحب الله والذين آمنوا أشدُ حباً لله...﴾ (سورة البقرة: آية 165).

وقال تعالى : ﴿يا أيها الذين آمنوا من يرتد منكم عن دينه فسوف يأتي الله بقوم يحبهم ويحبونه أذلة على المؤمنين أعزة على الكافرين يجاهدون في سبيل الله ولا يخافون لومة لائم...﴾ (سورة المائدة: آية 54).

وفي الحديث الصحيح: "ثلاث من كن فيه وجد بهن حلاوة الإيمان: أن يكون الله ورسوله أحب إليه مما سواهما، وأن يحب المرء لا يحبه إلا لله، وأن يكره أن يعود في الكفر بعد أن أنقذه الله منه كما يكره أن يقذف في النار" [1].

لقد فهم السلطان مراد حقيقة الإيمان وكلمة التوحيد وذاق آثارها في حياته، فنشأت في نفسه أنفة وعزة مستمدة من الإيمان بالله ، فأيقن أنه لا نافع إلا الله، فهو المحي والمميت، وهو صاحب الحكم والسلطة والسيادة ومن ثم نزع من قلبه كل

---

(1) البخاري، كتاب الإيمان، باب حلاوة الإيمان (11/1) رقم 16.

خوف إلا منه سبحانه، فلم يطأطئ رأسه أمام احد من الخلق، ولا يتضرع إليـه، ولا يرتـع مـن كبريائه وعظمته، لأنه على يقين بأن الـلـه هو القادر العظيم ، ولقد اكسبه الإيمان بالله قوة عظيمة من العزم والإقدام والصبر والثبات والتوكل والتطلع إلى معالي الأمور ابتغاء مرضاته سبحانه وتعالى، فكان في المعارك التي خاضها ثابتاً كالجبال الراسية وكان على يقين راسخ بأن المالك الوحيـد لنفسـه وماله هو الـلـه سبحانه وتعالى ولذلك لم يبالي بأن يضحي في سبيل مرضاة ربه بكل غال ورخيص.

أن السلطان مراد عاش حقيقة الإيمان ولذلك اندفع إلى ساحات الجهـاد، وبـذل مـا يملكـه مـن أجل دعوة الإسلام.

لقد قاد السلطان مراد الشعب العثماني ثلاثين سنة بكل حكمة ومهـارة لا يضـاهيه فيهـا احـد من ساسة عصره قال المؤرخ البيزنطي هالكو نـديلاس عـن مـراد الأول : (قـام مـراد بـأعمال هامـة كثيرة. دخل 37 معركة سواء في الأناضول أو في البلقان ، وخـرج منهـا جميعـاً ظـافراً، وكـان يعامـل رعيته معاملة شفوقة دون النظر لفوارق العرق والدين)[1] .

ويقول عنه المؤرخ الفرنسي كرينارد: (كان مراد واحداً من اكبر رجالات آل عـثمان ، وإذا قوّمنـا تقويماً شخصياً ، نجده في مستوى أعلى من كل حكام أوروبا في عهده)[2] .

لقد ورث مراد الأول عن والده إمارة كبيرة بلغت 95.000كيلومتر مربع وعند استشهاده ، تسلم أبنه بايزيد هذه الإمارة العثمانية بعد أن بلغت 500.000كليومتر مربع بمعنـى أنهـا زادت في مـدى حوالي 29 سنة أكثر خمسة أمثال ما تركها له والده أوروخان[3] .

---

(1) انظر: العثمانيون في التاريخ والحضارة ، ص19.
(2)انظر: العثمانيون في التاريخ والحضارة، ص19.
(3) المصدر السابق نفسه، ص20.

أما النتائج التي ترتبت على انتصار المسلمين في معركة قوصوه ما يلي:

1.انتشار الإسلام في منطقة البلقان وتحول عدد كبير من الأشراف القدامى والشيوخ إلى الإسلام بمحض إرادتهم .

2.اضطرت العديد من الدول الأوروبية إلى أن تخطب ود الدولة العثمانية ، فبادرت بعضها بدفع الجزية لهم، وقام البعض الآخر بإعلان ولائه للعثمانيين خشية قوتهم واتقاء غضبهم.

3.امتدت سلطة العثمانيين على أمراء المجر ورومانيا والمناطق المجاورة للإدرياتيك حتى وصل نفوذهم إلى ألبانيا [1] .

_____

(1) انظر: الفتوح الإسلامية عبر العصور، د.عبد العزيز العمري، ص388.

المبحث الرابع

السلطان بايزيد الأول

791-805 هـ/1389-1402م

بعد استشهاد السلطان مـراد تـولى الحكـم أبـنه بايزيد، وكان شـجاعاً شـهماً كريمـاً متحمساً للفتوحات الإسلامية، ولذلك أهتم اهتماماً كبيراً بالشؤون العسكرية فاستهدف الإمارات المسيحية في الأناضول وخلال عام أصبحت تابعة للدولة العثمانية ، وكان بايزيد كمثل البرق في تحركاته بـين الجبهتين البلقانية والأناضولية ولذلك أطلق عليه لقب "الصاعقة" [1].

أولاً: سياسته مع الصرب:

شرع بايزيد في إقامة علاقات ودية مع الصرب مع أنهم كـانوا السـبب في قيـام تحـالف بلقـاني ضد الدولة العثمانية وكان غرض بايزيد من هذه العلاقة اتخاذ دولـة الصـرب كحـاجز بينـه وبـين المجر، وكان يشعر بضرورة اتخاذ حليف له في سياسته العسكرية النشطة التي استهدفت الإمارات السلجوقية التركية الإسلامية في آسيا الصغرى ولذلك وافق بايزيد على أن يحكم الصرب ابنا الملك (لازار) الذي قتل في معركة قوصوة وفرض عليهما أن يكونا حاكمين عـلى صربيـا، يحكمانهـا حسـب قوانين بلاد الصرب وأعرافها وتقاليدها وعاداتها، وأن يدينان له بالولاء ويقدمان له جزية وعدداً

---

[1] انظر: الدولة العثمانية في التاريخ الإسلامي الحديث، ص40.

معيناً من الجنود يشتركون في فرقة خاصة بهم في حروبه[1] وتزوج ابنة الملك لازار.

ثانياً: إخضاع بلغاريا للسيادة العثمانية:

بعد أن تم التفاهم مع الصرب وجه بايزيد ضربه خاطفة في عام (797هـ/1393م) إلى بلغاريا، فاستولى عليها وأخضع سكانها ، وبذلك فقدت البلاد استقلالها السياسي. وكان لسقوط بلغاريا في قبضة الدولة العثمانية صدى هائل في أوروبا وانتشر الرعب والفزع والخوف أنحاءها وتحركت القوى المسيحية الصليبية للقضاء على الوجود العثماني في البلقان[2] .

ثالثاً: التكتل الدولي المسيحي الصليبي ضد الدولة العثمانية:

قام سيجموند ملك المجر والبابا بونيفاس التاسع بالدعوة لتكتل أوروبي صليبي مسيحي ضد الدولة العثمانية وكان ذلك التكتل من أكبر التكتلات التي واجهتها الدولة العثمانية في القرن الرابع عشر، من حيث عدد الدول التي اشتركت فيه، ثم أسهمت فيه بالسلاح والعتاد والأموال والقوات وبلغ العدد الإجمالي لهذه الحملة الصليبية 120.000 مقاتل من مختلف الجنسيات (ألمانيا وفرنسا إنجلترا واسكتلندا وسويسرا ولوكسمبرج والأراضي المنخفضة الجنوبية وبعض الإمارات الايطالية)[3] .

وتحركت الحملة عام (800هـ/1396م) إلى المجر، ولكن زعمائها وقادتها اختلفوا مع سيجسموند قبل بدء المعركة. فقد كان سيجسموند يؤثر الانتظار حتى يبدأ العثمانيون الهجوم، ولكن قواد الحملة شرعوا بالهجوم، وانحدروا مع نهر الدانوب حتى وصلوا إلى نيكوبوليس شمال البلقان وبدؤوا في حصارها وتغلبوا في أول الأمر

---

(1) انظر: الدولة العثمانية في التاريخ الإسلامي الحديث ، ص41.
(2) المصدر السابق نفسه، ص41.
(3) انظر: تاريخ الدولة العثمانية ، د.علي حسون، ص24،25.

على القوات العثمانية، إلا أن بايزيد ظهر فجأة ومعه حوالي مئة ألف جندي، وهو عدد يقل قليلاً عن التكتل الأوروبي الصليبي، ولكنه يتفوق عليهم نظاماً وسلاحاً ، فانهزم معظم النصارى ولاذوا بالفرار والهروب وقتل وأسر عدد من قادتهم. وخرج العثمانيون من معركة نيكوبوليس بغنائم كثيرة وفيرة واستولوا على ذخائر العدو [1] . وفي نشوة النصر والظفر قال السلطان بايزيد انه سيفتح ايطاليا ويطعم حصانه الشعير في مذبح القديس بطرس بروما [2] .

لقد وقع كثير من أشراف فرنسا منهم الكونت دي نيفر نفسه في الأسر ، فقبل السلطان بايزيد دفع الفدية وأطلق سراح الأسرى والكونت دي ينفر وكان قد ألزم بالقسم على أن لا يعود لمحاربته قال له أني أجيز لك أن لا تحفظ هذا اليمين فأنت في حل من الرجوع لمحاربتي إذ لاشيء أحب إليّ من محاربة جميع مسيحي أوروبا والانتصار عليهم [3] .

أما سجسموند ملك المجر كان قد بلغ به الغرور والاعتداد بجيشه وقوته أن قال: لو انقضت السماء عليائها لأمسكناها بحرابنا - فقد ولى هارباً ومعه رئيس فرسان رودس ولما بلغا في فرارهما شاطئ البحر الأسود وجد هناك الأسطول النصراني فوثبا على إحدى السفن وفرت بهما مسرعة لا تلوي على شيء وتضاءلت مكانة المجر في عيون المجتمع الأوروبي بعد معركة نيكويوليس وتبخر ما كان يحيط بها من هيبة ورهبة [4] لقد كان ذلك النصر المظفر له أثر على بايزيد والمجتمع الإسلامي، فقام بايزيد ببعث رسائل إلى كبار حكام الشرق الإسلامي يبشرهم بالانتصار العظيم على النصارى، واصطحب الرسل معهم إلى بلاطات ملوك المسلمين مجموعة منتقاة من الأسرى المسيحيين

---

(1) الدولة العثمانية في التاريخ الإسلامي الحديث، ص42.
(2) انظر: محمد الفاتح، د.سالم الرشيدي، ص33.
(3) انظر: تاريخ الدولة العلية العثمانية ، محمد فريد بك، ص144.
(4) انظر: محمد الفاتح، د.سالم الرشيدي، ص33.

باعتبارهم هدايا من المنتصر ودليلاً مادياً على انتصاره. واتخذ بايزيد لقب 'سلطان الروم' كدليل على وراثته لدولة السلاجقة وسيطرته على كل شبه جزيرة الأناضول. كما أرسل إلى الخليفة العباسي المقيم بالقاهرة يطلب منه أن يقر هذا اللقب حتى يتسنى له بذلك أن يسبغ على السلطة التي مارسها هو وأجداده من قبل طابعاً شرعياً رسمياً فتزداد هيبته في العالم الإسلامي، وبالطبع وافق السلطان المملوكي برقوق حامي الخليفة العباسي على هذا الطلب لأنه يرى بايزيد حليفه الوحيد ضد قوات تيمورلنك التي كانت تهدد الدولة المملوكية والعثمانية وهاجر إلى الأناضول آلاف المسلمين الذين قدموا لخدمة الدولة العثمانية ، وكانت الهجرة مليئة بالجنود وممن أسهموا في الحياة الاقتصادية والعلمية والحكومية في إيران والعراق وما رواء النهر- هذا بالإضافة إلى الجموع التي فرت من أمام الزحف التيمورلنكي على آسيا الوسطى ⁽¹⁾ .

رابعاً: حصار القسطنطينية:

استطاع بايزيد قبل معركة نيكوبوليس أن يشدد النكير على الإمبراطورية البيزنطية وأن يفرض على الإمبراطور أن يعين قاضياً في القسطنطينية للفصل في شؤون المسلمين وما لبث أن حاصر العاصمة البيزنطية وقبل الإمبراطور إيجاد محكمة إسلامية وبناء مسجد وتخصيص 700 منزل داخل المدينة للجالية الإسلامية، كما تنازل لبايزيد عن نصف حي غلطة الذي وضعت فيه حامية عثمانية قوامها 6.000 جندي وزيد الجزية المفروضة على الدولة البيزنطية، وفرضت الخزانة العثمانية رسوماً على الكروم ومزارع الخضروات الواقعة خارج المدينة. وأخذت المآذن تنقل الآذان إلى العاصمة البيزنطية ⁽²⁾ .

وبعد الانتصار العظيم الذي حققه العثمانيون في معركة نيكوبوليس ثبت العثمانيون

---

(1) أنظر: في أصول التاريخ العثماني ، أحمد عبد الحليم، ص54،55.
(2) نفس المصدر السابق، ص53.

أقدامهم في البلقان، حيث انتشر الخوف والرعب بين الشعوب البلقانية، وخضعت البوسنة وبلغاريا إلى الدولة العثمانية واستمر الجنود العثمانيون يتتبعون فلول النصارى في ارتدادهم .[1]

وعاقب السلطان بايزيد حكام شبه جزيرة المورة الذين قدموا مساعدة عسكرية للحلف الصليبي وعقاباً للإمبراطور البيزنطي على موقفه المعادي طلب بايزيد منه أن يسلم القسطنطينية وإزاء ذلك استنجد الإمبراطور مانويل بأوروبا دون جدوى. والحق أن الاستيلاء على القسطنطينية كان هدفاً رئيسياً في البرنامج الجهادي للسلطان بايزيد الأول. ولذلك فقد تحرك على رأس جيوشه وضرب حصاراً محكماً حول العاصمة البيزنطية وضغط عليها ضغطاً لا هوادة فيه واستمر الحصار حتى أشرفت المدينة في نهايتها على السقوط- بينما كانت أوروبا تنظر سقوط العاصمة العتيدة بين يوم وآخر إذا السلطان ينصرف عن فتح القسطنطينية لظهور خطر جديد على الدولة العثمانية .[2]

خامساً: الصدام بين تيمورلنك وبايزيد:

ينتمي تيمورلنك إلى الأسر النبيلة في بلاد ما وراء النهر ، وفي عام 1369م جلس على عرش خراسان وقاعدته سمرقند. واستطاع أن يتوسع بجيوشه الرهيبة وأن يهيمن على القسم الأكبر من العالم الإسلامي؛ فقد انتشرت قواته الضخمة في آسيا من دلهي إلى دمشق، ومن بحر آرال إلى الخليج العربي وأحتل فارس وأرمينيا وأعالي الفرات ودجلة والمناطق الواقعة بين بحر قزوين إلى البحر الأسود وفي روسيا سيطر على المناطق الممتدة بين أنهار الفولجا والدون والدنيبر وأعلن بأنه سيسيطر على الأرض المسكونة ويجعلها ملكاً له وكان يردد: "أنه يجب ألا يوجد سوى سيد واحد على

(1) الدولة العثمانية في التاريخ الإسلامي الحديث، ص42.
(2) الدولة العثمانية ، د.إسماعيل احمد، ص43.

الأرض طالما أنه لا يوجد إلا إله واحد في السماء"[1] وقد اتصف تيمورلنك بالشجاعة والعبقرية الحربية والمهارة السياسية وكان قبل أن يقرر أمر أن يجمع المعلومات ويرسل الجواسيس ثم يصدر أوامره بعد تروي وتأني بعيدة عن العجلة وكان من الهيبة بحيث أن جنوده كانوا يطيعون أوامره أيا كانت.

وكان تيمور باعتباره مسلماً يرعى العلماء ورجال الدين وبخاصة اتباع الطريقة النقشبندية[2].

وكانت هناك عوامل وأسباب ساهمت في إيجاد صراع بين تيمورلنك وبايزيد منها:

لجأ أمراء العراق الذين استولى تيمور على بلادهم إلى بايزيد، كما لجأ إلى تيمور بعض أمراء آسيا الصغرى - وفي كلا الجانبين كان اللاجئون يحرضون من استجاروا به على شـن الحـرب ضد الطرف الآخر .

تشجيع النصارى لتيمورلنك ودفعه للقضاء على بايزيد .

الرسائل النارية بين الطرفين ، ففي إحدى الرسائل التـي بعـث بهـا تيمـور إلى بايزيد أهانـه ضمنياً حين ذكّره بغموض أصل أسرته ، وعرض عليه العفـو علـى اعتبـار أن آل عـثمان قـد قدموا خدمات جليلة إلى الإسلام، ولو أنه اختتم رسالته -بصفته زعيماً للـترك- باستصغار شأن بايزيد الذي قبل التحدي وصرح بأنه سيتعقب تيمور إلى تبريز وسلطانية[3] .

وكان الزعيمان تيمورلنك وبايزيد يسعى كل منهما لتوسيع دولته .

سادساً: انهيار الدولة العثمانية:

تقدم تيمورلنك بجيوشه واحتل سيواس، وأباد حاميتها التي كان يقودها الأمير

---

(1) في أصول التاريخ العثماني ، ص56.
(2) في أصول التاريخ العثماني ، ص56.
(3) المصدر السابق نفسه ،ص57.

أرطغرل بن بايزيد والتقى الجيشان قرب أنقرة في عام 804هـ/1402م وكانت قوات بايزيد تبلغ 120.000 مجاهد لملاقاة خصمه وزحف تيمورلنك على رأس قوات جرارة في 20 يوليو 1402 (804هـ) وانتصر المغول ووقع بايزيد في الأسر وظل يرسف في أغلاله حتى وافاه الأجل في السنة التالية [1].

وكانت الهزيمة بسبب اندفاع وعجلة بايزيد فلم يحسن اختيار المكان الذي نزل فيه بجيشه الذي لم يكن يزيد عن مئة وعشرين ألف مقاتل بينما كان جيش خصمه لا يقل عن ثمانمائة ألف، ومات كثير من جنود بايزيد عطشاً لقلة الماء وكان الوقت صيفاً شديد القيظ. ولم يكد يلتقي الجيشان في أنقرة حتى فر الجنود التتار الذين كانوا في جيش يزيد وجنود الإمارات الآسيوية التي فتحها منذ عهد قريب وانضموا إلى جيش تيمورلنك ولم يجد السلطان العثماني بعد ذلك ما أظهره هو وبقية جيشه من الشجاعة والاستماتة في القتال [2].

لقد فرحت الدول النصرانية في الغرب بنصر تيمورلنك وهزها الطرب لمصرع بايزيد وما آلت إليه دولته من التفكك والانحلال وبعث ملوك انجلترا وفرنسا وقشتالة وإمبراطور القسطنطينية إلى تيمورلنك يهنئونه على ما أحرزه من النصر العظيم والظفر المجيد واعتقدت أوروبا أنها قد تخلصت إلى الأبد من الخطر العثماني الذي طالما روعها وهددها [3].

واستولى تيمورلنك بعد هزيمة بايزيد على ازنيق وبروسة وغيرها من المدن والحصون ثم دك أسوار أزمير وخلصها من قبضة فرسان رودس [4] (فرسان القديس يوحنا)، محاولاً بذلك أن يبرر موقفه أمام الرأي العام الإسلامي الذي أتهمه بأنه وجه

(1) الدولة العثمانية في التاريخ الإسلامي الحديث، ص3،2.
(2) محمد الفاتح، د.سالم الرشيدي، ص35.
(3) محمد الفاتح، د.سالم الرشيدي ، ص36.
(4) المصدر السابق نفسه، ص35.

ضربة شـديدة إلى الإسلام بقضائه عـلى الدولـة العثمانيـة وحـاول تيمورلنك بقتاله لفرسـان

القديس يوحنا أن يضفي على معارك الأناضول طابع الجهاد [1] .

كما أعاد تيمورلنك أمراء آسيا الصغرى إلى أملاكهم السابقة، ومن ثم اسـترجاع الإمارات التـي

ضمها بايزيد لاستقلالها كما بذر تيمور بذور الشقاق بين أبناء بايزيد المتنازعين على العرش [2] .

سابعاً: الحروب الداخلية:

لقد تعرضت الدولة العثمانية لخطر داخلي تمثل في نشـوب حرب أهليـة في الدولـة بـين أبنـاء

بايزيد على العرش واستمرت هذه الحرب عشر سنوات (806-816هـ/1403-1413م) [3] .

كان لبايزيد خمسة أبناء اشتركوا معه في القتال ، أما مصطفى فقد ظن أنه قتل في المعركة، أمـا

موسى فقد أسر مع والده ونجح الثلاثة الآخرون في الفرار. أما أكبرهم سليمان فقد ذهب إلى أدرنـة

وأعلن نفسه سلطاناً هناك، وذهب عيسى إلى بروسة وأعلن للناس أنه خليفة أبيه، ونشبت الحـرب

بين هؤلاء الأخوة الثلاثة يتنازعون بينهم أشـلاء الدولة الممزقـة والأعـداء يتربصـون بهـم مـن كـل

جانب. ثم أطلق تيمورلنك الأمير موسى ليؤجج به نار الفتنة ويزيدها ضراماً وشدة واخذ يحرضهم

على القتال ويغري بعضهم ببعض [4] .

وبعد عام ارتحل تيمورلنك بجيشه الأخضر ـ واليـابس وتـرك وراءه الـبلاد عـلى أسـوأ حـال مـن

الدمار والخراب والفوضى [5] .

(1) انظر: في أصول التاريخ العثماني، ص59.
(2) المصدر السابق نفسه، ص59.
(3) الدولة العثمانية في التاريخ الإسلامي الحديث، ص43.
(4) انظر: محمد الفاتح ،ص36.
(5) المصدر السابق نفسه، ص36.

لقد كانت هذه المرحلة في تاريخ الدولة العثمانية مرحلة اختبار وابتلاء سبقت التمكين الفعلي المتمثل في فتح القسطنطينية، ولقد جرت سنة الله تعالى ألا يمكن لأمة إلا بعد أن تمر بمراحل الاختبار المختلفة، وإلا بعد أن ينصهر معدنها في بوتقة الأحداث، فيميز الله الخبيث من الطيب، وهي سنة جارية على الأمة الإسلامية لا تتخلف. فقد شاء الله -تعالى- أن يبتلي المؤمنين، ويختبرهم، ليمحص إيمانهم، ثم يكون لهم التمكين في الأرض بعد ذلك.

وابتلاء المؤمنين قبل التمكين أمر حتمي من أجل التمحيص، ليقوم بنيانهم بعد ذلك على تمكين ورسوخ قال تعالى: ﴿أحسب الناس أن يتركوا أن يقولوا آمنا وهم لا يفتنون ولقد فتنا الذين من قبلهم فليعلمن الله الذين صدقوا وليعلمن الكاذبين﴾ (سورة العنكبوت: آية 2،3).

"الفتنة: الامتحان بشدائد التكليف من مفارقة الأوطان، ومجاهدة الأعداء وسائر الطاعات الشاقة، وهجر الشهوات وبالفقر والقحط وأنواع المصائب في الأنفس والأمور ، ومصابرة الكفار على أذاهم وكيدهم" [1].

قال ابن كثير -رحمه الله- : (والاستفهام في قوله تعالى: ﴿أحسب الناس﴾ إنكاري ومعناه: أن الله سبحانه لابد أن يبتلي عباده المؤمنين بحسب ما عندهم من الإيمان) [2] كما جاء في الحديث الصحيح : "أشد الناس بلاء الأنبياء ثم الصالحون ثم الأمثل فالأمثل، : يبتلي الرجل على حسب دينه فإن كان في دينه صلابة زيد له في البلاء" [3].

ولقد بين رسول الله صلى الله عليه وسلم أن الابتلاء صفة لازمة للمؤمن ، حيث قال : "مثل المؤمن

(1) تفسير النسفي (249/3).
(2) تفسير ابن كثير (405/3).
(3) سنن الترمذي (601/4) حديث حسن صحيح.

كمثل الزرع لا تزال الريح تميله ولا يزال المؤمن يصيبه البلاء، ومثل المنافق كمثل شجرة الأرز
لا تهتز حتى تستحصد"[1] .

إن سنة الابتلاء جارية في الأمم والدول والشعوب والمجتمعات ولذلك جرت سنة الله بالابتلاء
بالدولة العثمانية.

صمد العثمانيون لمحنة أنقرة بالرغم مما عانوه من خلافات داخلية، إلى أن أنفرد محمد الأول
بالحكم في عام 1413م، وأمكنه لم شتات الأراضي التي سبق للدولة أن فقدتها، إن إفاقة الدولة من
كارثة أنقرة يرجع إلى منهجها الرباني الذي سارت عليه حيث جعل من العثمانيين أمة متفوقة في
جانبها العقدي والديني والسلوكي والأخلاقي والجهادي وبفضل الله حافظ العثمانيون على
حماستهم الدينية وأخلاقهم الكريمة[2] ثم بسبب المهارة النادرة التي نظم بها أورخان وأخوه علاء
الدين دولتها الجديدة وإدارة القضاء المثيرة للإعجاب والتعليم المتواصل لأبناء وشباب العثمانيين
وغير ذلك من الأسباب التي جعلت في العثمانيين قوة حيوية كاملة ، فما لبثت هذه الدولة بعد
كارثة أنقرة إلا انبعثت من جديد من بين الأنقاض والأطلال وانتعشت وسرى في عروقها ماء الحياة،
وروح الشريعة، واستأنفت سيرها إلى الأمام في عزم وإصرار حير الأعداء والأصدقاء[3] .

---

(1) مسلم شرح النووي، كتاب القيامة والجنة والنار (151/17).
(2) في أصول التاريخ العثماني، ص61.
(3) انظر: محمد الفاتح ، ص37.

المبحث الخامس

السلطان محمد الأول

ولد السلطان محمد الأول عام (781هـ/1379م)[1] ، وتولى أمر الأمة بعد وفاة والده بايزيد وعرف في التاريخ (بمحمد جلبي) .

كان متوسط القامة ، مستدير الوجه، متلاصق الحاجبين، ابيض البشرة ، أحمر الخدين، واسع الصدر، صاحب بدن قوي، في غاية النشاط وجسوراً ، يمارس المصارعة، ويسحب أقوى أوتار الأقواس. اشترك أثناء حكمه في 24 حرباً وأصيب بأربعين جرحاً[2] استطاع السلطان محمد جلبي أن يقضي على الحرب الأهلية بسبب ما أوتي من الحزم والكياسة وبعد النظر وتغلب على أخوته واحداً واحداً حتى خلص له الأمر وتفرد بالسلطان وقضي سني حكمه الثماني في إعادة بناء الدولة وتوطيد أركانها[3] ويعتبره بعض المؤرخين المؤسس الثاني للدولة العثمانية[4] .

ومما يؤثر عن هذا السلطان أنه استعمل الحزم مع الحلم في معاملة من قهرهم ممن شق عصا طاعة الدولة فإنه لما قهر أمير بلاد القرمان وكان قد استقل عفا عنه بعد أن أقسم له على القرآن الشريف بأن لا يخون الدولة فيما بعد وعفا عنه ثانية بعد أن حنث في يمينه[5] وكانت سياسته تهدف إلى إعادة بناء الدولة وتقويتها من الداخل ولذلك

---

(1) انظر: أخطاء يجب أن تصحح (الدولة العثمانية) ، ص33.
(2) انظر: السلاطين العثمانيون، ص41.
(3) انظر: محمد الفاتح، ص37.
(4) انظر: السلاطين العثمانيون ، ص41.
(5) تاريخ الدولة العلية العثمانية، ص249.

سالم إمبراطور القسطنطينية وحالفه وأعاد إليه بعض المدن على شاطئ البحر الأسود وفي تساليا وصالح البندقية بعد هزيمة أسطوله أمام كليتبولي وقمع الفتن والثورات في آسيا وأوروبا واخضع بعض الإمارات الآسيوية التي أحياها تيمورلنك ودانت له بالطاعة والولاء [1].

وظهر في زمن السلطان محمد شخص يسمى بدر الدين انتحل صفة علماء الدين الإسلامي وكان في جيش موسى اخو السلطان محمد وتولى منصب قاضي العسكر أعلى مناصب الدولة العثمانية وقتئذ، وكان هذا القاضي قد احتضنه موسى بن بايزيد.

قال صاحب الشقائق النعمانية: (الشيخ بدر الدين محمود بن إسرائيل.. المشهور بابن قاضي سيماونه ولد في قلعة سيماونه في بلاد الروم إحدى قرى أدرنة التي تقع في الجزء الأوروبي من تركيا، كان أبوه قاضياً لها وكان أيضاً أمير على عسكر المسلمين (فيها) وكان فتح تلك القلعة على يده أيضاً ... ولادة الشيخ بدر الدين كانت في زمن السلطان الغازي خداوندكار (مراد الأول) من سلاطين آل عثمان، ثم أخذ الشيخ العلم في صباه عن والده ...وحفظ القرآن العظيم وقرأ على المولى المشتهر بالشاهدي، وتعلم الصرف والنحو عن مولانا يوسف، ثم ارتحل إلى الديار المصرية.وقرأ هناك مع (أي مزمل) السيد الشريف الجرجاني ، على مولانا مبارك شاه المنطقي المدرس بالقاهرة، ثم حج مع مبارك شاه وقرأ بمكة على الشيخ الزيعلي ، ثم قدم القاهرة، وقرأ مع السيد الجرجاني على الشيخ أكمل الدين (البايبوري) وقرأ على الشيخ المذكور (أي تعلم وتتلمذ على يد الشيخ بدر الدين) السلطان فرج ابن السلطان برقوق ملك مصر (سلطان مصر المملوكي برقوق).

ثم أدركته (أي الشيخ بدر الدين) الجذبة الإلهية، والتجأ إلى كنف الشيخ سعيد الأخلاطي الساكن بمصر وقتئذ وحصل عنده ما حصل (أي أصبح مريده). وأرسله

---

(1) انظر: محمد الفاتح ، ص37.

الشيخ أخلاطي إلى بلدة تبريز للإرشاد 'الصوفي' حكى انه لما جاء تيمورلنك تبريز ...نـال 'أي بـدر الدين' من الأمير المذكور 'تيمورلنك' مـالاً جـزيلاً بالغـاً إلى نهايته، ثـم تـرك الشيخ الكـل، ولحـق ببدليس ثم سافر إلى مصر..ثم إلى حلب ثم إلى قونية ثم إلى تبرة من بـلاد الـروم ثم دعـاه رئيس جزيرة ساقز 'وهو نصراني' فأسلم على يدي الشيخ...ثم لما تسلطن موسى من أولاد عـثمان الغـازي نصب الشيخ 'أي جعل من الشيخ بدر الدين' قاضياً لعسكره ثم أن أخا موسى 'محمداً' قتل مـوسى وحبس الشيخ مع أهله وعياله ببلدة أزنيق' [(1)].

وفي أزنيق - وهي مدينة في تركيا- بدأ الشيخ بدر الدين محمود بن إسرائيل يـدعو إلى مذهبـه الفاسد، فكان يدعو إلى المساواة في الأموال، والأمتعة ، والأديان، ولا يفرق بين المسلم وغـير المسـلم في العقيدة، فالناس أخوة مهما اختلفت عقائدهم وأديانهم وهو ما تدعو إليه الماسونية اليهودية ، وانضم إلى هذه الـدعوة الباطلة كثير مـن الأغبيـاء والجهلـة وأصحاب الأغـراض الدنيئـة وأصبح للمفسد بدر الدين تلاميذ يدعون إلى منهجه ومذهبه ومن أشهر هؤلاء الدعاة شخص يسـمى 'بير قليجة مصطفى' وآخر يقال إنه من أصل يهودي هو 'طوره كمال' واليهـود دائمـاً خلـف المـؤامرات من زمن النبي صلى الله عليه وسلم وحتى عصرنا هذا.

وشاع أمر هذا المذهب الفاسد وكثر أتباعه وتصدى السلطان محمد جلبي لهذا المـذهب الباطل وأرسل أحد قواده على رأس جيش كبير لمحاربة بدر الدين وللأسف قتل القائد سيسمان الذي أرسله محمد جلبي على يد الخائن 'بير قليجة' وهـزم جيشـه وأعـد السـلطان محمد جلبي جيشاً آخر بقيادة وزيره الأول 'بايزيد باشا' ، فحارب 'بير قليجة' وأنتصر عليه في موقعة 'قره بورنو' وبعدها أقيم حد الحرابة على 'بير قليجة'

(1) انظـر: العثمانيـون في التـاريخ والحضـارة ، ص133،134 نقلـه عـن الشـقائق النعمانيـة مخطـوط (لا لـه لي) بالسليمانية رقم 2076.

مصطفى) امتثالاً لأمر الله[1] الذي يقول: ﴿إنما جزاء الذين يحاربون الله ورسوله ويسعون في الأرض فساداً أن يقتلوا أو يصلبوا أو تقطع أيديهم وأرجلهم من خلاف أو ينفوا من الأرض ذلك لهم خزي في الدنيا ولهم في الآخرة عذاب عظيم﴾ (سورة المائدة: آية 33).

واستمر الشيخ بدر الدين في غيه وظن أنه سيتمكن من البلاد بسبب ما تمر به من حالة تمزق كامل وفوضى ضربت بأطنابها في كل إرجاء البلاد وكان بدر الدين يقول : (إني سأثور من أجل امتلاك العالم، وباعتقاداتي ذات الإشارات الغيبية سأقسم العالم بين مريدي بقوة العلم وسر التوحيد، وسأبطل قوانين أهل التقليد ومذهبهم، وسأحلل -باتساع مشاربي- بعض المحرمات)[2].

وكان أمير الأفلاق (في رومانيا) يدعم هذا المنشق وهذا المبتدع وهذا الزنديق مادياً وعسكرياً وكان السلطان محمد جلبي لهذه الدعوة الفاسدة بالمرصاد وضيق عليها الخناق، حتى اضطر بدر الدين أن يعبر إلى منطقة دلي أورمان (في بلغاريا الآن)[3] يقول محمد شرف الدين في مسألة توجه الشيخ بدر الدين إلى دلي أورمان : (إن هذه المنطقة وما يحيط بها من مناطق هي مأوى الباطنية، وهي منطقة تعج بأتباع ثورة بابا إسحق التي قامت ضد الدولة العثمانية في منتصف القرن السابع الهجري، وأن توجه الشيخ بدر الدين إلى هذا المكان وتمكنه من جمع الآلاف المؤلفة من المؤيدين له ولحركته من هذه المناطق لفيه الدلالة الكافية لاختيار الشيخ هذا المكان بالذات)[4].

وفي دلي أورمان بدأت المعونات الأوربية تفد إلى الشيخ، واتسع نطاق الثورة ضد

---

(1) انظر: أخطاء يجب أن تصحح (الدولة العثمانية) ، ص35.
(2) انظر: العثمانيون في التاريخ والحضارة ، ص140.
(3) المصدر السابق نفسه، ص140.
(4) المصدر السابق نفسه، ص140.

السلطان العثماني محمد الأول، ووصلت فلولا المنشقين أعداء الإسلام الصحيح إلى مـابين 7-8 آلاف مقاتل [1].

وكان السلطان محمد الأول يتابع الأمور بحذر ويقظة ولم يكن غـافلاً عـما يفعلـه الثوار وقـام السلطان بنفسه لحرب الشيخ بدر الدين وكان هذا على رأس جيش عظيم في دلي أورمان.

اتخذ السلطان محمد من سيروز (في اليونان الآن) مركزاً لقيادتـه. أرسل السـلطان قواتـه إلى الثوار فهزمتهم، وتوارى زعيمهم بدر الدين الثائر بعد هزيمته، في منطقـة دلي أورمـان، فـراراً مـن السلطان [2].

واستطاعت مخابرات السلطان محمد الأول أن تخترق صفوف الثوار وأن تكيد مكيدة محكمة وقع على أثرها زعيم الثوار المبتدع بدر الدين في الأسر [3].

وعندما قابل السلطان محمد الأول بدر الدين قال له : مالي أرى وجهك قد اصفر؟

أجابه بدر الدين: إن الشمس يا مولاي ، تصفر عندما تقترب من الغروب.

وقام علماء الدولة بمناظرة علمية حرة مع بدر الدين ثم أقيمت محكمة شرعية، وأصدر حكـم الإعدام بناء على فتوى العلماء التي استندت إلى توجيه رسـول اللـه صـلى اللـه عليـه وسـلم : " من أتاكم وأمركم جميعاً على رجل واحد يريد أن يشق عصاكم ويفرق جماعتكم فاقتلوه " [4].

إن المذهب الفاسد الذي كان يدعو إليه " بدر الدين " هو نفـس مـذهب الماسـونية اليهوديـة المعاصرة (القرن الخامس عشر الهجري / العشرون الميلادي) وهو يقوم على

(1) المصدر السابق نفسه، ص141.
(2) انظر: العثمانيون في التاريخ والحضارة، ص141.
(3) المصدر السابق نفسه، ص141،142.
(4) مسلم، كتاب الإمارة، باب إذا بويع لخليفتين (1480/3) رقم 1852.

إلغاء الحواجز بين أصحاب العقيدة الإسلامية الصحيحة وأصحاب العقائد الفاسدة، إذ إنه يقول بالأخوة بين المسلمين واليهود والنصارى وعباد البقر والشيوعيين، وهذا يخالف عقيدة الإسلام التي تؤكد أنه لا أخوة بين المسلمين وبين غيرهم من أصحاب العقائد الفاسدة، لأنه كيف يكون هناك أخوة بين من يحاربون الله ورسوله، وبين المؤمنين الموحدين [1] .

كان السلطان محمد الأول محباً للشعر والأدب والفنون وقيل هو أول سلطان عثماني أرسل الهدية السنوية إلى أمير مكة التي يطلق عليها اسم الصرة، وهي عبارة على قدر معين من النقود يرسل إلى الأمير لتوزيعه على فقراء مكة والمدينة [2] .

وقد أحب الشعب العثماني السلطان محمد الأول وأطلقوا عليه لقب بهلوان ' ومعناها البطل ' وذلك بسبب نشاطه الجم وشجاعته كما أن أعماله العظيمة، وعبقريته الفذة التي قاد من خلالها الدولة العثمانية إلى بر الأمان، كما أن جميل سجاياه وسلوكه وشهامته وحبه للعدل والحق جعل شعبه يحبه ويطلق عليه لقب جلبي أيضاً وهو لقب تشريف وتكريم فيه معنى الشهامة والرجولة.

حقيقة إن بعض حكام آل عثمان قد فاقوه شهرة ، إلا أن بالإمكان اعتباره من أنبل حكام العثمانيين -فقد اعترف المؤرخون الشرقيون واليونانيون بإنسانيته واعتبره المؤرخون العثمانيون [3] بمثابة القبطان الماهر الذي حافظ على قيادة سفينة الدولة العثمانية حين هددتها طوفان الغزوات التترية، والحروب الداخلية، والفتن الباطنية.

---

(1) انظر: أخطاء يجب أن تصحح في التاريخ (الدولة العثمانية) ، ص38.
(2) انظر: تاريخ الدولة العلية العثمانية، ص152.
(3) انظر: في أصول التاريخ العثماني، ص62.

وفاته:

بعد أن بذل السلطان محمد الأول قصارى جهده في محـو آثار الفـتن التـي مـرت بهـا الدولـة العثمانية وشروعه في أجزاء ترتيبات داخلية تضمن عدم حـدوث شـغب في المسـتقبل وبيـنما كـان السلطان مشتغلاً بهذه المهام السليمة شعر بدنو أجله دعي الباشا بايزيـد وقال لـه: 'عينـت ابنـي مراد خليفة لي فأطعه وكن صادقاً معه كما كنت معي . أريد منكم أن تأتونني بمـراد الآن لأننـي لا استطيع أن أقوم من الفراش بعد. فان وقع الأمر الإلهي قبل مجيئه حذاري أن تعلنـوا وفـاتي حتـى يأتي'(1) .

وفاجأه الموت في سنة 824هـ (1421م) في مدينة أورنة واسلم روحه لخالقه وعمر 43سنة.

وخوفاً من حصول ما لا تحمد عقباه لو عُلم موت السلطان محمد الأول اتفق وزيراه إبـراهيم وبايزيد على أخفاء موته على الجند حتى يصل أبنه مراد الثاني فأشاعا أن السلطان مـريض وأرسـلا لابنه فحضر بعد واحد وأربعين يوماً واستلم مقاليد الحكم(2) .

ولقد كان السلطان محمد الأول محباً للسلام والعلم والفقهاء ولذلك نقل عاصمة الدولة من أدرنـة 'مدينة الغزاة' إلى بروسة 'مدينة الفقهاء'(3) وكان على خلق رفيع، وحزم متـين ، وحلـم فريـد ، وسياسـة فذة في معاملة الأعداء والأصدقاء.

(1) السلاطين العثمانيون ، ص41.
(2) انظر: تاريخ الدولة العلية العثمانية ، ص152.
(3) انظر: في أصول التاريخ العثماني ، ص63.

المبحث السادس

مراد الثاني

تولى السلطان مراد الثاني أمر الدولة بعد وفاة أبيه (محمد جلبي) عـام (824هـ/1421م)، وكان عمره لا يزيد على ثماني عشرة سنة وكان محباً للجهاد في سبيل اللـه، والدعوة إلى الإسلام في ربـوع أوروبا [1] .

كان معروفاً لدى جميع رعيته بالتقوى، والعدالة والشفقة [2]، استطاع السلطان مـراد أن يقضيـ على حركات التمرد الداخلية التي قام بها عمه مصطفى والتي كانت تدعم من قبل أعـداء الدولـة العثمانية وكان الإمبراطور البيزنطي مانويل الثاني خلف الدسائس والمؤامرات والمتاعب التي تعرض لها السلطان مراد، فهو الذي دعـم عـم السـلطان مـراد الـذي اسـمه مصـطفى بالمساعدات حتى استطاع أن يحاصر مدينة غاليبولي ابتغاء انتزاعها من السلطان واتخاذها قاعدة له إلا أن السـلطان مراد قبض على عمه وقدمه للمشنقة ومع ذلك ، فقد مضى الإمبراطور مانويل الثاني يكيد للسلطان واحتضن شقيقاً لمراد الثاني ، ووضعه على رأس قوة استولت عـلى مدينـة نيقيافي الأناضول، وسـار إليه مراد واستطاع أن يقض على قواته واضطر خصمه للاستسلام ثم قتل . ومن ثم صمم السلطان مراد أن يلقن الإمبراطور درساً عملياً، فأسرع باحتلال سلونيك، فهاجمها ودخلها عنوة في مـارس 1431م (833هـ) ، وأصبحت جزءً لا يتجزأ من الدولة العثمانية.

وكان السلطان مراد يوجه الضربات الموجعة لحركات التمرد في بلاد البلقان،

---

(1) انظر: أخطاء يجب أن تصحح (الدولة العثمانية)، ص38.
(2) انظر: السلاطين العثمانيون، ص43.

وحرص على تدعيم الحكم العثماني في تلك الديار، واتجه الجيش العثماني نحو الشمال لإخضاع إقليم ولاشيا وفرض عليه جزية سنوية، واضطر ملك الصرب الجديد (ستيف لازار ميتش) إلى الخضوع للعثمانيين والدخول تحت حكمهم وجدد ولاءه للسلطان، واتجه جيش عثماني نحو الجنوب، حيث قام بتوطيد دعائم الحكم العثماني في بلاد اليونان.

ولم يلبث السلطان أن واصل جهاده الدعوي وقام بالقضاء على العوائق في كل من ألبانيا والمجر.

واستطاع العثمانيون أن يفتحوا ألبانيا عام (834هـ/1431م) وركزوا هجومهم على الجزء الجنوبي من البلاد. أما شمالي ألبانيا، فقد خاض العثمانيون فيه جهاداً مريراً، وتمكن الألبانيون الشماليون من القضاء على جيشين عثمانيين في جبال ألبانيا، كما ألحقوا الهزيمة بحملتين عثمانيتين متعاقبتين كان يقودهما السلطان مراد بنفسه، وتكبد العثمانيون خسائر فادحة أثناء عملية الانسحاب، ووقفت الدول النصرانية خلف الألبان لدعمهم ضد العثمانيين وخصوصاً من حكومة البندقية التي كانت تدرك خطورة الفتح العثماني لهذا الإقليم الهام بشاطئيه وموانئه البحرية التي تربط البندقية بحوض البحر المتوسط والعالم الخارجي، وأنهم في استطاعتهم حجز سفن البنادقة داخل بحر مغلق هو بحر الأدرياتيك. وهكذا لم يشهد السلطان مراد الثاني استقراراً للحكم العثماني في ألبانيا. [1]

وأما ما يتعلق بجبهة المجر، فقد استطاع العثمانيون في عام (842هـ/1438م) أن يهزموا المجريين ويأسروا منهم سبعين ألف جندي وأن يستولوا على بعض المواقع، ثم تقدم لفتح بلغراد عاصمة الصرب، ولكنه أخفق في محاولته وسرعان ما تكون حلف صليبي كبير باركه البابا واستهدف هذا الحلف طرد العثمانيين من أوربا كلية. وشمل

---

(1) انظر: الدولة العثمانية في التاريخ الإسلامي الحديث، ص46.

الحلف البابوية والمجر وبولندا والصرب وبلاد الأفلاق وجنوة والبندقية والإمبراطورية البيزنطية ودوقية برجنديا، وانضمت إلى الحلف أيضاً كتائب من الألمان والتشيك. وأعطيت قيادة قوات الحلف الصليبي إلى قائد مجري قدير هو يوحنا هنيادي. وقد قاد هنيادي القوات الصليبية البرية وزحف جنوباً واجتاز الدانوب وأوقع بالعثمانيين هزيمتين فادحتين عام (846هـ/ 442م)، واضطر العثمانيون إلى طلب الصلح [1] وأبرمت معاهدة صلح لمدة عشر سنوات في " سيزجادن " وذلك في شهر يوليو عام 1444م / 848هـ تنازل فيها عن الصرب واعترف " بجورج برانكوفيتش" أميراً عليها. كما تنازل السلطان مراد عن الافلاق للمجر، وافتدى زوج ابنته " محمود شلبي " الذي كان قائداً عاماً للجيوش العثمانية، بمبلغ 60 ألف دوقية.. وقد حررت هذه المعاهدة باللغتين العثمانية، والمجرية وأقسم "لاديسلاسي " ملك المجر على الإنجيل كما اقسم السلطان مراد بالقرآن على أن تراعي شروط المعاهدة بذمة وشرف.

وحين فرغ مراد من عقد الهدنة مع أعدائه الأوروبيين عاد إلى الأناضول وفجع بموت ابنه الأمير علاء واشتد حزنه عليه وزهد في الدنيا والملك ونزل عن السلطنة لابنه محمد وكان إذ ذاك في الرابعة عشرة من عمره، ولصغر سنه أحاطه والده ببعض أهل الرأي والنظر من رجال دولته ثم ذهب إلى مغنيسيا في آسيا الصغرى ليقضي بقية حياته في عزلة وطمأنينة ويتفرغ في هذه الخلوة إلى عبادة الله والتأمل في ملكوته بعد أن أطمأن إلى استتباب الأمن والسلام في أرجاء دولته ولم يستمتع السلطان طويلاً بهذه الخلوة والعبادة [2] حيث قام الكاردينال سيزاريني وبعض أعوانه بالدعوة إلى نقض العهود مع العثمانيين وطردهم عن أوربا، خصوصاً وأن العرش العثماني قد تركه السلطان مراد لابنه الفتى الذي لا خبرة له ولا خطر منه وقد اقتنع البابا أوجين الرابع

---

(1) المصدر السابق نفسه، ص46.
(2) انظر: محمد الفاتح ، ص42،43.

بهذه الفكرة الشيطانية[1] وطلب من النصارى، نقض العهد، ومهاجمة المسلمين وبين للنصارى أن المعاهدة التي عقدت مع المسلمين باطلة لأنها عقدت بدون إذن البابا وكيل المسيح في الأرض وكان الكاردينال سيزاريني عظيم النشاط دائم الحركة لا يكل عن العمل، يجد ويسعى للقضاء على العثمانيين ولذلك كان يزور ملوك النصارى وزعمهم ويحرضهم على نقض المعاهدة مع المسلمين ويقنع كل من يعترض عليه نكث المعاهدة ويقول له أنه باسم البابا يبرئ ذمتهم من نكثها ويبارك جنودهم وأسلحتهم، وعليهم أن يتبعوا طريقه فان طريق المجد والخلاص ومن نازعه ضميره بعد ذلك وخشي الإثم فإنه يحمل عنه وزره وإثمه[2] .

لقد نقض النصارى عهودهم، وحشدوا الجيوش لمحاربة المسلمين، وحاصروا مدينة " فارنا " البلغارية الواقعة على ساحل البحر الأسود، والتي كانت قد تحررت على أيدي المسلمين، ونقض العهود هو سَمْتُ ظاهر لأعداء هذا الدين، ولذلك أوجب الله سبحانه وتعالى على المسلمين قتالهم يقول سبحانه : ﴿فقاتلوا أئمة الكفر إنهم لا أيمان لهم لعلهم ينتهون﴾ (التوبة: 12).

لا عهود، ولا مواثيق يرعونها، كما هو طابعهم دائماً . إنهم لا يتورعون عن مهاجمة أي أمة، أي إنسان يلمحون فيه ضعفاً، يقتلون ويذبحون[3] وصدق الله القائل في تصويرهم : ﴿لا يرقبون في مؤمن إلا ولا ذمّة وأولئك هم المعتدون﴾ (سورة التوبة : 10).

وعندما تحرك النصارى وزحفوا نحو الدولة العثمانية وسمع المسلمون في أدرنة بحركة الصليبيين وزحفهم انتابهم الفزع والرعب وبعث رجال الدولة إلى السلطان

---

(1) المصدر السابق نفسه، ص43.
(2) انظر: محمد الفاتح ، ص44.
(3) انظر: أخطاء يجب أن تصحح (الدولة العثمانية) ، ص41.

مراد يستعجلون قدومه لمواجهة هذا الخطر وخرج السلطان المجاهد من خلوته ليقود جيوش العثمانيين ضد الخطر الصليبي. واستطاع مراد أن يتفق مع الأسطول الجنوي لينقل أربعين ألفاً من الجيش العثماني من آسيا إلى أوروبا تحت سمع الأسطول الصليبي وبصره في مقابل دينار لكل جندي.

وأسرع السلطان مراد في السير فوصل وارنه في نفس اليوم الذي وصل فيه الصليبيون. وفي اليوم التالي نشبت المعركة بين الجيشين النصراني والإسلامي وكانت عنيفة حامية وقد وضع السلطان مراد المعاهدة التي نقضها أعداؤه على رأس رمح ليشهدهم ويشهد السماء والأرض على الغدر والعدوان وليزيد حماس جنده [1]. واقتتل الفريقان، ودارت بينهما معركة رهيبة كاد يكون فيها النصر للنصارى نتيجة حميتهم الدينية وحماسهم الزائد إلا أن تلك الحماية والحماس الزائد اصطدم بالروح الجهادية لدى العثمانيين، والتقى الملك "لاديسلاس " ناقض العهود مع السلطان مراد الوفي بالعهود وجها لوجه واقتتلا، ودارت بينهما معركة رهيبة، تمكن السلطان المسلم من قتل الملك المجري النصراني، فقد عاجله بضربة قوية من رمحه أسقطته من على ظهر جواده فأسرع بعض المجاهدين وجزوا رأسه ورفعوه على رمح مهللين مكبرين وفرحين [2] وصاح أحد المجاهدين في العدو " أيها الكفار هذا رأس ملككم " وكان لذلك المنظر أثر شديد على جموع النصارى، فاستحوذ عليهم الفزع والهلع، فحمل عليهم المسلمون حملة قوية، بددت شملهم وهزموهم شر هزيمة، وولى النصارى مدبرين يدفع بعضهم ولم يطارد السلطان مراد عدوه واكتفى بهذا الحد من النصر وانه لنصر عظيم [3].

كانت هذه المعركة في سهول قوصوه في 17 أكتوبر 1448م (852هـ) واستمرت

---

(1) انظر: محمد الفاتح، د. سالم الرشيدي، ص45.
(2) انظر: محمد الفاتح، د. عبد السلام عبد العزيز، ص22.
(3) انظر: محمد الفاتح، ص46.

المعركة ثلاثة أيام وانتهت بفوز ساحق للعثمانيين. وقد أخرجت هذه المعركة بلاد المجر لعشر ـ سنوات عـلى الأقـل مـن عـداد الـدول التـي تسـتطيع النهـوض بعمليـات حربيـة هجوميـة ضـد العثمانيين[1] .

ولم تفارق السلطان مراد زهادته في الدنيا والملك فنزل على العرش مرة أخرى لابنه محمد وعاد إلى عزلته في مغنيسيا كما يعود الأسد المنتصر إلى عرينه.

ولقد ذكر لنا التاريخ مجموعة من الملوك والحكام الـذين نزلـوا عـن عروشـهم وانقطعـوا عـن الناس وأبهة الملك إلى العزلة، وأن بعض هؤلاء الملوك قد عادوا إلى العرش ولكـن لم يـذكر لنـا أحـد منهم نزل عن العرش مرتين غير السلطان مراد فإنه لم يكد يذهب إلى معتزله بآسيا الصغرى حتـى ثار الانكشارية في أدرنة وشغبوا وهاجوا وماجوا وتمردوا وطغوا وأفسدوا وكان السلطان محمد فتى يافعاً حديث السن وخشي بعض رجال الدولة أن يستفحل الأمـر ويعظم الخطـر ويتفاقم الشـرـ وتسوء العاقبة فبعثوا إلى السلطان مراد يستقدمونه ليتـولى الأمـر بنفسـه[2] وجـاء السـلطان مـراد وقبض عـلى زمـام الأمـر وخضـع لـه الانكشارية وأرسـل ابنـه محمـد إلى مغنيسـيا حـاكماً عليهـا بالأناضول، وبقى السلطان مراد الثاني على العرش العثماني إلى آخر يـوم في حياتـه، وقـد قضـاها في الغزو والفتح[3] .

أولاً: مراد الثاني وحبه للشعراء والعلماء وفعل الخير:

يقول محمد حرب: ٰ مراد الثاني وإن كان مقلاً وكان ما لدينا من شعره قليلاً، لصاحب فضل على الأدب والشعر لا يجحد، لأن نعمة حلّت على الشعراء الذين كان يدعوهم إلى مجلسه يـومين في كل أسبوع ليقولوا ما عندهم، ويأخذون بأطراف

(1) انظر: الدولة العثمانية في التاريخ الإسلامي الحديث، ص47.
(2) انظر: محمد الفاتح، ص47.
(3) السلطان محمد الفاتح، ص23.

الأحاديث والأسمار بينهم وبين السلطان، فيستحسن أو يستهجن، ويختار أو يطرح، وكثيراً ما كان يسدّ عوز المعوزين منهم بنائلة الغمر أو بإيجاد حرفة لهم تدرّ الرزق عليهم حتى يفرغوا من هموم العيش ويتوفروا على قول الشعر، وقد أنجب عصره كثيراً من الشعراء [1].

لقد حوّل القصر الحاكم إلى نوع من الأكاديمية العلمية ووصل به الأمر أن كان الشعراء يرافقونه في جهاده [2].

ومن أشعاره: (تعالوا نذكر الله لأننا لسنا بدائمين في الدنيا) [3]. كان سلطاناً عالماً عاقلاً عادلاً شجاعاً، وكان يرسل لأهالي الحرمين الشريفين وبيت المقدس من خاصة ماله في كل عام ثلاثة آلاف وخمس مئة دينار، وكان يعتني بشأن العلم والعلماء والمشايخ والصلحاء، مهد الممالك، وأمّن السبل، وأقام الشرع والدين وأذل الكفار والملحدين [4] وقال عنه يوسف آصاف: (كان تقياً صالحاً، وبطلاً صنديداً، محباً للخير، ميّالاً للرأفة والإحسان) [5].

ثانياً: وفاته ووصيته

قال صاحب النجوم الزاهرة: في وفيات عام 855هـ في مراد الثاني: (وكان خير ملوك زمانه شرقاً وغرباً، مما اشتمل عليه من العقل والحزم والعزم والكرم والشجاعة والسؤدد، وأفنى عمره في الجهاد في سبيل الله تعالى، وغزا عدّة غزوات، وفتح عدّة فتوحات، وملك الحصون المنيعة، والقلاع والمدن من العدوّ المخذول. على أنه كان

(1) العثمانيون في التاريخ والحضارة، ص246.
(2) انظر: العثمانيون في التاريخ والحضارة، ص246.
(3) السلاطين العثمانيون الكتاب المصور، ص43.
(4) انظر: تاريخ السلاطين آل عثمان للقرماني، ص25.
(5) تاريخ سلاطين آل عثمان، ص55.

منهمكاً في اللذات التي تهواها النفوس، ولعل حاله كقول بعض الأخيار - وقد سئل عن دينه - فقال: أُمزقه بالمعاصي وأُرقعه بالاستغفار - ، فهو أحق بعفو الله وكرمه، فإن له المواقف المشهورة، وله اليد البيضاء في الإسلام ونكاية العدوّ، حتى قيل عنه إنه كان سياجاً للإسلام والمسلمين - عفا الله عنه، وعوّض شبابه الجنة ...)[1] .

توفي السلطان في قصر ادرنه عن عمر يناهز 47 عاماً وبناء على وصيته رحمه الله دفن في جانب جامع مرادية في بورصة. ووصى بان لا يبنى على قبره شيء وأن يعمل أماكن في جوانب القبر يجلس فيها الحفاظ لقراءة القرآن الكريم وأن يدفن في يوم الجمعة فنفذت وصيته[2] .

وترك في وصيته شعراً، بعد أن كان قلقاً يخشى أن يدفن في قبر ضخم، وكان يريد ألاّ يبنى شيء على مكان دفنه، فكتبها شعراً ليقول: فليأتِ يوم يرى الناس فيه ترابي[3] .

لقد قام السلطان مراد ببناء جوامع ومدارس، وقصوراً وقناطر فمنها جامع ادرنه ذو ثلاثة شرف وبنى بجانب هذا الجامع مدرسة وتكية يطعم فيها الفقراء والمساكين[4] .

(1) النجوم الزاهرة (3/16) لجمال الدين أبي المحاسن يوسف بن تغري.
(2) انظر: السلاطين العثمانيون ، ص43.
(3) انظر: العثمانيون في التاريخ والحضارة، ص246.
(4) انظر: السلاطين العثمانيون، ص43.

الفصل الثالث

محمد الفاتح وفتح القسطنطينية

المبحث الأول

السلطان محمد الفاتح

هو السلطان محمد الثاني (431هـ - 1481م)، يعتبر السلطان العثماني السابع في سلسلة آل عثمان يلقب بالفاتح وأبي الخيرات. حكم ما يقرب من ثلاثين عاماً كانت خيراً وعزة للمسلمين [1]. تولى حكم الدولة العثمانية بعد وفاة والده في 16 محرم عام 855هـ الموافق 18 فبراير عام 1451م وكان عمره آنذاك 22 سنة ولقد امتاز السلطان محمد الفاتح بشخصية فذة جمعت بين القوة والعدل كما أنه فاق أقرانه منذ حداثته في كثير من العلوم التي كان يتلقاها في مدرسة الأمراء وخاصة معرفته لكثير من لغات عصره وميله الشديد لدراسة كتب التاريخ، مما ساعده فيما بعد على إبراز شخصيته في الإدارة وميادين القتال حتى أنه اشتهر أخيراً في التاريخ بلقب محمد الفاتح، لفتحه القسطنطينية. وقد انتهج المنهج الذي سار عليه والده وأجداده في الفتوحات ولقد برز بعد توليه السلطة في الدولة العثمانية بقيامه بإعادة تنظيم إدارات الدولة المختلفة،

---

(1) انظر: العثمانيون في التاريخ والحضارة، ص253.

واهتم كثيراً بالأمور المالية فعمل على تحديد موارد الدولة وطرق الصرف منها بشكل يمنع الإسراف والبذخ أو الترف. وكذلك ركز على تطوير كتائب الجيش وأعاد تنظيمها ووضع سـجلات خاصة بالجند، وزاد من مرتباتهم وأمدهم بأحدث الأسلحة المتوفرة في ذلك العصرـ وعمل عـلى تطوير إدارة الأقاليم وأقر بعض الولاة السابقين في أقاليمهم وعزل من ظهر منه تقصيراً أو إهمال وطور البلاط السلطاني وأمدهم بالخبرات الإدارية والعسكرية الجيدة مما ساهم في استقرار الدولة والتقدم إلى الإمام وبعد أن قطع أشواطاً مثمرة في الإصلاح الداخلي تطلع إلى المناطق المسيحية في أوروبا لفتحها ونشر الإسلام فيها، ولقد ساعدته عوامل عدة في تحقيق أهدافه، منها الضعف الـذي وصلت إليه الإمبراطورية البيزنطية بسبب المنازعات مع الدول الأوروبيـة الأخرى، وكـذلك بسـبب الخلافات الداخلية التي عمت جميع مناطقها ومدنها ولم يكتـف السـلطان محمـد بـذلك بـل انـه عمل بجد من أجل أن يتوج انتصاراته بفتح القسطنطينية عاصمة الإمبراطورية البيزنطية، والمعقـل الاستراتيجي الهام للتحركات الصليبية ضد العالم الإسلامي لفتـرة طويلـة مـن الـزمن، والتي طالمـا اعتزت بها الإمبراطورية البيزنطية بصورة خاصة والمسيحية بصورة عامـة، وجعلهـا عاصـمة للدولـة العثمانية وتحقيق ما عجز عن تحقيقه أسلافه من قادة الجيوش الإسلامية [1] .

أولاً: فتح القسطنطينية

تعد القسطنطينية من أهم المدن العالمية، وقد أسست في عام 330م على يد الإمبراطور البيزنطي قسطنطين الأول [2] ، وقد كان لها موقع عالمي فريد حتى قيل عنها : " لو كانت الـدنيا مملكـة واحـدة لكانت القسطنطينية أصلح المدن لتكون عاصمة لها " [3] ، ومنذ

---

(1) انظر: قيام الدولة العثمانية ، ص43.
(2) انظر: أوروبا في العصور الوسطى، سعيد عاشور، ص29.
(3) فتح القسطنطينية وسيرة السلطان محمد الفاتح، د.محمد مصطفى، ص36-46.

تأسيسها فقد اتخذها البيزنطيون عاصمة لهم وهي من أكبر المدن في العالم وأهمها[1] عندما دخل المسلمون في جهاد مع الدولة البيزنطية كان لهذه المدينة مكانتها الخاصة من ذلك الصراع، ولذلك فقد بشر الرسول صلى الله عليه وسلم أصحابه بفتحها في عدة مواقف، من ذلك: ما حدث أثناء غزوة الخندق[2]، ولهذا فقد تنافس خلفاء المسلمين وقادتهم على فتحها عبر العصور المختلفة طمعاً في أن يتحقق فيهم حديث الرسول صلى الله عليه وسلم : (لتفتحن القسطنطينية على يد رجل، فلنعم الأمير أميرها ولنعم الجيش ذلك الجيش)[3] .

لذلك فقد امتدت إليها يد القوات المسلمة المجاهدة منذ أيام معاوية بن أبي سفيان في أولى الحملات الإسلامية عليها سنة 44هـ ولم تنجح هذه الحملة، وقد تكررت حملات أخرى في عهده حظيت بنفس النتيجة.

كما قامت الدولة الأموية بمحاولة أخرى لفتح القسطنطينية وتعد هذه الحملة أقوى الحملات الأموية عليها، وهي تلك الحملة التي تمت في أيام سليمان بن عبد الملك سنة 98هـ[4] .

واستمرت المحاولة لفتح القسطنطينية حيث شهد العصر العباسي الأول حملات جهادية مكثفة ضد الدولة البيزنطية، ولكنها لم تتمكن من الوصول إلى القسطنطينية نفسها وتهديدها مع أنها هزتها وأثرت على الأحداث داخلها، وبخاصة تلك الحملة التي تمت في أيام هارون الرشيد[5] سنة 190هـ.

وقد قامت فيما بعد عدة دويلات إسلامية في آسيا الصغرى كان من أهمها دولة

---

(1) المجتمع المدني (الجهاد ضد المشركين)، د. أكرم ضياء العمري، ص115.
(2) احمد في مسنده (335/4).
(3) المصدر السابق نفسه (335/4).
(4)ابن خلدون العبر (70/3) ، تاريخ خليفة بن خياط، ص315.
(5) خليفة بن خياط، تاريخه، ص458، تاريخ الطبري (69/10)، ابن الأثير الكامل (185/6،186).

السلاجقة، التي امتدت سلطتها إلى آسيا الصغرى. كما أن زعيمها ألب أرسلان (455- 465هـ / 1063-1072م) استطاع أن يهزم إمبراطور الروم ديمونوس في موقعة ملاذ كرد عام 464هـ/1070م ثم أسره وضربه وسجنه وبعد مدة أطلق سراحه بعد أن تعهد بدفع جزية سنوية للسلطان السلجوقي، وهذا يمثل خضوع جزء كبير من إمبراطورية الروم للدولة الإسلامية السلجوقية وبعد ضعف دولة السلاجقة الكبرى ظهرت عدة دول سلجوقية كان منها دولة سلاجقة الروم في آسيا الصغرى والتي استطاعت مد سلطتها إلى سواحل بحر إيجة غربا وإضعاف الإمبراطورية الرومانية.[1]

وفي مطلع القرن الثامن الهجري الرابع عشر الميلادي خلف العثمانيون سلاجقة الروم وتجددت المحاولات الإسلامية لفتح القسطنطينية وكانت البداية حين جرت محاولة لفتحها في أيام السلطان بايزيد " الصاعقة " الذي تمكنت قواته من محاصرتها بقوة سنة 796هـ - 1393م[2] ، وأخذ السلطان يفاوض الإمبراطور البيزنطي لتسليم المدينة سلماً إلى المسلمين، ولكنه أخذ يراوغ ويماطل ويحاول طلب المساعدات الأوربية لصد الهجوم الإسلامي عن القسطنطينية ، وفي الوقت نفسه وصلت جيوش المغول يقودها تيمورلنك إلى داخل الأراضي العثمانية وأخذت تعيث فسادا ، فاضطر السلطان بايزيد لسحب قواته وفك الحصار عن القسطنطينية لمواجهة المغول بنفسه ومعه بقية القوات العثمانية ، حيث دارت بين الطرفين معركة أنقرة الشهيرة ، والتي أسر فيها بايزيد (الصاعقة) ثم مات بعد ذلك في الأسر سنة 1402م[3] وكان نتيجة ذلك أن تفككت الدولة العثمانية مؤقتا ، وتوقف التفكير في فتح القسطنطينية إلى حين .

وما أن استقرت الأحوال في الدولة حتى عادت روح الجهاد من جديد ، ففي أيام

---

(1) قيام الدولة العثمانية، ص46.
(2) تاريخ سلاطين آل عثمان ، ص18.
(3) انظر: الفتوح الإسلامية عبر العصور ، د. عبد العزيز العمري، ص358.

السلطان مراد الثاني الذي تولى الحكم في الفترة 824هـ-863هـ/ 1421-1451م جرت عدة محاولات لفتح القسطنطينية وتمكنت جيوش العثمانيين في أيامه من محاصرتها أكثرة من مرة ، وكان الإمبراطور البيزنطي في أثناء تلك المحاولات يعمل على إيقاع الفتنة في صفوف العثمانيين بدعم الخارجين على السلطان[1] ، وبهذه الطريقة نجح في إشغاله في هدفه الذي حرص عليه ، فلم يتمكن العثمانيون من تحقيق ما كانوا يطمحون إليه إلا في زمن ابنه محمد الفاتح فيما بعد .

كان محمد الفاتح يمارس الأعمال السلطانية في حياة أبيه ومنذ تلك الفترة وهو يعايش صراع الدولة البيزنطية في الظروف المختلفة ، كما كان على اطلاع تام بالمحاولات العثمانية السابقة لفتح القسطنطينية ، بل ويعلم بما سبقها من محاولات متكررة في العصور الإسلامية المختلفة ، وبالتالي فمنذ أن ولى السلطنة العثمانية سنة 855هـ الموافق 1451هـ م[2] كان يتطلع إلى فتح القسطنطينية ويفكر في فتحها ولقد ساهمت تربية العلماء على تنشئته على حب الإسلام والإيمان والعمل بالقرآن وسنة سيد الأنام ولذلك نشأ على حب الالتزام بالشريعة الإسلامية ، واتصف بالتقى والورع ، ومحبا للعلم والعلماء ومشجعا على نشر العلوم ويعود تدينه الرفيع للتربية الإسلامية الرشيدة التي تلقها منذ الصغر ، بتوجيهات من والده ، وجهود الشخصيات العلمية القوية التي أشرفت على تربيته، وصفاء أولئك الأساتذة الكبار وعزوفهم عن الدنيا وابتعادهم عن الغرور ومجاهدتهم لأنفسهم ، ممن أشرفوا على رعايته[3] .

لقد تأثر محمد الفاتح بالعلماء الربانيين منذ طفولته ومن أخصهم العالم الرباني "أحمد بن إسماعيل الكوراني" مشهودا له بالفضيلة التامة ، وكان مدرسه في عهد

(1) انظر: الفتوح الإسلامية عبر العصور، ص358.
(2) المصدر السابق نفسه، ص359.
(3) انظر: تاريخ الدولة العثمانية ، د. علي حسون، ص42.

السلطان "مراد الثاني" والد "الفاتح" . وفي ذلك الوقت كان محمد الثاني

-الفاتح- ، أميرا في بلدة "مغنيسيا" وقد أرسل إليه والده عددا من المعلمين ولم يمتثل أمرهم ، ولم

يقرأ شيئا ، حتى أنه لم يختم القرآن الكريم ، فطلب السلطان المذكور ، رجلا له مهابة وحدّة ،

فذكروا له المولى "الكوراني" ، فجعله معلما لولده وأعطاه قضيبا يضربه بذلك إذا خالف أمره .

فذهب إليه ، فدخل عليه والقضيب بيده ، فقال: أرسلني والدك للتعليم والضرب إذا خالفت

أمري، فضحك السلطان محمد خان من ذلك الكلام ، فضربه المولى الكوراني في ذلك المجلس ضربا

شديداً ، حتى خاف منه السلطان محمد خان ، وختم القرآن في مدة يسيرة . . ." ⁽¹⁾ .

هذه التربية الإسلامية الصادقة، وهؤلاء المربون الأفاضل، ممن كان منهم بالأخص هذا العالم

الفاضل، ممن يمزق الأمر السلطاني إذا وجد به مخالفة للشرـع أو لا ينحني للسـلطان ، ويخاطبـه

باسم، ويصافحه ولا يقبل يده ، بل السلطان يقبل يده . من الطبيعـي أن يتخرج مـن بـين جنباتها

أناس عظماء كمحمد الفاتح ، وأن يكـون مسلمـاً مؤمنـاً ملتزمـاً بحـدود الشريعـة، مقيـد بـالأوامر

والنواهي معظماً لها ومدافعاً عن إجراءات تطبيقها على نفسـه أولاً ثـم عـلى رعيتـه، تقياً صـالحاً

يطلب الدعاء من العلماء العاملين الصالحين ⁽²⁾ .

وبرز دور الشيخ آق شمس الدين في تكوين شخصية محمد الفاتح وبث فيه منذ صغره أمرين

هما:

1- مضاعفة حركة الجهاد العثمانية.

2- الإيحاء دوماً لمحمد منذ صغره بأنه الأمير المقصود بالحديث النبوي: (لتفتحن

---

(1) كتاب الشقائق النعمانية في علماء الدولة العثمانية، ص52 نقلاً عن تاريخ الدولة العثمانية، ص43.
(2) انظر: تاريخ الدولة العثمانية، د.علي حسون، ص43.

القسطنطينية فلنعم الأمير أميرها ولنعم الجيش ذلك الجيش)[1] لذلك كان الفاتح يطمع أن ينطبق عليه حديث رسول الله صلى الله عليه وسلم المذكور[2].

ثانياً: الإعداد للفتح:

بذل السلطان محمد الثاني جهوده المختلفة للتخطيط والترتيب لفتح القسطنطينية، وبذل في ذلك جهوداً كبيرة في تقوية الجيش العثماني بالقوى البشرية حتى وصل تعداده إلى قرابة ربع مليون مجاهد[3] وهذا عدد كبير مقارنة بجيوش الدول في تلك الفترة، كما عني عناية خاصة بتدريب تلك الجموع على فنون القتال المختلفة وبمختلف أنواع الأسلحة التي تؤهلهم للعملية الجهادية المنتظرة كما اعتنى الفاتح بإعدادهم إعداداً معنوياً قوياً وغرس روح الجهاد فيهم، وتذكيرهم بثناء الرسول صلى الله عليه وسلم على الجيش الذي يفتح القسطنطينية وعسى أن يكونوا هم الجيش المقصود بذلك، مما أعطاهم قوة معنوية وشجاعة منقطعة النظير ، كما كان لانتشار العلماء بين الجنود أثر كبير في تقوية عزائم الجنود وربطهم بالجهاد الحقيقي وفق أوامر الله.

وقد اعتنى السلطان بإقامة قلعة (روملي حصار) في الجانب الأوروبي على مضيق البسفور في أضيق نقطة منه مقابل القلعة التي أسست في عهد السلطان بايزيد في البر الآسيوي ، وقد حاول الإمبراطور البيزنطي ثني السلطان الفاتح عن بناء القلعة مقابل التزامات مالية تعهد به إلا أن الفاتح أصر على البناء لما يعلمه من أهمية عسكرية لهذا الموقع، حتى اكتملت قلعة عالية ومحصنة، وصل ارتفاعها إلى 82 متراً وأصبحت القلعتان متقابلتين ولا يفصل بينهما سوى 660م تتحكمان في عبور السفن من شرقي البسفور إلى غربيه وتستطيع نيران مدافعهما منع أي سفينة من الوصول إلى

---

(1) رواه احمد في مسنده (335/4).
(2) انظر: الفتوح الإسلامية عبر العصور، ص359.
(3) انظر: تاريخ الدولة العلية العثمانية، محمد فريد بك، ص161.

القسطنطينية من المناطق التي تقع شرقها مثل مملكـة طرابـزون وغيرهـا مـن الأمـاكن التـي تستطيع دعم المدينة عند الحاجة [1] .

أ- اهتمام السلطان بجمع الأسلحة اللازمة:

اعتنى السلطان عناية خاصة بجمع الأسلحة اللازمة لفتح القسطنطينية، ومـن أهمهـا المـدافع التي أخذت اهتماماً خاصاً منه حيث أحضر مهندساً مجرياً يـدعى 'أوربـان' كـان بارعـاً في صناعة المدافع فأحسن استقباله ووفر له جميـع الإمكانيـات الماليـة والماديـة والبشريـة، وقد تمكـن هـذا المهندس من تصميم وتنفيذ العديد من المدافع الضخمة كان على رأسها المدفع السلطاني المشهور، والذي ذكر أن وزنه كان يصل إلى مئات الأطنان وأنه يحتاج إلى مئات الثيران القوية لتحريكه، وقد أشرف السلطان بنفسه على صناعة هذه المدافع وتجريبها [2] .

ب- الاهتمام بالأسطول:

ويضاف إلى هذا الاستعداد ما بذله الفاتح من عناية خاصة بالأسطول العثماني حيث عمل على تقويته وتزويده بالسفن المختلفة ليكون مؤهلاً للقيام بدوره في الهجوم على القسطنطينية ، تلـك المدينة البحرية التي لا يكمل حصارها دون وجود قوة بحريـة تقـوم بهـذه المهمـة وقد ذكـر أن السفن التي أعدت لهذا الأمر بلغت أكثر من أربعمائة سفينة [3] .

ج- عقد معاهدات:

كما عمل الفاتح قبل هجومه على القسطنطينية عـلى عقـد معاهـدات مـع أعدائـه المختلفـين ليتفرغ لعدو واحد، فعقد معاهدة مع إمارة 'غلطة' المجاورة للقسطنطينية

---

(1) انظر: سلاطين آل عثمان، ص26.
(2) انظر: الفتوح الإسلامية عبر العصور، ص361.
(3) انظر: محمد الفاتح ، ص90، سالم الرشيدي .

من الشرق ويفصل بينهما مضيق (القرن الذهبي) ، كما عقد معاهدات مع (المجد) و(البندقية) وهما من الإمارات الأوروبية المجاورة ، ولكن هذه المعاهدات لم تصمد حينما بدأ الهجوم الفعلي على القسطنطينية، حيث وصلت قوات من تلك المدن وغيرها للمشاركة في الدفاع عن القسطنطينية[1] مشاركة لبني عقيدتهم من النصارى متناسين عهودهم ومواثيقهم مع المسلمين.

في هذه الأثناء التي كان السلطان يعد العدة فيها للفتح استمات الإمبراطور البيزنطي في محاولاته لثنيه عن هدفه، بتقديم الأموال والهدايا المختلفة إليه، وبمحاولة رشوة بعض مستشاريه ليؤثروا على قراره[2] ولكن السلطان كان عازماً على تنفيذ مخططه ولم تثنه هذه الأمور عن هدفه، ولما رأى الإمبراطور البيزنطي شدة عزيمة السلطان على تنفيذ هدفه عمد إلى طلب المساعدات من مختلف الدول والمدن الأوروبية وعلى رأسها البابا زعيم المذهب الكاثوليكي ، في الوقت الذي كانت فيه كنائس الدولة البيزنطية وعلى رأسها القسطنطينية تابعة للكنيسة الأرثوذكسية وكان بينهما عداء شديد وقد أضطر الإمبراطور لمجاملة البابا بأن يتقرب إليه ويظهر له استعداده للعمل على توحيد الكنيسة الأرثوذكسية الشرقية لتصبح خاضعة له، في الوقت الذي لم يكن الأرثوذكس يرغبون في ذلك، وقد قام البابا بناءً على ذلك بإرسال مندوب منه إلى القسطنطينية ، خطب في كنيسة آيا صوفيا ودعا للبابا وأعلن توحيد الكنيستين، مما أغضب جمهور الأرثوذكس في المدينة، وجعلهم يقومون بحركة مضادة لهذا العمل الإمبراطوري الكاثوليكي المشترك، حتى قال بعض زعماء الأرثوذكس : (إنني أفضل أن أشاهد في ديار البيزنط عمائم الترك على أن أشاهد القبعة اللاتينية)[3] .

(1) انظر: تاريخ سلاطين آل عثمان ، ص58.
(2) انظر: فتح القسطنطينية، محمد صفوت، ص69.
(3) انظر: محمد الفاتح للرشيدي، ص89.

ثانياً: الهجوم:

كان القسطنطينية محاطة بالمياه البحرية في ثلاث جبهات، مضيق البسفور ، وبحر مرمرة ، والقرن الذهبي الذي كان محمياً بسلسلة ضخمة جداً تتحكم في دخول السفن إليه، بالإضافة إلى ذلك فإن خطين من الأسوار كانت تحيط بها من الناحية البرية من شاطئ بحر مرمرة إلى القرن الذهبي، يتخللها نهر ليكوس، وكان بين السورين فضاء يبلغ عرضه 60 قدماً ويرتفع السور الداخلي منها 40 قدماً وعليه أبراج يصل ارتفاعها إلى 60 قدماً ، وأما السور الخارجي فيبلغ ارتفاعه قرابة خمس وعشرين قدماً وعليه أبراج موزعة مليئة بالجند [1] ، وبالتالي فإن المدينة من الناحية العسكرية تعد من أفضل مدن العالم تحصيناً، لما عليها من الأسوار والقلاع والحصون إضافة إلى التحصينات الطبيعية، وبالتالي فإنه يصعب اختراقها، ولذلك فقد استعصت على عشرات المحاولات العسكرية لاقتحامها ومنها إحدى عشرة محاولة إسلامية سابقة كان السلطان الفاتح يكمل استعدادات القسطنطينية ويعرف أخبارها ويجهز الخرائط اللازمة لحصارها، كما كان يقوم بنفسه بزيارات استطلاعية يشاهد فيها استحكامات القسطنطينية وأسوارها [2] ، وقد عمل السلطان على تمهيد الطريق بين أدرنة والقسطنطينية لكي تكون صالحة لجر المدافع العملاقة خلالها إلى القسطنطينية، وقد تحركت المدافع من أدرنة إلى قرب القسطنطينية، في مدة شهرين حيث تمت حمايتها بقسم الجيش حتى وصلت الأجناد العثمانية يقودها الفاتح بنفسه إلى مشارف القسطنطينية في يوم الخميس 26 ربيع الأول 857هـ الموافق 6 أبريل 1453م ، فجمع الجند وكانوا قرابة مائتين وخمسين ألف جندي، فخطب فيهم خطبة قوية حثهم فيها على الجهاد وطلب النصر أو الشهادة ، وذكرهم فيها بالتضحية وصدق القتال عند

(1) انظر: سلاطين آل عثمان، ص2؛ محمد الفاتح، ص96.
(2) انظر: محمد الفاتح، سالم الرشيدي، ص82؛ فتح القسطنطينية محمد صفوت، ص57.

اللقاء، وقرأ عليهم الآيات القرآنية التي تحث على ذلك، كما ذكر لهم الأحاديث النبوية التي تبشر بفتح القسطنطينية وفضل الجيش الفاتح لها وأميره، وما في فتحها من عز للإسلام والمسلمين ، وقد بادر الجيش بالتهليل والتكبير والدعاء . ⁽¹⁾

وكان العلماء مبثوثين في صفوف الجيش مقاتلين ومجاهدين معهم مما أثر في رفع معنوياتهم حتى كان كل جندي ينتظر القتال بفارغ الصبر ليؤدي ما عليه من واجب . ⁽²⁾

وفي اليوم التالي قام السلطان بتوزيع جيشه البري أمام الأسوار الخارجية للمدينة، مشكلاً ثلاثة أقسام رئيسية تمكنت من إحكام الحصار البري حول مختلف الجهات، كما أقام الفاتح جيوشاً احتياطية خلف الجيوش الرئيسية، وعمل على نصب المدافع أمام الأسوار، ومن أهمها المدفع السلطاني العملاق الذي أقيم أمام باب طب قابي ، كما وضع فرقاً للمراقبة في مختلف المواقع المرتفعة والقريبة من المدينة، وفي نفس الوقت انتشرت السفن العثمانية في المياه المحيطة بالمدينة، إلا أنها لم تستطع الوصول إلى القرن الذهبي بسبب وجود السلسلة الضخمة التي منعت أي سفينة من دخوله بل وتدمر كل سفينة تحاول الدنو والاقتراب، واستطاع الأسطول العثماني أن تستولي على جزر الأمراء في بحر مرمرة . ⁽³⁾

وحاول البيزنطيون أن يبذلوا قصارى جهدهم للدفاع عن القسطنطينية ووزعوا الجنود على الأسوار، واحكموا التحصينات وأحكم الجيش العثماني قبضته على المدينة، ولم يخلوا الأمر من وقوع قتال بين العثمانيين المهاجمين والبيزنطيين المدافعين منذ الأيام الأولى للحصار، وفتحت أبواب الشهادة وفاز عدد كبير من العثمانيين بها خصوصاً من الأفراد الموكلين بالاقتراب من الأبواب.

وكانت المدفعية العثمانية تطلق مدافعها من مواقع مختلفة نحو المدينة ، وكان

---

(1) انظر: سلاطين آل عثمان، ص24،25.
(2) انظر: الفتوحات الإسلامية عبر العصور، ص364.
(3) انظر: محمد الفاتح ، ص98؛ العثمانيون والبلقان،ص89.

لقذائفها ولصوتها الرهيب دور كبير في إيقاع الرعب في قلوب البيزنطيين وقد تمكنت من تحطيم بعض الأسوار حول المدينة، ولكن المدافعين كانوا سرعان مايعيدون بناء الأسوار وترميمها .

ولم تنقطع المساعدات المسيحية من أوروبا ووصلت إمدادات من جنوة مكونة من خمس سفن وكان يقودها القائد الجنوي جوستنيان يرافقه سبعمائة مقاتل متطوع من دول أوروبية متعددة واستطاعت سفنهم أن تصل إلى العاصمة البيزنطية العتيقة بعد مواجهة بحرية مع السفن العثمانية المحاصرة للمدينة وكان لوصول هذه القوة أثر كبير في رفع معنويات البيزنطيين، وقد عين قائدها جستيان قائداً للقوات المدافعة عن المدينة [1] .

وقد حاولت القوات البحرية العثمانية تخطي السلسلة الضخمة التي تتحكم في مدخل القرن الذهبي والوصول بالسفن الإسلامية إليه، وأطلقوا سهامهم على السفن الأوروبية والبيزنطية ولكنهم فشلوا في تحقيق مرادهم في البداية وارتفعت الروح المعنوية للمدافعين عن المدينة [2] .

ولم يكل القس ورجال الدين النصارى، فكانوا يطوفون بشوارع المدينة، وأماكن التحصين ويحرضون المسيحيين على الثبات والصبر، ويشجعون الناس على الذهاب إلى الكنائس ودعاء المسيح والسيدة العذراء أن يخلصوا المدينة، وأخذ الإمبراطور قسطنطين يتردد بنفسه على كنيسة أيا صوفيا لهذا الهدف [3] .

ثالثاً: مفاوضات بين محمد الفاتح وقسطنطين:

---

(1) انظر: العثمانيون والبلقاء، د.علي حسون، ص92.
(2) انظر: محمد الفاتح للرشيدي، ص120.
(3) انظر: محمد الفاتح للرشيدي، ص100.

استبسل العثمانيون المهاجمون على المدينة وعلى رأسهم محمد الفاتح وصمد البيزنطيون بقيادة قسطنطين صموداً بطولياً في الدفاع وحاول الإمبراطور البيزنطي أن يخلص مدينته وشعبه بكل ما يستطيع من حيلة، فقدم عروضاً مختلفة للسلطان ليغريه بالانسحاب مقابل الأموال أو الطاعة، أو غير ذلك من العروض التي قدمها ، ولكن الفاتح رحمه الله يرد بالمقابل طالباً تسليم المدينة تسليماً [1] ، وأنه في هذه الحالة لن يتعرض أحد من أهلها ولا كنائسها للأذى، وكان مضمون الرسالة: (فليسلم لي إمبراطوركم مدينة القسطنطينية وأقسم بأن جيشي لن يتعرض لأحد في نفسه وماله وعرضه ومن شاء بقي في المدينة وعاش فيها في أمن وسلام ومن شاء رحل عنها حيث أراد في أمن وسلام أيضاً) [2] .

كان الحصار لايزال ناقصاً ببقاء مضيق القرن الذهبي في أيدي البحرية البيزنطية، ومع ذلك فإن الهجوم العثماني كان مستمراً دون هوادة حيث أظهر جنود الانكشارية شجاعة فائقة، وبسالة نادرة، فكانوا يقدمون على الموت دون خوف في أعقاب كل قصف مدفعي، وفي يوم 18 أبريل [3] تمكنت المدافع العثمانية من فتح ثغرة في الأسوار البيزنطية عند وادي ليكوس في الجزء الغربي من الأسوار ، فاندفع إليها الجنود العثمانيون بكل بسالة محاولين اقتحام المدينة من الثغرة، كما حاولوا اقتحام الأسوار الأخرى بالسلالم التي ألقوها عليها، ولكن المدافعين عن المدينة بقيادة جستنيان استماتوا في الدفاع عن الثغرة والأسوار، واشتد القتال بين الطرفين ، وكانت الثغرة ضيفة وكثرة السهام والنبال والمقذوفات على الجنود المسلمين،ومع ضيق المكان وشدة مقاومة الأعداء وحلول الظلام أصدر الفاتح أوامره للمهاجمين بالانسحاب بعد أن

---

(1) انظر: تاريخ سلاطين آل عثمان، ص58.
(2) محمد الفاتح، عبد السلام فهمي ، ص92.
(3) انظر: الفتوح الإسلامية عبر العصور، ص367.

أثاروا الرعب في قلوب أعدائهم متحينين فرصة أخرى للهجوم [1].

وفي اليوم نفسه حاولت بعض السفن العثمانية اقتحام القرن الذهبي بتحطيم السلسلة الحاجزة عنه، ولكن السفن البيزنطية والأوروبية المشتركة، إضافة إلى الفرق الدفاعية المتمركزة خلف السلسلة الضخمة من المدافعين عن مدخل الخليج، استطاعوا جميعاً من صد السفن الإسلامية وتدمير بعضها، فاضطرت بقية السفن إلى العودة بعد أن فشلت في تحقيق مهمتها [2].

رابعاً: عزل قائد الأسطول العثماني وشجاعة محمد الفاتح:

بعد هذه المعركة بيومين وقعت معركة أخرى بين البحرية العثمانية وبعض السفن الأوروبية التي حاولت الوصول إلى الخليج، حيث بذلت السفن الإسلامية جهوداً كبيرة لمنعها، وأشرف الفاتح بنفسه على المعركة من على الساحل وكان قد أرسل إلى قائد الأسطول وقال له: ﴿إما أن تستولي على هذه السفن وإما أن تغرقها، وإذا لم توفق في ذلك فلا ترجع إلينا حياً﴾ [3] لكن السفن الأوروبية نجحت في الوصول إلى هدفها ولم تتمكن السفن العثمانية من منعها، رغم الجهود العظيمة المبذولة لذلك وبالتالي غضب السلطان محمد الفاتح غضباً شديداً فعزل قائد الأسطول [4] بعد ما رجع إلى مقر قيادته واستدعاه وعنف محمد الفاتح قائد الأسطول بالطه أوغلي وعنفه واتهمه بالجبن، وتأثر بالطة أوغلي لهذا وقال : ﴿إني استقبل الموت بجنان ثابت، ولكن يؤلمني أن أموت وأنا متهم بمثل هذه التهمة. لقد قاتلت أنا ورجالي بكل ماكان في وسعنا من

---

(1) انظر: محمد الفاتح ، عبد السلام فهمي، ص123.
(2) انظر: الفتوح الإسلامية عبر العصور، ص368.
(3) انظر: محمد الفاتح للرشيدي، ص101.
(4) انظر: مواقف حاسمة، محمد عبد الله عنان، ص180.

حيلة وقوة، ورفع طرف عمامته عن عينه المصابة)[1] .

أدرك محمد الفاتح عند ذلك أن الرجل قد أعذر، فتركه ينصرف واكتفى بعزله من منصبه، وجعل مكانه حمزة باشا[2] .

لقد ذكرت كتب التاريخ أن السلطان محمد الفاتح كان يراقب هذه المعارك البحرية وهو على جواده وقد اندفع نحو البحر حتى غاص حصانه إلى صدره وكانت السفن المتقاتلة على مرمى حجر منه فأخذ يصيح لبطله أوغلي بأعلى صوته: ياقبطان! ياقبطان! ويلوح له بيده، وضاعف العثمانيون جهودهم في الهجوم دون أن يأثروا في السفن تأثيراً ليناً[3] .

كانت الهزائم البحرية للأسطول العثماني دور كبير في محاولة بعض مستشاري السلطان وعلى رأسهم الوزير (خليل باشا) اقتناعه بالعدول عن الاستيلاء على القسطنطينية والرضا بمصالحة أهلها دون السيطرة عليها وبالتالي رفع الحصار عنها، ولكن السلطان أصر على محاولة الفتح واستمر في قصف دفاعات المدينة بالمدافع من كل جانب ، وفي الوقت نفسه كان يفكر بجدية في إدخال السفن الإسلامية الالقرن الذهبي ، خصوصاً وأن الأسوار من ناحية القرن الذهبي متهاوية، وبالتالي سيضطر البيزنطيون إلى سحب بعض قواتهم المدافعة عن الأسوار الغربية من المدينة وبهذا التفريق للقوات المدافعة ستتهيأ فرصة أكبر في الهجوم على تلك الأسوار بعد أن ينقص عدد المدافعين عنها[4] .

(1) انظر: محمد الفاتح للرشيدي، ص103.
(2) المصدر السابق نفسه، ص103.
(3) انظر: محمد الفاتح للرشيدي، ص103.
(4) انظر: الفتوح الإسلامية عبر العصور، ص369.

خامساً: عبقرية حربية فذة:

لاحت للسلطان فكرة بارعة وهي نقل السفن من مرساها في بشكطاش إلى القرن الذهبي، وذلك بجرها على الطريق البري الواقع بين الميناءين مبتعداً عن حي غلطة خوفاً على سفنه من الجنوبيين، وقد كانت المسافة بين الميناء نحو ثلاثة أميال، ولم تكن أرضاً مبسوطة سهلة ولكنها كانت وهاداً وتلالاً غير ممهدة.

جمع محمد الفاتح أركان حربه وعرض عليهم فكرته، وحدد لهم مكان معركته القادمة، فتلقى منهم كل تشجيع، وأعربوا عن إعجابهم بها.

بدأ تنفيذ الخطة، وأمر السلطان محمد الثاني فمهدت الأرض وسويت في ساعات قليلة وأتى بألواح من الخشب دهنت بالزيت والشحم، ثم وضعت على الطريق الممهد بطريقة يسهل بها انزلاج السفن وجرها، وكان أصعب جزء من المشروع هو نقل السفن على انحدار التلال المرتفعة، إلا أنه بصفة عامة كانت السفن العثمانية صغيرة الحجم خفيفة الوزن [1].

وجرت السفن من البسفور البالبر حيث سحبت على تلك الأخشاب المدهونة بالزيت مسافة ثلاثة أميال ، حتى وصلت إلى نقطة آمنة فأنزلت في القرن الذهبي، وتمكن العثمانيون في تلك الليلة من سحب أكثر من سبعين سفينة وإنزالها في القرن الذهبي على حين غفلة من العدو، بطريقة لم يسبق إليها السلطان الفاتح قبل ذلك ، وقد كان يشرف بنفسه على العملية التي جرت في الليل بعيداً عن أنظار العدو ومراقبته [2].

كان هذا العمل عظيماً بالنسبة للعصر الذي حدث فيه بل معجزة من المعجزات ،

---

(1) انظر: السلطان محمد الفاتح، عبد السلام فهمي، ص100.
(2) الفتوح الإسلامية عبر العصور، ص370.

تجلى فيه سرعة التفكير وسرعة التنفيذ، مما يدل على عقلية العثمانيين الممتازة، ومهارتهم الفائقة وهمتهم العظيمة. لقد دهش الروم دهشة كبرى عندما علموا بها، فما كان أحد ليستطيع تصديق ماتم. لكن الواقع المشاهد جعلهم يذعنون لهذه الخطة الباهرة.

ولقد كان منظر هذه السفن بأشرعتها المرفوعة تسير وسط الحقول كما لو كانت تمخر عباب البحر من أعجب المناظر وأكثرها إثارة ودهشة. ويرجع الفضل في ذلك إلى الله سبحانه وتعالى ثم لهمة السلطان وذكاءه المفرط، وعقليته الجبارة ، والى مقدرة المهندسين العثمانيين، وتوفر الأيدي العاملة التي قامت بتنفيذ ذلك المشروع الضخم بحماس ونشاط.

وقد تم كل ذلك في ليلة واحدة واستيقظ أهل المدينة البائسة صباح يوم 22 أبريل على تكبيرات العثمانيين المدوية، وهتافاتهم المتصاعدة، وأناشيدهم الإيمانية العالية ⁽¹⁾ ، في القرن الذهبي، وفوجئوا بالسفن العثمانية وهي تسيطر على ذلك المعبر المائي، ولم يعد هناك حاجز مائي بين المدافعين عن القسطنطينية وبين الجنود العثمانيين ⁽²⁾ ، ولقد عبر أحد المؤرخين البيزنطيين عن عجبهم من هذا العمل فقال: (ما رأينا ولا سمعنا من قبل بمثل هذا الشيء الخارق، محمد الفاتح يحول الأرض إلى بحار وتعبر سفنه فوق قمم الجبال بدلاً من الأمواج، لقد فاق محمد الثاني بهذا العمل الأسكندر الأكبر) ⁽³⁾ .

ظهر اليأس في أهل القسطنطينية وكثرت الإشاعات والتنبؤات بينهم، وانتشرت شائعة تقول: ستسقط القسطنطينية عندما ترى سفن تمخر اليابسة" ⁽⁴⁾ وكان لوجود السفن الإسلامية في القرن الذهبي دور كبير في إضعاف الروح المعنوية لدى المدافعين عن المدينة الذين اضطروا لسحب قوات كبيرة من المدافعين عن الأسوار الأخرى

---

(1) انظر: السلطان محمد الفاتح، عبد السلام فهمي،ص102.
(2) انظر: الفتوح الإسلامية عبر العصور، ص370.
(3) تاريخ الدولة العثمانية ، يلماز أوزنتونا، ص135.
(4) انظر: محمد الفاتح، ص106.

لكي يتولوا الدفاع عن الأسوار الواقعة على القرن الذهبي إذ أنها كانت أضعف الأسوار ، ولكنها في السابق تحميها المياه، مما أوقع الخلل في الدفاع عن الأسوار الأخرى [1] .

وقد حاول الإمبراطور البيزنطي تنظيم أكثر من عملية لتدمير الأسطول العثماني في القرن الذهبي إلا أن محاولته المستميتة كان العثمانيون لها بالمرصاد حيث أفشلوا كل الخطط والمحاولات.

واستمر العثمانيون في دك نقاط دفاع المدينة وأسوارها بالمدافع، وحاولوا تسلّق أسوارها، وفي الوقت نفسه انشغل المدافعون عن المدينة في بناء وترميم مايتهدم من أسوار مدينتهم ورد المحاولات المكثفة لتسلق الأسوار مع استمرار الحصار عليهم مما زاد في مشقتهم وتعبهم وإرهاقهم وشغل ليلهم مع نهارهم وأصابهم اليأس [2] .

كما وضع العثمانيون مدافع خاصة على الهضاب المجاورة للبسفور والقرن الذهبي، مهمتها تدمير السفن البيزنطية والمتعاونة معها في القرن الذهبي والبسفور والمياه المجاورة مما عرقل حركة سفن الأعداء وأصابها بالشلل تماماً [3] .

سادساً: اجتماع بين الملك قسطنطين ومعاونيه:

عقد الملك قسطنطين ومعاونيه ومستشاريه ورجال النصرانية في المدينة اجتماعاً، فأشاروا عليه بالخروج بنفسه من المدينة والتوجه لطلب النجدات من الأمم المسيحية، والدول الأوروبية ، ولعل تأتي الجيوش النصرانية ، فيضطر محمد الفاتح لرفع الحصار عن مدينتهم، ولكنه رفض هذا الرأي وأصر على أن يقاوم إلى آخر لحظة ولا يترك

---

(1) انظر: محمد الفاتح، ص106.
(2) انظر: الفتوح الإسلامية عبر العصور ، ص371.
(3) المصدر السابق نفسه، ص371.

شعبه في المدينة حتى يكون مصيره ومصيرهم واحداً، وأنه يعتبر هذا واجبه المقدس وأمرهم أن لا ينصحوه بالخروج أبداً واكتفى بإرسال وفود تمثله إلى مختلف أنحاء أوروبا لطلب المساعدة[1] ورجعت تلك الوفود تجر خلفها أذيال الخيبة وكانت الأجهزة الاستخباراتية للدولة العثمانية قد اخترقت القسطنطينية وما حولها بحيث أصبحت القيادة العثمانية على علم تام بما يدور حولها.

سابعاً: الحرب النفسية العثمانية:

ضاعف السلطان محمد الثاني الهجوم على الأسوار وجعله مركزاً وعنيفاً، ضمن خطة أعدها بنفسه أيضاً لإضعاف العدو، وكررت القوات العثمانية عملية الهجوم على الأسوار ومحاولة تسلقها مرات عديدة بصورة بطولية بلغت غاية عظيمة من الشجاعة والتضحية والتفاني ، وكان أكثر ما يرعب جنود الإمبراطور قسطنطين صيحاتهم وهي تشق عنان السماء وتقول: 'اللـه أكبر اللـه أكبر' فتنزل عليهم كالصواعق المدمرة .[2]

وشرع السلطان محمد الفاتح في نصب المدافع القوية على الهضاب الواقعة خلف غلطة، وبدأت هذه المدافع في دفع قذائفها الكثيفة نحو الميناء وأصابت إحدى القذائف سفينة تجارية فأغرقتها في الحال، فخافت السفن الأخرى واضطرت للفرار، واتخذت من أسوار غلطة ملجأ لها، وظل الهجوم العثماني البري في موجات خاطفة وسريعة هجمة تلوى الأخرى وكان السلطان محمد الفاتح يوالي الهجمات وإطلاق القذائف في البر والبحر دون انقطاع ليلاً ونهاراً من أجل إنهاك قوى المحاصرين، وعدم تمكينهم من أن ينالوا أي قسط من راحة وهدوء بال، وهكذا أصبحت عزائمهم ضعيفة ونفوسهم مرهقة كليلة، وأعصابهم متوترة مجهودة تثور لأي سبب، وأصبح كل واحد مـن الجنود ينظر إلى صاحبه ويلاحظ على وجهه علامات الذل والهزيمة

---

(1) انظر: محمد الفاتح، ص116.
(2) المصدر السابق نفسه، ص106.

والفشل، وشرعوا يتحدثون علناً عن طرق النجاة والإفلات بأرواحهم وما يتوقعونه من العثمانيين إذا ما اقتحموا عليهم مدينتهم.

واضطر الإمبراطور قسطنطين إلى عقد مؤتمر ثاني، اقترح فيه احد القادة مباغتة العثمانيين بهجوم شديد عنيف لفتح ثغرة توصلهم بالعالم الخارجي وبينما هم في مجلسهم يتدارسون هذا الاقتراح، قطع عليهم أحد الجنود اجتماعهم وأعلمهم بأن العثمانيين شنوا هجوماً شديداً مكثفاً على وادي ليكونس، فترك قسطنطين الاجتماع ووثب على فرسه، واستدعى الجند الاحتياطي ودفع بهم إلى مكان القتال، واستمر القتال إلى آخر الليل حتى انسحب العثمانيون [1].

وكان السلطان محمد -رحمه الله- يفاجئ عدوه من حين لآخر بفن جديد من فنون القتال والحصار، وحرب الأعصاب وبأساليب جديدة وطرق حديثة مبتكرة غير معروفة للعدو [2].

ففي المراحل المتقدمة من الحصار لجأ العثمانيون إلى طريقة عجيبة في محاولة دخول المدينة حيث عملوا على حفر أنفاق تحت الأرض من مناطق مختلفة إلى داخل المدينة وسمع سكانها ضربات شديدة تحت الأرض أخذت تقترب من داخل المدينة بالتدريج، فأسرع الإمبراطور بنفسه ومعه قواده ومستشاروه إلى ناحية الصوت وأدركوا أن العثمانيين يقومون بحفر أنفاق تحت الأرض، للوصول إلى داخل المدينة، فقرر المدافعون الإعداد لمواجهتها بحفر أنفاق مماثلة مقابل أنفاق المهاجمين لمواجهتهم دون أن يعلموا، حتى إذا وصل العثمانيون إلى الأنفاق التي أعدت لهم ظنوا أنهم وصلوا إلى سراديب خاصة وسرية تؤدي إلى داخل المدينة ففرحوا بهذا، ولكن الفرحة لم تطل إذ فاجأهم الروم، فصبوا عليهم ألسنة النيران والنفط المحترق والمواد الملتهبة ،

ـــــــــــــــــــ
(1) انظر: السلطان محمد الفاتح، ص108.
(2) المصدر السابق نفسه، ص108.

فأختنق كثير منهم واحترق قسم آخر وعاد الناجون منهم أدراجهم من حيث أتوا [1] .

لكن هذا الفشل لم يفت في عضد العثمانيين ، فعاودوا حفر أنفاق أخرى ، وفي مواضع مختلفة، من المنطقة الممتدة بين 'أكرى فبو' وشاطئ القرن الذهبي وكانت مكاناً ملائماً للقيام بمثل هذا العمل، وظلوا على ذلك حتى أواخر أيام الحصار وقد أصاب أهل القسطنطينية من جراء ذلك خوف عظيم وفزع لايوصف حتى صاروا يتوهمون أن أصوات أقدامهم وهم يمشون أن هي أصوات خفية لحفر يقوم به العثمانيون، وكثيراً ماكان يخيل لهم أن الأرض ستنشق ويخرج منها الجند العثمانيون ويملئون المدينة ، فكانوا يتلفتون يمنة ويسرة، ويشيرون هنا وهناك في فزع ويقولون : 'هذا تركي ، ....،هذا تركي' ويجرون هرباً من أشباح يحسبونها أنها تطاردهم ، وكثيراً ماكان يحدث أن تتناقل العامة الإشاعة فتصبح كأنها حقيقة واقعة رآها احدهم بعيني رأسه وهكذا داخل سكان القسطنطينية فزع شديد أذهب وعيهم، حتى لكأنهم 'سكارى وما هم بسكارى' ، فريق يجري، وفريق يتأمل السماء، ومجموعة تتفحص الأرض، والبعض ينظر في وجوه البعض الآخر في عصبية زائدة وفشل ذريع. ولم يكن عمل العثمانيين هذا سهلاً ، فان هذه الأنفاق التي حفروها قد أودت بحياة كثير منهم، فماتوا اختناقاً واحتراقاً في باطن الأرض، كما وقع الكثير منهم في بعض هذه المحاولات في أسر الروم، فقطعت رؤوسهم وقذف بها إلى معسكر العثمانيين [2] .

<u>مفاجأة عسكرية عثمانية:</u>

لجأ العثمانيون إلى أسلوب جديد في محاولة الاقتحام وذلك بأن صنعوا قلعة خشبية ضخمة شامخة متحركة تتكون من ثلاثة أدوار، وبارتفاع أعلى من الأسوار، وقد كسيت بالدروع والجلود المبللة بالماء لتمنع عنها النيران، وأعدت تلك القلعة بالرجال

---

(1) انظر: الفتوح الإسلامية عبر العصور، ص372.
(2) انظر: السلطان محمد الفاتح، ص110.

في كل دور من أدوارها ، وكان الذين في الدور العلوي من الرماة يقذفون بالنبال كل من يطل برأسه من فوق الأسوار، وقد وقع الرعب في قلوب المدافعين عن المدينة حينما زحف العثمانيون بهذه القلعة واقتربوا بها من الأسوار عند باب رومانوس، فاتجه الإمبراطور بنفسه ومعه قواده ليتابع صد تلك القلعة ودفعها عن الأسوار، وقد تمكن العثمانيون من لصقها بالأسوار ودار بين من فيها وبين النصارى عند الأسوار قتل شديد واستطاع بعض المسلمين ممن في القلعة تسلق الأسوار ونجحوا في ذلك، وقد ظن قسطنطين أن الهزيمة حلت به، إلا أن المدافعين كثفوا من قذف القلعة بالنيران حتى أثرت فيها وتمكنت منها النيران فاحترقت، ووقعت على الأبراج البيزنطية المجاورة لها فقتلت من فيها من المدافعين، وامتلاء الخندق المجاور لها بالحجارة والتراب ⁽¹⁾ .

ولم ييأس العثمانيون من المحاولة بل قال الفاتح وكان يشرف بنفسه على ماوقع: غداً نصنع أربعاً أخرى ⁽²⁾ .

زاد الحصار وقوي واشتد حتى أرهق من بداخل المدينة من البيزنطيين، فعقد زعماء المدينة اجتماعاً 24 مايو داخل قصر الإمبراطور وبحضوره شخصياً، وقد لاح في الأفق بوادر يأس المجتمعين من إنقاذ المدينة حيث اقترح بعضهم على الإمبراطور الخروج بنفسه قبل سقوط المدينة لكي يحاول جمع المساعدات والنجدات لإنقاذها أو استعادتها بعد السقوط، ولكن الإمبراطور رفض ذلك مرة أخرى وأصر على البقاء داخل المدينة والاستمرار في قيادة شعبه وخرج لتفقد الأسوار والتحصينات.

وأخذت الإشاعات تهيمن على المدينة وتضعف من مقاومة المدافعين عنها، وكان من أقواها عليهم ماحدث في يوم 16 جمادى الأولى الموافق 25 مايو، حيث حمل أهل

(1) انظر: محمد الفاتح للرشيدي، ص144.
(2) انظر: السلطان محمد الفاتح، ص122.

المدينة تمثالاً للسيدة مريم العذراء (بزعمهم)، وأخذوا يتجولون به في ضواحي المدينة، يدعونـه ويتضرعون إلى العذراء أن تنصرهم على أعدائهم، وفجأة سقط التمثال من أيـديهم وتحطم، فـرأوا في ذلك شؤم ونذير بالخطر، وتأثر سكان المدينة وخصوصاً المدافعين عنها، وحدث في اليـوم التـالي 26 مايو هطول أمطار غزيرة مصحوبة ببعض الصواعق، ونزلت إحـدى الصواعق عـلى كنيسـة آيـا صوفيا ، فتشاءم البطريق ، وذهب إلى الإمبراطور وأخبره أن اللـه تخلى عنهم وأن المدينة ستسقط في يد المجاهدين العثمانيين، فتأثر الإمبراطور حتى أغمى عليه[1] .

وكانت المدفعية العثمانية لا تنفك عـن عملهـا في دك الأسوار والتحصينات، وتهدمت أجزاء كثيرة من السور والأبراج وامتلأت الخنادق بالأنقاض، التي يئس المـدافعون مـن إزالتهـا وأصبحت إمكانية اقتحام المدينة واردة في أي لحظة، إلا أن اختيار موقع الاقتحام لم يحدد بعد[2] .

<u>ثامناً: المفاوضات الأخيرة بين محمد الفاتح وقسطنطين:</u>

أيقن محمد الفاتح أن المدينة على وشك السقوط، ومع ذلك حاول أن يكون دخولهـا بسـلام؛ فكتب إلى الإمبراطور رسـالة دعـاه فيـه إلى تسـليم المدينـة دون إراقـة دمـاء، وعـرض عليـه تـأمين خروجه وعائلته وأعوانه وكل من يرغب من سكان المدينة إلى حيث يشـاءون بأمـان[3] ، وأن تحقـن دماء الناس في المدينة ولا يتعرضوا لأي أذى ويكونوا بالخيار في البقـاء في المدينـة أو الرحيـل عنهـا، ولما وصلت الرسالة إلى الإمبراطور جمع المستشارين وعرض عليهم الأمر ، فمال بعضهم إلى التسليم وأصر آخرون على استمرار الدفاع عن المدينة حتى الموت، فمال الإمبراطور إلى رأي القائلين

(1) انظر: محمد الفاتح للرشيدي، ص118.
(2) انظر: الفتوح الإسلامية عبر العصور، ص375.
(3) انظر: محمد الفاتح للرشيدي ، ص119.

بالقتال حتى آخر لحظة، فرد الإمبراطور رسول الفاتح برسالة قال فيها: (إنه يشكر الله إذ جنح السلطان إلى السلم وأنه يرضى أن يدفع له الجزية أما القسطنطينية فإنه أقسم أن يدافع عنها إلى آخر نفس في حياته فإما أن يحفظ عرشه أو يدفن تحت أسوارها)[1] ، فلما وصلت الرسالة إلى الفاتح قال: (حسناً عن قريب سيكون لي في القسطنطينية عرش أو يكون لي فيها قبر)[2] .

وعمد السلطان بعد اليأس من تسليم المدينة صلحاً إلى تكثيف الهجوم وخصوصاً القصف المدفعي على المدينة، حتى أن المدفع السلطاني الضخم انفجر من كثرة الاستخدام، وقتل المشتغلين له وعلى رأسهم المهندس المجري أوربان الذي تولى الإشراف على تصميم المدفع، ومع ذلك فقد وجه السلطان بإجراء عمليات التبريد للمدافع بزيت الزيتون، وقد نجح الفنيون في ذلك ، وواصلت المدافع قصفها للمدينة مرة أخرى، بل تمكنت من توجيه القذائف بحيث تسقط وسط المدينة بالإضافة إلى ضربها للأسوار والقلاع[3] .

تاسعاً: السلطان محمد الفاتح يعقد اجتماع لمجلس الشورى:

عقد السلطان محمد الفاتح اجتماعاً ضم مستشاريه وكبار قواده بالإضافة إلى الشيوخ والعلماء، وقد طلب الفاتح من المجتمعين الإدلاء بآرائهم بكل صراحة دون تردد، فأشار بعضهم بالانسحاب ومنهم الوزير خليل باشا الذي دعا إلى الانسحاب وعدم إراقة الدماء والتحذير من غضب أوروبا النصرانية فيما لو استولى المسلمون على المدينة، إلى غير ذلك من المبررات التي طرحها، وكان متهماً بمواطئة البيزنطيين ومحاولة

---

(1) محمد الفاتح ، عبد السلام فهمي ، ص116.
(2) الفتوح الإسلامية عبر العصور، ص376.
(3) المصدر السابق، ص376.

التخذيل عنهم [1]، وقد قام بعض الحضور بتشجيع السلطان على مواصلة الهجوم على المدينة حتى الفتح واستهان بأوروبا وقواتها، كما أشار إلى تحمس الجند لإتمام الفتح، وما في التراجع من تحطيم لمعنوياتهم الجهادية، وكان من هؤلاء أحد القواد الشجعان ويدعى (زوغنوش باشا) وهو من أصل ألباني كان نصرانياً فأسلم حيث هون من شأن القوات الأوروبية على السلطان [2].

وذكرت كتب التاريخ موقف زوغنوش باشا فقالت: (ما أن سأله السلطان الفاتح عن رأيه حتى استوفز في قعدته وصاح في لغة تركية تشوبها لكنة ارناؤوطية: حاشا وكلا أيها السلطان، أنا لا أقبل أبداً ماقاله خليل باشا، فما أتينا هنا إلا لنموت لا لنرجع. وأحدث هذا الاستهلال وقعاً عميقاً في نفوس الحاضرين، وخيم السكون على المجلس لحظة ثم واصل زوغنوش باشا كلامه فقال: إن خليل باشا أراد بما قاله أن يخمد فيكم نار الحمية ويقتل الشجاعة ولكنه لن يبوء إلا بالخيبة والخسران. إن جيش الاسكندر الكبير الذي قام من اليونان وزحف إلى الهند وقهر نصف آسيا الكبيرة الواسعة لم يكن اكبر من جيشنا فإن كان ذلك الجيش استطاع أن يستولي على تلك الأراضي العظيمة الواسعة أفلا يستطيع جيشنا أن يتخطى هذه الكومة من الأحجار المتراكمة، وقد أعلن خليل باشا أن دول الغرب ستزحف إلينا وتنتقم ولكن ما للدول الغربية هذه؟ وهل هي الدول اللاتينية التي شغلها ما بينها من خصام وتنافس، هل هي دول البحر المتوسط التي لاتقدر على شيء غير القرصنة واللصوصية؟ ولو أن تلك الدول أرادت نصرة بيزنطة لفعلت وأرسلت إليها الجند والسفن، ولنفرض أن أهل الغرب بعد فتحنا القسطنطينية هبوا إلى الحرب وقاتلونا فهل سنقف منهم مكتوفي الأيدي بغير حراك، أو ليس لنا جيش يدافع عن كرامتنا وشرفنا؟

ياصاحب السلطنة ، أما وقد سألتني رأيي فلأعلنها كلمة صريحة، يجب أن تكون

---

(1) انظر: فتح القسطنطينية ، محمد صفوت، ص103.
(2) انظر: الفتوح الإسلامية عبر العصور، ص377.

قلوبنا كالصخر ، ويجب أن نواصل الحرب دون أن يظهر علينا اقل ضعف أو خور، لقد بـدأنا أمراً فواجب علينا أن نتمه، ويجب أن نزيد هجماتنا قوة وشدة ونفتح ثغرات جديدة وننقض على العدو بشجاعة. لا أعرف شيئاً غير هذا، ولا استطيع أن أقول شيئاً غير هذا ....⁽¹⁾ .

وبدأت على وجه الفاتح أمارات البشر والانشراح لسماع هذا القول، والتفت إلى القائد طرخـان يسأله رأيه فأجاب على الفور : إن زوغنوش باشا قد أصاب فيما قال وأنا عـلى رأيـه ياسـلطاني. ثـم سأل الشيخ آق شمس الدين والمولى الكوراني عن رأيهما. وكان الفاتح يثق بهـما كـل الثقـة فأجابـا أنهما على رأي زوغنوش باشا وقالا: {يجب الاستمرار في الحـرب، وبالغايـة الصـمدانية سـيكون لنا النصر والظفر}⁽²⁾ .

وسرت الحمية والحماس في جميع الحاضرين وابتهج السلطان الفاتح واستبشر بدعاء الشـيخين بالنصر والظفر ولم يملك نفسه من القول : من كان من أجدادي في مثل قوتي⁽³⁾ ؟

لقد أيد العلماء الرأي القائل بمواصلة الجهاد كما فرح السـلطان حيـث كـان يعـبر عـن رأيـه ورغبته في مواصلة الهجوم حتى الفتح، وانتهى الاجتماع بتعليمات من السلطان أن الهجوم العـام والتعليمات باقتحام المدينة باتت وشيكة وسيأمر بها فور ظهور الفرصة المناسبة وأن عـلى الجنـود الاستعداد لذلك⁽⁴⁾ .

<u>عاشراً : محمد الفاتح يوجه تعليماته ويتابع جنوده بنفسه:</u>

---

(1) انظر: محمد الفاتح للرشيدي، ص122.
(2) انظر: محمد الفاتح، ص122.
(3) انظر: محمد الفاتح، ص122.
(4) انظر: تاريخ الدولة العلية ، محمد فريد، ص164.

في يوم الأحد 18 جمادى الأولى 27 من مايو وجه السلطان محمد الفاتح الجنود إلى الخشوع وتطهير النفوس والتقرب إلى الله تعالى بالصلاة وعموم الطاعات والتذلل والدعاء بين يديه ، لعل الله أن يسر لهم الفتح ، وانتشر هذا الأمر بين عامة المسلمين ، كما قام الفاتح بنفسه ذلك اليوم بتفقد أسوار المدينة ومعرفة آخر أحوالها ، وما وصلت إليه وأوضاع المدافعين عنها في النقاط المختلفة ، وحدد مواقع معينة يتم فيها تركيز القصف العثماني ، تفقد فيها أحوالهم وحثهم على الجد والتضحية في قتال الأعداء ، كما بعث إلى أل غلطة التي وقفت على الحياد مؤكدا عليهم عدم التدخل فيما سيحدث ضامنا لهم الوفاء بعهده معهم ، وانه سيعوضهم عن كل ما يخسرونه من جراء ما يحدث. وفي مساء اليوم نفسه أوقد العثمانيون نارا كثيفة حول معسكرهم وتعالت صيحاتهم وأصواتهم بالتهليل والتكبير [1] ، حتى خيل للروم أن النار قد اندلعت في معسكر العثمانيين ، فإذا بهم يكتشفون أن العثمانيين يحتفلون بالنصر مقدما، مما أوقع الرعب في قلوب الروم ، وفي اليوم التالي 28 مايو كانت الاستعدادات العثمانية على أشدها والمدافع ترمي البيزنط بنيرانها ، والسلطان يدور بنفسه على المواقع العسكرية المختلفة متفقدا وموجها ومذكرا بالإخلاص والدعاء والتضحية والجهاد [2] .

وكان الفاتح كلما مر بجمع من جنده خطبهم وأثار فيهم الحمية والحماس ، وأبان لهم أنهم بفتح القسطنطينية سينالون الشرف العظيم والمجد الخالد ، والثواب الجزيل من الله تعالى وستسد دسائس هذه المدينة التي طالما مالأت عليهم الأعداء والمتآمرين وسيكون لأول جندي ينصب راية الإسلام [3] على سور القسطنطينية الجزاء الأوفى والإقطاعات الواسعة.

وكان علماء المسلمين وشيوخهم يتجولون بين الجنود ويقرأون على المجاهدين

---

(1) انظر: تاريخ سلاطين آل عثمان ، يوسف آصاف، ص60.
(2) انظر: الفتوح الإسلامية عبر العصور، ص378.
(3) انظر: محمد الفاتح ، ص125.

آيات الجهاد والقتال وسورة الأنفال ، ويذكرونهم بفضل الشهادة في سبيل الله وبالشهداء السابقين حول القسطنطينية وعلى رأسهم أبو أيوب الأنصاري ويقولون للمجاهدين : لقد نزل سيدنا محمد صلى الله عليه وسلم عند هجرته إلى المدينة في دار أبي أيوب الأنصاري ، وقد قصد أبو أيوب إلى هذه البقعة ونزل هنا ، وكان هذا القول يلهب الجند ويبعث في نفوسهم أشد الحماس والحمية [1] .

وبعد أن عاد الفاتح إلى خيمته ودعا إليه كبار رجال جيشه اصدر إليهم التعليمات الأخيرة ، ثم ألقى عليهم الخطبة التالية: "إذا تم لنا فتح القسطنطينية تحقق فينا حديث من أحاديث رسول الله ومعجزة من معجزاته وسيكون من حظنا ما أشاد به هذا الحديث من التمجيد والتقدير فأبلغوا أبناءنا العساكر فردا فردا ، أن الظفر العظيم الذي سنحرزه سيزيد الإسلام قدرا وشرفا ، ويجب على كل جندي أن يجعل تعاليم شريعتنا الغراء نصب عينيه فلا يصدر عن أحد منهم ما يجافي هذه التعاليم ، وليتجنبوا الكنائس والمعابد ولا يمسوها بأذى ، ويدعوا القسس والضعفاء والعجزة الذين لا يقاتلون . . ." [2] .

وفي هذا الوقت كان الإمبراطور البيزنطي يجمع الناس في المدينة لإقامة ابتهال عام دعا فيه الرجال والنساء والصبيان للدعاء والتضرع والبكاء في الكنائس على طريقة النصارى لعله أن يستجاب لهم فتنجوا المدينة من هذا الحصار ، وقد خطب فيهم الإمبراطور خطبة بليغة كانت آخر خطبة خطبها ، حديث أكد عليهم بالدفاع عن المدينة حتى لو مات هو ، والاستماتة في حماية النصرانية أمام المسلمين العثمانيين ، وكانت خطبة رائعة كما يقول المؤرخون أبكت الجميع من الحاضرين ، كما صلى الإمبراطور ومن معه من النصارى الصلاة الأخيرة في كنيسة آيا صوفيا أقدس

_____

(1) انظر: محمد الفاتح، ص126.

(2) المصدر السابق نفسه ، ص126.

الكنائس عندهم[1] ثم قصد الإمبراطور قصره يزوره الزيارة الأخيرة فودع جميع من فيه واستصفحهم وكان مشهدا مؤثرا وقد كتب مؤرخو النصارى عن هذا المشهد ، فقال من حضره، (لو أن شخصا قلبه من خشب أو صخر لفاضت عيناه بالدموع لهذا المنظر)[2] .

وتوجه قسطنطين نحو صورة (يزعمون أنها صورة المسيح) معلقة في أحد الغرف فركع تحتها وهمهم بعض الدعوات ثم نهض ولبس المغفر على رأسه وخرج من القصر عند نحو منتصف الليل مع زميله ورفيقه وأمينه المؤرخ فرانتزتس ثم قاما برحلة تفقدية لقوات النصارى المدافعة ولاحظوا حركة الجيش العثماني النشطة المتوثبة للهجوم البري والبحري . وقبيل ذلك الليل بقليل رذت السماء رذا خفيفا كأنما كانت ترش الأرض رشا فخرج السلطان الفاتح من خيمته ورفع بصره إلى السماء وقال: (لقد أولانا الله رحمته وعنايته فأنزل هذا المطر المبارك في أوانه فإنه سيذهب بالغبار ويسهل لنا الحركة)[3] .

الحادي عشر: "فتح من الله ونصر قريب"

عند الساعة الواحدة صباحا من يوم الثلاثاء 20 جمادى الأولى سنة 857هـ الموافق 29 مايو 1435م بدأ الهجوم العام على المدينة بعد أن أصدرت الأوامر للمجاهدين الذين علت أصواتهم بالتكبير وانطلقوا نحو الأسوار ، وخاف البيزنطيون خوفا عظيما ، وشرعوا في دق نواقيس الكنائس والتجأ إليها كثير من النصارى وكان الهجوم النهائي متزامنا بريا وبحريا في وقت واحد حسب خطة دقيقة أعدت بإحكام ، وكان المجاهدون يرغبون في الشهادة ولذلك تقدموا بكل شجاعة وتضحية وإقدام نحو

---

(1) المصدر السابق، ص129.
(2) محمد الفاتح ، ص129.
(3) المصدر السابق نفسه ،ص130.

الأعداء ونال الكثير من المجاهدين الشهادة ، وكان الهجوم موزعا على كثير من المناطق ، ولكنه مركز بالدرجة الأولى في منطقة وادي ليكوس ، بقيادة السلطان محمد الفاتح نفسه ، وكانت الكتائب الأولى من العثمانيين تمطر الأسوار والنصارى بوابل من القذائف والسهام محاولين شل حركة المدافعين ، ومع استبسال البيزنطيين وشجاعة العثمانيين كان الضحايا من الطرفين يسقطون بأعداد كبيرة [1] ، وبعد أن أنهكت الفرقة الأولى الهجومية كان السلطان قد أعد فرقة أخرى فسحب الأولى ووجه الفرقة الثانية ، وكان المدافعون قد أصابهم الإعياء ، وتمكنت الفرقة الجديدة ، من الوصول إلى الأسوار وأقاموا عليها مئات السلالم في محاولة جادة للاقتحام ، ولكن النصارى استطاعوا قلب السلالم واستمرت تلك المحاولات المستميتة من المهاجمين ، والبيزنطيون يبذلون قصارى جهودهم للتصدي لمحاولات التسلق ، وبعد ساعتين من تلك المحاولات أصدر الفاتح أوامره للجنود لأخذ قسط من الراحة ، بعد أن أرهقوا المدافعين في تلك المنطقة ، وفي الوقت نفسه أصدر أمرا إلى قسم ثالث من المهاجمين بالهجوم على الأسوار من نفس المنطقة وفوجئ المدافعون بتلك الموجة الجديدة بعد أن ظنوا أن الأمر قد هدأ وكانوا ، قد أرهقوا ، في الوقت الذي كان المهاجمون دماء جديدة معدة ومستريحة وفي رغبة شديدة لأخذ نصيبهم من القتال [2] كما كان القتال يجري على قدم وساق في المنطقة البحرية مما شتت قوات المدافعين وأشغلهم في أكثر من جبهة في وقت واحد، ومع بزوغ نور الصباح أصبح المهاجمون يستطيعون أن يحددوا مواقع العدو بدقة أكثر ، وشرعوا في مضاعفة جهودهم في الهجوم وكان المسلمون في حماسة شديدة وحريصين على إنجاح الهجوم ، ومع ذلك أصدر السلطان محمد الأوامر إلى جنوده بالانسحاب لكي يتيحوا الفرصة للمدافع لتقوم بعملها مرة أخرى حيث أمطرت الأسوار والمدافعين عنها بوابل من القذائف ، وأتعبتهم بعد

---

(1) الفتوح الإسلامية عبر العصور، ص380.
(2) المصدر السابق نفسه، ص

سهرهم طوال الليل ، وبعد أن هدأت المدفعية جاء قسم جديد من شجعان الإنكشارية يقودهم السلطان نفسه تغطيهم نبال وسهام المهاجمين التي لا تنفك عن محاولة منع المدافعين عنها وأظهر جنود الإنكشارية شجاعة فائقة وبسالة نادرة في الهجوم واستطاع ثلاثون منهم تسلق السور أمام دهشة الأعداء ، ورغم استشهاد مجموعة منهم بمن فيهم قائدهم فقد تمكنوا من تمهيد الطريق لدخول المدينة عند طوب قابي ورفعوا الأعلام العثمانية [1] .

مما زاد في حماس بقية الجيش للإقحام كما فتّوا في عضد الأعداء ، وفي نفس الوقت أصيب قائد المدافعين جستنيان بجراح بليغة دفعته إلى الانسحاب من ساحة المعركة [2] مما أثر في بقية المدافعين ، وقد تولى الإمبراطور قسطنطين قيادة المدافعين بنفسه محل جستنيان الذي ركب أحد السفن فارا من أرض المعركة ، وقد بذل الإمبراطور جهودا كبيرة في تثبيت المدافعين الذين دب اليأس في قلوبهم من جدوى المقاومة، في الوقت الذي كان فيه الهجوم بقيادة السلطان شخصياً على أشده، محاولاً استغلال ضعف الروح المعنوية لدى المدافعين.

وقد واصل العثمانيون هجومهم في ناحية أخرى من المدينة حتى تمكنوا من اقتحام الأسوار والاستيلاء على بعض الأبراج والقضاء على المدافعين في باب أدرنة ورفعت الأعلام العثمانية عليها، وتدفق الجنود العثمانيون نحو المدينة من تلك المنطقة، ولما رأى قسطنطين الأعلام العثمانية ترفرف على الأبراج الشمالية للمدينة، أيقن بعدم جدوى الدفاع وخلع ملابسه حتى لايعرف ، ونزل عن حصانه وقاتل حتى قتل في ساحة المعركة [3] .

(1) انظر: الفتوح الإسلامية عبر العصور ، ص382.
(2) محمد الفاتح ، ص137.
(3) انظر: محمد الفاتح، ص139.

وكان لانتشار خبر موته دور كبير في زيادة حماس المجاهدين العثمانيين وسقوط عزائم النصارى المدافعين وتمكنت الجيوش العثمانية من دخول المدينة من مناطق مختلفة وفر المدافعون بعد انتهاء قيادتهم، وهكذا تمكن المسلمون من الاستيلاء على المدينة وكان الفاتح رحمه الله مع جنده في تلك اللحظات يشاركهم فرحة النصر، ولذة الفوز بالغلبة على الأعداء من فوق صهوة جواده وكان قواده يهنئونه وهو يقول: (الحمدلله ليرحم الله الشهداء ويمنح المجاهدين الشرف والمجد ولشعبي الفخر والشكر)[1] .

كانت هناك بعض الجيوب الدفاعية داخل المدينة التي تسببت في استشهاد عدد من المجاهدين ، وقد هرب أغلب أهل المدينة إلى الكنائس ولم يأت ظهيرة ذلك اليوم الثلاثاء 20 جمادي الأولى 857هـ الموافق 29 من مايو 1453م، إلا والسلطان الفاتح في وسط المدينة يحف به جنده وقواده وهم يرددون: ماشاء الله ، فالتفت إليهم وقال: لقد أصبحتم فاتحي القسطنطينية الذي أخبر عنهم رسول الله صلى الله عليه وسلم وهنأهم بالنصر ونهاهم عن القتل، وأمرهم بالرفق بالناس والإحسان إليهم ، ثم ترجل عن فرسه وسجد لله على الأرض شكراً وحمداً وتواضعاً لله تعالى[2] .

الثاني عشر: معاملة محمد الفاتح للنصارى المغلوبين:

توجه محمد الفاتح إلى كنيسة آيا صوفيا وقد اجتمع فيها خلق كبير من الناس ومعهم القسس والرهبان الذين كانوا يتلون عليهم صلواتهم وأدعيتهم، وعندما اقترب من أبوابها خاف النصارى داخلها خوفاً عظيماً، وقام أحد الرهبان بفتح الأبواب له فطلب من الراهب تهدئة الناس وطمأنتهم والعودة إلى بيوتهم بأمان، فأطمأن الناس وكان بعض الرهبان مختبئين في سراديب الكنيسة فلما رأوا تسامح

---

(1) المصدر السابق نفسه، ص131.
(2) الفتوح الإسلامية عبر العصور، ص383.

الفاتح وعفوه خرجوا وأعلنوا إسلامهم، وقد أمر الفاتح بعد ذلك بتحويل الكنيسة إلى مسجد وأن يعد لهذا الأمر حتى تقام بها أول جمعة قادمة، وقد أخذ العمال يعدون لهذا الأمر ، فأزالوا الصلبان والتماثيل وطمسوا الصور بطبقة من الجير وعملوا منبراً للخطيب، وقد يجوز تحويل الكنيسة إلى المسجد لأن البلد فتحت عنوة والعنوة لها حكمها في الشريعة الإسلامية.

وقد أعطى السلطان للنصارى حرية إقامة الشعائر الدينية واختيار رؤسائهم الدينين الذين لهم حق الحكم في القضايا المدنية، كما أعطى هذا الحق لرجال الكنيسة في الأقاليم الأخرى ولكنه في الوقت نفسه فرض الجزية على الجميع [1].

لقد حاول المؤرخ الإنجليزي ادوارد شيبردكريسي في كتابة "تاريخ العثمانيين الأتراك أن يشوه صوره الفتح العثماني للقسطنطينية ووصف السلطان محمد الفاتح بصفات قبيحة حقداً منه وبغضاً للفتح الإسلامي المجيد [2] وسارت الموسوعة الأمريكية المطبوعة في عام 1980م في حمأة الحقد الصليبي ضد الإسلام ، فزعمت أن السلطان محمد قام باسترقاق غالبية نصارى القسطنطينية، وساقهم إلى أسواق الرقيق في مدينة ادرنة حيث تم بيعهم هناك [3].

إن الحقيقة التاريخية الناصعة تقول أن السلطان محمد الفاتح عامل أهل القسطنطينية معاملة رحيمة وأمر جنوده بحسن معاملة الأسرى والرفق بهم، وافتدى عدداً كبيراً من الأسرى من ماله الخاص وخاصة أمراء اليونان، ورجال الدين ، واجتمع مع الأساقفة وهدأ من روعهم ، وطمأنهم إلى المحافظة على عقائدهم وشرائعهم وبيوت عبادتهم، وأمرهم بتنصيب بطريرك جديد فانتخبوا أجناديوس برطيركا، وتوجه هذا بعد انتخابه في موكب حافل من الأساقفة إلى مقر السلطان،

(1) المصدر السابق نفسه، ص384.
(2) انظر: جوانب مضيئة ، ص265.
(3) المصدر السابق نفسه، ص267.

فاستقبله السلطان محمد الفاتح بحفاوة بالغـة وأكرمـه أيمـا تكـريم، وتنـاول معـه الطعـام وتحدث معه في موضوعات شتى، دينية وسياسية واجتماعية وخرج البطريرك مـن لقـاء السـلطان، وقد تغيرت فكرته تماماً على السلاطين العثمانيين وعن الأتراك، بل والمسلمين عامة، وشعر انه أمـام سلطان مثقف صاحب رسالة وعقيدة دينية راسخة وإنسانية رفيعـة، ورجولـة مكتملـة ، ولم يكـن الروم أنفسهم أقل تأثراً ودهشة من بطريقهم، فقد كانوا يتصورون أن القتل العـام لابـد لاحقهـم، فلم تمض أيام قليلة حتى كان الناس يستأنفون حياتهم المدنية العادية في اطمئنان وسلام . [1]

كان العثمانيون حريصون على الالتزام بقواعد الإسلام، ولذلك كان العدل بـين النـاس مـن أهـم الأمور التي حرصوا عليها، وكانت معاملتهم للنصارى خاليـة مـن أي شـكل مـن أشـكال التعصـب والظلم ، ولم يخطر ببال العثمانيين أن يضطهدوا النصارى بسبب دينهم . [2]

إن ملل النصارى تحت الحكم العثماني تحصلت على كافة حقوقها الدينية ، وأصبح لكـل ملـة رئيس ديني لا يخاطب غير حكومة السلطان ذاتها مباشرة، ولكل ملة مـن هـذه الملـل مدارسـها الخاصة وأماكن للعبادة والأديرة، كما أنه كان لايتدخل أحد في ماليتها وكانت تطلق لهم الحرية في تكلم اللغة التي يريدونها . [3]

إن السلطان محمد الفاتح لم يظهر ما أظهره من التسامح مع نصارى القسـطنطينية إلا بـدافع التزامه الصادق بالإسلام العظيم، وتأسياً بـالنبي الكـريم صـلى اللـه عليـه وسـلم ، ثـم بخلفائـه الراشدين من بعده، الذين امتلأت صحائف تاريخهم بمواقف التسامح الكريم مع أعدائهم . [4]

---

(1) انظر: السلطان محمد الفاتح، ص134،135.
(2) انظر: جوانب مضيئة ، ص274.
(3) المصدر السابق نفسه، ص283.
(4) المصدر السابق نفسه، ص287.

المبحث الثاني

الفاتح المعنوي للقسطنطينية

الشيخ آق شمس الدين

هو محمد بن حمزة الدمشقي الرومي ارتحل مع والده إلى الروم، وطلب فنون العلوم وتبحـر فيها وأصبح علم من أعلام الحضارة الإسلامية في عهدها العثماني.

وهو معلم الفاتح ومربيه يتصل نسبه بالخليفة الراشد أبي بكر الصديق رضي اللـه عنه ، كان مولوده في دمشق عم 792هـ (1389م) حفظ القرآن الكريم وهـو في السـابعة مـن عمـره، ودرس في أماسيا ثم في حلب ثم في أنقرة وتوفي عام 1459هـ

درّس الشيخ آق شمس الدين الأمير محمد الفاتح العلوم الأساسية في ذلك الزمن وهـي القرآن الكريم والسنة النبوية والفقه والعلوم الإسلامية واللغات (العربية ، والفارسية والتركيـة) وكـذلك في مجال العلوم العلمية من الرياضيات والفلك والتاريخ والحرب وكـان الشـيخ آق ضـمن العلمـاء الذين أشرفوا على السلطان محمد عندما تولى إمارة مغنيسـا ليتـدرب عـلى إدارة الولايـة ، وأصـول الحكم .

واستطاع الشـيخ آق شـمس الـدين أن يقنـع الأمير الصـغير بأنـه المقصـود بالحـديث النبـوي: (لتفتحن القسطنطينية فلنعم الأمير أميرها ولنعم الجيش ذلك الجيش)[1] .

وعندما أصبح الأمير محمد سلطاناً على الدولة العثمانية، وكان شاباً صغير السن وجّهه شـيخه فوراً إلى التحرك بجيوشه لتحقيق الحـديث النبـوي فحـاصر العثمانيـون القسطنطينية بـراً وبحـراً. ودارت الحرب العنيفة 54 يوماً.

---

(1) سبق تخريج الحديث.

وعندما حقق البيزنطيون انتصاراً مؤقتاً وابتهج الشعب البيزنطي بدخول أربع سفن أرسلها البابا إليهم وارتفعت روحهم المعنوية اجتمع الأمراء والوزراء العثمانيون وقابلوا السلطان محمد الفاتح وقالوا له : (إنك دفعت بهذا القدر الكبير من العساكر إلى هذا الحصار جرياً وراء كلام أحد المشايخ -يقصدون آق شمس الدين- فهلكت الجنود وفسد كثير من العتاد ثم زاد الأمر على هذا بأن عون من بلاد الإفرنج للكافرين داخل القلعة، ولم يعد هناك أمل في هذا الفتح...)[1] . فأرسل السلطان محمد وزيره ولي الدين أحمد باشا إلى الشيخ آق شمس الدين في خيمته يسأله الحل فأجاب الشيخ: (لابد من أن يمنّ الله بالفتح)[2] .

ولم يقتنع السلطان بهذا الجواب، فأرسل وزيره مرة أخرى ليطلب من الشيخ أن يوضح له أكثر، فكتب هذه الرسالة إلى تلميذه محمد الفاتح يقول فيها: (هو المعزّ الناصر ... إن حادث تلك السفن قد أحدث في القلوب التكسير والملامة وأحدث في الكفار الفرح والشماتة. إن القضية الثابتة هي : إن العبد يدبر و الله يقدر والحكم لله... ولقد لجأنا إلى الله وتلونا القرآن الكريم وماهي إلا سنة من النوم بعد إلا وقد حدثت ألطاف الله تعالى فظهرت من البشارات مالم يحدث مثلها من قبل)[3] .

أحدث هذا الخطاب راحة وطمأنينة في الأمراء والجنود. وعلى الفور قرر مجلس الحرب العثماني الاستمرار في الحرب لفتح القسطنطينية، ثم توجه السلطان محمد إلى خيمة الشيخ شمس الدين فقبل يده، وقال : علمني ياسيدي دعاءً أدعو الله به ليوفقني ، فعلمه الشيخ دعاءً، وخرج السلطان من خيمة شيخه ليأمر بالهجوم العام[4] .

أراد السلطان أن يكون شيخه بجانبه أثناء الهجوم فأرسل إليه يستدعيه لكن الشيخ

---

(1) انظر: البطولة والفداء عند الصوفية، أسعد الخطيب، ص146.
(2) انظر: العثمانيون في التاريخ والحضارة، ص373.
(3) العثمانيون في التاريخ والحضارة ، ص373.
(4) المصدر السابق نفسه، ص373.

كان قد طلب ألا يدخل عليه أحد الخيمة ومنع حراس الخيمة رسول السلطان من الدخول وغضب محمد الفاتح وذهب بنفسه إلى خيمة الشيخ ليستدعيه، فمنع الحراس السلطان من دخول الخيمة بناءً على أمر الشيخ، فأخذ الفاتح خنجره وشق جدار الخيمة في جانب من جوانبها ونظر إلى الداخل فإذا شيخه ساجداً لله في سجدة طويلة وعمامته متدحرجة من على رأسه وشعر رأسه الأبيض يتدلى على الأرض، ولحيته البيضاء تنعكس مع شعره كالنور، ثم رأى السلطان شيخه يقوم من سجدته والدموع تنحدر على خديه، فقد كان يناجي ربه ويدعوه بإنزال النصر ويسأله الفتح القريب[1].

وعاد السلطان محمد (الفاتح) عقب ذلك إلى مقر قيادته ونظر إلى الأسوار المحاصرة فإذا بالجنود العثمانيين وقد أحدثوا ثغرات بالسور تدفق منها الجنود إلى القسطنطينية[2].

ففرح السلطان بذلك وقال ليس فرحي لفتح المدينة إنما فرحي بوجود مثل هذا الرجل في زمني[3].

وقد ذكر الشوكاني في البدر الطالع أن الشيخ شمس الدين ظهرت بركته وظهر فضله وأنه حدد للسلطان الفاتح اليوم الذي تفتح فيه القسطنطينية على يديه[4].

وعندما تدفقت الجيوش العثمانية إلى المدينة بقوة وحماس، تقدم الشيخ إلى السلطان الفاتح ليذكره بشريعة الله في الحرب وبحقوق الأمم المفتوحة كما هي في الشريعة الإسلامية[5].

وبعد أن أكرم السلطان محمد الفاتح جنود الفتح بالهدايا والعطايا وعمل لهم مأدبة

---

(1) العثمانيون في التاريخ والحضارة ، ص374.
(2) المصدر السابق نفسه، ص374.
(3) انظر: البدر الطالع (167/2).
(4) المصدر السابق نفسه (2/166).
(5) انظر: العثمانيون في التاريخ والحضارة، ص374.

حافلة استمرت ثلاثة أيام أقيمت خلالها الزينات والمهرجانات، وكان السلطان يقوم بخدمة جنوده بنفسه متمثلاً بالقول السائد (سيد القوم خادمهم). ثم نهض ذلك الشيخ العالم الورع آق شمس الدين وخطبهم، فقال: ياجنود الإسلام. اعلموا واذكروا أن النبي صلى الله عليه وسلم قال في شأنكم: (لتفتحن القسطنطينية فلنعم الأمير أميرها ولنعم الجيش ذلك الجيش)[1]. ونسأل الله سبحانه وتعالى أن يوفقنا ويغفر لنا. ألا لاتسرفوا في ما أصبتم من أموال الغنيمة ولاتبذروا وأنفقوها في البر والخير لأهل هذه المدينة، واسمعوا لسلطانكم وأطيعوه وأحبوه. ثم التفت إلى الفاتح وقال له : ياسلطاني ، لقد أصبحت قرة عين آل عثمان فكن على الدوام مجاهداً في سبيل الله. ثم صاح مكبراً بالله في صوت جهوري جليد[2].

وقد اهتدى الشيخ آق شمس الدين بعد فتح القسطنطينية إلى قبر الصحابي الجليل أبي أيوب الأنصاري بموضع قريب من سور القسطنطينية[3].

وكان الشيخ آق شمس الدين أول من ألقى خطبة الجمعة في مسجد آيا صوفيا[4].

الشيخ شمس الدين يخشى على السلطان من الغرور:

كان السلطان محمد الفاتح يحب شيخه شمس الدين حباً عظيماً، وكانت له مكانة كبيرة في نفسه وقد بين السلطان لمن حوله -بعد الفتح- : (إنكم ترونني فرحاً. فرحي ليس فقط لفتح هذه القلعة إن فرحي يتمثل في وجود شيخ عزيز الجانب، في عهدي، هو مؤدبي الشيخ آق شمس الدين.

وعبر الشيخ عن تهيبه لشيخه في حديث له مع وزيره محمود باشا. قال السلطان

---

(1) سبق تخريج الحديث.
(2) انظر: محمد الفاتح ، ص149.
(3) المصدر السابق نفسه، ص149.
(4) انظر: العثمانيون في التاريخ والحضارة، ص374.

الفاتح: ⁽إن احترامي للشيخ آق شمس الدين، احترام غير اختياري . إنني أشعر وأنا بجانبه بالانفعال والرهبة⁾⁽¹⁾ .

ذكر صاحب البدر الطالع أن : ⁽... ثم بعد يوم جاء السلطان إلى خيمة صاحب الترجمة - أي آق شمس الدين⁾ - وهو مضطجع فلم يقم له فقبل السلطان يده وقال له جئتك لحاجة قال: وماهي؟ قال: إن ادخل الخلوة عندك فأبى فأبرم عليه السلطان مراراً وهو يقول: لا. فغضب السلطان وقال أنه يأتي إليك واحد من الأتراك فتدخله الخلوة بكلمة واحدة وأنا تأبى عليّ فقال الشيخ: إنك إذا دخلت الخلوة تجد لذة تسقط عندها السلطنة من عينيك فتختل أمورها فيمقت الله علينا ذلك والغرض من الخلوة تحصيل العدالة فعليك أن تفعل كذا وكذا وذكر له شيئاً من النصائح ثم أرسل إليه ألف دينار فلم يقبل ولما خرج السلطان محمد خان قال لبعض من معه: ماقام الشيخ لي. فقال له: لعله شاهد فيك من الزهو بسبب هذا الفتح الذي لم يتيسر مثله للسلاطين العظام فأراد بذلك أن يدفع عنك بعض الزهو....⁾⁽²⁾ .

هكذا كان هذا العالم الجليل الذي حرص على تربية محمد الفاتح على معاني الإيمان والإسلام والإحسان ولم يكن هذا الشيخ متبحراً في علوم الدين والتزكية فقط بل كان عالماً في النبات والطب والصيدلة، وكان مشهوراً في عصره بالعلوم الدنيوية وبحوثه في علم النبات ومدى مناسبتها للعلاج من الأمراض. وبلغت شهرته في ذلك أن أصبح مثلاً بين الناس يقول: ⁽إن النبات ليحدث آق شمس الدين⁾⁽³⁾ .

وقال الشوكاني عنه: ⁽...وصار مع كونه طبيباً للقلوب طبيباً للأبدان فإنه اشتهر أن الشجرة كانت تناديه وتقول: أنا شفاء من المرض الفلاني ثم اشتهرت بركته وظهر

_____

(1) العثمانيون في التاريخ والحضارة، ص375.
(2) البدر الطالع (167/2).
(3) العثمانيون في التاريخ والحضارة، ص375.

فضله...)[1].

وكان الشيخ يهتم بالأمراض البدنية قدر عنايته بالأمراض النفسية.

واهتم الشيخ آق شمس الدين اهتماماً خاصاً بالأمراض المعدية، فقد كانت هذه الأمراض في عصره تسبب في موت الآلاف، وألف في ذلك كتاباً بالتركية بعنوان "مادة الحياة" قال فيه: (من الخطأ تصور أن الأمراض تظهر على الأشخاص تلقائيا، فالأمراض تنتقل من شخص إلى آخر بطريق العدوى. هذه العدوى صغيرة ودقيقة إلى درجة عدم القدرة على رؤيتها بالعين المجردة. لكن هذا يحدث بواسطة بذور حيّة)[2].

وبذلك وضع الشيخ آق شمس الدين تعريف الميكروب في القرن الخامس عشر الميلادي. وهو أول من فعل ذلك ، ولم يكن الميكروسكوب قد خرج بعد. وبعد أربعة قرون من حياة الشيخ آق شمس الدين جاء الكيميائي والبيولوجي الفرنسي- لويس باستير ليقوم بأبحاثه وليصل إلى نفس النتيجة.

وأهتم الشيخ آق شمس الدين أيضاً بالسرطان وكتب عنه وفي الطب ألف الشيخ كتابين هما: (مادة الحياة) ، و(كتاب الطب) ، وهما باللغة التركية والعثمانية. وللشيخ باللغة العربية سبع كتب، هي : حل المشكلات، الرسالة النورية ، مقالات الأولياء، رسالة في ذكر الله، تلخيص المتائن، دفع المتائن، رسالة في شرح حاجي بايرام ولي[3].

وفاته:

عاد الشيخ إلى موطنه كونيوك بعد أن أحسس بالحاجة إلى ذلك رغم إصرار السلطان على بقائه في استنبول ومات عام 863هـ/1459م فعليه من الله الرحمة

(1) البدر الطالع (166/2).
(2) العثمانيون في التاريخ والحضارة، ص376.
(3) العثمانيون في التاريخ والحضارة، ص376.

والمغفرة والرضوان [1].

وهكذا سنة الله في خلقه لايخرج قائد رباني ، وفاتح مغوار إلا كان حوله مجموعة من العلماء الربانيين يساهمون في تعليمه وتربيته وترشيده والأمثلة في ذلك كثيرة وقد ذكرنا دور عبد الله بن ياسين مع يحيى بن إبراهيم في دولة المرابطين، والقاضي الفاضل مع صلاح الدين في الدولة الأيوبية ، وهذا آق شمس الدين مع محمد الفاتح في الدولة العثمانية فرحمة الله على الجميع وتقبل الله جهودهم وأعمالهم وأعلى ذكرهم في المصلحين.

---

(1) المصدر السابق نفسه، ص376.

المبحث الثالث

أثر فتح القسطنطينية على العالم الأوروبي والإسلامي

كانت القسطنطينية قبـل فتحهـا عقبـة كبـيرة في وجـه انتشار الإسلام في أوروبـا ولـذلك فإن سقوطها يعني فتح الإسلام لدخول أوروبا بقوة وسلام لمعتنقيه أكثر مـن ذي قبـل ، ويعتـبر فتح القسطنطينية من أهم أحداث التاريخ العالمي، وخصوصاً تاريخ أوروبا وعلاقتها بالإسلام حتى عـده المؤرخون الأوروبيون ومن تابعهم نهاية العصور الوسطى وبداية العصور الحديثة ⁽¹⁾.

وقد قام السلطان بعد ذلك على ترتيب مختلف الأمور في المدينة، وإعادة تحصينها، واتخذها عاصمة للدولة العثمانية وأطلق عليها لقب إسلام بول أي مدينة الإسلام ⁽²⁾.

لقد تأثر الغرب النصراني بنبأ هذا الفتح، وانتاب النصارى شعور بـالفزع والألم والخـزي ، وتجسـم لهم خطر جيوش الإسلام القادمة من استنبول ، وبـذل الشعراء والأدبـاء مـا في وسعهم لتـأجيج نـار الحقد وبراكين الغضب في نفوس النصارى ضد المسلمين، وعقد الأمـراء والملوك اجتماعـات طويلـة ومستمرة وتنادى النصارى إلى نبذ الخلافات والحزازات وكان البابا نيقولا الخامس أشد النـاس تأثراً بنبأ سقوط القسطنطينية، وعمل جهده وصرف وقته في توحيـد الـدول الايطاليـة وتشـجيعها عـلى قتـال المسلمين، وترأس مؤتمراً عقد في روما أعلنت فيه الدول المشتركة عن عزمها على التعاون

---

(1) انظر : تاريخ الدولة العثمانية ، يلماز أوزيونا، ص384.
(2) انظر: تاريخ الدولة العلية، محمد فريد بك، ص164.

169

فيما بينها وتوجيه جميع جهودها وقوتها ضد العدو المشترك. وأوشك هذا الحلف أن يتم إلا أن الموت عاجل البابا بسبب الصدمة العنيفة الناشئة عن سقوط القسطنطينية في يد العثمانيين والتي تسببت في همه وحزنه فمات كمداً في 25 مارس سنة 1455م ⁽¹⁾.

وتحمس الأمير فيليب الطيب دوق بورجونديا والتهب حماساً وحمية واستنفر ملوك النصارى إلى قتال المسلمين وحذا حذوه البارونات والفرسان والمتحمسون والمتعصبون للنصرانية، وتحولت فكرة قتال المسلمين إلى عقيدة مقدسة تدفعهم لغزو بلادهم ، وتزعمت البابوية في روما حروب النصارى ضد المسلمين وكان السلطان محمد الفاتح بالمرصاد لكل تحركات النصارى، وخطط ونفذ ما رآه مناسباً لتقوية دولته وتدمير أعدائه، واضطر النصارى الذين كانوا يجاورون السلطان محمد أو يتاخمون حدوده ففي آماسيا، وبلاد المورة ، طرابيزون وغيرهم أن يكتموا شعورهم الحقيقي، فتظاهروا بالفرح وبعثوا وفودهم إلى السلطان في أدرنة لتهنئته على انتصاره العظيم ⁽²⁾.

وحاول البابا بيوس الثاني بكل ما أوتي من مقدرة خطابية ، وحنكة سياسية، تأجيج الحقد الصليبي في نفوس النصارى شعوباً وملوكاً، قادة وجنوداً واستعدت بعض الدول لتحقيق فكرة البابا الهادفة للقضاء على العثمانيين ولما حان وقت النفير اعتذرت دول أوروبا بسبب متاعبها الداخلية، فلقد أنهكت حرب المائة عام انكلترا وفرنسا، كما أن بريطانيا كانت منهمكة في مشاغلها الدستورية وحروبها الأهلية، وأما أسبانيا فهي مشغولة بالقضاء على مسلمي الأندلس وأما الجمهوريات الايطالية فكانت تهتم بتوطيد علاقاتها بالدولة العثمانية مكرهة وحباً في المال ، فكانت تهتم بعلاقتها مع الدولة العثمانية.

وانتهى مشروع الحملة الصليبية بموت زعيمها البابا وأصبحت المجر والبندقية

---

(1) انظر: السلطان محمد الفاتح ، ص136،137.
(2) المصدر السابق نفسه، ص140.

تواجه الدولة العثمانية لوحدهما؛ أما البندقية فعقدت معاهدة صداقة وحسن جوار مع العثمانيين رعاية لمصالحها وأما المجر فقد انهزمت أمام الجيوش العثمانية واستطاع العثمانيون أن يضموا إلى دولتهم بلاد الصرب، واليونان والافلاق والقرم والجزر الرئيسية في الأرخبيل. وقد تم ذلك في فترة قصيرة ، حيث داهمهم السلطان الفاتح، وشتت شملهم ، وأخذهم أخذاً عظيماً [1].

وحاول البابا (بيوس الثاني) بكل ما أوتي من مهارة وقدرة سياسية تركيز جهوده في ناحيتين اثنتين : حاول أولاً أن يقنع الأتراك باعتناق الدين النصراني، ولم يقم بإرسال بعثات تبشيرية لذلك الغرض وإنما اقتصر على إرسال خطاب إلى السلطان محمد الفاتح يطلب منه أن يعضد النصرانية، كما عضدها قبله قسطنطين وكلوفيس ووعده بأنه سيكفر عنه خطاياه إن هو اعتنق النصرانية مخلصاً، ووعده بمنحه بركته واحتضانه ومنحه صكاً بدخول الجنة. ولما فشل البابا في خطته هذه لجأ إلى الخطة الثانية خطة التهديد والوعيد واستعمال القوة، وكانت نتائج هذه الخطة الثانية قد بدأ فشلها مسبقاً بهزيمة الجيوش الصليبية والقضاء على الحملة التي قادها هونياد المجري [2].

وأما آثار هذا الفتح المبين في المشرق الإسلامي - فنقول لقد عم الفرح والابتهاج المسلمين في ربوع آسيا وأفريقيا فقد كان هذا الفتح حلم الأجداد وأمل الأجيال ، ولقد تطلعت له طويلاً وها قد تحقق وأرسل السلطان محمد الفاتح رسائل إلى حكام الديار الإسلامية في مصر والحجاز وبلاد فارس والهند وغيرها؛ يخبرهم بهذا النصر الإسلامي العظيم- وأذيعت أنباء الانتصار من فوق المنابر، وأقيمت صلوات الشكر، وزينت المنازل والحوانيت وعلقت على الجدران والحوائط والأعلام والأقمشة المزركشة بألوانها المختلفة [3].

(1) انظر: السلطان محمد الفاتح، ص140.
(2) انظر: السلطان محمد الفاتح، ص141.
(3) المصدر السابق نفسه، ص142.

يقول ابن إياس صاحب كتاب (بدائع الزهور) في هذه الواقعة : (فلما بلغ ذلك ، ووصل وفد الفاتح، دقت البشائر بالقلعة، ونودي في القاهرة بالزينة، ثم أن السلطان عين برسباي أمير آخور ثاني رسولاً إلى ابن عثمان يهنئه بهذا الفتح)[1] .

وندع المؤرخ أبا المحاسن بن تغري بردي يصف شعور الناس وحالهم في القاهرة عندما وصل إليها وفد الفاتح ومعهم الهدايا وأسيران من عظماء الروم، قال : (قلت ولله الحمد والمنة على هذا الفتح العظيم وجاء القاصد المذكور ومعه أسيران من عظماء اسطنبول وطلع بهما إلى السلطان (سلطان مصر إينال) وهما من أهل القسطنطينية وهي الكنيسة العظيمة باسطنبول فسر السلطان والناس قاطبة بهذا الفتح العظيم ودقت البشائر لذلك وزينت القاهرة بسبب ذلك أياماً ثم طلع القاصد المذكور وبين يديه الأسيران إلى القلعة في يوم الاثنين خامس وعشرين شوال بعد أن اجتاز القاصد المذكور ورفقته بشوارع القاهرة. وقد احتفلت الناس بزينة الحوانيت والأماكن وأمعنوا في ذلك إلى الغاية وعمل السلطان الخدمة بالحوش السلطاني من قلعة الجبل..)[2] .

وهذا الذي ذكره ابن تغري بردي من وصف احتفال الناس وأفراحهم في القاهرة بفتح القسطنطينية ماهو إلا صورة لنظائر لها قامت في البلاد الإسلامية الأخرى. وقد بعث السلطان محمد الفاتح برسائل الفتح إلى سلطان مصر وشاه إيران وشريف مكة وأمير القرمان، كما بعث بمثل هذه الرسائل إلى الأمراء المسيحيين المجاورين له في المورة والأفلاق والمجر والبوسنة وصربيا وألبانيا والى جميع أطراف مملكته[3] .

من رسالة الفاتح إلى سلطان مصر:

(1) المصدر السابق نفسه، ص142.
(2) النجوم الزاهرة في ملوك مصر والقاهرة (71/16).
(3) انظر: محمد الفاتح، ص142.

واليك مقتطفات من رسالة الفاتح إلى أخيه سلطان مصر الأشرف اينال وهي من إنشاء الشيخ أحمد الكوراني: (..إن من أحسن سنن أسلافنا رحمهم الله تعالى أنهم مجاهدون في سبيل الله ولايخافون لومة لائم ونحن على تلك السنة قائمون وعلى تيك الأمنية دائمون ممتثلين بقوله تعالى : ﴿قاتلوا الذين لا يؤمنون بالله﴾، ومستمسكين بقوله عليه السلام: (من أغبرت قدماه في سبيل الله حرمه الله على النار) فهممنا في هذا العام عممه الله بالبركة والإنعام معتصمين بحبل الله ذي الجلال والإكرام ومتمسكين بفضل الملك العلام إلى أداء فرض الغزاء في الإسلام مؤتمرين بأمره تعالى:﴿قاتلوا الذين يلونكم من الكفار...﴾ وجهزنا عساكر الغزاة والمجاهدين من البر والبحر لفتح مدينة ملئت فجوراً وكفراً التي بقيت وسط الممالك الإسلامية تباهي بكفرها فخراً .

فكأنها حصف على الخد الأغر　　　وكأنها كلف على وجه القمر

.... هذه المدينة الواقع جانب منها في البحر وجانب منها في البر، فأعددنا لها كما أمرنا الله بقوله : ﴿وأعدوا لهم ما استطعتم من قوة ..﴾ كل أهبة يعتد بها وجميع أسلحة يعتمد عليها من البرق والرعد والمنجنيق والنقب والحجور وغيرها من جانب البر والفلك المشحون والجوار المنشآت في البحر كالأعلام من جانب البحر ونزلنا عليها في السادس والعشرين من ربيع الأول من شهور سنة سبع وخمسين وثمانمائة

فقلت للنفس جدي الآن فاجتهدي　　　وساعديني فهذا ما تمنيت

فكلما دعوا إلى الحق أصروا واستكبروا وكانوا من الكافرين فأحطنا بها محاصرة وحاربناهم وحاربونا وقاتلناهم وقاتلونا وجرى بيننا وبينهم القتال أربعة وخمسين يوماً وليلة

إذا جاء نصر الله والفتح هين　　　على المرء معسور الأمور وصعبها

فمتى طلع الصبح الصادق من يوم الثلاثاء يوم العشرين من جمادي الأولى هجمنا

مثل النجوم رجوماً لجنود الشياطين سخرها الحكم الصديقي ببركة العدل الفاروقي بالضرب الحيدري لآل عثمان قد من الله بالفتح قبل أن ظهرت الشمس من مشرقها ﴿سيهزم الجمع ويولون الدبر، بل الساعة موعدهم والساعة أدهى وأمر﴾، وأول من قتل وقطع رأسه تكفورهم اللعين الكنود فأهلكوا كقوم عاد وثمود فحفظهم ملائكة العذاب فأوردهم النار وبئس المآب فقتل من قتل وأسر من به بقى وأغاروا على خزائنهم وأخرجوا كنوزهم ودفافينهم موفوراً فأتى عليهم حين من الدهر لم يكن شيئاً مذكوراً وقطع دابر القوم الذين ظلموا والحمد لله رب العالمين فيومئذ يفرح المؤمنون بنصر الله، فلما ظهرنا على هؤلاء الأرجاس الأنجاس الحلوس طهرنا القوس من القسوس وأخرجنا منه الصليب والناقوس وصيرنا معابد عبدة الأصنام مساجد أهل الإسلام وتشرفت تلك الخطة بشرف السكة والخطبة فوقع أمر الله وبطل ما كانوا يعملون...... .[1]

وأرسل السلطان الفاتح رسالة إلى شريف مكة عن طريق سلطان مصر. وقد رد سلطان مصر على خطاب السلطان محمد وهداياه بمقطوعة من النثر الأدبي الرفيع وجاءت فيها بعض الأبيات الشعرية المعبرة مثل قول الشاعر:

خطبتها بكراً وما أمهرتها … إلا قنا وقواضباً وفوارسا

من كانت السمر العوالي مهره … جلبت له بيض الحصون عرايسا

الله أكبر ما جنيت ثمارها … إلا وكان أبوك قبلك غراسا[2]

وقد جاء في رسالة سلطان مصر أيضاً هذا البيت: قال الشاعر:

الله أكبر هذا النصر والظفر … هذا هو الفتح لا ما يزعم البشر[3]

---

(1) محمد الفاتح، ص163 إلى 167.
(2) محمد الفاتح ، ص175.
(3) المصدر السابق، ص176.

وقال شاعر سلطان مصر بمناسبة فتح القسطنطينية:

كذا فليكن في الـلـه جل العزايم   وإلا فلا تجفو الجفون الصوارم

كتائبك البحر الخضم جيادها   إذا ما تهدت موجه المتلاطم

تحيط بمنصور اللواء مظفر   له النصر والتأييد عبد وخادم

فيا ناصر الإسلام يا من بغزوه   على الكفر أيام الزمان مواسم

تهنَّ بفتح سار في الأرض ذكره   سرى الغيث يحدوه الصبا والنعايم[1]

رسالة السلطان محمد الفاتح إلى شريف مكة :

وجه السلطان محمد الفاتح رسالة إلى شريف مكة المكرمة بمناسبة فتح القسطنطينية بشره فيها بالفتح، وطلب الدعاء، وأرسل له الهدايا من الغنائم، وهذه بعض فقراتها:

بعد مقدمة في المدح والثناء على شريف " مكة المكرمة " يقول : " فقد أرسلنا هذا الكتاب مبشراً بما رزق الـلـه لنا في هذه السنة من الفتوح التي لا عين رأت ولا أذن سمعت، وهي تسخير البلدة المشهورة بالقسطنطينية، فالمأمول من مقر عزكم الشريفة أن يبشر بقدوم هذه المسرة العظمى والموهبة الكبرى، مع سكان الحرمين الشريفين، والعلماء والسادات المهتدين، والزهاد والعباد الصالحين، والمشايخ، والأمجاد الواصلين، والأئمة الخيار المتقين، والصغار والكبار أجمعين، والمتمسكين بأذيال سرادقات بيت الـلـه الحرام، التي كالعروة الوثقى لا انفصام لها والمشرفين بزمزم والمقام، والمعتكفين في قرب جوار رسول الـلـه عليه التحية والسلام داعين لدوام دولتنا في العرفات، متضرعين من الـلـه نصرتنا، أفاض علينا بركاتهم ورفع درجاتهم، وبعثنا مع

(1) محمد الفاتح ، ص177.

المشار إليه هدية لكم خاصة ألفي فلوري من الذهب الخالص التام الوزن والعيار المأخوذ من تلك الغنيمة، وسبعة آلاف فلوري أخرى للفقراء، منها ألفان للسادات والنقباء، وألف للخدام المخصوصين للحرمين، والباقي للمساكين المحتاجين في مكة والمدينة المنورة، زادهما الله شرفاً، فالمرجو منكم التقسيم بينهم بمقتضى احتياجهم وفقرهم، وإشعار كيفية السير إلينا، وتحصيل الدعاء منهم لنا، دائماً باللطف والإحسان إن شاء الله تعالى، و الله يحفظكم ويبقيكم بالسعادة الأبدية والسيادة السرمدية إلى يوم الدين[1]

وقد رد شريف مكة على رسالة السلطان محمد الفاتح:

(وفتحناها بكمال الأدب، وقرأناها مقابل الكعبة المعظمة بين أهل الحجاز وأبناء العرب فرأينا فيها من القرآن ما هو شفاء ورحمة للمؤمنين، وشاهدنا من فحاويها ظهور معجزة رسول الله خاتم النبيين وماهي إلا فتح " القسطنطينية " العظمى وتوابعها التي متانة حصنها مشهورة بين الأنام، وحصانة سورها معروفة عند الخواص والعوام وحمدنا الله بتيسير ذلك الأمر العسير وتحصيل ذلك المهم الخطير، وبشِشنا ذلك غاية البشاشة، وابتهجنا من إحياء مراسم آبائكم العظام والسلوك مسالك أجدادكم الكرام، روّح الله أرواحهم، وجعل أعلى غرف الجنان مكانهم، في إظهار المحبة لسكان الأراضي المقدسة[2]

(1) الدولة العثمانية ، الدكتور جمال عبد الهادي ، ص47.
(2) المصدر السابق نفسه، ص48.

المبحث الرابع

أسباب فتح القسطنطينية

إن فتح المسلمين للقسطنطينية لم يأتي من فراغ وإنما هو نتيجة لجهود تراكمية قام بها المسلمون منذ العصور الأولى للإسلام رغبة من تلك الأجيال في تحقيق بشارة رسول الله صلى الله عليه وسلم وزاد الاهتمام بفتح القسطنطينية مع ظهور دولة بني عثمان ونلاحظ أن سلاطين الدولة العثمانية كانوا أصحاب فقه عميق لسنة الأخذ بالأسباب ومارس محمد الفاتح ذلك الفقه ويظهر ذلك من خلال سيرته الجهادية وحرصه على العمل بقوله تعالى: ﴿وأعدوا لهم ما استطعتم من قوة ومن رباط الخيل ..﴾ (سورة الأنفال، آية: 60).

لقد فهم محمد الفاتح من هذه الآية أن أمر التمكين لهذا الدين يحتاج إلى جميع أنواع القوى، على اختلافها وتنوعها، ولقد قام بشرح هذه الآية شرحاً عملياً في جهاده الميمون فقام بحشد جيش عظيم لحصار القسطنطينية ولم يتوانا في جلب كل سلاح معروف في زمانه من مدافع، وفرسان، ورماة .. الخ

ولقد كان الجيش الذي حاصر القسطنطينية بقيادة محمد الفاتح قد أعد إعداداً ربانياً فتربى على معاني الإيمان والتقوى، وتحمل الأمانة وأداء الرسالة المنوطة به ولقد تربى على معاني العقيدة الصحيحة وأشرف العلماء الربانيون على تلك التربية ولقد جعلوا من كتاب الله تعالى وسنة نبيه منهجاً لهم في تربية الأفراد، فكانوا يربونهم على:

1- إن الله تعالى واحد لاشريك له، ولم يتخذ صاحبة ولا ولداً وأنه منزه عن النقائص، وموصوف بالكمالات التي لاتتناهى.

2- وأنه سبحانه خالق كل شيء، ومالكه، ومدبر أمره ﴿ألا له الخلق والأمر﴾ (سورة الأعراف: 54).

3- وأنه سبحانه وتعالى مصدر كل نعمة في هذا الوجود، دقت أو عظمت، ظهرت أو خفيت ﴿وما بكم من نعمة فمن الله﴾ (سورة النحل: 53).

4- وأن علمه محيط بكل شيء، فلا تخفى عليه خافية في الأرض، ولا في السماء، ومالا يخفى الإنسان ومالا يعلن: ﴿وأن الله قد أحاط بكل شيء علماً﴾ (سورة الطلاق: 12).

5- وأنه سبحانه يقيد على الإنسان أعماله بواسطة ملائكته، في كتاب لايترك صغيرة ولا كبيرة إلا أحصاها وسينشر ذلك في اللحظة المناسبة والوقت المناسب ﴿مايلفظ من قول إلا لديه رقيب عتيد﴾ (سورة ق: 8).

6- وأنه سبحانه يبتلي عباده بأمور تخالف مايحبون، وما يهوون، ليعرف الناس معادنهم، من منهم يرضى بقضاء الله وقدره، ويسلم له ظاهراً وباطناً، فيكون جديراً بالخلافة والإمامة والسيادة، ومن منهم يغضب ويسخط فلا يساوي شيئاً ولايسند إليه شيء : ﴿الذي خلق الموت والحياة ليبلوكم أيكم أحسن عملاً﴾ (سورة الملك: 2).

7- وأنه سبحانه يوفق ويؤيد وينصر من لجأ إليه، ولاذ بحماه ونزل على حكمه في كل ما يأتي وما يذر : ﴿إن وليِّ الله الذي نزل الكتاب، وهو يتولى الصالحين﴾ (سورة الأعراف: 196).

8- وأنه سبحانه وتعالى حقه على العباد أن يعبدوه، ويوحدوه، فلا يشركوا به شيئاً: ﴿بل الله فاعبد وكن من الشاكرين﴾ (سورة الزمر: 16).

9- وأنه سبحانه - حدد مضمون هذه العبودية، وهذا التوحيد في القرآن العظيم.

ولقد نهج علماء الدولة العثمانية منهج الرسول صلى الله عليه وسلم في تربية الأفراد والجنود على حقيقة المصير وسبيل النجاة وركزوا في البيان على الجوانب التالية:

1- إن هذه الحياة مهما طالت فهي إلى زوال، وأن متاعها مهما عظم، فإنه قليل حقـير : ﴿إنمـا مثل الحياة الدنيا كماء أنزلناه من السماء فاختلط بـه نبـات الأرض، مـما يأكـل النـاس والأنعام، حتى إذا أخذت الأرض زخرفها وازينت، وظن أهلها أنهم قادرون عليها أتاهـا أمرنا ليلاً أو نهاراً فجعلناها حصيداً كأن لم تغـن بـالأمس، كـذلك نفصـل الآيـات لقـوم يتفكرون﴾ (سورة يونس: 24). ﴿قل متاع الدنيا قليل﴾ (النساء: 77).

2- وأن كل الخلق إلى اللـه راجعون، وعن أعمالهم مسؤولون ومحاسبون وفي الجنة أو في النار مستقرون: ﴿أيحسب الإنسان أن يترك سدى﴾ (القيامة:36).

3- وأن نعيم الجنة ينسي كل تعب ومرارة في الدنيا، وكذلك عذاب النار ينسي كل راحة وحلاوة في هذه الـدنيا : ﴿أفرأيت إن متعناهم سنين ثم جاءهم ما كانوا يوعدون، ما أغنى عنهم ما كانوا يمتعون﴾ (سورة الشعراء:205- 207).

4- وأن الناس مع زوال الدنيا، واستقرارهم في الجنة، أو في النار، سيمرون بسلسلة طويلـة مـن الأهوال والشدائد: ﴿يا أيها الناس اتقوا ربكم إن زلزلة السـاعة شيء عظـيم، يـوم ترونهـا تذهل كل مرضعة عما أرضعت وتضع كل ذات حمل حملها وترى الناس سـكارى ومـا هم بسكارى، ولكن عذاب اللـه شـديد..﴾ (سورة الحـج: 1-2). وقـال تعـالى : ﴿فكيـف تتقون إن كفرتم يوماً يجعل الولدان شيباً، السماء منفطـر بـه كـان وعـده مفعـولا﴾ (سورة المزمل: 17-18).

5- وسبيل النجاة من شر هذه الأهوال، ومن تلك الشدائد، والظفر بالجنة والبعد

عن النار [1] ، بالإيمان بالله تعالى وعمل الصالحات ابتغاء مرضاته: ﴿إن الذين آمنـوا وعملـوا الصالحات لهم جنات تجري من تحتها الأنهار ذلك الفوز الكبير﴾ (سورة البروج: 11).

ومضى العلماء الربانيون في الدولة العثمانية على منهج الرسول صلى اللـه عليه وسلم في تبصير الأفراد والجنود والقادة والشعب بدورهم ورسالتهم في الأرض، ومنـزلتهم ومكانتهم عنـد اللـه وظلوا على هذه الحال مـن التبصـير والتذكير حتى انقـدح في ذهنهم، مالهم عند اللـه، ومادورهم ورسالتهم في الأرض، وتأثراً بهذه التربية الحميدة تولدت الحماسـة والعزيمـة في نفـوس الأفراد والجنود والقادة فهذا محمد الفاتح نفسه الذي تربى على هذا المـنهج يفتخر بهذه المعاني والقيم في أشعاره فنجده يقول:

وحماسي: بذل الجهد لخدمة ديني، دين اللـه

عزمي: أن أقهر أهل الكفر جميعاً بجنودي: جند اللـه

وتفكيري: منصب على الفتح، على النصر على الفوز، بلطف اللـه

جهادي: بالنفس وبالمال، فماذا في الدنيا بعد الامتثال لأمر اللـه

وأشواقي: الغزو الغزو مئات الآلاف من المرات لوجه اللـه

رجائي: في نصر اللـه. وسمو الدولة على أعداء اللـه [2] .

وعندما أراد السلطان محمد فتح مدينة طرابزون وكان حاكمها نصراني وكـان يريـد أن يباغتها على غرة، فأعد العدة، واستصحب معه عدداً كبيراً من العمال المتخصصين في قطع الأشجار وتعبيـد الطرق. وقد صادف الفاتح في طريقه بعض الجبال العالية

---

(1) انظر: منهج الرسول في غرس الروح الجهادية ، ص19 إلى 34.
(2) انظر: العثمانيون في التاريخ والحضارة، ص258.

الوعرة فترجل عن فرسه وتسلقها على يديه ورجليه كسائر الجند (وكانت معه والدة حسن اوزون زعيم التركمان جاءت للإصلاح بين السلطان محمد وابنها) فقالت له: (فيم تشقى كل هذا الشقاء يابني وتتكبد كل هذا العناء، هل تستحق طرابزون كل هذا؟) .. فأجاب الفاتح: يأماه ، إن الله قد وضع هذا السيف في يدي لأجاهد به في سبيله، فإذا أنا لم أتحمل هذه المتاعب وأؤد بهذا السيف حقه فلن أكون جديراً بلقب الغازي الذي احمله وكيف ألقى الله بعد ذلك يوم القيامة؟[1] وهكذا كان معظم الجنود والقادة بسبب تربيتهم الإيمانية العميقة.

لقد كان جيش محمد الفاتح في حصار القسطنطينية على جانب عظيم من التمسك بالعقيدة الصحيحة، والعبادات وإقامة شعائر الدين والخضوع لله رب العالمين[2] .

لقد ذكر المؤرخون أسباب كثيرة في فتح القسطنطينية، كضعف الدولة البيزنطية، والصراعات العقدية بداخلها، والتآكل الداخلي للدول الأوروبية بسبب القتال الذي نشأ بين الدول الأوروبية لعقود طويلة وغير ذلك من الأسباب.

أثر تحكيم شرع الله تعالى على الدولة العثمانية في زمن السلطان محمد الفاتح:

إن التأمل في كتاب الله وسنة رسوله صلى الله عليه وسلم وفي حياة الأمم والشعوب تكسب العبد معرفة أصيلة بأثر سنن الله في الأنفس والكون والآفاق، وكتاب الله تعالى مليء بسننه وقوانينه المبثوثة في المجتمعات والدول والشعوب قال تعالى: ﴿يريد الله ليبين لكم ويهديكم سنن الذين من قبلكم ويتوب عليكم و الله عليم حكيم﴾ (سورة النساء: آية26).

وسنن الله تتضح بالتدبر في كتاب الله وفميا صح عن رسول الله صلى الله عليه وسلم ، فقد كان صلى الله عليه وسلم

---

(1) انظر: محمد الفاتح، ص263.
(2) انظر: الحسبة في العصر المملوكي ، د. حيدر الصافح، ص206.

يقتنص الفرص ويستفيد من الأحداث ليرشد أصحابه إلى شيء من السنن ، ومن ذلك أن ناقته عليه الصلاة والسلام "العضباء" كانت لا تُسبق، فحدث مرة أن سبقها أعرابي على قعود له، فشق ذلك على أصحاب النبي صلى الله عليه وسلم فقال لهم عليه الصلاة والسلام كاشفاً عن سنة من سنن الله : (حق على الله أن لا يرفع شيء من الدنيا إلا وضعه)[1] .

وقد أرشدنا كتاب الله إلى تتبع آثار السنن في الأمكنة بالسعي والسَيْر، وفي الأزمنة من التاريخ والسير قال تعالى: ﴿قد خلت من قبلكم سنن فسيروا في الأرض فانظروا كيف كان عاقبة المكذبين هذا بيان للناس وهدى وموعظة للمتقين﴾ (سورة آل عمران: آية 137-138).

وأرشدنا القرآن الكريم إلى معرفة السنن بالنظر والتفكر قال تعالى : ﴿قل أنظروا ماذا في السموات والأرض وما تغني الآيات والنذر عن قوم لايؤمنون، فهل ينظرون إلا مثل أيام الذين خلو من قبلهم، قل فانتظروا إني معكم من المنتظرين﴾ (سورة يونس: الآيات 101-102).

ومن خلال آيات القرآن يظهر لنا أن السنن الإلهية تختص بخصائص:

أولاً: إنها قدر سابق:

قال تعالى: ﴿ماكان على النبي من حرج فيما فرض الله له سنة الله في الذين خلوا من قبل وكان أمر الله قدراً مقدورا﴾ (سورة الأحزاب: آية 38).

أي أن حكم الله تعالى وأمره الذي يقدره كائن لامحالة، وواقع لاحياد عنه، ولا معدل فيما شاء وكان ومالم يشأ لم يكن .

---

(1) أخرجه البخاري، كتاب الجهاد والسير ، باب ناقة رسول الله (86/6).

ثانياً: أنها لاتتحول ولاتتبدل :

قال تعالى : ﴿لئن لم ينته المنافقون والـذين في قلـوبهم مـرض والمرجفـون في المدينـة لنغرينك بهم، ثم لا يجاورنك فيها إلا قليلاً، ملعونين أينما ثقفـوا أخـذوا وقتلـوا تقـيلاً، سنة الـلـه في الذين خلوا من قبل ولن تجد لسنة الـلـه تبديلا﴾ (سـورة الأحـزاب: الآيـات 23-22، 60-62).

وقال تعالى: ﴿ولو قاتلكم الذين كفروا لولوا الأدبار ثم لا يجدون ولياً ولا نصـيراً سـنة الـلـه التي قد خلت من قبل ولن تجد لسنة الـلـه تبديلاً﴾ (سورة الفتح: الآية 23،22).

ثالثاً: إنها ماضية لا تتوقف:

قال تعالى: ﴿قل للذين كفروا إن ينتهوا يغفر لهـم مـا قـد سـلف وإن يعـودوا فقـد مضت سنة الأولين﴾ (سورة غافر: الآيات 82-85).

رابعاً: أنها لاتتخالف ولا تنفع مخالفتها:

قال تعالى: ﴿أفلم يسيروا في الأرض فينظروا كيف كان عاقبة الذين من قـبلهم، كـانوا أكثر منهم وأشد قوة وأثاراً في الأرض، فما أغنى عنهم ما كانوا يكسبون فلـما جـاءتهم رسلهم بالبينات فرحوا بما عندهم من العلم وحاق بهم ماكانوا به يستهزئون، فلما رأوا بأسنا قالوا آمنا بالله وحده وكفرنا بما كنا به مشركين، فلم يك يـنفعهم إيمـانهم لمـا رأوا بأسنا سنت الـلـه التي قد خلت في عباده، وخسر هنالك الكافرون﴾ (سورة

غافر: الآيات 82-85).

خامساً: لاينتفع بها المعاندون ولكن يتعظ بها المتقون :

قال تعالى: ﴿قد خلت من قبلكم سنن فسيروا في الأرض فانظروا كيف كان عاقبة المكذبين هذا بيان للناس وهدى وموعظة للمتقين﴾ (سورة آل عمران : الآيات 137-138).

سادساً: إنها تسري على البر والفاجر:

فالمؤمنون والأنبياء أعلاهم قدراً تسري عليهم سنن الله ولله سنن جارية تتعلق بالآثار المترتبة على من امتثل أمر الله أو أعرض عنه وبما أن العثمانيين التزموا بشرع الله في كافة شؤونهم ومروا بمراحل طبيعية في حياة الدول فإن أثر حكم الله فيهم واضح بيّن:

وللحكم بما أنزل الله آثار دنيوية وأخرى أخروية أما الآثار الدنيوية التي ظهرت لي من خلال دراستي للدولة العثمانية فإنها:

أولاً: الاستخلاف والتمكين:

حيث نجد العثمانيين منذ زعيمهم الأول عثمان حتى محمد الفاتح ومن بعده حرصوا على إقامة شعائر الله على أنفسهم وأهليهم وأخلصوا لله في تحاكمهم إلى شرعه، فالله سبحانه وتعالى قواهم وشد أزرهم واستخلفهم في الأرض وأقام العثمانيون شريعة الله في الأرض التي حكموها، فمكن لهم المولى عز وجل الملك ووطأ لهم السلطان.

وهذه سنة ربانية نافذة لاتتبدل في الشعوب والأمم التي تسعى جاهدة لإقامة شرع الله.

وقد خاطب تعالى المؤمنين من هذه الأمة واعداً إياهم بما وعد به المؤمنين قبلهم، فقال سبحانه في سورة النور : ﴿وعد الله الذين آمنوا منكم وعملوا الصالحات ليستخلفنهم في الأرض (بدلاً من الكفار) كما استخلف الذين من قبلهم﴾ من بني إسرائيل[(1)] .

ولقد حقق العثمانيون الإيمان وتحاكموا إلى شريعة الرحمن، فأتتهم ثمرة ذلك وأثره الباقي ﴿وليمكنن لهم دينهم الذي ارتضى لهم﴾ فحققوا التحاكم إلى الدين، فتحقق لهم التمكين.

ثانياً: الأمن والاستقرار:

كانت بلاد آسيا الصغرى مضطربة وكثرت فيها الإمارات المتنازعة ، وبعد أن أكرم الله تعالى العثمانيين بتوحيد تلك الإمارات وتوجيهها نحو الجهاد في سبيل الله تعالى يسر الله للدولة العثمانية الأمن والاستقرار في تلك الربوع التي حكم فيها شرع الله.

حيث نجد أن الدولة العثمانية بعد أن استخلفت مكن الله لها وأعطاها دواعي الأمن وأسباب الاستقرار حتى تحافظ على مكانتها وهذه سنة جارية ماضية ضمن الله لأهل الإيمان والعمل بشرعه وحكمه أن ييسر لهم الأمن الذي ينشدون في أنفسهم وواقعهم ، فبيده سبحانه مقاليد الأمور، وتصريف الأقدار، وهو مقلب القلوب ، و الله يهب الأمن المطلق لمن استقام على التوحيد وتطهر من الشرك بأنواعه قال تعالى: ﴿الذين آمنوا ولم يلبسوا إيمانهم بظلم أولئك لهم الأمن وهم مهتدون﴾ (سورة الأنعام: آية) فنفوسهم في أمن من المخاوف ومن العذاب والشقاء إذا خلصت لله من الشرك، صغيره وكبيره ، إن تحكيم شرع الله فيه راحة للنفوس لكونها تمس عدل الله ورحمته

---

(1) سورة النور ، الآية:

وحكمته.

إن الله تعالى بعد أن وعد المؤمنين بالاستخلاف ثم التمكين لم يحرمهم بعد ذلك من التأمين، والتطمين والبعد عن الخوف والفزع.

إن العثمانيين عندما حققوا العبودية لله ونبذوا الشرك بأنواعه حقق الله لهم الأمن في النفوس على مستوى الشعب والدولة.

ثالثا: النصر والفتح:

إن العثمانيين حرصوا على نصرة دين الله بكل مايملكون وتحققت فيهم سنة الله في نصرته لمن ينصره لأن الله ضمن لمن استقام على شرعه أن ينصره على أعدائه بعزته وقوته قال تعالى: ﴿ولينصرن الله من ينصره إن الله لقوي عزيز ۞ الذين إن مكناهم في الأرض أقاموا الصلاة وآتوا الزكاة وأمروا بالمعروف ونهوا عن المنكر ولله عاقبة الأمور﴾ (سورة الحج: آية).

(وما حدث قط في تاريخ البشرية أن استقامت جماعة على هدى الله إلا منحها القوة والمنعة والسيادة في نهاية المطاف ... إن الكثيرين ليشفقونا من اتباع شريعة الله والسير على هداه يشفقون من عداوة أعداء الله ومكرهم ويشفقون من تألب الخصوم عليهم ويشفقون من المضايقات الاقتصادية وغير الاقتصادية ، وإن هي إلا أوهام كأوهام قريش يوم قالت لرسل الله صلى الله عليه وسلم : ﴿إن نتبع الهدى معك نتخطف من أرضنا﴾ (سورة القصص: آية 57)، فلما اتبعت هدى الله سيطرت على مشارق الأرض ومغاربها في ربع قرن أو أقل من الزمان)[1] .

إن الله تعالى أيد العثمانيين على الأعداء ومنّ عليهم بالفتح، فتح الأراضي

---

(1) في ظلال القرآن (2704/4).

وإخضاعها لحكم الـلـه تعالى، وفتح القلوب هدايتها لدين الإسلام.

إن العثمانيين عندما استجابوا وانقادوا لشريعة الـلـه جلبت لهم الفتح، واستنزلت عليهم نصر الـلـه.

إن الشعوب الإسلامية التي تبتعد عن شريعة الـلـه تذل نفسها في الدنيا والآخرة.

إن مسؤولية الحكام والقضاة والعلماء والدعاة في الدعوة إلى تحكيم شرع الـلـه مسؤولية عظيمة يسألون عنها يوم القيامة أمام الـلـه: (إذا حكم ولاة الأمر بغير ما أنزل الـلـه، وقع بأسهم بينهم..وهذا أعظم أسباب تغير الدول كما جرى هذا مرة بعد مرة في زماننا وغير زماننا ومن أراد الـلـه سعادته جعله يعتبر بما أصاب غيره)، فيسلك مسلك من أيده الـلـه ونصره ويجتنب مسلك من خذله الـلـه وأهانه؛ فإن الـلـه يقول في كتابه : ﴿ولينصرنّ الـلـه من ينصره إن الـلـه لقوي عزيز﴾ إلى قوله تعالى: ﴿ولله عاقبة الأمور﴾ [1] فقد وعد الـلـه بنصره من ينصره ونصره هو نصر كتابه ودينه ورسوله، لانصر من يحكم بغير ماأنزل الـلـه ويتكلم بما لا يعلم) [2].

رابعاً: العز والشرف:

إن عز العثمانيين وشرفهم العظيم الذي سطر في كتب التاريخ يرجع إلى تمسكهم بكتاب الـلـه وسنة رسوله صلى الـلـه عليه وسلم ؛ إن من يعتز بالانتساب لكتاب الـلـه وسنة رسوله صلى الـلـه عليه وسلم الذي به تشرف الأمة وبه يعلو ذكرها ، وضع رجله على الطريق الصحيح وأصاب سنة الـلـه الجارية في إعزاز وتشريف من يتمسك بكتابه وسنة رسوله صلى الـلـه عليه وسلم قال تعالى: ﴿لقد أنزلنا إليكم كتاباً فيه ذكركم أفلا تعقلون﴾ (سورة الأنبياء : الآية 10).

(1) سورة الحج، الآيات (40-41).
(2) مجموع الفتاوى لابن تيمية (388/35).

قال ابن عباس -رضي الـلـه عنهما- في تفسير هذه الآية : (فيه شرفكم)[1] إن العثمانيين استمدوا شرفهم وعزهم من استمساكهم بأحكام الإسلام، كما قال عمر بن الخطاب رضي الـلـه عنـه : (إنـا كنّا أذل قوم ، فأعزنا الـلـه بالإسلام، فمهما نطلب العز بغير ماأعزنا الـلـه أذلنا الـلـه)[2] ، فعمر رضي الـلـه عنه كشف لنا بكلماته عن حقيقة الارتباط بين حال الأمة عزى وذُلاً، مع موقفها من الشريعة إقبالاً وإدباراً، فما عزت في يوم بغير دين الـلـه، ولا ذلت في يومٍ إلا بالانحراف عنه قال تعالى: ﴿من كان يريد العزة فلله العزة جميعاً﴾ (سورة فاطر: الآية 10) يعني من طلب العزة فيلعتز بطاعة الـلـه عز وجل .[3]

وقال تعالى: ﴿ولله العزة ولرسوله وللمؤمنين، ولكن المنافقين لايعلمون﴾ (سورة المنافقين: الآية 8).

إن سيرة سلاطين العثمانيين من أمثال عثمان الأول، ومراد، ومحمد الفاتح تبين لنا اعتزازهم بالإسلام وحبهم للقرآن واستعدادهم للموت في سبيل الـلـه، ولقد عاشوا في بركة من العيش ورغد من الحياة الطيبة وما نالوا ذلك إلا بإقامة دين الـلـه قال تعالى : ﴿ولو أن أهل القرى آمنوا واتقوا لفتحنا عليهم بركات من السماء والأرض، ولكن كذبوا فأخذناهم بما كانوا يكسبون﴾ (سورة الأعراف: آية 96).

خامساً: انتشار الفضائل وانزواء الرذائل:

لقد انتشرت الفضائل في زمن محمد الفاتح وانحسرت الرذائل؛ فخرج جيل فيه نبل وكرم وشجاعة وعطاء وتضحية من أجل العقيدة والشريعة متطلعاً إلى ما عند الـلـه من الثواب يخشى من عقاب الـلـه لقد استجاب ذلك المجتمع بشعبه ودولته وحكامه إلى

---

(1) انظر: تفسير ابن كثير (170/3).
(2) أخرجه الحاكم في المستدرك ، كتاب الإيمان (62/1).
(3) ابن كثير (526/2).

مايحبه الرحمن والى تعاليم الإسلام.

إن آثار تحكيم شرع الله في الشعوب والدول التي نفذت أوامر الله ونواهيه ظاهرة بينـة لدارس التاريخ وإن تلك الآثار الطيبة التي أصابت الدولة العثمانية لهي مـن سـنن اللـه الجاريـة والتي لاتتبدل ولا تتغير فأي شعب يسعى لهذا المطلب الجليل والعمل العظيم يصل إليه ولو بعد حين ويرى آثار ذلك التحكيم على أفراده وحكامه ودولته.

إن الغرض من الأبحاث التاريخية الإسلامية الاستفادة الجادة من أولئك الذين سبقونا بالإيمـان في جهادهم وعلمهم وتربيتهم وسعيهم الدؤوب لتحكيم شرع اللـه وأخذهم بسنن التمكين وفقه ومراعاة التدرج والمرحليـة والانتقـاء مـن أفراد الشعب والارتقـاء بهـم نحـو الكـمالات الإسـلامية المنشودة. إن الانتصارات العظيمة في تاريخ أمتنا يجريها الله تعالى عـلى يـدي مـن أخلـص لربـه ودينه وأقام شرعه وزكى نفسه ولهذا لم يأتِ فتحاً عظيماً وفتحاً مبيناً إلا لمـن تـوفرت فيهم صفـات جيل التمكين التي ذكرت في القرآن الكريم.

المبحث الخامس

أهم صفات محمد الفاتح

لقد ظهرت بعض الصفات القيادية في شخصية محمد الفاتح عند البحث والدراسة ومن أهـم هذه الصفات:

1- الحزم:

وظهر ذلك عندما غلب ظنه أن هناك تقصيراً أو تكاسلاً مـن جانب قائد الأسطول العـثماني بالطه أوغلي عند حصاره للقسطنطينية، فأرسل إليه وقال: 'إما تستولي على هـذه السـفن وإما أن تغرقها وإذا لم توفق في ذلك فلا ترجع إلينا حياً'[1] .

ولما لم يحقق بالطه أوغلي مهمته عزله، وجعل مكانه حمزة باشا.

2- الشجاعة:

وكان رحمه اللـه يخوض المعارك بنفسه ويقاتـل الأعـداء بسـيفه وفي إحـدى المعـارك في بـلاد البلقان تعرض الجيش العثماني لكمين من قبل زعيم البوغدان اسـتفان حيـث تخفـى مـع جيشـه خلف الأشجار الكثيفة المتلاصقة وبينما المسلمون بجانب تلك الأشجار انهمرت عليهم نيران المدافع الشديدة من بين الأشجار وانبطح الجنود على وجوههم وكاد الاضطراب يسود صفوف الجيش لـولا أن سارع السلطان الفاتح وتباعد عن مرمى المدافع وعنّف رئيس الانكشارية محمـد الطرابـزوني على تخاذل جنده، ثم صاح فيهم: 'أيها الغزاة المجاهدون كونوا جند اللـه ولـتكن فيكم الحميـة الإسلامية'[2] وأمسك

---

(1) انظر: محمد الفاتح ، ص101.
(2) انظر: محمد الفاتح ، ص246.

بالترس واستل سيفه ركض بحصانه واندفع به إلى الأمام لايلوي عـلى شيء وألهـب بـذلك نـار الحماس في جنده فانطلقوا وراءه واقتحموا الغابة على من فيها ونشب بين الأشجار قتـال عنيـف بالسيوف استمر من الضحى إلى الأصيل.

ومزق العثمانيون الجنود البوغدانية شر ممزق ووقع استفان من فوق ظهر جواده ولم ينج إلا بصعوبة وولى هارباً، وانتصر العثمانيون وغنموا غنائم وفيرة . [(1)]

3- الذكاء:

ويظهر ذلك في فكرته البارعة وهي نقل السفن من مرسـاها في بشكطاش إلى القـرن الـذهبي، وذلك بجرها على الطريق البري الواقع بين الميناءين مبتعداً عن حي غلطة خوفـاً عـلى سـفنه مـن الجنويين ، وقد كانت المسافة بين الميناءين نحو ثلاثة أميال، ولم تكن أرضاً مبسوطة سـهلة ولكنهـا كانت وهاداً وتلالاً غير ممهدة وشرع في تنفيذ الخطة؛ ومهدت الأرض وسـويت في سـاعات قليلـة وأتى بألواح من الخشب دهنت بالزيت والشحم، ثم وضعت على الطريق الممهـد بطريقـة يسـهل بها انزلاج السفن وجرها، لقد كان هذا العمل عظيماً بالنسبة للعصر الذي حدث فيه بل تجلى فيه سرعة التفكير وسرعة التنفيذ، مما يدل على ذكاء محمد الفاتح الوقّاد . [(2)]

4- العزيمة والإصرار:

فعنـدما أرسـل السـلطان محمـد الفـاتح إلى الإمبراطـور قسطنطين يطلـب منـه تسـليم القسطنطينية حتى يحقن دماء الناس في المدينة ولا يتعرضوا لأي أذى ويكونوا بالخيار في البقاء في المدينة أو الرحيل عنها، فعندما رفض قسطنطين تسليم المدينة قال السلطان محمـد : ‹حسـناً عـن قريب سيكون لي في القسطنطينية عرش أو يكون لي فيها قبر› [(3)] .

وعندما استطاع البيزنطيون أن يحرقوا القلعة الخشبية الضخمة المتحركة كان رده

---

(1) المصدر السابق نفسه، ص247.
(2) انظر: السلطان محمد الفاتح ، ص 102.
(3) انظر: الفتوح الإسلامية عبر العصور ، ص376.

(غداً نصنع أربعاً أخرى)[1].

وهذه المواقف تدل على عزيمته وإصراره في الوصول إلى هدفه.

5- عدله:

حيث عامل أهل الكتاب وفق الشريعة الإسلامية وأعطاهم حقوقهم الدينية ولم يتعرض أحد من النصارى للظلم أو التعدي بل أكرم زعمائهم وأحسن إلى رؤسائهم وكان شعاره العدل أساس الملك[2].

6- عدم الاغترار بقوة النفس وكثرة الجند وسعة السلطان:

نجد السلطان محمد عند دخول القسطنطينية يقول: (حمداً لله، ليرحم اللـه الشهداء ويمنح المجاهدين الشرف والمجد، ولشعبي الفخر والشكر)[3].

فهو أسند الفضل إلى اللـه ولذلك لهج لسانه بالحمد والثناء والشكر لمولاه الذي نصره وأيده وهذا يدل على عمق إيمان محمد الفاتح بالله سبحانه وتعالى.

7- الإخلاص:

إن كثير من المواقف التي سجلت في تاريخ الفاتح تدلنا على عمق إخلاصه لدينه وعقيدته في أشعاره ومناجاته لربه سبحانه وتعالى حيث يقول:

نيّتي : امتثالي لأمر اللـه (وجاهدوا في سبيل اللـه).

وحماسي: بذل الجهد لخدمة ديني، دين اللـه.

عزمي: أن أقهر أهل الكفر جميعاً بجنودي : جند اللـه.

---

(1) السلطان محمد الفاتح، ص122.
(2) المصدر السابق نفسه، ص152.
(3) السلطان محمد الفاتح ، ص131.

وتفكيري: منصب على الفتح، على النصر على الفوز، بلطف اللـه.

جهادي : بالنفس وبالمال، فماذا في الدنيا بعد الامتثال لأمر اللـه .

وأشواقي : الغزو الغزو مئات الآلاف من المرات لوجه اللـه.

رجائي: في نصر اللـه. وسموا الدولة على أعداء اللـه [1] .

8- علمه :

أهتم والده به منذ الطفولة ولذلك خضع السلطان محمـد الفـاتح لنظـام تربـوي أشرف عليـه مجموعة من علماء عصره المعروفين ، فتعلم القرآن الكريم والحديث والفقه والعلـوم العصريـة - آنذاك- من رياضيات وفلك وتاريخ ودراسـات عسـكرية نظريـة وتطبيقيـة، وكـان مـن كـرم اللـه للسلطان محمد الفاتح أن أشرف على تعليمه مجموعة من أساطين العلماء في عصره وفي مقدمتهم الشيخ آق شمس الدين والملا الكوراني 'عالم الدين عند العثمانيين الأوائل يكون موسـوعياً في شـتى العلوم المعروفة في عصره'. ولقد تأثر محمد الفاتح بتربية شيوخه وظهرت تلك التربية في اتجاهاتـه الثقافية والسياسية والعسكرية [2] .

ولقد تبحر السلطان محمد في اللغات الإسلامية الثلاثة التي لم يكـن يسـتغني عنهـا مثقـف في ذلك العصر وهي : العربية والفارسية والتركية ، ولقـد كـان السـلطان محمـد الفـاتح شـاعراً وتـرك ديواناً باللغة التركية [3] .

(1) انظر : العثمانيون في التاريخ
(2) السلطان محمد الفاتح، ص131.
(3) انظر: العثمانيون في التاريخ والحضارة، ص254 إلى 259.

المبحث السادس

شيء من أعماله الحضارية

● اهتمامه بالمدارس والمعاهد:

كان السلطان محمد الفاتح محباً للعلم والعلماء ولذلك اهتم ببناء المدارس والمعاهد في جميع أرجاء دولته. وقد كان السلطان أورخان أول من أنشأ مدرسة نموذجية في الدولة العثمانية وسار بعده سلاطين الدولة على نهجه وانتشرت المدارس والمعاهد في بروسة وأدرنة وغيرها من المدن.

ولقد فاق محمد الفاتح أجداده في هذا المضمار وبذل جهوداً كبيرة في نشر العلم وإنشاء المدارس والمعاهد وأدخل بعض الإصلاحات في التعليم واشرف على تهذيب المناهج وتطويرها وحرص على نشر المدارس والمعاهد في كافة المدن الكبيرة والصغيرة وكذلك القرى وأوقف عليها الأوقاف العظيمة. ونظم هذه المدارس ورتبها على درجات ومراحل ، ووضع لها المناهج، وحدد العلوم والمواد التي تدرس في كل مرحلة ، ووضع لها نظام الامتحانات فلا ينتقل طالب من مرحلة إلى أخرى إلا بعد إتقانه لعلوم المرحلة السابقة ويخضع لامتحان دقيق وكان السلطان الفاتح يتابع هذه الأمور ويشرف عليها واحياناً يحضر امتحانات الطلبة ويزور المدارس بين الحين والحين ولا يأنف من استماع الدروس التي يلقيها الأساتذة، وكان يوصي الطلبة بالجد والاجتهاد ولا يبخل بالعطاء للنابغين من الأساتذة والطلبة وجعل التعليم في كافة مدارس الدولة بالمجان وكانت المواد التي تدرس في تلك المدارس : التفسير، والحديث، والفقه، والأدب، والبلاغة ، وعلوم اللغة من المعاني والبيان والبديع، والهندسة...الخ.

وأنشأ بجانب مسجده الذي بناه بالقسطنطينية ثمان مدارس على كل جانب من جوانب المسجد أربعة مساجد يتوسطها صحن فسيح وفيها يقضي الطالب المرحلة الأخيرة من دراسته وألحقت بهذه المدارس مساكن للطلبة ينامون فيها ويأكلون فيها طعامهم ووضعت لهم منحة مالية شهرية، وكان الموسم الدراسي على طول السنة في هذه المدارس وأنشأ بجانبها مكتبة خاصة وكان يشترط في الرجل الذي يتولى أمانة هذه المكتبة أن يكون من أهل العلم والتقوى متبحراً في أسماء الكتب والمؤلفين وكان المشرف على المكتبة يعير الطلبة والمدرسين مايطلبونه من الكتب بطريقة منظمة دقيقة ويسجل أسماء الكتب المستعارة في دفتر خاص وهذا الأمين مسؤول عن الكتب التي في عهدته ومسؤول عن سلامة أوراقها ⁽¹⁾ وتخضع هذه المكتبة للتفتيش كل ثلاثة أشهر على الأقل وكانت مناهج هذه المدارس يتضمن نظام التخصص، فكان للعلوم النقلية والنظرية قسماً خاصاً وللعلوم التطبيقية قسماً خاصاً أيضاً، وكان الوزراء والعلماء من أصحاب الثروات يتنافسون في إنشاء المعاهد والمدارس والمساجد والأوقاف الخيرية ⁽²⁾ .

● اهتمام السلطان محمد الفاتح بالعلماء:

لقد كان للعلماء والأدباء مكانة خاصة لدى محمد الفاتح، فقرب إليه العلماء ورفع قدرهم وشجعهم على العمل والإنتاج وبذل لهم الأموال ووسع لهم في العطايا والمنح والهدايا ليتفرغوا للعلم والتعليم ويكرمهم غاية الإكرام ولو كانوا من خصومه ؛ فبعد أن ضم إمارة القرمان إلى الدولة أمر بنقل العمال والصناع إلى القسطنطينية غير أن وزيره روم محمد باشا ظلم الناس ومن بينهم بعض العلماء وأهل الفضل ومن بينهم العالم احمد جلبي بن السلطان أمير علي فلما علم السلطان محمد الفاتح بأمره اعتذر إليه وأعاده إلى وطنه مع رفقائه معززاً مكرماً.

---

(1) انظر: محمد الفاتح ، ص384،385.
(2) المصدر السابق نفسه، ص384.

وبعد أن هزم اوزون حسن زعيم التركمان وكان هذا الزعيم لا يلتزم بعهد ويناصر أعداء العثمانيين من أي ملة كانت، فبعد أن هزمه محمد الفاتح وقع في يده عدد كبير من الأسرى، فأمر السلطان الفاتح بقتلهم (إلا من كان من العلماء وأصحاب المعارف مثل القاضي محمد الشريحي وكان من فضلاء الزمان، فأكرمه السلطان غاية الإكرام.

وكان السلطان الفاتح يحترم العلماء وأهل الورع والتقى وقد تستبد به في بعض الأحيان نزوة جامعة أو غضبة طارئة ولكنه ما يلبث إلا أن يعود إلى وقاره واحترامه لهم.

وتحدثنا كتب التاريخ أن السلطان محمد بعث مع احد خدامه بمرسوم إلى الشيخ احمد الكوراني - وكان حين ذاك يتولى قضاء العسكر- فوجد فيه أمراً يخالف الشرع فمزقه وضرب الخادم. وشق ذلك على السلطان محمد وغضب من فعل الشيخ وعزله من منصبه، ووقع بينهما نفور وجفوة ورحل الكوراني إلى مصر حيث استقبله سلطانها قيتباي وأكرمه غاية الإكرام وأقام عنده برهة من الزمن. ومالبث الفاتح أن ندم على ماكان منه فكتب إلى السلطان قيتباي يطلب منه أن يرسل إليه الشيخ الكوراني (فحكى السلطان قيتباي كتاب السلطان محمد خان للشيخ الكوراني ثم قال له لا تذهب إليه فاني أكرمك فوق مايكرمك هو. قال: نعم هو كذلك إلا أن بيني وبينه محبة عظيمة كما بين الوالد والولد. وهذا الذي جرى بيننا شيء آخر وهو يعرف ذلك مني ويعرف أني أميل إليه بالطبع فإذا لم أذهب إليه يفهم أن المنع من جانبك فتقع بينكما عداوة. فاستحسن السلطان قيتباي هذا الكلام وأعطاه مالاً جزيلاً وهيأ له مايحتاج إليه من حوائج السفر وبعث معه هدايا عظيمة إلى السلطان محمد خان. واسند إليه الفاتح القضاء ثم الإفتاء وأجزل له من العطاء وأكرمه إكراما لامزيد عليه [1].

قال عنه الشوكاني: (.. وانتقل من قضاء العسكر إلى منصب الفتوى وتردد إليه

(1) انظر: محمد الفاتح، ص389.

الأكابر وشرح (جمع الجوامع) وكثر تعقبه للمحلى (جلال الدين المحلي المفسر) وعمل تفسيراً، وشرحاً للبخاري وقصيدة في علم العروض نحو ستمائة بيت. وأنشأ بإسطنبول جامعاً ومدرسة سماها دار الحديث وانثالت عليه الدنيا وعمر الدور وانتشر علمه فأخذ عليه الأكابر وحج في سنة 761هـ إحدى وستين وسبعمائة ولم يزل على جلالته حتى (مات) في أواخر سنة 793هـ ثلاث وتسعين وسبعمائة وصلى عليه السلطان فمن دونه ومن مطالع قصائده في مدح سلطانه:

هو الشمس إلا أنه الليث باسلا   هو البحر إلا أنه مالك البر

وقد ترجمه صاحب (الشقائق النعمانية) ترجمة حافلة...وانه كان يخاطب السلطان باسمه ولا ينحني له، ولا يقبل يده بل يصافحه مصافحة ، وانه كان لا يأتي إلى السلطان إلا إذا أرسل إليه وكان يقول له ، مطعمك حرام وملبسك حرام فعليك بالاحتياط. وذكر له مناقب جمة تدل على أنه من العلماء العاملين...)[1] .

وكان السلطان محمد الفاتح لا يسمع عن عالم في مكان أصابه عوزاً وإملاق إلا بادر إلى مساعدته وبذل له ما يستعين به على أمور دنياه.

وكان من عادة الفاتح في شهر رمضان أن يأتي إلى قصره بعد صلاة الظهر بجماعة من العلماء المتبحرين في تفسير القرآن فيقوم في كل مرة واحد منهم بتفسير آيات من القرآن الكريم وتقريرها ويناقشه في ذلك سائر العلماء ويجادلونه، وكان الفاتح يشارك في هذه المناقشات ويشجع هؤلاء العلماء بالعطايا والهدايا والمكافآت المالية الجزيلة.

اهتمامه بالشعراء والأدباء:

ذكر مؤرخ الأدب العثماني أن السلطان محمد الفاتح (راعٍ لنهضة أدبية، وشاعر مجيد حكم ثلاثين عاماً كانت أعوام خصب ورخاء وبركة ونماء وعرف بأبي الفتح لأنه

(1) البدر الطالع (41/1).

غلب على إمبراطوريتين، وفتح سبع ممالك واستولى على مائتي مدينة وشـاد دور العلـم ودور العبادة، فعرف كذلك بأبي الخيرات [1] .

وكان الفاتح مهتماً بالأدب عامة والشعر خاصة، وكان يصاحب الشعراء ويصـطفيهم، واسـتوزر الكثير منهم مثل أحمد باشا محمود ومحمود باشا وقاسم الجزري باشا، وهـؤلاء شـعراء [2] وكان في بلاط الفاتح ثلاثون شاعراً يتناول كل منهم راتباً شهرياً قدره ألـف درهـم وكـان طبيعيـاً بعد هذا الاهتمام أن يتفنن الشعراء والأدباء في مدح السلطان محمد لما قدمه إلى العلـم والأدب مـن كـريم الرعاية وجميل التشجيع.

وكان محمد الفاتح ينكر على الشعراء التبـذل والمجون والـدعارة ويعاقـب الـذي يخرج عـن الآداب بالسجن أو يطرده من بلاطه [3] .

اهتمامه بالترجمة:

كان السلطان محمد الفاتح متقن للغة الرومية ومن أجل أن يبعث نهضة فكرية في شعبه أمر بنقل كثير من الآثار المكتوبة باليونانية واللاتينية والعربية والفارسـية إلى اللغـة التركيـة مـن ذلـك كتاب " مشاهير الرجال " لبلوتارك ونقل إلى التركية كتاب التصريف في الطب لأبي القاسم الزهراوي الطبيب الأندلسي ـ مـع زيادات في صـور آلات الجراحة وأوضاع المرضى أثنـاء إجـراء العمليـات الجراحية.

وعندما وجد كتاب بطليمـوس في الجغرافيـا وخريطة لـه قـام بمطالعتـه ودراسـته مـع العـالم الرومي جورج اميروتزوس ثم طلب إليه الفاتح والى ابنـه (ابن العـالم الرومـي) الـذي كـان يجيـد اللغتين الرومية والعربية بترجمة الكتاب إلى العربية وإعادة رسم

(1) العثمانيون في التاريخ والحضارة ، ص247.
(2) المصدر السابق نفسه، ص247.
(3) انظر: محمد الفاتح، ص393.

الخريطة مع التحقيق في أسماء البلدان وكتابتها باللغتين العربية والرومية وكافأهما على هذا العمل بعطايا واسعة جمة وكان العلامة علي القوشجي وهو من أكبر علماء عصره في الرياضيات والفلك كلما ألف كتاباً بالفارسية نقله إلى العربية وأهداه إلى الفاتح.

وكان الفاتح مهتم باللغة العربية، لأنها لغة القرآن الكريم كما أنها من اللغات العلمية المنتشرة في ذلك العهد. وليس أدل على اهتمام الفاتح باللغة العربية من انه طلب إلى " المدرسين بالمدارس الثماني أن يجمعوا بين الكتب الستة في علم اللغة كالصحاح والتكملة والقاموس وأمثالها ". ودعم الفاتح حركة الترجمة والتأليف لنشر المعارف بين رعاياه بالإكثار من نشر المكاتب العامة وأنشأ له في قصره خزانة خاصة احتوت على غرائب الكتب والعلوم وعين الشيخ لطفي أميناً عليها، وكان بها اثنا عشر ألف مجلد عندما احترقت عام 1465م وقد وصف الأستاذ ديزمان هذه المكتبة بأنها بمثابة نقطة تحول في العلم بين الشرق والغرب [1].

اهتمامه بالعمران والبناء والمستشفيات:

كان السلطان محمد الفاتح مغرماً ببناء المساجد والمعاهد والقصور والمستشفيات والخانات والحمامات والأسواق الكبيرة والحدائق العامة وأدخل المياه إلى المدينة بواسطة قناطر خاصة وشجع الوزراء وكبار رجال الدولة والأغنياء والأعيان على تشييد المباني وإنشاء الدكاكين والحمامات وغيرها من المباني التي تعطي المدن بهاءً ورونقاً واهتم بالعاصمة (استنبول) اهتماماً خاصاً وكان حريصاً على أن يجعلها (أجمل عواصم العالم) وحاضرة العلوم والفنون. وكثر العمران في عهد الفاتح وانتشر واهتم بدور الشفاء ووضع لها نظاماً مثالياً في غاية الروعة والدقة والجمال، فقد كان يعهد بكل دار من هذه الدور إلى طبيب - ثم زيد إلى اثنين - من حذاق الأطباء من أي جنس كان، يعاونهما كحال وجراح وصيدلي وجماعة من الخدم والبوابين ويشترط في

---

(1) انظر: محمد الفاتح، ص396.

جميع المشتغلين بالمستشفى أن يكونوا من ذوي القناعة والشفقة والإنسانية، ويجب على الأطباء أن يعودوا المرضى مرتين في اليوم وأن لاتصرف الأدوية للمرضى إلا بعد التدقيق من إعدادها، وكان يشترط في طباخ المستشفى أن يكون عارفاً بطهي الأطعمة والأصناف التي توافق المرضى منها وكان العلاج والأدوية في هذه المستشفيات بالمجان ويغشاها جميع الناس بدون تمييز بين أجناسهم وأديانهم [1].

الاهتمام بالتجارة والصناعة:

اهتم السلطان محمد الفاتح بالتجارة والصناعة وعمل على إنعاشهما بجميع الوسائل والعوامل والأسباب وكان بذلك مقتفياً خط آبائه وأجداده السلاطين الذين : (كانوا دائماً على استعداد لإنعاش الصناعة والتجارة بين رعاياهم وأن كثيراً من المدن الكبرى قد ازدهرت ازدهاراً كبيراً عندما خلصها الفتح العثماني مما أصابها في عهد الدولة البيزنطية من طغيان الثروة الحكومية التي عرقلت نهضتها وشلت حركتها، ومن هذه المدن نيقية وكان العثمانيون على دراية واسعة بالأسواق العالمية وبالطرق البحرية والبرية وطوروا الطرق القديمة وأنشأوا الكباري الجديدة مما سهل حركة التجارة في جميع أجزاء الدولة واضطرت الدول الأجنبية من فتح موانيها لرعايا الدولة العثمانية ليمارسوا حرفة التجارة في ظل الراية العثمانية وكان من أثر السياسة العامة للدولة في مجال التجارة والصناعة أن عم الرخاء وساد اليسر والرفاهية في جميع أرجاء الدولة وأصبحت للدولة عملتها الذهبية المتميزة [2] ولم تهمل الدولة إنشاء دور الصناعة ومصانع الذخيرة والأسلحة وأقامت القلاع والحصون في المواقع ذات الأهمية العسكرية في البلاد [3].

---

(1) انظر: محمد الفاتح، ص413.
(2) انظر: محمد الفاتح، ص414.
(3) المصدر السابق نفسه، ص410.

الاهتمام بالتنظيمات الإدارية:

عمل السلطان محمد الفاتح على تطوير دولته ولذلك قنن قوانين حتى يستطيع أن ينظم شؤون الإدارة المحلية في دولته وكانت تلك القوانين مستمدة من الشرع الحكيم وشكل السلطان محمد لجنة من خيار العلماء لتشرف على وضع (قانون نامه) المستمد من الشريعة الغراء وجعله أساساً لحكم دولته، وكان هذا القانون مكوناً من ثلاثة أبواب، يتعلق بمناصب الموظفين وببعض التقاليد وما يجب أن يتخذ من التشريفات والاحتفالات السلطانية وهو يقرر كذلك العقوبات والغرامات، ونص صراحة على جعل الدولة حكومة إسلامية قائمة على تفوق العنصر الإسلامي أياً كان أصله وجنسه [1].

واهتم محمد الفاتح بوضع القوانين التي تنظم علاقة السكان من غير المسلمين بالدولة ومع جيرانهم من المسلمين، ومع الدولة التي تحكمهم وترعاهم، وأشاع العدل بين رعيته، وجد في ملاحقة اللصوص وقطاع الطرق، وأجرى عليهم أحكام الإسلام، فاستتب الأمن وسادت الطمأنينة في ربوع الدولة العثمانية.

وأبقى السلطان محمد النظام الذي كان سائداً لحكم الولايات أيام أسلافه، وأدخل عليه بعض التعديلات الطفيفة التي تناسب عصره ودولته. وكانت الدولة تنقسم إلى ولايات كبرى يحكمها أمير الأمراء وكان يسمى " بكلربك " وإلى ولايات صغرى ويحكمها أمير اللواء، وكان يسمى " سنجق بك " وكلا الحاكمان كان يقوم بأعمال مدنية وعسكرية في آن واحد، وترك لبعض الإمارات الصقلبية في أول الأمر بعض مظاهر الاستقلال الداخلي فكان يحكمها بعض أمراء منها ولكنهم تابعون للدولة ينفذون أوامر السلطان بكل دقة وهو يعزلهم ويعاقبهم إذا خالفوا أوامره أو فكروا في الثورة على الحكومة العثمانية.

---

(1) السلطان محمد الفاتح، ص154.

وعندما تعلن الدولة الجهاد وتدعوا أمراء الولايات وأمراء الألوية، كان عليهم أن يلبـوا الـدعوة ويشتركوا في الحرب بفرسان يجهزونهم تجهيزاً تاماً، وذلك حسب نسـب مبينـة، فكانوا يجهـزون فارساً كامل السلاح قادراً على القتال عن كل خمسة آلاف آقجه من إيراد إقطاعه، فـإذا كان إيراد إقطاعه خمسمائة ألف آقجة مثلاً كان عليه أن يشترك بمائة فارس، وكان جنود الإيالات مؤلفة مـن مشاه وفرسان، وكان المشاة تحت قيادة وإدارة باشوات الإيالات وبكوات الألوية [.](1)

وقام محمد الفاتح بحركة تطهير واسعة لكل المـوظفين القـدماء غـير الأكفـاء وجعـل مكـانهم الأكفاء، واتخذ الكفاية وحدها أساساً في اختيار رجاله ومعاونيه وولاته. واهتم بالنظام المالي ووضع القواعد المحكمة الصارمة في جباية أموال الدولة وقضى على إهمال الجباة وتلاعبهم مما كان يضيع على الدولة ثروات هائلة.

لقد أظهر السلطان محمد في الناحية الإدارية كفاية ومقدرة لاتقـلان عـن كفايتـه ومقدرتـه في الناحيتين السياسية والحربية [.](2)

اهتمامه بالجيش والبحرية:

لقد أنشأ الجيش النظامي من زمن السـلطان أورخـان واهـتم مـن جـاء بعـده مـن السـلاطين بتطوير الجيش وخصوصاً السلطان محمد الذي أولى الجيش رعايـة خاصـة، فـالجيش في نظـره مـن أسس الدولة وأركانها المهمة، فأعاد تنظيمه وتربيته وجعل لكل فرقة (آغا) يقودها وجعل لقيـادة الانكشارية حق التقدم على بقية القواد، فهو يتلقـى أوامـره مـن الصـدر الأعظـم الـذي جعـل لـه السلطان القيادة العليا للجيش.

وقد تميز عصر السلطان محمد الفاتح بجانب قوة الجيش البشرية وتفوقه العددي،

(1) السلطان محمد الفاتح، ص155.
(2) انظر: محمد الفاتح، ص406،407.

بإنشاءات عسكرية عديدة ومتنوعة، فأقام دور الصناعة العسكرية لسد احتياجات الجيش من الملابس والسروج والدروع ومصانع الذخيرة والأسلحة، وأقام القلاع والحصون في المواقع ذات الأهمية العسكرية، وكانت هناك تشكيلات عسكرية متنوعة في تمام الدقة وحسن التنظيم من فرسان ومشاة ومدفعية وفرق مساعدة، تمد القوات المحاربة بما تحتاجه من وقود وغذاء وعلف للحيوان وإعداد صناديق الذخيرة حتى ميدان القتال، وكان هناك صنف من الجنود يسمى " لغمجية " وظيفته الحفر للألغام وحفر الأنفاق تحت الأرض أثناء محاصرة القلعة المراد فتحها وكذلك السقاؤون كان عليهم تزويد الجنود بالماء ولقد تطورت الجامعة العسكرية في زمن الفاتح وأصبحت تخرج الدفعات المتتالية من المهندسين والأطباء والبيطريين وعلماء الطبيعيات والمساحات، وكانت تمد الجيش بالفنيين المتخصصين وقد أكسب هؤلاء العثمانيين شهرة عريضة في الدقة والنظام [1].

لقد حرص السلطان محمد على تطوير الجيش البري والقوة البحرية وظهرت أهميتها منذ فتح القسطنطينية، حيث كان للأسطول البحري العثماني دور واضح في إحكام حصارها وتطويقها من البحر والبر جميعاً وبعد فتح القسطنطينية ضوعفت العناية بالسلاح البحري، فلم تمضِ إلا مدة من الزمن حتى سيطر الأسطول العثماني على البحرين الأسود والأبيض وعندما نطالع كتاب (حقائق الأخبار عن دول البحار) لمؤلفه إسماعيل سرهنك، نلاحظ اهتمام السلطان محمد الفاتح بالبحرية العثمانية، وانه كان اهتماماً بالغاً استحق معه أن يعده المؤرخون مؤسس الأسطول البحري العثماني، ولقد استفاد من الدول التي وصلت إلى مستوى رفيع في صناعة الأساطيل مثل الجمهوريات الإيطالية وبخاصة البندقية وجنوا أكبر الدول البحرية في ذلك الوقت [2] وعندما وجد في سيئوب سفينة ضخمة نادرة المثال أمر السلطان محمد بأخذها وبناء

---

(1) انظر: السلطان محمد الفاتح، ص162.
(2) انظر: محمد الفاتح، ص411 .

سفن على نمطها مع إدخال التحسينات عليها [1].

وكان الأسطول العثماني تشرف الترسانة على إدارته وكانت احد فروع الخاصة وتسمى بطافة العزب، ويبلغ عددهم نحو ثلاثة آلاف جندي بحري تتألف من: القبطان، وقواد السفن، والضباط، والبحارة [2].

اهتمامه بالعدل:

إن إقامة العدل بين الناس كان من واجبات السلاطين العثمانيين، وكان السلطان محمد شأنه في ذلك شأن من سلف من آبائه - شديد الحرص على إجراء العدالة في أجزاء دولته ولكي يتأكد من هذا الأمر كان يرسل بين الحين والحين إلى بعض رجال الدين من النصارى بالتجوال والتطواف في أنحاء الدولة ويمنحهم مرسوم مكتوب يبين مهمتهم وسلطتهم المطلقة في التنقيب والتحري والاستقصاء لكي يطلعوا كيف تساس أمور الدولة وكيف يجري ميزان العدل بين الناس في المحاكم وقد أعطى هؤلاء المبعوثون الحرية الكاملة في النقد وتسجيل مايرون ثم يرفعون ذلك كله إلى السلطان.

وقد كانت تقرير هؤلاء المبعوثين النصارى تشيد دائماً بحسن سير المحاكم وإجراء العدل بالحق والدقة بين الناس بدون محاباة أو تمييز، وكان السلطان الفاتح عند خروجه إلى الغزوات يتوقف في بعض الأقاليم وينصب خيامه ليجلس بنفسه للمظالم ويرفع إليه من شاء من الناس شكواه ومظلمته.

وكان على إدراك تام بأن رجال الفقه والشريعة هم أعرف الناس بالعدالة وأبصرهم بمواقعها وأشد الناس حرصاً على أنفاذها وكان يرى أن العلماء في الدولة بمنزلة القلب في البدن، إذا صلحوا صلحت الدولة ولذلك اعتنى الفاتح بالعلم

---

(1) المصدر السابق نفسه، ص411.
(2) انظر: السلطان محمد الفاتح ، ص162.

وأهله وييسر سبل العلم على طالبيه وكفاهم مؤونة التعيش والتكسب ليتفرغوا للدرس والتحصيل، وأكرم العلماء ورفع منزلتهم، وقد اعتنى الفاتح بوجه خاص برجال القضاء الذين يتولون الحكم والفصل في أمور الناس فلا يكفي في هؤلاء أن يكونوا من المتضلعين في الفقه والشريعة والاتصاف بالنزاهة والاستقامة وحسب بل لابد إلى جانب ذلك أن يكونوا موضع محبة وتقدير بين الناس، وأن تتكفل الدولة بحوائجهم المادية حتى تسد طرق الإغراء والرشوة، فوسع لهم الفاتح في عيشهم كل التوسعة، وأحاط منصبهم بحالة مهيبة من الحرمة والجلالة والقداسة والحماية [1].

وتحدثنا كتب التاريخ: أن أحد غلمان محمد الفاتح ظهر منه بعض الفساد بأدرنة فأرسل إليه القاضي بعض الخدم لمنعه فلم يمتنع، فركب إليه القاضي بنفسه فاعتدى عليه الغلام وضربه ضرباً شديداً فما أن سمع السلطان الفاتح بذلك حتى أخذه الغضب واستطار به " وأمر بقتل ذلك الغلام لتحقيره نائب الشريعة. وتشفع الوزراء للغلام لدى السلطان الفاتح فلم يقبل شفاعتهم فالتمسوا من المولى محي الدين محمد أن يصلح هذا الأمر لدى السلطان، ولكن الفاتح أعرض عنه ورد كلامه فقال له المولى محي الدين : إن النائب (أي القاضي بقيامه عن مجلس القضاء بسبب الغضب سقط عن رتبة القضاء فلم يكن هو عند الضرب قاضياً فلم يلزم تحقير الشرع حتى يحل قتله (قتل الغلام) فسكت السلطان محمد خان. ثم جاء الغلام إلى قسطنطينية فأتى به الوزراء إلى السلطان محمد خان لتقبيل يده شكراً للعفو عنه. فأحضر السلطان محمد خان عصاً كبيرة فضربه بنفسه ضرباً شديداً حتى مرض الغلام أربعة أشهر فعالجوه فبرئ ثم صار ذلك الغلام وزيراً للسلطان بايزيد خان واسمه داود باشا. وكان يدعو للسلطان محمد خان ويقول: إن رشدي هذا ما حصل إلا من ضربه [2]. أما القاضي المرتشي فلم يكن له عند الفاتح من جزاء غير القتل.

---

(1) انظر: محمد الفاتح ، ص409.
(2) انظر: محمد الفاتح، ص409.

وكان السلطان الفاتح - برغم اشتغاله بالجهاد والفتوحات إلا أنه كان يتتبـع كـل مـا يجـري في أرجاء دولته بيقظة واهتمام وأعانه على ذلك ما حباه اللـه من ذكاء قـوي وبصـيرة نفـاذة وذاكـرة حافظة وجسم قوي وكان كثيراً ما ينزل بالليل إلى الطرقات والـدروب ليتعـرف عـلى أحـوال النـاس بنفسه ويستمع إلى شكاواهم بنفسه [1] كما ساعده على معرفة أحوال الناس جهاز أمن الدولة الذي كان يجمع المعلومات والأخبار التي لها علاقة بالسلطنة وترفع إلى السلطان الذي كان يحرص عـلى دوام المباشرة لأحوال الرعية، وتفقد أمورها والتماس الإحاطة بجوانب الخلل في أفرادها وجماعاتها، وقد استنبط السلطان الفاتح هذه المعاني من حال سليمان عليه السلام في قولـه تعـالى : ﴿وتفقـد الطير﴾ وذلك بحسب ماتقتضيه أمور الملك، والاهتمام بكل جزء فيه، والرعايـة بكـل واحـدة فيـه وخاصة الضعفاء [2] .

(1) المصدر السابق نفسه، ص410.
(2) انظر: تفسير القرطبي (177/13).

المبحث السابع

وصية السلطان محمد الفاتح لابنه

هذه وصية محمد الفاتح لابنه وهو على فراش الموت والتي تعبر اصدق التعبير عن منهجه في الحياة، وقيمه ومبادئه التي آمن بها والتي يتمنى من خلفائه من بعده أن يسيروا عليها: (ها أنذا أموت، ولكني غير آسف لأني تارك خلفاً مثلك. كـن عـادلاً صـالحاً رحيماً، وابسـط علـى الرعيـة حمايتك بدون تمييز، واعمل على نشر الدين الإسلامي، فإن هذا هو واجب الملـوك علـى الأرض، قدم الاهتمام بأمر الدين على كل شيء، ولاتفتر في المواظبة عليه، ولا تسـتخدم الأشـخاص الـذين لايهتمون بأمر الدين، ولايجتنبون الكبائر وينغمسون في الفحش، وجانب البدع المفسـدة، وبـاعد الذين يحرضونك عليها وسع رقعة البلاد بالجهاد واحرس أموال بيت المال من أن تتبدد، إياك أن تمد يدك إلى مال أحد من رعيتك إلا بحـق الإسلام، واضمن للمعـوزين قـوتهم، وابـذل إكرامـك للمستحقين.

وبما أن العلماء هم بمثابة القوة المبثوثة في جسم الدولة، فعظم جـانبهم وشـجعهم، وإذا سمعت بأحد منهم في بلد آخر فاستقدمه إليك وأكرمه بالمال.

حذار حذار لا يغرنك المال ولا الجند، وإياك أن تبعد أهل الشريعة عن بابك، وإياك أن تميـل إلى أي عمل يخالف أحكام الشريعة، فان الدين غايتنا، والهداية منهجنا وبذلك انتصرنا.

خذ مني هذه العبرة: حضرت هذه البلاد كنملـة صغيرة، فأعطـاني اللـه تعـالى هـذه النعـم الجليلة، فالزم مسلكي، وأحذ حذوي، واعمل على تعزيز هذا الدين وتوقير أهله ولا تصرف أموال الدولة في ترف أو لهو، وأكثر من قدر اللزوم فإن ذلك من أعظم

أسباب الهلاك)[1] .

1- (كن عادلاً صالحاً رحيماً):

لقد قام محمد الفاتح بهذه المبادئ مع النصارى الذين أصبحوا من رعايا دولته وعندما دخل القسطنطينية فاتحاً كان يحارب حرب الإسلام (التي لاتهتك فيها حرمة، ولايقتل فيه صبي ولا شيخ ولا امرأة، ولايحرق فيها زرع، ولا يتلف فيها ضرع، ولايمثل فيها بإنسان، ولاتصيب إلا المقاتلين الذين يحملون السلاح في وجه المسلمين)[2] .

كان "محمد الفاتح" وهو يمثل إسلامه وعقيدته ومنهجه الإسلامي في الحرب على تعاليم الصديق (أبي بكر) رضي الله عنه في معاملته للروم (لاتخونوا، ولاتغلوا ولاتغدروا، ولاتمثلوا ، ولاتقتلوا طفلاً صغيراً، ولا شيخاً كبيراً، ولا امرأة ، ولا تعقروا نخلاً ، ولا تحرقوه، ولاتقطعوا شجرة مثمرة، ولاتذبحوا شاة ولا بعيراً إلا لمأكله، وسوف تمرون بأقوام قد فرّغوا أنفسهم في الصوامع، فدعوهم ومافرّغوا أنفسهم له ... اندفعوا باسم الله)[3] .

لقد دخل محمد الفاتح إلى قلب العاصمة البيزنطية وأعطى عالم الغرب النصراني دروس في العدالة والرحمة وأصبحت معلماً من معالم التاريخ العثماني.

إن الدولة العثمانية سارت على منهج الإسلام، فأخذت منه العدالة والرحمة بالرعايا الذين حكموهم ولقد تحدث عبد الرحمن عزام عن رحمة العثمانيين وعدالتهم بالشعوب التي حكموها فقال : (وقد يظن بعض الناس بما يتناقلون من أحاديث أو

---

(1) السلطان محمد الفاتح، ص171،172.
(2) المسألة الشرقية ، محمود ثابت الشاذلي، ص104.
(3) المسألة الشرقية ، محمود ثابت الشاذل، ص106.

فكاهات عن بعض العهود للدولة العثمانية أنها كانت دولة عظيمة، ولكن لم تكن صفة الرحمة مميزاتها، وهو خطأ شائع لا يقف أمام البحث والتدقيق... ولقد سمعت بنفسي حديث هذه الرحمة في "بسرابيا" من رومانيا على نهر "الدنيستز" وقيل لي : إن أمثلة الفلاحين في هذه الأطراف النائية للملك العثماني لا تزال تعبر عن رحمة التركي وعدله. ومنها مايشير إلى أن العدل ينزع مع الأتراك من الأرض. وقد لفت نظري في بولونيا ورومانيا وفي بلاد البلقان في رحلاتي المتعددة أمثلة وأساطير لاتزال تشير إلى ما استقر في نفوس هذه الأمم المسيحية من احترام التركي المسلم كرحيم عادل.

وفي سنة 1917م كنت في فيينا فروي لي أن البولونيين مستبشرون بوصول العساكر العثمانية إلى جاليسيا مدداً للنمساويين)[1] .

(... بأن العدل والرحمة الإسلامية هما اللذان مكنا للعثمانيين في أوروبا. وبالعدل والرحمة خرجت هذه الأمم من همجيتها وقسوتها وعرفت المساواة والإنصاف ، ويكفى أن تعلم أن استرقاق الطوائف بأشنع صورة كان نظاماً دولياً متعاهداً عليه في أوروبا الوسطى والجنوبية إلى أن قضى عليه العثمانيون. وكانت هناك عهود دولية بين الملداف والبلونيين والمجر لتسليم كل فلاح يرحل من مزرعة سيده من "البويار" إلى أحد هذه الأوطان، وكانت المزارع تباع بما عليها من الحيوانات والفلاحين.

جاء العثمانيون إلى أوروبا يحملون بين صدورهم عاطفة الرحمة كما أرادها صاحب الدعوة صلى الله عليه وسلم ، ولم يكن الأتراك أكثر عدة ولا عدداً من أية أمة من الأمم التي سادوها، فوصلوا على رؤوسهم جميعاً إلى فيينا، تمهد لهم الرحمة صعاب الجبال والبحار والوهاد، كما مهدت للعرب قبلهم إفريقية وآسيا)[2] .

إن محمد الفاتح سار على منهج الرحمة والعدالة وأوصى أحفاده من بعده أن يلتزموا نفس المنهج الذي يمثل حقيقة الإسلام.

---

(1) الرسالة الخالدة ، ص22،24.
(2) انظر: المسألة الشرقية ، ص107.

2- (وابسط على رعيتك حمايتك دون تمييز):

وهذا ما قام به السلطان محمد بنفسه حيث حرص على حماية كل رعايا الدولة سواء مسلمين أو نصارى ومن القصص اللطيفة في هذا المعنى أنه كان على أهل جزيرة خيوس دين قدره أربعون ألف دوقة لتاجر من تجار "غلطة" يدعى فرانسسكوا درا بيريو ولما عجز هذا الدائن عن استرداد دينه من أهل الجزيرة رأى السلطان الفاتح أن يقوم هو بهذا الأمر بوصف أن هذا التاجر من رعاياه الذين يجب على الدولة العثمانية حمايتهم واستيفاء حقوقهم وأرسل إلى الجزيرة عدة سفن بقيادة حمزة باشا إلا أن أهالي جزيرة خيوس قتلوا بعض الجنود ورفضوا الانقياد ودفع الحقوق. فقال محمد الفاتح للتاجر درالبيريو (أنا الذي سيتحمل دينك من أهل الجزيرة وسأطلب به مضاعفاً ثمناً لدم الجنود الذين هلكوا)[1].

وسير السلطان إلى هذه الجزيرة اسطولاً وقام هو بقيادة الجيوش بنفسه إلى الجزر القريبة منها وفتح اينوس بغير حرب ولا قتال وبادرت جزيرتا ايمبروس وساموتراس إلى الاستسلام وفتحتا أبوابهما على مصاريعها للعثمانيين، فاضطرت جزيرة خيوس إلى دفع ماعليها من دين للتاجر الجنوي ودفعت للسلطان جزية سنوية قدرها ستة آلاف دوقة، ودفعت له فوق ذلك تعويضاً للسفن العثمانية التي غرقت[2].

إن حماية الرعية والحفاظ على حقوقهم من واجبات الدولة الإسلامية.

3- (واعمل على نشر الدين الإسلامي، فإن هذا هو واجب الملوك على الأرض)

كان السلطان محمد الفاتح في حروبه لاينسى أنه داعية إلى الإسلام ولذلك كان

(1) انظر: محمد الفاتح، ص217.
(2) المصدر السابق نفسه، ص 218.

يشجع قواده وجنوده على نشر الدين والعقيدة والإسلام ويثنى على القادة الذين تفتح المدن على أيديهم ، فعندما أمر قائده عمر بن طرخان أن يزحف بجيشه إلى أثينا واستولى عليها ويضمها إلى الدولة العثمانية وتحرك القائد عمر بجيشه واضطرت المدينة للتسليم وزار السلطان الفاتح المدينة بعد عامين من فتحها وقال : (ما أعظم مايدين به الإسلام لابن طرخان).

لقد اهتمت الدولة العثمانية بالدعوة إلى الله وتركت بصماتها قوية واضحة في مجال نشر الدعوة في أوروبا؛ فعلى امتداد قرون وتعاقب عصور ودهور ظلت جماعات إسلامية تقاوم شتى أنواع الضغوط التي بذلت لتحويلها إلى المسيحية ولازالت هذه الأقليات الإسلامية تعيش إلى يومنا هذا في بلغاريا ورومانيا وألبانيا واليونان ويوغسلافيا يصل أعدادها إلى الملايين من البشر[1] وهذا يرجع إلى فضل الله على تلك الشعوب ثم إلى سياسة السلاطين العثمانيين الذين يحرصون على هداية الناس ودخولهم في الإسلام.

4- (قدم الاهتمام بأمر الدين على كل شيء ولا تفتر في المواظبة عليه):

إن سلاطين الدولة العثمانية قبل زمن محمد الفاتح وبعده نشأوا نشأة إسلامية، خالصة، مشوبة بإيمان عميق، متوجهة إلى أهداف عقائدية صريحة، خاضوا من أجلها حروباً دينية شديدة، وكانت أجمل عبارة على ألسن العثمانيين عند التنادي للجهاد الزحف إلى الفتوحات إما غاز وإما شهيد، فمنذ بداية تأسيسها أطلق على زعيمها لقب الغازي - أي المجاهد في سبيل الله- وظل هذا اللقب الرفيع يتقدم كل الألقاب والنعوت بالنسبة للسلاطين العظام ، وكانت غاية الدولة العثمانية (الدفاع عن الإسلام ورفع رايته على الآنام).

---

(1) انظر: الدولة العثمانية دولة إسلامية، د. عبد العزيز الشناوي (30،29/1).

لذلك صبغت الدولة شعباً وسلطاناً ، حكومة وجيشاً ثقافة وتشريعاً ، نهجاً وضميراً، هدفاً ورسالة، بصبغة إسلامية خالصة منذ النشأة وعلى مدى سبعة قرون لقد كان اهتمام السلاطين بأمر الدين عظيماً وقدموه على كل شيء وواظبوا عليه إلى أقصى حدود وأكدوا أنهم لاينتسبون إلا للإسلام وتراثه وحضارته وكان الوطن عندهم هو كل أرض يسكنها المسلمون، وكلمة الملة تعني الأمة والدين معاً، وذلك كان هدف المنهج التربوي في جميع المدارس والجامعات والمعاهد، تصاغ به نفوس الناشئة منذ بداية تعليمهم في الكتاتيب وجميع المسلمين كانوا يسجلون في دوائر النفوس - سجلات المواليد- وفي التذاكر العثمانية -بطاقات الهوية- كمسلمين فحسب، دون أن يذكر إلى جانب ذلك فيما إذا كانوا من الأتراك، أو من العرب أو من الشراكسة أو الألبان أو الأكراد إن مايهم الدولة كان ينحصر في ملتهم في ديانتهم ؛ إنهم مسلمون وكفى، واعتبر العثمانيون أي مقاتل مسلم جاهد في سبيل الله ميراثهم البطولي وخلفيتهم التاريخية، وإن تباينت الأنساب، وتباعدت الأزمان؛ من ذلك المجاهد "عبد الله البطال" الذي استشهد في معركة أكرنيون في آسيا الصغرى عام 122 للهجرة، زمن الدولة الأموية والذي يقول عنه الطبري وهو يعلق على حوادث سنة 122هـ : (وفيها قتل عبد الله البطال في جماعة من المسلمين بأرض الروم)[1] .

يعتبره العثمانيون بطلهم القومي وبين "عبد الله البطال" العربي وقيام الدولة العثمانية مايقرب من سبعمائة عام، لقد كان تاريخ العثمانيين وأبطال العثمانيين، نسب الإسلام ، وتاريخ الإسلام، ومجاهدي الإسلام[2] .

إن سلاطين الدولة العثمانية كانوا يلقبون بكثير من الألقاب والنعوت التي تبين أن هدفهم الأكبر ومقصدهم الأسمى هو خدمة دين الله تعالى، فكانوا يلقبون بمثل

(1) تاريخ الطبري، الجزء الثاني حوادث سنة 122هـ
(2) المسألة الشرقية، ص57.

سلطان الغزاة، والمجاهدين ، وخادم الحرمين الشريفين، وخليفة المسلمين[1] .

5- (ولا تستخدم الأشخاص الذي لايهتمون بأمر الدين ولا يجتنبون الكبائر وينغمسون في الفحش):

ولذلك أهتم سلاطين الدولة العثمانية بإنشاء جامعات لتخريج قادة للجيش وللوظائف المهمة في الدولة ووضعوا منهجاً تربوباً لأعداد القادة وخصوصاً في داخل الجيوش وحرصوا على أن يختاروا لمناصب الدولة الأمناء والأكفاء أصحاب العقول والنهى والتقى وأسندوا إليهم الولايات والقيادات في الجيوش ومناصب القضاة، وباعدوا عنهم كل من لايهتم بأمر الدين، ويجتنب الكبائر والفواحش هكذا كان السلاطين الأوائل.

6- (جانب البدع المفسدة وباعد الذين يحرضونك عليها):

إن السلاطين العثمانيين الأوائل ساروا على منهج أهل السنة والجماعة وعرفوا خطورة البدع والاقتراب من أصحابها واكتفوا بكتاب الله وسنة رسوله صلى الله عليه وسلم وإجماع الأمة واجتهادات العلماء الراسخين.

إن الشريعة الإسلامية الغراء التي سار عليها السلاطين العثمانيون ذمت البدع.

قال تعالى: ﴿وأن هذا صراطي مستقيماً فاتبعوه ولا تتبعوا السبل فتفرق بكم عن سبيله ذلكم وصاكم به لعلكم تتقون﴾ (سورة الأنعام: الآية 153).

وقال تعالى: ﴿إن الذين فرقوا دينهم وكانوا شيعاً لست منهم في شيء إنما أمرهم إلى الله ثم ينبئهم بما كانوا يفعلون﴾ (سورة الأنعام : آية 159).

(1)المسألة الشرقية، ص65.

قال ابن عطية : (هذه الآية تعمّ أهل الأهواء والبدع والشذوذ في الفروع، وغير ذلك من أهل التعمق في الجدال والخوض في الكلام. هذه كلها عرضة للزّلل، ومظنة لسوء المعتقد)[1] .

وفي الحديث الشريف قال صلى الله عليه وسلم : (من عمل عملاً ليس عليه أمرنا فهو رد)[2] .

وفي الصحيح عن حذيفة أنه قال : يارسول الله: هل بعد هذا الخير شر؟

قال : (نعم ؛ قوم يستنُّون بغير سنتي ، ويهتدون بغير هديي).

قال : قلت : هل بعد ذلك الشرّ شرٌّ؟

قال : (نعم؛ دعاة على نار جهنم ، من أجابهم قذفوه فيها).

قلت : يارسول الله : صِفْهم لنا.

قال : (نعم ؛ هم من جلدتنا ، ويتكلمون بألسنتنا) .

قلت: فما تأمرني إن أدركت ذلك؟

قال : (تلزم جماعة المسلمين وإمامهم).

قلت: فإن لم يكن إمام ولا جماعة؟

قال : (فاعتزل تلك الفرق كلها، ولو أن تعضَّ بأصل شجرة حتى يدرك الموت وأنت على ذلك)[3] .

وعن أبي بكر الصديق رضي الله عنه قال : (لست تاركاً شيئاً كان رسول الله صلى الله عليه وسلم يعمل به إلا عملت به، إني أخشى إن تركت شيئاً من أمره أن أزيغ)[4] .

إن الابتعاد عن المبتدعة ومحاربتهم من صميم الدين ، لأن المبتدع:

---

(1) انظر: بدر التمام في اختصار الاعتصام لمحمد الجزائري، ص32.
(2) مسلم (1344/3).
(3) مسلم، كتاب الإمارة رقم 1847.
(4) انظر: بدر التمام في اختصار الاعتصام لمحمد الجزائري، ص35.

- لايقبل منه عمل، وينزع منه التوفيق، وملعون على لسان الشريعة ، ويزداد من اللـه بعداً، مانعة من شفاعة الرسول صلى اللـه عليه وسلم يوم القيامة، مظنة العداوة والبغضاء بـين أهـل الإسلام، رافع للسنن، يلقى عليه الذل في الدنيا والآخرة، ويخاف عليـه مـن سـوء الخاتمة، ويسـود وجهه في الآخرة، ويخشى عليه من الفتنة[1] .

ولذلك كانت وصية السلطان محمد -رحمه اللـه- لـمن بعـده (جانب البدع المفسدة وباعد الذين يحرضونك عليها).

7- وسع رقعة البلاد بالجهاد:

إن السلاطين العثمانيين الأوائل قاموا بتوسيع رقعة الدولة بالجهاد وبسطوا الأمن وقمعوا الأخطار التي هددت دولتهم، وعملوا على تحصين الثغور بالعدة المانعـة والقوة الدافعـة حتـى لا يستطيع الأعداء أن يظفروا بثغرة أو ينتهكوا محرماً ويسفكوا دماً مسلماً أو معاهـداً، وعمل السـلطان محمـد ومن قبله على إعداد الأمة إعداداً جهادياً وقام بواجبه في جهاد الكفرة المعاندين للإسلام حتى يسلموا أو يدخلوا في ذمة المسلمين ولقد صبغ المجتمع العثماني بالصبغة الإسـلامية الجهاديـة الدعويـة وكـان أفراد الجيش يعدون للحياة الجهادية العنيفة، منذ نعومة أظافرهم، إعداداً دقيقاً، كاملاً ولقد حققت الجيوش العثمانية انتصارات رفيعة في الساحات الأوروبية[2] ، لقد (حققت الدولة العثمانيـة إلى عهـد سليمان القانوني آمالاً عظيمة كان يستهدفها المسلمون منذ تسعة قرون برفع الرايـة المحمديـة عـلى قلاع كثير من العواصم الكبرى في أوروبا وإخضـاع كثير مـن المماليك والإمارات للحكومـة الإسـلامية وأخذ ظل الإسلام يمتد حتى أوشكت جيوش المسلمين في شرق أوروبا وغربهـا أن تلتقـي في الأرض الكبيرة)[3] .

---

(1) المصدر السابق نفسه، ص36 إلى 37، 38.
(2) انظر: المسألة الشرقية، ص60.
(3) المصدر السابق نفسه، ص63.

ومن المؤتمر السابع لوزراء خارجية الدول الإسلامية في استانبول ألقى المجاهد البروفسور المهندس نجم الدين أربكان خطاباً استرجع فيه صدى الماضي الإسلامي الذي مثلته الدولة العثمانية فقال: "... إن هذا القصر الذي شاء اللـه أن يعقد فيه هذا المؤتمر الإسلامي الكبير وقد نقشت على بابه كلمة الإسلام الجامعة: "لا إله إلا اللـه" .. هو قصر السلطان محمد الفاتح الذي بناه عقب فتح استنبول.. كيف لايكون هذا المكان تاريخياً ومنه كانت تدبر شؤون العالم الإسلامي ردحاً من الزمن؟ وكيف لايكون لتاريخنا ومنه كانت تنطلق جيوش المسلمين إلى جميع أنحاء الدنيا، مجاهدة في سبيل اللـه، تنشر النور والهداية والعدل أينما حلت وحيثما ضربت.. كيف لايكون تاريخياً وفوق هذا الحجر الذي يرتكز عليه الميكرفون كانت تنصب رايات الجيوش الإسلامية، المنطلقة للذب عن ديار المسلمين جميعاً.. وأذكر على سبيل المثال لا الحصر ـ: أن قرار إرسال الأسطول الإسلامي للحيلولة دون وقوع كل من أندونيسيا والفلبين في براثن الاستعمار الهولندي اتخذ من هذا المكان ، وفيه أيضاً اتخذت قرارات إرسال الجيوش والأساطيل الإسلامية لحماية شمال أفريقيا من الغزاة الطامعين.

وفوق هذا كله فإن هذا البناء التاريخي يضم بين جدرانه لواء الرسول الأعظم صلى اللـه عليه وسلم وبردته المباركة وسيوفه وكثيراً من آثاره الشريفة ...(1).

لقد كانت الدولة تعطي لمبدأ الجهاد أهمية قصوى ولذلك أعدت شعبها وجيشها لتحقيق هذا المبدأ الرباني وحققت من خلاله ثمرات مهمة الإسلام والمسلمين من أهمها:

- إعزاز المسلمين وإذلال الكافرين.

- دخول الناس في دين اللـه فواجا(2).

_____

(1) المسألة الشرقية، ص63،64،65.
(2) انظر: فقه التمكين في القرآن الكريم، لعلي محمد الصلابي، ص369 إلى 375.

- إسعاد الناس بنور الإسلام وعدله ورحمته.

لقد انصبغت الدولة العثمانية بالروح الجهادية ووضعت أهدافاً لها من أهمها:

- إقامة حكم الله ونظام الإسلام في الأرض.

- دفع عدوان الكافرين.

- إزاحة الظلم عن الناس.

- نشر الدعوة الإسلامية بين البشر [1].

8- "واحرس أموال بيت المال من أن تتبد":

إن السلاطين العثمانيين كانوا يرون أن الدولة هي الهيئة التنفيذية والمعبرة عن رأي الأمة، والمكلفة بحماية مصالحها، فمسؤولية الدولة ليست خاصة بالأمن والدفاع وإنما هي مسؤولة عن رعاية المصالح الاجتماعية وحماية بيت المال من الإسراف والتبذير والمحافظة على مصادر وموارد بيت المال وأهم موارد بيت المال:

- جمع الزكاة المفروضة وتوزيعها في مصارفها المشروعة.

- ترتيب الخراج على أملاك الدولة المعمورة وتحصيل عائدته للإنفاق العام على الجيش وتنمية المرافق العامة.

- جباية الجزية على المعاهدين مقابل إعفائهم من القتال مع المسلمين.

- تحصيل عشور التجارة على الواردات من خارج نطاق الدولة العثمانية.

- التوظيف بقدر الحاجة على أفراد الأمة سواء كان تطوعياً أو إلزاميا لإنفاقها في دروب الجهاد وسائر المصالح العامة طبقاً لقاعدة المصالح المرسلة.

---

(1) انظر: فقه التمكين في القرآن الكريم، لعلي محمد الصلابي، ص366 إلى 367.

- تشغيل الموارد وحمايتها كـالحمى والمناجم وإحياء المـوات، وتحصيل أنصبة الدولة منها لاستخدامها في مجالات الإنفاق الحكومي[1] .

وعلى الدولة أن تراقب النشاط الاقتصادي وتحرص على تطبيق أحكام الشريعة فيه، وتشمل:

- ضبط المقاييس والمواصفات المعياريـة التـي يحتاجهـا النـاس في أسـواقهم مثـل المكاييـل والموازيين، ومواصفات البضائع الجيدة.

- منع الغش ، وإبطال العقود الفاسدة في البيع والعمل 'الاستضاع'.

- الأمر بالمعروف في المعاملات كالصدق والعدل والوفاء في المعاملة كالبيع والشراء والنهي عـن المنكر في البيوع كالحلف الكاذب على السلعة .

- منع تلقي الركبان والمناجشة في البيع والتدليس والغبن الفـاحش وغـيره مـن الأسـاليب التـي تؤدي إلى العداوة والبغضاء بين الناس.

- منع ترويج المحرمـات كـالخمر والخنزير وآلات القـمار والميسـر ووسـائل اللهـو المـؤدي إلى تمويت القلوب.

- منع مظاهر الترف والإسراف ، والتشجيع على نبذها[2] .

9- 'وإياك أن تمد يدك إلى أحد من أموال رعيتك إلا بحق الإسلام':

إن وظيفة الدولة تنفيذ أوامر الشريعة والشريعة جاءت لحفظ أموال النـاس التـي هـي قـوام حياتهم. وقد حرم الإسلام كل وسيلة لأخذ المال بغير حق شرعي، قال تعـالى: ﴿ولا تأكلوا أموالكم بينكم بالباطل﴾ (سورة البقرة: آية188).

---

(1) انظر: اقتصاديات الحرب في الإسلام، د. غازي التمام ، ص137.
(2) المصدر السابق نفسه، ص138.

وحرم السرقة وأوجب الحد على من ثبتت عليه تلك الجريمة فقال تعالى : ﴿والسارق والسارقة فاقطعوا أيديهما جزاءً بما كسبا نكالاً من اللـه...﴾ (سورة المائدة: آية 38).

وكذلك حرم الإسلام الربا الذي يهدد مصالح الأفراد واقتصاد الدول، قال تعالى : ﴿يا أيها الذين آمنوا لا تأكلوا الربا أضعافاً مضاعفة﴾ (سورة آل عمران: آية 130).

وحرم كذلك الغش والاحتكار والنهب والاختلاس والغلول وغير ذلك من أشكال الاعتداء على المال وكل ذلك داخل في أكل أموال الناس بالباطل المنهي عنه.

ووظيفة الحاكم حماية أموال الرعية من السرقة والنهب لا أن يمد يده بغير وجه حق ويعتدي على أموال الناس .

10- ' واضمن للمعوزين قوتهم وابذل أكرامك للمستحقين':

كان السلاطين العثمانيون يتسابقون في الإحسان للفقراء والمساكين وأبناء السبيل ..وكل من هو محتاج إلى البر والإحسان وقامت الدولة بأعمال جليلة في هذا الباب بل أوقف السلاطين والوزراء أوقافاً عظيمة على طلاب العلم والفقراء والمساكين والأرامل وغير ذلك وكان الوقف ركناً أساسيا في اقتصاد الدولة يقول الأستاذ محمد حرب : '... نشطت الحركة العلمية في جوامع استنبول ... [1] وكان صقوللي محمد باشا -على سبيل المثال - ينفق على الحركة العلمية في استانبول من دخل وقف 2000 قرية عثمانية في تشيكوسلوفاكيا 'وكانت تابعة للدولة العثمانية' وأسعد أفندي قاضي عسكر الروملي 'يعني البلقان' أوقف وقفين كبيرين على تجهيز الفتيات المعدمات اللاتي يصلن

---

(1) الجامع في النظام العثماني معمارياً وإدارياً وحدة دينية وعلمية متكاملة فيها الجامع والمدرسة والمدارس الأقل من المدرسة والجامعة - والمكتبة ومدينة الطلاب والمطعم الخاص بهم والمطعم الخيري العام والحمام ومدرسة الطب والمستشفى.

إلى سن الزواج. وكان لدى العثمانيين أوقاف كثيرة ومتعددة ؛ مثل آخر كانت هناك أوقاف بصرف مرتبات للعائلات المعوزة -غير الأكل- لأن الأكل المجاني له أوقاف عامة أخرى تسمى 〈عمارت وقفي〉 أي وقف المطاعم الخيرية وكانت الـ〈عمارات〉 تقدم أكلاً مجانياً لعدد يبلغ 20.000 شخص يومياً مجاناً، وكان مثل هذا في كل الولايات...〈 〉[1] .

وكان المطعم الخيري بجامع السليمانية تبلغ ميزانيته عام 1586م ما يعادل 〈10〉 عشرة ملايين دولار أمريكي إلا قليلاً[2] .

وهكذا كانت سياسة الدولة على مستوى السلاطين والأمراء والوزراء تضمن للمعوزين قوتهم وتكرم المستحقين بالإكرام.

11- 〈وبما أن العلماء هم بمثابة القوة المبثوثة في جسم الدولة فعظم جانبهم وشجعهم وإذا سمعت بأحد منهم في بلد آخر فاستقدمه إليك وأكرمه بالمال....〈:

لقد أهتم السلطان محمد الفاتح بترتيب وظائف العلماء في الجوامع الكبرى ووضع لها تقاليد سابقة ونظمها بمرسوم خاص واهم الوظائف في المساجد الكبرى: الخطيب والإمام ، والقيم والمؤذن ويقوم المرشحون لهذه الوظائف بطلب العلم في المدارس الدينية الكبيرة التي كثيراً ما كان السلاطين والوزراء يتنافسون على تشييدها تنافساً نبيلاً ويخضع الموظفون الدينيون في العاصمة لسلطة المفتي مباشرة ولكان ينوب عنه في الولايات الكبرى قضاة العسكر؛ أما في الولايات الصغرى فكان الإمام يقوم بكافة المهام الدينية وخاصة في الأرياف.

وكانت المدارس التي تعد الموظفين الدينيين يوجد بها ثلاثة فئات من طلبة العلم:

---

(1) العثمانيون في التاريخ والحضارة ، ص422.
(2) المصدر السابق نفسه، ص422.

فا(الصوفتا) وهي أدناها تليها فئـة المعيـدين الـذي يحمـل الطالـب عنـد التخـرج منهـا لقـب (دانشمند) أو عالم. أما الفئة الأعلى فهي منصب المدرس، وبلغ عدد الصوفتا في عهد السلطان مـراد الثاني 90 ألفاً. وكانوا كثيراً ما يكون لهم أثر في شؤون الدولة [1].

وقد استحدث محمد الفاتح لقب شيخ الإسلام وهو الـذي يـترأس الهيئـة الإسلامية في الدولة، وهو يلي السلطان في الأهمية. وكان التشريـع والمحـاكم والمـدارس الملحقـة بالمسـاجد وممتلكـات الأوقاف الواسعة جميعها خاضعة له، كما كان خاضعاً لـه القضاة الشرعيون والقضـاة العسـكريون والمفتون. وكانت الأولويـة في بدايـة نشـأة الدولـة العثمانيـة لقاضـي عسـكر الـذي رافـق الجيـش المحارب، ثم صارت للمفتي رئيس العلماء والفقهاء في عهد السلطان سليمان القانوني وأصبح المفتي هو شيخ الإسلام نفسه، وحرص السلاطين على تدعيم سلطة شيخ الإسلام فكانوا يلجؤون إلى استغلال سلطته والإفادة منها كلما تعرضوا لأزمة خطيرة. وبلغ من ازدياد سلطة شيخ الإسلام أنـه كان يحق له إصدار فتوى بعزل السلطان نفسه [2].

كما كانت الدولة لاتقدم على حرب دون صدور فتوى منه يقرر فيها أن أهـداف هـذه الحـرب لاتتعارض مع الدين وكانت أحكام المفتي نهائية لامعقب عليها وكـان الجهـاز الإسـلامي المنبـث في جسم الدولة يضم الأشراف وهم الذين ينحدرون من سلالة الرسول صلى اللـه عليـه وسلم ، وكـان نقيب الأشراف يحتل مكانة عالية في المجتمع [3].

لقد قامت الدولة العثمانية بتأسيس جهاز للهيئة الدينية الإسلامية وحرصت على أن تمتد جذورها في أوساط الشعب والجيش وكل رعايا الدولة المسلمين وقد أصبحت أفراد هذه الهيئة يتولون مناصب القضاء والإفتاء وتدريس علوم الدين واللغة والمشاركة

(1) انظر: تاريخ الدولة العثمانية ، د.علي حسون، ص405.
(2) انظر: الدولة العثمانية في التاريخ الإسلامي الحديث، ص89.
(3) المصدر السابق نفسه، ص89.

على نحو ما في إدارة الأوقاف الخيرية وإقامة الدينية والإشراف على المساجد والمؤسسات الدينية والخيرية مثل التكايا والأسبلة وغيرها وكان أفراد من الهيئة الدينية الإسلامية الحاكمة يصحبون شتى فرق الجيش إلى ميادين القتال ويقومون قبل المعركة بتسخين الجنود روحياً ابتغاء رفع روحهم المعنوية ويضربون للجنود أروع الأمثلة على استبسال الجنود المسلمين في صدر الإسلام حين انطلقوا على موجات بشرية متلاحقة من قلب شبه الجزيرة العربية واتجهوا شرقاً إلى العراق وفارس، وشمالاً إلى بلاد الشام، واتجهوا إلى مصر ـ ثم شمال إفريقية، وعبروا البحر المتوسط إلى الأندلس. ويذكرون لهم الآيات القرآنية الكريمة والأحاديث النبوية الشريفة التي تدور حول الجهاد الديني والفوز بإحدى الحسنيين: النصر أو الاستشهاد. ويشرحون لهم مواقف الصحابة واسترخاصهم الموت حتى استطاعت الجيوش الإسلامية وقتذاك أن تدك معاقل دولة الفرس والدولة البيزنطية، كما كان رجال الهيئة الدينية الإسلامية يؤمون الجنود في صلاة الخوف وهم في ساحات القتال.. [1].

كان علماء الدولة الذين قادوا الهيئة الدينية ينظرون إلى السلطان على أنه يعتبر إماماً للمسلمين وتجب عليهم طاعة السلطان بصفته ولي الأمر كما يأمرهم سبحانه وتعالى في كتابه العزيز : ﴿يا أيها الذين آمنوا أطيعوا الله وأطيعوا الرسول وأولي الأمر منكم، فإن تنازعتم في شيء فردوه إلى الله والرسول إن كنتم تؤمنون بالله واليوم الآخر، ذلك خير وأحسن تأويلا ..﴾ (سورة النساء، آية: 59).

وكانوا يعتقدون ليس لولي الأمر طاعة فيما وراء الشريعة لأن الطاعة لهم تبعية، وليست أصلية، إنها طاعة مستمدة من أصل، وليست هي بذاتها أصلا. وقد أشار إلى هذا المعنى أبو بكر الصديق أول الخلفاء الراشدين في أول خطبة عامة ألقاها بعد مبايعته بالخلافة أوضح فيها منهجه في الحكم وكان مما جاء في هذه الخطبة المشهورة

(1) الدولة العثمانية دولة إسلامية (456،455/1).

قوله: " أيها الناس إني وليت عليكم، ولست بخيركم، فإن أحسنت فأعينوني، وإن أسأت فقوموني ... أطيعوني ما أطعت الله ورسوله فإن عصيت الله ورسوله فلا طاعة لي عليكم.. "[1] .

وهكذا طلب أبو بكر من جموع المسلمين طاعته طالما كان سائراً على هدى الله وسنة رسوله. لاطاعة لمخلوق في معصية الخالق.

وكان العلماء وعلى رأسهم شيخ الإسلام يعتمدون على الشريعة عند الخلاف مع السلطان أو الصدر الأعظم ولايسمحون لهم أن ينحرفوا عن مبادئ الشريعة[2] وكان الشعب يقف معهم ويلتحم معهم في القضايا المصيرية، لأن العلماء كانوا يملكون القوتين الروحية والأدبية اللتين تمثلتا في ممارسة أعمال القضاء والإفتاء والإمامة والإشراف على المساجد وإقامة الشعائر الدينية وإدارة المؤسسات الخيرية، ونشاطهم في مجالات التعليم بشتى درجاته وعلى قمتها الدراسات العليا في الكليات حيث كانوا يقومون بتدريس علوم الشريعة الإسلامية وأصول الدين ولذلك كانوا أكثر التفافاً برجل الشارع وأكثر تفاهماً وتعاطفاً وتجاوباً مع الأهلين[3] .

12: (حذارِ حذارِ لايغرنك المال ولا الجند وإياك أن تبعد أهل الشريعة عن بابك، وإياك أن تميل إلى أي عمل يخالف أحكام الشريعة فإن الدين غايتنا والهداية منهجنا وبذلك انتصرنا):

إن السلطان محمد الفاتح يحذر وليه من بعده أن ينغمر بالمال أو الجند ويبين له خطورة أبعاد العلماء والفقهاء عن الحاكم، كما يحذره من أن يخالف أحكام الشريعة، لأن ذلك يجلب للأفراد والأمة تعاسة وضنكاً في الدنيا وهلاكاً وعذاباً في الآخرة وإن

(1)الدولة العثمانية دولة إسلامية (460/1).
(2) المصدر السابق نفسه (460/1).
(3) المصدر السابق نفسه (466/1).

آثار الابتعاد عن شرع الله وأحكامه تبدو على حياة الأمة في وجهتها الدينية والاجتماعية والسياسية والاقتصادية.

وإن الفتن تظل تتابع وتتوالى على الناس حتى تمس جميع شؤون حياتهم قال تعالى: ﴿فليحذر الذين يخالفون عن أمره أن تصيبهم فتنة أو يصيبهم عذاب أليم﴾ (سورة النور، الآية: 13). إن من الآثار عن الابتعاد عن أحكام الشريعة أن تصاب الأمة بالتبلد وفقد الإحساس بالذات وموات ضميرها الروحي فلا أمر بمعروف تأمر به ولا نهي عن منكر تنهى عنه ويحدث لها ماحدث لبني إسرائيل عندما تركوا الأمر بالمعروف والنهي عن المنكر قال تعالى: ﴿لعن الذين كفروا من بني إسرائيل على لسان داود وعيسى ابن مريم ذلك بما عصوا وكانوا يعتدون، كانوا لايتناهون عن منكر فعلوه لبئس ما كانوا يفعلون..﴾ (سورة المائدة، الآيات 78-79).

فإن أي أمة لاتعظم شرع الله أمراً ونهياً فإنها تسقط كما سقط بنو إسرائيل: قال رسول الله صلى الله عليه وسلم : (كلا و الله لتأمرن بالمعروف ولتنهون عن المنكر ثم لتأْخُذُنَّ ثم لتأْخُذُنَّ على يد الظالم ولتأطرنه على الحق اصراً، ولتقصرنه على الحق قصراً أو ليضربن الله على قلوب بعضكم ببعض ثم ليلعنكم كما لعنهم)[(1)].

وعندما تتغير النفوس من الطاعة والانقياد لأحكام الله إلى المخالفة والتمرد على أحكام الله تتحقق فيهم سنة الله الماضية بسبب تغير النفوس : ﴿ذلك بأن الله لم يك مغيراً نعمة أنعمها على قوم حتى يغيروا ما بأنفسهم﴾ (سورة الأنفال: آية 53) كما يترتب على ذلك توقف حركة الفتوح الإسلامية وتحرم شعوب كثيرة من سعادتها في الدنيا والآخرة بسبب تضييع أحكام الشريعة وارتكاب ما يخالفها من أفعال قبيحة وتحدث الحروب فيما بين المسلمين وتكثر الاعتداءات على الأنفس والأموال

---

(1) سنن أبو داود ، كتاب الملاحم ، باب الأمر بالمعروف رقم الحديث 4670.

والأعراض كما يقوى الأعداء وتشتد شوكتهم ويغيب نصر الله على الإسلام والمسلمين ويحرموا من التمكين ويصبحوا في خوف وفزع وجوع، وتضيع المدن والقرى ويتسلط عليها الأعداء وتتوالى المصائب وهذا ما حدث في تاريخ الدولة العثمانية المتأخر.

إن من سنن الله تعالى المستنبطة من حقائق الدين وأحداث التاريخ أنه إذا عصي الله تعالى ممن يعرفونه سلّط عليهم من لايعرفونه كما حدث في تسليط النصارى على المسلمين في الأندلس[1] وكما فعل اليهود والانجليز والروس.. في تفتيت الدولة العثمانية.

إن السر في قوة العثمانيين وعزهم وشرفهم كامنة في طاعة الله وتنفيذ أحكامه، والالتزام بشريعته والجهاد في سبيله والدعوة إليه ولذلك قال محمد الفاتح لابنه (فإن الدين غايتنا والهداية منهجنا وبذلك انتصرنا).

13- (واعمل على تعزيز هذا الدين وتوقير أهله) :

إن تعزيز هذا الدين وإقامته في الأرض يحقق نتائج طيبة في حياة الأمة والدولة، ومن هذه النتائج تهذيب النفس من الشرور والآثام وترويضها على الخير، لذا كان الوازع الديني ثمرة من ثمار تعزيز هذا الدين ويكون مانعاً من ارتكاب الجريمة ومحاسبة النفس عليها، ويكون ماثلاً أمام العين مما يجعل النفس تخشى الله وتتقيه دائماً وأبداً كما أن تعزيز الدين وإقامة الشرع يحقق المساواة بين الراعي والرعية في الحقوق والواجبات وتنشر العدالة في الدولة الإسلامية لجميع ساكنيها، كما أن في تطبيق الشريعة نزول البركة، وتوالي النعم، إذ ليس هناك طريق مستقل لحسن الجزاء في الآخرة وطريق مستقل لصلاح الحياة في الدنيا، إنما هو طريق واحد تصلح به الدنيا والآخرة، وفي تطبيقها بركات في النفوس وبركات في المشاعر وبركات في طيبات

(1) انظر: فقه التمكين عند دولة المرابطين لعلي الصلابي ، ص167.

الحياة، فالبركة قد تكون مع القليل إذا أحسن الانتفاع به، ومن نتائج تطبيقها بناء مجتمع إسلامي معتز بدينه وعقيدته بما التزمه من سلوك مصدره كتاب الله وسُنة رسوله صلى الله عليه وسلم ففيهما المواد اللازمة لبناء الفرد المسلم والجماعة المسلمة والأمة المسلمة والدولة المسلمة كما أن من النتائج حفز الهمم، وبعث النفوس إلى الأخذ بأسباب العلم والحضارة والرقي والتقدم لما تضمنته تلك الشريعة من الدعوة إلى الحياة كما أنها تتضمن نبذ عفن الحياة الحضاري لمجتمعات الرذيلة أياً كانت وأينما وجدت [1].

إن الناس يحتاجون إلى العلماء الربانيين ليعلموهم دينهم ويربون نفوسهم على طاعة الله ولذلك لابد من القيادة الإسلامية من احترامهم وتقديرهم وإكرامهم، فهم الذين يبينون للناس حكم الله ورسوله وتفسير النصوص الشرعية وفق قواعد الإسلام الكلية قال تعالى: ﴿فاسألوا أهل الذكر إن كنتم لاتعلمون﴾.

14- (ولا تصرف أموال الدولة في ترف أو لهو أو أكثر من قدر اللزوم فإن ذلك من أعظم أسباب الهلاك):

إن هذه الوصية ترشد ولي عهد السلطان محمد الفاتح إلى الاعتدال والتوسط في الاستهلاك وهذه الوصية فهم لأمر الله ورسوله بالقصد والتوسط ولقد أنزل الله كثيراً من الآيات التي تمتدح في التفقه وذم ماسواه من البخل والشح والتبذير والإسراف والترف قال تعالى: ﴿ولا تجعل يدك مغلولة إلى عنقك ولاتبسطها كل البسط فتقعد ملوماً محسوراً﴾ (الإسراء: 29).

وقال تعالى يصف المؤمنين : ﴿والذين إذا أنفقوا لم يسرفوا ولم يقتروا وكان بين ذلك قواما﴾ (سورة الفرقان، الآية: 67).

إن السلطان محمد الفاتح يرى وجوب ابتعاد الحاكم ودولته عن الإسراف لأن فيه

---

(1) انظر: تطبيق الشريعة الإسلامية للطريقي ، ص60،61.

معصية الله ورسوله.

إن الدولة العثمانية كدولة مجاهدة كانت لها خطة اقتصادية لتدبير موارد الأمـة في ظروف الحرب لتأمين احتياجات جيشها، وتوفير الحاجات الضرورية لشعبها من السلع والخدمات ولذلك كان السلاطين الأوائل في الدولة العثمانية يمنعون الإسراف والتبـذير في القطاع الحكومي والقطاع الخاص وكانت الدولة ترشد الاستهلاك العام والخاص حتى لاتقع الأمـة في أزمات اقتصادية خلال الحرب التي تسبب في هزائم الأمم، فكانت الدولة بالتعاون مع قطاعات أخرى حكومية وشعبية تقوم بما يلي:

1- توفير الأموال اللازمة للإنفاق على الحرب، وعلى ضروريات المجتمع مـن الغـذاء والـدواء والحماية.

2- توفير الإمدادات اللازمة خلال الحروب والأزمات.

3- تعويض النقص من مخزون السلع والأجهزة الحيوية من الإنتاج المحلي بقدر الإمكان.

4- السيطرة على التضخم في الأسعار الذي يصاحب عادة حالات الحرب.

5- التوزيع العادل للسلع والخدمات الضرورية بما يؤمن حد الكفاية لكل فئات المجتمع. [1]

إن الدول التي تقع في الترف واللهو وتصرف أموالها، في غـير محلها مآلها إلى الهـلاك والـدمار. ولقد أدى الترف إلى انغماس بعـض السـلاطين المتـأخرين في حيـاة الفسـق واللهـو بحيـث يقضون أوقاتهم في الملذات وقضاء أوقاتهم بين الحريم وقد أدى ذلك إلى الابتعاد عن أمـور الحكم وتركهـا للصدور العظام وللحريم، فانعكس ذلك على ضعف السـلاطين، وعـدم قـدرتهم علـى تسـيير أمـور الدولة وقيادة الجيش، مما أثر على

---

(1) انظر: اقتصاديات الحرب في الإسلام، ص339.

أوضاع الدول وأدى إلى ضعفها ثم اضمحلالها وضياعها فيما بعد [1] .

وفاة السلطان محمد الفاتح وأثرها على الغرب والشرق

في شهر الربيع من عام 886هـ - 1481م غادر السلطان الفاتح القسطنطينية إلى آسيا الصغرى حيث كان قد أُعد في اسكدار جيش آخر كبير. وكان السلطان محمد الفاتح قبل خروجه من استنبول قد أصابته وعكة صحية إلا أنه لم يهتم بـذلك لشـدة حبـه للجهاد وشـوقه الـدائم للغـزو وخرج بقيادة جيشه بنفسه، وقد كان من عادته أن يجد في خوض غمار المعارك شفاء لمـا يلـم بـه من أمراض إلا أن المرض تضاعف عليه هذه المرة وثقلت وطأتـه بعـد وصـوله إلى اسكدار فطلب أطباءه. غير أن القضاء حم به فلم ينفع فيه تطبيب ولا دواء، ومات السلطان الفاتح وسط جيشه العرمرم يوم الخميس الرابع من ربيع الأول 886هـ ' 3 مايو 1481م ' وهو في الثانية والخمسين مـن عمره بعد أن حكم نيفاً وثلاثين عاماً [2] .

وبعد أن ذاع نبأ الوفاة في الشرق والغرب، أحدث دوياً هائلاً اهتزت لـه النصرانية والإسلام، أمـا النصرانية فقد غمرها الفرح والابتهاج والبشرى وأقام النصارى في رودس صلوات الشكر عـلى نجاتهم من هذا العدو المخيف [3] وكانت جيوش الدولة العثمانيـة قـد وصـلت إلى جنوب إيطاليـا لفتح كل ايطاليا وضمها للدولة العثمانية إلا أن خبـر الوفاة وصـلهم فانتـاب الجنـود هـم شـديد وحزن عميق واضطر العثمانيون في الدخول لمفاوضات مع ملك نابولي لينسحبوا آمنين على حياتهم وأمتعتهم وعتادهم وتمّ الاتفاق على ذلك إلا أن النصارى لم يفوا بما تعهدوا واعتقلوا بعض الجنـود الذين كانوا في المؤخرة وصفدوهم بالحديد [4] .

---

(1) انظر: الدولة العثمانية في التاريخ الإسلامي، ص94.
(2) انظر: محمد الفاتح ، ص372.
(3) المصدر السابق نفسه، ص373.
(4) انظر: محمد الفاتح، ص373.

وعندما وصل خبر وفاة السلطان إلى روما ابتهج البابا وأمر بفتح الكنائس وأقيمت فيها الصلوات والاحتفالات، وسارت المواكب العامة تجوب الشوارع والطرقات وهي تنشد أناشيد النصر والفرح بين طلقات المدافع وظلت هذه الاحتفالات والمهرجانات قائمة في روما طيلة ثلاثة أيام، لقد تخلصت النصرانية بوفاة محمد الفاتح من أعظم خطر كان يهددها [1].

لم يكن أحد يعلم شيئاً عن الجهة التي كان سيذهب إليها السلطان الفاتح بجيشه، وذهبت ظنون الناس في ذلك مذاهب شتى. فهل كان يقصد رودس ليفتح هذه الجزيرة التي امتنعت على قائده مسيح باشا؟ أم كان يتأهب للحاق بجيشه الظافر في جنوبي إيطاليا ويزحف بنفسه بعد ذلك إلى روما وشمالي إيطاليا ففرنسا وإسبانيا ؟

لقد ظل ذلك سراً طواه الفاتح في صدره ولم يبح به لأحد ثم طواه الموت بعد ذلك [2].

لقد كان من عادة الفاتح أن يحتفظ بالجهة التي يقصدها ويتكتم أشد التكتم ويترك أعداءه في غفلة وحيرة من أمرهم، لايدري أحدهم متى تنزل عليه الضربة القادمة ثم يتبع هذا التكتم الشديد بالسرعة الخاطفة في التنفيذ فلا يدع لعدوه مجالاً للتأهب والاستعداد [3] وذات مرّة سأله أحد القضاة أين تقصد بجيوشك فأجابه الفاتح : " لو أن شعرة في لحيتي عرفت ذلك لنتفتها وقذفت بها في النار ... " [4].

إن من أهداف الفاتح أن يمضي بفتوحات الإسلام من جنوب إيطاليا إلى أقصاها في الشمال ويستمر في فتوحاته بعد ذلك إلى فرنسا وأسبانيا وما وراءها من الدول

---

(1) المصدر السابق نفسه، ص374.
(2)انظر: محمد الفاتح، ص377.
(3) المصدر السابق نفسه، ص259.
(4) المصدر السابق نفسه، ص260.

والشعوب والأمم.

لقد تأثر المسلمون في العالم الإسلامي لوفاة محمد الفاتح وحزنوا عليه حزناً عميقاً وبكاه المسلمون في جميع أقطار المعمورة، لقد بهرتهم انتصاراته، وأعاد إليهم سيرة المجاهدين الأوائل من السلف الصالح [1].

قال عن وفاته عبد الحي بن العماد الحنبلي في وفيات سنة ست وثمانين وثمانمائة : (.. كان من أعظم سلاطين بني عثمان وهو الملك الضليل الفاضل النبيل العظيم الجليل أعظم الملوك جهاداً وأقواهم اقداماً واجتهاداً وأثبتهم جأشاً وقواداً وأكثرهم توكلاً على الله واعتماداً وهو الذي أسس ملك بني عثمان وقنن لهم قوانين صارت كالأطواق في أجياد الزمان وله مناقب جميلة ومزايا فاضلة جليلة وآثار باقية في صفحات الليالي والأيام ومآثر لايمحوها تعاقب السنين والأعوام وغزوات كسر بها أصلاب الصلبان والأصنام من أعظمها أنه فتح القسطنطينية الكبرى وساق إليها السفن تجري رخاءً براً وبحراً هجم عليها بجنوده وأبطاله وأقدم عليها بخيوله ورجاله وحاصرها خمسين يوماً أشد الحصار وضيق على من فيها من الكفار الفجار وسل على أهلها سيف الله المسلول وتدرع بدرع الله الحصين المسبول ودق باب النصر والتأييد ولج ومن قرع باباً ولج ولج وثبت على متن الصبر إلى أن أتاه الله تعالى بالفرج ونزلت عليه ملائكة الله القريب الرقيب بالنصر العزيز من الله تعالى والفتح القريب ففتح استنبول في اليوم الحادي والخمسين من أيام محاصرته وهو يوم الأربعاء العشرين من جمادي الآخرة سنة سبع وخمسين وثمانمائة وصلى في أكبر كنائس النصارى صلاة الجمعة وهي أيا صوفيا وهي قبة تسامى قبة السماء وتحاكي في الاستحكام قبب الأهرام ولا وهت ولا وهت كبراً ولاهرماً وقد أسس في استنبول للعلم أساساً راسخاً لايخشى على شمسه الأفول وبنى مدارس كالجفان لها ثمانية أبواب سهلة الدخول وقنن بها قوانين تطابق المعقول

(1) انظر: السلطان محمد الفاتح، ص168.

والمنقول فجزاه اللـه خيراً عن الطلاب ومنحه بها أجراً وأكبر ثواب فإنه جعل لهم أيام الطلـب مايسد فاقتهم ويكون به من خمار الفقر إفاقتهم وجعل بعد ذلك مراتب يترقون إليها ويصـعدون بالتمكن والاعتبار عليها إلى أن يصلوا إلى سعادة الدنيا ويتوسلون بها أيضاً إلى سعادة العقبى وأنـه رحمه اللـه تعالى استجلب العلماء الكبار من أقصى الديار وأنعـم إليهم وعطـف بإحسـانه إليهم كمولانا علي القوشجي والفاضل الطوسي والعالم الكوراني وغيرهم من علماء الإسلام وفضلاء الأنـام فصارت استنبول بهم أم الدنيا ومعدن الفخار والعليا واجتمع فيها أهـل الكـمال مـن كـل فـن، فعلماؤها إلى الآن أعظم علماء الإسلام وأهل حرفها أدق الفطناء في الأنام وأرباب دولتها هـم أهـل السـعادة العظـام فللمرحوم المقـدس قـلادة ممـن لا تحصى ـ في أعنـاق المسلمين لاسـيما العلماء الأكرمين . ⁽¹⁾

فرحمة اللـه ومغفرته ورضوانه على السلطان محمد الفاتح وأعلى ذكره في المصلحين .

---

(1) شذرات الذهب (345/7).

الفصل الرابع

السلاطين الأقوياء بعد محمد الفاتح

المبحث الأول

السلطان بايزيد الثاني

بعد وفاة السلطان محمد الفاتح تولى ابنه بايزيد الثاني (886هـ ــ 918هـ) السلطة في البلاد وكان سلطاناً وديعاً، نشأ محباً للأدب، متفقهاً في علوم الشريعة الإسلامية شغوفاً بعلم الفلك. واستعان بالخبراء الفنيين اليونانيين والبلغاريين في تحسين شبكة الطرق والجسور لربط أقاليم الدولة ببعضها (1) .

أولاً: الصراع على السلطة مع أخيه :

كان الأمير جم عندما بلغه وفاة أبيه يقيم في بروسة، وقد استطاع أن يتحصل على اعتراف السكان به سلطاناً على الدولة العثمانية في المناطق الخاضعة له، وبعد أن استتب له الأمر في بروسه وماحولها، أرسل إلى أخيه بايزيد يطلب منه عقد الصلح، ويقترح عليه التنازل، ورفض السلطان بايزيد ذلك لأن والده أوصى له بالحكم من بعده، لكن

---

(1) انظر: الدولة العثمانية في التاريخ الاسلامي الحديث، ص50.

الأمير جم لم يقتنع بذلك فعاد واقترح على أخيه بايزيد تقسيم الدولة العثمانية إلى قسمين: القسم الأوربي لبايزيد والقسم الآسيوي له، ولكن بايزيد رفض أيضاً مبدأ التقسيم من أساسه لأن ذلك سوف يعمل على تفتيت الدولة التي سهر أسلافه على بنائها وتوحيدها، وأصر على أن تبقى الدولة موحدة تحت سلطته وأعد جيشاً ضخماً وسار به إلى بروسه وهاجمها وفر منها جم إلى سلطان المماليك قايتباي في مصر [1] فرحب به وأكرمه وأمده بجميع ما احتاجه من أموال للسفر مع أسرته إلى الحجاز لأداء فريضة الحج. ولما عاد من الأراضي المقدسة إلى مصر أرسل إليه السلطان بايزيد يقول له : ' بما أنك اليوم قمت بواجباتك الدينية في الحج، فلماذا تسعى إلى الأمور الدنيوية، من حيث أن الملك كان نصيبي بأمر الله، فلماذا تقاوم إرادة الله؟ فأجابه بقوله: هل من العدل أن تضطجع على مهد الراحة والنعيم وتقضي أيامك بالرغد واللذات، وأنا أحرم من اللذة والراحة وأضع رأسي على الشوك [2] ؟ وقام جم بالاتصال بكبار أتباعه في الأناضول، وأثارهم ضد بايزيد، وتقدم بأتباعه ليغتصب العرش، ولكنه هزم، واستأنف المحاولة فهزم أيضاً.

والتجأ جم إلى رودس حيث يوجد بها فرسان القديس يوحنا، وعقد مع رئيس الفرسان اتفاقاً إلا أنه نقضه تحت ضغط بايزيد وأصبح جم سجيناً في جزيرة رودس، وكسب فرسان القديس يوحنا بهذه الرهينة الخطيرة امتيازات طوراً من بايزيد الثاني، ومرة أخرى من أنصار جم بالقاهرة، فلما تحصل على أموال ضخمة باع رهينته للبابا أنوست الثامن، فلما مات هذا البابا ترك جم لخلفه اسكندر السادس ولكن الأخير لم يبق على جم كثير حيث قتل واتهم في ذلك بايزيد الثاني الذي تخلص من خطر أخيه [3] .

---

(1) قيام الدولة العثمانية ، ص57.
(2) انظر: تاريخ سلاطين آل عثمان ، يوسف آصاف ، ص63 الى 65.
(3) انظر : الدولة العثمانية في التاريخ الاسلامي الحديث، ص51.

ثانياً: موقف السلطان بايزيد من المماليك :

حدثت معارك بين العثمانيين والمماليك على الحدود الشامية إلا أنها لم تحتدم إلى حد التهديد بحدوث حرب شاملة بينهما، وإن كانت قد أسهمت في أن يخيم شعور بعدم الثقة بينهما الأمر الذي أدى إلى تعثر مفاوضات الصلح سنة 1491م ومع أن السلطان المملوكي " قايتباي " قد ساورته مخاوف من احتمال قيام حرب واسعة بينه وبين العثمانيين سواء لإدراكه ما كان عليه العثمانيون من قوة أو لانشغال جزء هام من قواته في مواجهة البرتغاليين، إلا أن السلطان العثماني " بايزيد الثاني " قد بدّد له هذه المخاوف حيث قام بإرسال رسول من قبله إلى السلطان المملوكي سنة 1491م ومعه مفاتيح القلاع التي استولى عليها العثمانيون على الحدود وقد لقى هذا الأمر ترحيباً لدى السلطان المملوكي فقام بإطلاق سراح الأسرى العثمانيين، وأسهمت سياسة بايزيد السلمية في عقد صلح بين العثمانيين والمماليك في نفس السنة (1491م) وظل هذ الصلح سارياً حتى نهاية عهد السلطان بايزيد الثاني عام 1512م وأكد هذا الحدث على حرص السلطان بايزيد في سياسة السلام مع المسلمين [1] .

ثالثاً: السلطان بايزيد الثاني والدبلوماسية الغربية :

استمرت راية الجهاد مرفوعة طيلة عهد السلطان بايزيد وأدرك الأعداء، أنه لايستطيعون مواجهة القوات الجهادية في حرب نظامية يحققون فيها أطماعهم لهذا لجأوا إلى أسلوب خبيث تستروا به تحت مسمى العلاقات الدبلوماسية لكي ينخروا في عظام الأمة ويدمروا المجتمع المسلم من الداخل، ففي عهد السلطان بايزيد وصل أول سفير روسي إلى (إسلامبول) عام (898هـ / 1492م).

إن وصول السفير الروسي عام (1492م) على عهد دوق موسكو (إيفان) وما تابع

(1) انظر: قراءة جديدة في تاريخ العثمانيين، ص66.

ذلك، وما أعطى له ولغيره مـن حصـانة وامتيـازات، فتح البـاب أمـام أعـداء الأمـة الإسلامية لكشف ضعفها ومعرفة عوراتها، والعمل على إفسادها والتآمر عليها بعد تدميرها وإضعاف سلطان العقيدة في نفوس أبنائها.

وفي عهد بايزيد الثاني في عام (886هـ) استطاع دوق موسكو (إيفان الثالـث) أن ينتـزع إمـارة (موسكو) من أيدي المسلمين العثمانيين، وبدأ التوسع على حساب الولايات الإسلامية [1] .

ولايعني ذلك أن السلطان (بايزيد) وقف موقفاً ضعيفاً أمام هذه الظروف ولكن الدولة كانت تمر بظروف صعبة في محاربتها لأعداء الإسلام على امتداد شبه جزيـرة الأناضـول، وأوروبـا الشرقية كلها، فانشغلت بها [2] .

رابعاً: وقوفه مع مسلمي الأندلس:

تطورت الأحداث في شبه الجزيرة الأيبرية في مطلع العصور الحديثـة، فأصبح اهتمام الأسبان ينحصر في توحيد أراضيهم، وانتزاع ماتبقى للمسلمين بها خصوصاً بعد ما خضعت لسلطة واحدة بعد زواج ايزابيلا ملكة قشتالة وفريدناند ملك أراغوان، فاندفعت الممالك الأسبانية المتحـدة قبيل سقوط غرناطة في تصفية الوجود الإسلامي في كل اسبانيا، حتى يفرغوا أنفسهم ويركزوا إهـتمامهم على المملكة الإسلامية الوحيدة غرناطة، التي كانت رمز للمملكة الإسلامية الذاهبة [3] .

وفرضت اسبانيا أقسى الإجراءات التعسفية على المسلمين في محاولة لتنصيرهم وتضييق الخناق عليهم حتى يرحلوا عن شبه الجزيرة الأيبرية.

(1) الدولة العثمانية ، د. جمال عبدالهادي ، ص49،50.
(2) المصدر السابق نفسه، ص50.
(3) انظر: جهود العثمانيين لإنقاذ الاندلس، د. نبيل عبدالحي ، ص125.

نتيجة لذلك لجأ المسلمون - المورسكيون - إلى القيام بثورات وانتفاضات في أغلب المدن الأسبانية والتي يوجد بها أقلية مسلمة وخاصة غرناطة وبلنسية وأخمدت تلك الثورات بدون رحمة ولاشفقة من قبل السلطات الأسبانية التي اتخذت وسيلة لتعميق الكره والحقد للمسلمين، ومن جهة أخرى كان من الطبيعي أن يرنوا المورسكيون بأنظارهم إلى ملوك المسلمين في المشرق والمغرب لإنقاذهم وتكررت دعوات وفودهم ورسائلهم إليهم للعمل على انقاذهم مما يعانوه من ظلم، وخاصة من قبل رجال الكنيسة ودواوين التحقيق التي عاثت في الأرض فساد وأحلت لنفسها كل أنواع العقوبات وتسليطها عليهم [1].

وكانت أخبار الأندلس قد وصلت إلى المشرق فارتج لها العالم الإسلامي [2]. وبعث الملك الأشرف بوفود إلى البابا وملوك النصرانية يذكرهم بأن النصارى الذين هم تحت حمايته يتمتعون بالحرية، في حين أن أبناء دينه في المدن الأسبانية يعانون أشد أنواع الظلم، وقد هدد باتباع سياسة التنكيل والقصاص تجاه رعايا المسيحيين، إذا لم يكف ملك قشتالة وأراغون عن هذا الاعتداء وترحيل المسلمين عن أراضيهم وعدم التعرض لهم ورد ما أخذ من أراضيهم ولم يستجيب البابا والملكان الكاثوليكيان لهذا التهديد من قبل الملك الأشرف ومارسوا خطتهم في تصفية الوجود الإسلامي في الأندلس، وجددت رسائل الاستنجاد لدى السلطان العثماني بايزيد الثاني، فوصلته هذه الرسالة: (..الحضرة العلية، وصل الله سعادتها، وأعلى كلمتها، ومهد أقطارها، وأعز أنصارها، وأذل عداتها، حضرة مولانا وعمدة ديننا ودنيانا، السلطان الملك الناصر، ناصر الدنيا والدين، سلطان الإسلام والمسلمين، قامع أعداء الله الكافرين، كهف الإسلام، وناصر دين نبينا محمد عليه السلام، محي العدل، ومنصف المظلوم ممن ظلم، ملك العرب، والعجم، والترك والديلم، ظل الله في أرضه، القائم بسنته

---

(1) انظر:رسالة من مسلمي غرناطة للسلطان سليمان عبدالجليل التميمي، المجلة المغربية العدد -3، ص38.
(2) انظر: خلاصة تاريخ الأندلس ، شكيب ارسلان، ص213.

وفرضه، ملك البرين وسلطان البحرين، حامي الذمار، وقامع الكفار، مولانا وعمدتنا، وكهفنا وغيثنا، لازال ملكه موفور الأنصار، مقرونا بالانتصار، مخلد المآثر والآثار مشهور المعالي والفخار، مستأثراً من الحسنات بما يضاعف به الأجر الجزيل، في الدار الآخرة والثناء الجميل، والنصر في هذه الدار، ولا برحت عزماته العلية مختصة بفضائل الجهاد ومجرد على أعداء الدين من بأسها، مايروي صدور السحر والصفاح، وألسنة السلاح بأذلة نفائس الذخائر في المواطن التي تألف فيها الأخاير مفارقة الأرواح للأجساد، سالكة سبيل السابقين الفائزين برضا الله وطاعته يقوم الأشهاد[1] وكانت ضمن الرسالة أبيات القصيدة يمدح صاحبها فيها الدولة العثمانية والسلطان بايزيد، ويدعوا للدولة بدوام البقاء قائلاً:

سلام كريم دائم متجدد ... أخص به مولاي خير خليفة
سلام على مولاي ذي المجد والعلا ... ومن ألبس الكفار ثوب المذلة
سلام على من وسع الله ملكه ... وأيده بالنصر في كل وجهة
سلام على مولاي من دار ملكه ... قسطنطينية أكرم بها من مدينة
سلام على من زين الله ملكه ... بجند وأتراك من أهل الرعاية
سلام عليكم شرف الله قدركم ... وزادكم ملكاً على كل ملة
سلام على القاضي ومن كان مثله ... من العلماء الأكرمين الأجلة
سلام على أهل الديانة والتقى ... ومن كان ذا رأي من أهل المشورة

بعد ذلك وصفت القصيدة الحالة التي يعاني منها المسلمون وماتعرض له الشيوخ والنساء من هتك للإعراض ومايتعرض له المسلمين في دينهم حيث استطرد قائلاً:

سلام عليكم من عبيد تخلفوا ... بأندلس بالغرب في أرض غربة
أحاط بهم بحرٌ من الردم زاخر ... وبحرٌ عميق ذو ظلام ولجة

---

(1) انظر: ازهار الرياض في أخبار رياض للتلمساني (109،908/1).

سلام عليكم من عبيد أصابهم مصاب عظيم يا لها من مصيبة
سلام عليكم من شيوخ تمزقت شيوخهم بالنتف من بعد عزة
سلام عليكم من وجوه تكشفت على جملة الأعلاج من بعدة سترة
سلام عليكم من بنات عوائق يسوقهم اللباط قهراً لخلوة
سلام عليكم من عجائز أكرهت على أكل خنزير ولحم جيفة

بعد ذلك الوصف، أخذت القصيدة تعالج شكلاً آخر، إذ أخذت توضح شعور المسلمين نحو الدولة العثمانية وتقدم الشكوى للسلطان قائلة:

نقبل نحن الكل أرض بساطكم وندعو لكم بالخير في كل ساعة
أدام الإله ملككم وحياتكم وعافاكم من كل سوءٍ ومحنة
وأيدكم بالنصر والظفر بالعدا وأسكنكم دار الرضا والكرامة
شكونا لكم مولاي ما قد أصابنا من الضر والبلوى وعظم الرزية

ثم تعود القصيدة في شرح المأساة، وتغيير الدين ما إلى ذلك، فاستطردت بقولها:

غدرنا ونصرنا وبدل ديننا ظلمنا وعوملنا بكل قبيحة
وكنا على دين النبي محمد نُقاتل عمال الصليب بنية
وتلقي أموراً في الجهاد عظيمة بقتل وأسر ثم جوع وقلة
فجاءت علينا الروم من كل جانب بسيل عظيم جملة بعد جملة
ومالوا علينا كالجراد بجمعهم بجد وعزم من خيول وعدة
فكنا بطول الدهر نلقي جموعهم فنقتل فيها فرقة بعد فرقة
وفرسانها تزداد في كل ساعة وفرساننا في حال نقص وقلة
فلما ضعفنا خيموا في بلادنا ومالوا علينا بلدة بعد بلدة
وجاؤوا بأنفاظ عظام كثيرة تهدم أسوار البلاد المنيعة

وشـــدوا عليهـــا الحصـــار بقـــوة　　شـــهوراً وأيامـــاً بجـــد وعزمـــة
غـــدرنا ونصرـــنا وبـــدل ديننـــا　　ظلمنـــا وعوملنـــا بكـــل قبيحـــة
وكنـــا عـــلى ديـــن النبـــي محمـــد　　نقاتـــل عـــمال الصـــليب بنيـــة
وتلقـــى أمـــوراً في الجهـــاد عظيمـــة　　بقتـــل وأسر ثـــم جـــوع وقلـــة
فجاءت علينـا الـروم مـن كـل جانـب　　بسـيل عظـيم جملـة بعـد جملـة
ومـــالوا علينـــا كـــالجراد بجمعهـــم　　فنقتـــل فيهـــا فرقـــة بعـــد فرقـــة
وفرســـانها تـــزداد في كـــل ســـاعة　　وفرســـاننا في حـــال نقـــص وقلـــة
فلـــما ضـــعفنا خيمـــوا في بلادنـــا　　ومـــالوا علينـــا بلـــدة بعـــد بلـــدة
وجـــاؤوا بأنفـــاظ عظـــام كثـــيرة　　تهـــدم أســـوار الـــبلاد المنيعـــة
وشـــدوا عليهـــا الحصـــار بقـــوة　　شـــهوراً وأيامـــاً بجـــد وعزمـــة
فلـــما تفانـــت خيلنـــا ورجالنـــا　　ولم نـــر مـــن إخواننـــا مـــن إغاثـــة
وقلـــت لنـــا الأقـــوات واشـــتد حالنـــا　　أحطنـــاهم بـــالكره خـــوف الفضـــيحة
وخوفـــاً عـــلى أبنائنـــا وبناتنـــا　　مـــن أن يـــؤسروا أو يقتلـــوا شر قتلـــة
عـــلى أن نكـــون مثـــل مـــن كـــان قبلنـــا　　مـــن الـــدجن مـــن أهـــل الـــبلاد القديمـــة

ثم تحدثت القصيدة عن الخيار في مثل هذه الحالة، فإما القبول بالوضع السابق أو الارتحال، إذ استطردت قائلة:

ونبقـــى عـــلى آذاننـــا وصـــلاتنا　　ولا نـــتركن شـــيئاً مـــن أمـــر الشرـــيعة
ومـــن شـــاء منـــا الجـــر جـــاز مؤمنـــاً　　بمـــا شـــاء مـــن مـــال إلى أرض عـــدوة
إلى غـــير ذلـــك مـــن شروطٍ كثـــيرة　　تزيـــد عـــلى الخمســـين شرطـــاً بخمســـة
فقـــال لنـــا ســـلطانهم وكبـــيرهم　　لكـــم مـــا شرطـــتم كـــاملاً بالزيـــادة
فكونـــوا عـــلى أمـــوالكم وديـــاركم　　كـــما كنـــتم مـــن قبـــل دون أذيـــة

إلا أن الملكين الكاثوليكيين لم يفيا بتلك المواثيق إذ بدأ غدرهما على المسلمين فقال:

فلما دخلنا تحت عقد ذمامهم ... بدا غدرهم فينا بنقص العزيمة
وخان عهوداً كان قد غرنا بها ... ونصرنا كرهاً بعنف وسطوة
وأحرق ما كانت لنا من مصاحف ... وخلطها بالزبل أو بالنجاسة
وكل كتاب كان في أمر ديننا ... ففي النار ألقوه بهزءة وحقرة
ولم يتركوا فيها كتاباً لمسلم ... ولا مصحفاً يخلى به للقراءة
ومن صام أو صلى يعلم حاله ... ففي النار يلقوه كل حالة
ومن لم يجئ منا لموضع كفرهم ... يعاقبه اللباط شر العقوبة
ويلطم خديه ويأخذ ماله ... ويجعله في السجن في سوء حالة
وفي رمضان يفسدون صيامنا ... بأكل وشرب مرة بعد مرة

وهكذا مضت المسيحية في هتك الإسلام، وذل المسلمين، فمن تدخل في عبادة المسلم إلى شتم الإسلام فقالت القصيدة في ذلك:

وقد أمرونا أن نسب نبينا ... ولا نذكرنه في رخاء وشدة
وقد سمعوا قوماً يغنون باسمه ... فأدركهم منهم أليم المضرة
وعاقبهم حكامهم وولاتهم ... بضرب وتغريم وسجن وذلة
ومن جاءه الموت ولم يحضر الذي ... يذكرهم لم يدفنوه بحيلة
ويترك في زبل طريحاً مجدلاً ... كمثل حمار ميت أو بهيمة
إلى غير هذا من أمور كثيرة ... قباح وأفعال غزار ردية[1]

بعد ذلك أخذ الملوك الكاثوليك في إذابة المجتمع المسلم وذلك بتغيير الهوية

(1) انظر: جهود العثمانيين لإنقاذ الأندلس، ص130.

الإسلامية إذ قالت القصيدة:

وقـد بـدلت أسمـاءنا وتحولت	بغيـر رضـا منـا وغيـر إرادة
فآهـا عـلى تبـديـل ديـن محمـد	بديـن كـلاب الـروم شر البريـة
وآهـا عـلى أسمائنا حيـن بُـدلت	بأسماء أعـلاج مـن أهل القيادة
وآهـا عـلى أبنائنـا وبناتنـا	يروحـون للبـاط في كـل غـدوة
يعلمهـم كفـراً وزوراً وفريـة	ولا يقـدروا أن يمنعـوهم بحيلـة
وآهـا عـلى تلـك المسـاجد سورت	مزابـل للكفـار بعـد الطهـارة
وآهـا عـلى تلـك الصـوامع علقـت	نواقيسـهم فيهـا نظيـر الشهـادة
وآهـا عـلى تلـك الـبلاد وحسـنها	لقد أظلمت بـالكفر أعظـم ظلمـة
وصـارت لعبـاد الصليـب معـاقلاً	وقـد أمنـوا فيهـا وقـوع الإغـارة
وصرنـا عبيـداً لا أسـارى فنفتـدي	ولا مسلمين مـنطقهم بالشهـادة

ثم تتوجه القصيدة باستجداء السلطان لإنجادهم، وإنقاذهم من تلك المحنة فتقول:

فلو أبصرت عينـاك مـا صـار حالنـا	إليـه لجـادت بالـدموع الغزيـرة
فيا ويلنـا يـا بـؤس مـا قـد أصابنا	من الضـر والبلـوى وثـوب المذلـة
سـألناك يـا مـولاي بـالله ربنـا	وبالمصطفى المختـار خـير البريـة
عسى تنظـروا فينـا وفيـما أصابنا	لعل إلـه العـرش يـأتي برحمـة
فقولـك مسـموع وأمـرك نافـذ	ومـا قلت مـن شيء يكون بسرعـة
ودين النصارى أصلـه تحـت حكمكـم	ومـن ثـم يـأتيهم إلى كـل كـورة
فبـالله يـا مـولاي منـوا بفضـلكم	علينـا بـرأي أو كـلام بحجـة
فـأنتم أولـوا الأفضـال والمجـد والعـلا	وغـوث عبـاد اللـه في كـل آفـة

كما طلب المسلمون أن يتوسط السلطان بايزيد الثاني لدى البابا في روما وذلك لما للسلطان من ثقل سياسي في أوروبا فقال:

فسـل بـابهم أعنـي المقيم برومـة	بمـاذا أجـازوا الغـدر بعـد الأمانـة
ومـالهم مـالوا علينـا بغدرهم	بغـير أذىً منـا وغـير جريمـة
وجنسـهم المقلـوب في حفـظ ديننـا	وأحسـن ملـوك ذي وفـاء أجلـة
ولم يخرجـوا مـن ديـنهم وديـارهم	ولا نـالهم غـدر ولا هتـك حرمـة
ومـن يعـط عهـداً ثـم يغـدر بعهـده	فـذاك حـرام الفعـل في كـل ملـة
ولاسـيما عنـد الملـوك فإنـه	قبـيح شـنيع لا يجـوز بوجهـة
وقـد بلـغ المكتـوب منـكم إليـهم	فلـم يعلمـوا منـه جميعـاً بكلمـة
ومـا زادهـم إلا اعتـداء وجـرأة	علينـا وإقـداماً بكل مسـاءة

ويشير المسلمون أن توسط ملوك مصر لدى المسيحيين لم تجد شيئاً، بل زادوا تعنتاً فقالوا:

وقـد بلغـت إرسـال مصر إلـيهم	ومـا نـالهم غـدر ولا هتـك حرمـة
وقالوا لتلـك الرسـل عنـا بأننـا	رضينا بـدين الكفر مـن غـير قهـرة
وسـاقوا عقـود الـزور ممـن أطـاعهم	ووالله مـا نـرضى بتلـك الشـهادة
لقـد كـذبوا في قـولهم وكلامهـم	علينـا بهـذا القـول أكـبر فريـة
ولكـن خـوف القتـل والحـرق رونـا	نقـول كـما قالوه مـن غـير نيـة
وديـن رسـول مـا زال عنـدنا	وتوحيـدنا لله في كـل لحظـة

بعد ذلك أوضح المسلمون للسلطان بايزيد أنه مع كل ذلك فإنهم متمسكون بالدين الإسلامي ويؤكدون ذلك بقولهم:

ووالله ما نرضى بتبديل ديننا ... ولا بالذي قالوا من أمر الثلاثة
وإن زعموا أنا رضينا بدينهم ... بغير أذى منهم لنا ومساءة
فسل وحرا عن أهلها كيف أصبحوا ... أسارى وقتلى تحت ذل ومهنة
وسل بلفيقاً عن قضية أمرها ... لقد مزقوا بالسيف من بعد حسرة
وضيافة بالسيف مزق أهلها ... كذا فعلوا أيضاً بأهل البشرة
وأندرش بالنار أحرق أهلها ... بجامعهم صاروا جميعاً كفحمة

ويكرر المسلمون ويجددوا الاستغاثة بالدولة العثمانية بعد تقديم هذه الشكوى:

فها نحن يا مولاي نشكو إليكم ... فهذا الذي نلناه من شر فرقة
عسى ديننا يبقى لنا وصلاتنا ... كما عاهدونا قبل نقض العزيمة
وإلا فيجلونا جميعاً عن أرضهم ... بأموالنا للغرب دار الأحبة
فأجلاؤنا خير لنا من مقامنا ... على الكفر في عز على غير ملة
فهذا الذي نرجوه من عز جاهكم ... ومن عندكم تقضى لنا كل حاجة
ومن عندكم نرجو زوال كروبنا ... وما نالنا من سوء حال وذلة
فأنتم بحمد الله خير ملوكنا ... وعزتكم تعلو على كل عزة
فنسأل مولانا دوام حياتكم ... بملك وعز في سرور ونعمة
وتهدين أوطان ونصر على العدا ... وكثرة أجناد ومال وثروة
وثم سلام الله قلته ورحمة ... عليكم مدى الأيام في كل ساعة[1]

كانت هذه هي رسالة الاستنصار التي بعث بها المسلمون في الأندلس، لإنقاذ

(1) رسالة أهل الجزيرة بعد استيلاء أهل الكفر على جميعها الى السلطان بايزيد المكتبة الوطنية بالجزائر برقم 1620. وانظر: اخبار عياض (109/1 الى 115). نقلاً عن جهود العثمانيين لاسترداد الأندلس.

الموقف هناك، وكان السلطان بايزيد يعاني من العوائق التي تمنعه من إرسال المجاهدين، بالإضافة إلى مشكلة النزاع على العرش مع الأمير جم، وما أثار ذلك من مشاكل مع البابوية في روما وبعض الدول الأوروبية وهجوم البولنديين على مولدافيا والحروب في ترانسلفانيا والمجر والبندقية وتكوين التحالف الصليبي الجديد ضد الدولة العثمانية من البابا جويلس الثاني وجمهورية البندقية والمجر وفرنسا، وما أسفر عنه هذا التحالف [1] من توجيه القوة العثمانية لتلك المناطق، ومع ذلك قام السلطان بايزيد بتقديم المساعدة وتهادن مع السلطان المملوكي الأشرف لتوحيد الجهود من أجل مساعدة غرناطة ووقعا اتفاقاً بموجبه يرسل السلطان بايزيد اسطولاً على سواحل صقلية بإعتبارها تابعة لمملكة اسبانيا، وأن يجهز السلطان المملوكي حملات أخرى من ناحية أفريقيا [2] وبالفعل أرسل السلطان بايزيد اسطولاً عثمانياً تحول إلى الشواطئ الأسبانية، وقد أعطى قيادته إلى كمال رايس الذي أدخل الفزع والخوف والرعب في الأساطيل النصرانية في أواخر القرن الخامس عشر [3]، كما شجع السلطان بايزيد المجاهدين في البحر بإبداء اهتمامه وعطفه عليهم، وكان المجاهدون العثمانيون قد بدأوا في التحرك لنجدة اخوانهم المسلمين، وفي نفس الوقت كانوا يغنمون الكثير من الغنائم السهلة الحصول من النصارى، كذلك وصل عددٌ كبير من هؤلاء المجاهدين المسلمين أثناء تشييد الأسطول العثماني، ودخلوا في خدمته بعد ذلك أخذ العثمانيون يستخدمون قوتهم البحرية الجديدة في غرب البحر المتوسط بتشجيع من هؤلاء المجاهدين [4] وهذا الذي كان في وسع السلطان بايزيد الثاني فعله.

لاشك أن تصرفات جم المشينة كانت سبباً أعاق حركة التوسع الإقليمي وعرقلت السلطان بايزيد عن العمل الخلاق، وأصبح اهتمام السلطان منصباً على تعقب أخبار

---

(1) انظر: الدولة العثمانية دولة اسلامية مفترى عليها (903/2).
(2) انظر: علاقات بين الشرق والغرب، عبدالقادر أحمد ، ص256.
(3) انظر: خلاصة تاريخ الأندلس لشكيب ارسلان، ص213.
(4) انظر: في أصول التاريخ العثماني ، ص74.

أخيه والعمل على التخلص منه بكافة الوسائل [1].

وعلى العموم، فقد استطاع بايزيد أن يحرز نصراً بحرياً على البنادقة في خليج لبانتو ببلاد اليونان عام 499م/ 905هـ وفي العام التالي استولى على مدينة لبانتو وباستيلاء العثمانيين على مواقع البنادقة في اليونان، أقام البابا (إسكندر السادس) بناء على طلب البنادقة - حلفاً ضد العثمانيين مكوناً من فرنسا واسبانيا. وتعرض العثمانيون لهجوم الأساطيل الثلاثة: الفرنسي والإسباني والبابوي واستطاعت الدولة العثمانية أن تعقد صلحاً مع البنادقة [2].

وكان بايزيد ميالاً للسلام، ونشطت العلاقات الدبلوماسية بين الدولة العثمانية وأوروبا، وكانت من قبل مقصورة على البلاد الواقعة على حدودها، ولكنها أقيمت بينها وبين البابوية وفلورنسا ونابلي وفرنسا وعقد صلحاً مع البنادقة والمجر.

اهتم بايزيد بإنشاء المباني العامة وفعل الخيرات، فبنى الجوامع والمدارس والعمارات ودور الضيافة والتكايا والزوايا والمستشفيات للمرضى والحمامات والجسور ورتب للمفتي ومن في رتبته من العلماء في زمنه كل عام عشرة آلاف عثماني ولكل واحد من مدرسي المدارس السلطانية مابين سبعة آلاف وألفين عثماني، وكذلك رتب لمشايخ الطرق الصوفية ومريديهم ولأهل الزوايا كل واحد على قدر رتبته، وصار ذلك أمراً جارياً ومستمراً، وكان يحب أهل الحرمين الشريفين مكة والمدينة [3].

وحدثت في زمانه زلازل عظيمة في القسطنطينية فأخربت ألفاً وسبعين بيتاً ومئة وتسعة جوامع، وجانباً عظيماً من القصور وأسوار المدينة، وعطلت مجاري المياه، وصعد البحر إلى البر، فكانت أمواجه تتدفق فوق الأسوار، ولبثت تلك الزلزلة تحدث

(1) انظر : الدولة العثمانية في التاريخ الاسلامي ، ص52.
(2)انظر: الدولة العثمانية في التاريخ الاسلامي الحديث، ص52.
(3)المصدر السابق نفسه، ص53.

يومياً مدة 45 يوماً، وما أن سكنت الأمور كلف السلطان 15 ألفاً من العمال بإصلاح ماتهدم ⁽¹⁾.

عاش سبعاً وستين عاماً، وكان قوي البنية، أحدب الأنف، أسود الشعر رقيق الطبع، محباً للعلوم، مواظباً للدرس، وشاعراً أديباً، ورعاً تقياً، يقضي العشرة الأخيرة من شهر رمضان في العبادة والذكر والطاعة، وكان بارعاً في رمي السهام، ويباشر الحروب بنفسه ⁽²⁾ وكان يجمع في كل منزل حلّ من غزواته ما على ثيابه من الغبار ويحفظه، ولما دنا أجل موته، أمر بذلك الغبار فضرب منه لبنة صغيرة وأمر أن توضع معه في القبر تحت خدّه الأيمن، ففعل ذلك فكأنه أراد بذلك فحوى قوله صلى الله عليه وسلم : " من أغبرت قدماه في سبيل الله حرم الله عليه النار". وكان مدة ملكه إحدى وثلاثين سنة إلا أياماً ⁽³⁾

كان السلطان بايزيد الثاني عالماً في العلوم العربية والإسلامية، كما كان عالماً في الفلك، مهتماً بالأدب مكرماً للشعراء والعلماء وقد خصص مرتبات لأكثر من ثلاثين شاعراً وعالماً. كما كان هو نفسه شاعراً يمتاز شعره بعمق الإحساس بعظمة الله وقدرته وكانت له أشعار في الحكمة توصي بالاستيقاظ من نوم الغفلة والنظر في جمال الطبيعة التي أبدعها الله وفي ذلك يقول:

استيقظ من نوم الغفلة وانظر إلى الزينة في الأشجار

انظر إلى قدرة الله الحق .. انظر إلى رونق الأزهار

وافتح عينيك لتشاهد حياة الأرض بعد الممات ⁽⁴⁾

---

(1) انظر: تاريخ سلاطين آل عثمان ، يوسف آصاف، ص66.
(2) المصدر السابق نفسه، ص66.
(3) انظر: تاريخ سلاطين آل عثمان للقرماني ، ص36.
(4) انظر: العثمانيون في التاريخ والحضارة ، ص249.

في 18 صفر 918هـ الموافق 125 ابريل 1512م ترك حكم الدولة لابنه سليم الأول (918- 926هـ / 1512- 1519م) وذلك بدعم من الجيش، الذي كان ينظر إليه على أنه الأمل المرتجى في بعث النشاط الحربي للدولة العثمانية بصورة أوسع ودفع حركة الفتوحات إلى الأمام، ولذلك بادر الجيش إلى معارضة والده وتولية ابنه سليم مكانه [1] .

وتوفي السلطان بايزيد الثاني وهو ذاهب إلى ديمتوقة [2] فنقل نعشه إلى إسلامبول حيث دفن بجوار جامعه الشريف [3] .

---

(1) انظر: قيام الدولة العثمانية ، ص58.
(2) ديمتوقة = ديموتيقا.
(3) انظر: تاريخ سلاطين آل عثمان ، يوسف آصاف، ص66.

المبحث الثاني

السلطان سليم الأول

(918- 926هـ / 1512 - 1520م)

تربع السلطان سليم الأول على العرش العثماني في عام 918هـ وقد أظهر سليم منذ بداية حكمه ميلاً إلى تصفية خصومه ولو كانوا من إخوته وأبنائهم، وكان يحب الأدب والشعر الفارسي والتاريخ ورغم قسوته فإنه كان يميل إلى صحبة رجال العلم وكان يصطحب المؤرخين والشعراء إلى ميدان القتال ليسجلوا تطورات المعارك وينشدوا القصائد التي تحكي أمجاد الماضي [1] .

عندما ارتقى السلطان سليم الأول العرش العثماني، كانت الدولة العثمانية قد وصلت إلى مفترق الطرق، هل تظل على هذا الوضع وهذا القدر من الاتساع دولة بلقانية أناضولية؟ أو تستمر في التوسع الإقليمي في أوربا؟ أو تتجه نحو المشرق الإسلامي؟

والواقع أن السلطان سليم الأول قد أحدث تغييراً جذرياً في سياسة الدولة العثمانية الجهادية فقد توقف في عهد الزحف العثماني نحو الغرب الأوربي أو كاد أن يتوقف واتجهت الدولة العثمانية اتجاهاً شرقياً نحو المشرق الإسلامي وقد ذكر بعض المؤرخين الأسباب التي أدت إلى تغير السياسة العثمانية منها:

1- التشبع العسكري العثماني في أوربا، إذ يرى أصحاب هذا الرأي أن الدولة

---

[1] انظر: في أصول التاريخ العثماني ،ص76.

251

العثمانية كانت قد بلغت مرحلة التشبع في فتوحاتها الغربية بنهاية القرن الخامس عشر، وأنه كان عليها في أوائل القرن السادس عشر أن تبحث عن ميادين جديدة للنشاط والتوسع وهذا الرأي يخالفه الصواب لأن الفتوحات العثمانية لم تنقطع تماماً من الجبهة الغربية، ولكن لاريب في أن مركز الثقل في التوسع العثماني قد انتقل نهائياً من الغرب إلى الشرق [1] ليس بسبب التشبع كما تقول بعض المصادر غير المدركة للواقع.

2- كان تحرك الدولة العثمانية نحو المشرق من أجل إنقاذ العالم الإسلامي بصورة عامة والمقدسات الإسلامية بصورة خاصة من التحرك الصليبي الجديد من جانب الإسبان في البحر المتوسط والبرتغاليون في المحيط الهندي وبحر العرب والبحر الأحمر، الذين أخذوا يطوقون العالم الإسلامي، ويفرضون حصاراً اقتصادياً حتى يسهل عليهم ابتلاعه [2].

3- سياسة الدولة الصفوية في إيران والمتعلقة بمحاولة بسط المذهب الشيعي في العراق وآسيا الصغرى، هي التي دفعت الدولة العثمانية إلى الخروج إلى المشرق العربي لحماية آسيا الصغرى بصفة خاصة والعالم السني بصفة عامة [3].

إن سياسة الدولة العثمانية في زمن السلطان سليم سارت على هذه الأسس ألا وهي القضاء على الدولة الصفوية الشيعية، وضم الدولة المملوكية، وحماية الأراضي المقدسة وملاحقة الأساطيل البرتغالية ودعم حركة الجهاد البحري في الشمال الأفريقي للقضاء على الأسبان ومواصلة الدولة جهادها في شرق أوروبا.

أولاً: محاربة الدولة الصفوية الشيعية:

_____
(1) انظر: الدولة العثمانية في التاريخ الاسلامي الحديث، ص26.
(2) المصدر السابق نفسه، ص26.
(3) انظر: الاسلام في آسيا منذ الغزو المغولي، د. محمد نصر، ص240.

يعد نسب الصفويين الى الشيخ صفي الدين الأردبيلي650-735هـ/1252-1334م الجد الأكبر للشاه اسماعيل الصفوي مؤسس الدولة الصفوية.

وقد ألتف حول الشيخ صفي الدين الأردبيلي عدد كبير من الاتباع المريدين نتيجة للدعوة القوية او الدعاية المؤثرة التي قام بها هو وأتباعه من المتصوفة والدراويش الذين استطاعوا نشر دعوتهم لا في إيران وحدها وإنما في بعض أقاليم الدولة العثمانية وفي العراق وبلاد الشام[1] .

استطاع الشيخ صفي الدين عن طريق احدى الفرق التي تزعمها أن يشق طريقه في المجتمع الايراني كما استطاع أن يكسب تأييد ومساندة الكثيرين من الايرانيين مما أدى الى تحول هذه الفرقة الى الدعوة للمذهب الشيعي حيث أشيع أن الشيخ صفي الدين وأولاده ينتمون الى علي بن أبي طالب رضي الله عنه ومن ثم لهم الحق في المطالبة بالحكم وكان صفي الدين قد لجأ الى التقية إذ كان مظهره يوحي بأنه سني الاتجاه بل إنه من أتباع المذهب الشافعي ولما تمهدت السبل أمام هذه الدعوة الشيعية أعلن أحد أحفاده الشاه اسماعيل الدعوة الشيعية، بل إن السلطان حيدر أكد صلة نسبه بالامام موسى الكاظم ومن ثم أصبحت الدولة الصفوية في ايران تعد نفسها من آل بيت رسول الله صلى الله عليه وسلم[2] .

صمم اسماعيل الصفوي فرض المذهب الشيعي على شعبه وأعلنه مذهباً رسمياً للدولة في ايران، وقضى بالقوة المسلحة على معارضيه واستطاع الصفويون أن يجمعوا حولهم أعداداً غفيرة من الاتباع والمريدين، وتكاتفت الدعاية الشيعية القوية سواء في بقايا (العبيدين) الفاطميين في مصر أو الإسماعيلية أو الأسرة الصفوية نفسها في اعلان المذهب الشيعي في ايران لتتحول كلها من بعد ذلك من المذهب السني الى مذهب الدولة الجديدة وهو المذهب الشيعي.

---

(1) انظر: الاسلام في آسيا منذ الغزو المغولي، ص240.
(2) انظر: الاسلام في آسيا منذ الغزو المغولي ، د.محمد نصر، ص240.

وكانت ردود الفعل عنيفة خاصة وأن كثيرين من سكان المدن الرئيسية في ايران مثل تبريز كانوا من السنة، بل أن علماء الشيعة أنفسهم كانوا يخشون على المذهب من رفض السنة له وإعلان عصيانهم على الحاكم الصفوي شيعي المذهب.

بذل الشاه اسماعيل الصفوي جهوداً ضخمة في فرض المذهب الشيعي في ايران، فعلى الرغم من التهيئة الروحية للدعوة الشيعية بين سكان ايران الذين كانوا في غالبيتهم من السنة فقد لاقى المذهب اسماعيل الصفوي ان يواجه هذا الموقف بتجنيد العناصر الشيعية للغرض هذا ووجد منها تأييداً ومناصرة واستغل حميتهم لمناصرتهم فدفعهم لضرب معارضيه والتأكيد لمذهبه في ايران.

لجأ السلطان اسماعيل الصفوي الى سياسة ماهرة في تأكيد دعوته السياسية والمذهبية فاعتمد على قبائل الترلباش التركية الأصل لتكون نواة لقوته العسكرية ذلك أن المجتمع الايراني في ذلك الوقت كان يتكون من عناصر مختلفة نتيجة لموجات الغزو المتعاقبة على البلاد مما كان يصعب معه صهر كل هذه العناصر في بوتقة واحدة لقد استطاع اسماعيل الصفوي بهذه السياسة أن يجند الطاقة المذهبية عند هذه العناصر لتكون المحور الذي تلتف حوله وتذوب فيها الفوارق العرقية وتحل محلها وحدة مذهبية يمكن له أن يقيم عليها الكيان السياسي الجديد ⁽¹⁾.

لقد كان اسماعيل الصفوي شرساً في حروبه شديد الفتك بمعارضيه وخصوصاً إن كانوا من أهل السنة ⁽... افتتح ممالك العجم جميعها وكان يقتل من ظفر به وما نهبه من الاموال قسمه بين أصحابه ولا يأخذ منه شيئاً ومن جملة ما ملك تبريز واذربيجان وبغداد وعراق العجم وعراق العرب خراسان وكاد أن يدعي الربوبية وكان يسجد له عسكره ويأتمرون بأمره قال قطب الدين الحنفي في الأعلام انه قتل زيادة على ألف ألف نفس قال بحيث لايعهد في الجاهلية ولا في الاسلام ولا في الأمم السابقة من قبل

---

(1) انظر: الاسلام في آسيا منذ الغزو المغولي ، ص342، 243.

في قتل النفوس ماقتله شاه اسماعيل وقتل عدة من اعاظم العلماء بحيث لم يبق من أهل العلم أحد من بلاد العجم واحرق جميع كتبهم ومصاحفهم وكان شديد الرفض بخلاف آبائه ومن جملة تعظيم أصحابه له أنه سقط مرة منديل من يده الى البحر وكان على جبل شاهق مشرف على ذلك البحر فرمى بنفسه خلف المنديل فوق ألف نفس تحطموا وتكسروا وغرقوا وكانوا يعتقدون فيه الألوهية ذكر ذلك القطب المذكرو ولم تنهزم له راية حتى حاربه السلطان سليم المتقدم ذكره فهزمه...)[1].

لقد تزعم الشاه اسماعيل المذهب الشيعي وحرص على نشره ووصلت دعوته الى الأقاليم التابعة للدولة العثمانية وكانت الأفكار والعقائد التي تنتشر في تلك الأقاليم يرفضها المجتمع العثماني السني حيث كان من عقائدهم الفاسدة، تكفير الصحابة، لعن العصر الأول، تحريف القرآن الكريم، وغير ذلك من الأفكار والعقائد فكان من الطبيعي أن يتصدى لتلك الدعوة السلطان سليم زعيم الدولة السنية ، فأعلن في اجتماع لكبار رجال الدولة والقضاة ورجال السياسة وهيئة العلماء في عام 920هـ/1514م أن ايران بحكوماتها الشيعية ومذهبها الشيعي يمثلان خطراً جسيماً لا على الدولة العثمانية بل على العالم الاسلامي كله وأنه لهذا يرى الجهاد المقدس ضد الدولة الصفوية وكان رأي السلطان سليم هو رأي علماء أهل السنة في الدولة، لقد قام الشاه اسماعيل عندما دخل العراق بذبح المسلمين السنيين على نطاق واسع ودمر مساجدهم ومقابرهم وازداد الخطر الشيعي ضرواة في السنوات الاخيرة من عهد السلطان بايزيد وعندما تولى السلطان سليم السلطنة قامت اجهزت الدولة العثمانية الأمنية بحصر الشيعة التابعين للشاه اسماعيل والمناوئين للدولة العثمانية ثم قام بتصفية اتباع الشاه اسماعيل، فسجن وأعدم عدداً كبيراً من انصار الشاه اسماعيل في الاناضول ثم قام بمهاجمة اسماعيل نفسه، فتداولت الرسائل الخشنة بينهما حسب المعتاد، وكتب السلطان سليم رسالة الى اسماعيل الصفوي قال فيها: (... إن علمائنا ورجال القانون

(1) البدر الطالع (271/1).

قد حكموا عليك بالقصاص ياأسماعيل، بصفتك مرتداً، وأوجبوا على كل مسلم حقيقي أن يدافع عن دينه، وأن يحطم الهراطقة في شخصك، أنت وأتباعك البلهاء ، ولكن قبل أن تبدأ الحرب معكم فاننا ندعوكم لحظيرة الدين الصحيح قبل أن نشهر سيوفنا وزيادة على ذلك فإنه يجب عليك أن تتخلى عن الاقاليم التي اغتصبتها منا اغتصباً ، ونحن حينئذ على استعداد لتأمين سلامتك..) [1] .

وكان رد اسماعيل الصفوي على هذا الخطاب ان بعث للسطان العثماني هدية من الافيون قائلاً انه اعتقد ان هذا الخطاب كتب تحت تأثير المخدر [2] .

كذلك جاء في خطاب آخر مشابه: (... أنا زعيم وسلطان آل عثمان ، أنا سيد فرسان هذا الزمان، أنا الجامع بين شجاعة وبأس أفريدون الحائز لعز الاسكندر، والمتصف بعدل كسرى، أنا كاسر الأصنام ومبيد أعداء الاسلام أنا خوف الظالمين وفزع الجبارين المتكبرين، أنا الذي تذل أمامه الملوك المتصفون بالكبر والجبروت، وتتحكم لدى قوتي صوالج العزة والعظموت، أنا الملك الهمام السلطان سليم خان بن السلطان الأعظم مراد خان، أتنازل بتوجيه إليك أيها الأمير اسماعيل، يازعيم الجنود الفارسية .. ولما كنت مسلماً من خاصة المسلمين وسلطاناً لجماعة المؤمنين السنيين الموحدين.. واذ قد افتى العلماء والفقهاء الذين بين ظهرانينا بوجب قتلك ومقاتلة قومك فقد حق علينا أن ننشط لحربك وتخلص الناس من شَرِكْ) [3] .

أعد السلطان سليم الأول لمعركة فاصلة مع الدولة الصفوية حيث وصل الى استانبول وبدأ في التحرك من استانبول تجاه الأراضي الإيرانية وبعد أن غادر اسكوتراي أرسل يهدد الشاه اسماعيل الصفوي في رسالة يقول فيها: (بسم الله الرحمن الرحيم قال الله الملك العلام ان الدين عند الله الاسلام ومن يتبع غير الاسلام ديناً فلن

(1) انظر: جهود العثمانيين لإنقاذ الأندلس، ص435.
(2) المصدر السابق نفسه، ص435.
(3) فتح العثمانيين عدن، محمد عبداللطيف البحراوي، ص113.

يقبل منه وهو في الآخرة من الخاسرين، ومن جاءه موعظة من ربه فانتهى فله ماسلف وأمره الى الـلـه ومن عاد فأولئك أصحاب النار هم فيها خالدون، اللهم اجعلنا من الهـادين غـير المضـلـين ولا الضالين وصلي الـلـه على سيد العالمين محمد المصطفى النبي وصحبه أجمعين...[1].

وفي نفس الوقت أرسل السلطان سليم الأول الى أحد افراد أسرة آق قويونلو وهو محمـد بـن فرج شاه بيك يحثه على الاشتراك معه في قتـال اسماعيل الصفوي، وبـدأت حرب الاستطلاع بـين المعسكرين المتحاربين، إلا أن سليم الأول قد بدأ التحرك نحـو الـدخول في القتال حيـث عسـكر في صحراء ياس جمن على مقربة من أذربيجان، ووصلت الأنباء التي أتت بها عيون ياس جمـن تقول أن الشاه اسماعيل الصفوي لا ينـوي القتال وأنـه يـؤخره الى ان يحل فصل الشـتاء حتى يهلك العثمانيون برداً وجوعاً[2].

وبدأ سليم الأول يسرع في تحريك الصراع بينه وبين الشاه اسماعيل فارسل إليه للمـرة الثانيـة وأرسل مع رسالته خرقة ومسبحة وكشكولاً وعصا رمـز فـرق الـدراويش وهو بهذا يقصد الى أن يذكره بأصله، وبأهل الأسرة الصفوية التي لاتستطيع الصمود في الحرب، ومع ذلك فقد رد الشـاه اسماعيل بطلب المهادنة وتجديد علاقات السلم والصداقة بين الدولتين، ولم يقبل سـليم الأول هـذا من شاه الصفويين، وأهان رسوله وأمر بقتل رسول الشاه الصفوي وقد أدرك سـليم الأول أن خطـة أعدائه تتلخص في المهادنة والتباطؤ لتأجيل موعد اللقاء حتى يحين فصل الشتاء ، واستمر السلطان سليم في تحركه ووصلته الأخبار أن اسماعيل الصفوي قد بدأ الاستعداد للقتال والحرب بل إنه على وشك الوصول الى صحراء جالديران، فبدأ سليم الأول المسير نحوها فوصلها في أغسطس عام 1514م واحتل المواقع الهامة بها واعتلى الاماكن الهضبية فيها مـما مكنـه مـن ايقـاع الهزيمـة باسماعيل الصفوي وجنوده وكانت هزيمة ساحقة حلت بالجيش

(1) انظر: الاسلام في آسيا منذ الغزو المغولي، ص246.
(2) المصدر السابق نفسه، ص246.

الصفوي الشيعي على ارضه [1].

واضطر اسماعيل الى الفرار في نفس الوقت الذي كان سليم الأول يستعد فيه للدخول الى تبريز عاصمة الصفويين.

ودخل سليم الاول تبريز وحصر أموال الشاه الصفوي ورجال القلزباس واتخذها مركزاً لعملياته الحربية [2].

لم ينته الصراع بين السنة في الدولة العثمانية والشيعة في ايران بانتهاء معركة جالديران وانما ازداد العداء حدة وازداد الصراع ضراوة وظل الطرفان يتربص كل منهما بالآخر.

لقد انتصر السلطان سليم بفضل الله تعالى وعقيدته السليمة ومنهجه الصافي، واسلحته المتطورة وجيشه العقدي المتدرب، وعاد الى بلاده بعد أن استولى على كردستان وديار بكر، ومرغش وأبلسين وباقي أملاك دلفاود، وبذلك صارت الأناضول مأمونة من الاعتداء من الشرق، وصارت الطرق الى أذربيجان والقوقاز مفتوحة للعثمانيين [3].

وما أن هزمت فارس في موقعة جالديران السابقة أمام السلطان سليم حتى كان الفرس أنفسهم اكثر استعداداً وتقبلاً من قبل للتحالف مع البرتغاليين وبدأت تلك الاستعدادات للارتباط بالبرتغال عقب استيلاء البوكرك على هرمز، عندها وصل سفير من لدى شاه اسماعيل وتم الدخول في اتفاقية محدودة مابين البرتغاليين والصفويين نصت على مايلي: أن يقدم البرتغال اسطوله ليساعد الفرس في غزو البحرين والقطيف كما يقدم البرتغال المساعدة للشاه اسماعيل لقمع الثورة في مكران وبلوجستان وأن يكوّن الشعبان البرتغالي والفارسي اتحاداً ضد العثمانيين ، إلا أن وفاة

---

(1) انظر: الاسلام في آسيا منذ الغزو المغولي ، ص247، 248.
(2) المصدر السابق نفسه، ص247.
(3) انظر: جهود العثمانيين لإنقاذ الاندلس، ص436.

البوكرك التي أتت بعد ذلك قد أعاق ذلك التحالف[1] .

لقد أظهر البرتغاليون تودداً للشاه اسماعيل قبل معركة جالديران وكانوا يهدفون من وراء توددهم للصفويين أن تتاح لهم فرصة تحقيق أهدافهم في إيجاد مراكز لهم في الخليج العربي، وكانوا يدركون أنهم إذا لم يكسبوا ود الصفويين فإن تعاون قوتهم مع القوى المحلية في الخليج قد يؤدي الى فشل البرتغاليين في تحقيق أهدافهم ولاسيما أن مشروعاتهم في إيجاد مراكز نفوذ في البحر الأحمر منيت بالفشل الى حد كبير[2] .

وتبدو سياسة البرتغال الرامية الى التحالف مع الفرس في رسالة ارسلها "البوكيرك" الى الشاه "اسماعيل الصفوي" جاء فيها:

(إني أقدر لك احترامك للمسيحيين في بلادك، وأعرض عليك الأسطول والجند والأسلحة لاستخدامها ضد قلاع الترك في الهند، وإذا أردت أن تنقض على بلاد العرب أو تهاجم مكة فستجدني بجانبك في البحر الأحمر أمام جدة أو في عدن أو في البحرين أو القطيف أو البصرة، وسيجدني الشاه بجانبه على امتداد الساحل الفارسي وسأنفذ له كل مايريد)[3] .

لقد أدت هزيمة الشاه اسماعيل امام العثمانيين الى حرصه الشديد للتحالف مع النصارى وأعداء الدولة العثمانية ولذلك تحالف مع البرتغاليين وأقرّ استيلاءهم على هرمز في مقابل مساعدته على غزو البحرين والقطيف الى جانب تعهدهم بمساندتهم ضد القوات العثمانية وقد تضمن مشروع التحالف البرتغالي الصفوي تقسيم المشرق العربي الـمناطق نفوذ بينهما حيث اقترح أن يحتل الصفويون مصر والبرتغاليون

---

(1) المصدر السابق نفسه، ص437.
(2) انظر: قراءة جديدة في تاريخ العثمانيين ، ص63.
(3) المصدر السابق نفسه، ص63.

فلسطين [1].

يقول الدكتور عبدالعزيز سليمان نواز: (... إن الشاه لم يتوقف عن البحث عن حلفاء ضد الدولة العثمانية التي أصبحت القوة الكبرى التي تحول بينه وبين الوصول الى البحر المتوسط وكان مستعداً لان يتحالف حتى مع البرتغاليين أشد القوى خطراً على العالم الاسلامي حينذاك. وهكذا بينما كان البرتغاليين يخشون من وجود جبهة اسلامية قوية ضدهم في المياه الاسلامية ، وجدوا أن هناك من يريد أن يتعاون معهم.

ومع أن ملك هرموز -الجزيرة الصغيرة التي أضيرت بشدة في اقتصادياتها التجارية بمجيء البرتغاليين المريعة، إلا أن الشاه وضع مصالحه الخاصة وحقده الشديد على الاتراك العثمانيين في مقدمة اية تسوية او تحالف مع البرتغاليين، فلا غرو أن وافق على أن تظل هرموز تحت السيطرة البرتغالية في مقابل حصوله على الاحساء ولكن حتى هذه الفرصة لم يتحها البرتغاليون لحليفهم الشاه. وكانت النتيجة أن ساعدت سياسة الشاه هذه على تقوية التسلط البرتغالي على الخليج..) [2].

اكتفى السطان العثماني بانتصاره في جالديران واضطر الى الرجوع الى بلاده وترك مطاردة الشاه اسماعيل لعدة أسباب:

1- حدوث نوع من التمرد بين صفوف ضباط الجيش العثماني على متابعة الحرب في فارس بعد أن حقق السلطان هدفه واضعف شوكة اسماعيل الصفوي.

2- خوف السلطان سليم من أن يقع جيشه في كمائن للصفويين إذا توغل في بلادهم.

3- رأى أن يهتم بالقضاء على المماليك لأن جهاز أمن الدولة العثمانية ضبط رسائل بين المماليك والصفويين تدل على وجود تعاون ضد الدولة العثمانية [3].

---

(1) المصدر السابق نفسه، ص64.
(2) الشعوب الاسلامية، ص226.
(3) الشعوب الاسلامية ، ص225.

وكانت نتيجة الصراع بين العثمانيين والصفويين:

1- ضم شمالي العراق ، وديار بكر الى الدولة العثمانية.

2- أمن العثمانيون حدود دولتهم الشرقية.

3- سيطرة المذهب السني في آسيا الصغرى بعد أن قضى على اتباع وأعوان اسماعيل الصفوي ثم هزيمة الشيعة في جالديران وهذا أشعر الدولة بمسؤوليتها تجاه العالم الاسلامي ، وبخاصة بعد أن أعلن نفسه حامياً للمسلمين[1] .

4- شعور الدولة العثمانية بضرورة القضاء على القوة الثانية ألا وهي دولة المماليك[2] .

5- أثر الصدام المسلح بين الدولة العثمانية والصفويين على قيمة ايرادات جمارك الدولة العثمانية من الطرق القديمة في الأناضول. لقد هبطت الايرادات بعد سنة 918هـ/1512م نتيجة الحروب القائمة بين الصفويين والعثمانيين، إذ أقفلت معظم الطرق التجارية القديمة، كما سادها الاخطار ، وصار التبادل التجاري بين الاقاليم الايرانية والعثمانية محدوداً، إذ انخفض ايراد الدولة العثمانية من الحرير الفارسي[3] .

6- استفاد البرتغاليون من صراع الصفويين مع الدولة العثمانية وحاولوا أن يفرضوا على البحار الشرقية حصاراً عاماً على كل الطرق القديمة بين الشرق والغرب[4] .

7- دخل السرور على الأوروبين بسبب الحروب بين العثمانيين والصفويين وعمل الأوروبيون على الوقوف مع الشيعة الصفوية ضد الدولة العثمانية لإرباكها حتى

---

(1) انظر: تاريخ الدولة العثمانية ، د. علي حسوان ، ص57،56.
(2) انظر: تاريخ العرب مجموعة من العلماء، ص3.
(3) انظر: جهود العثمانيين لاسترداد الأندلس، ص437.
(4) المصدر السابق نفسه ، ص438.

لاتستطيع أن تستمر في زحفها على أوروبا [1].

ثانياً: ضم دولة المماليك:

بعد أن تغلب السلطان سليم الأول على الصفويين في شمال وغربي ايران بدأ السلطان العثماني يستعد للقضاء على دولة المماليك ولقد ساهمت عدة أسباب في توجه العثمانيين لضم الشام ومصر منها:

1- موقف المماليك العدائي من الدولة العثمانية حيث قام السلطان قانصوه الغوري (907-922هـ/1501-1516م) سلطان الدولة المملوكية بالوقوف مع بعض الأمراء العثمانيين الفارين من وجه السلطان سليم وكان في مقدمتهم الأمير أحمد أخ السلطان سليم، وأرادت السلطات المملوكية أن تتخذ من وجود هؤلاء الأمراء لديها أداة لإثارة مزيد من المتاعب في وجه السلطان سليم، كما كان الموقف السلبي للدولة المملوكية في وقوفها المعنوي مع الشاه اسماعيل الصفوي فهي لم تلتزم الحيادة التامة بين العثمانيين والصفويين، وهي لم تتخذ موقفاً عدائياً صريحاً من السلطان سليم.

2- الخلاف على الحدود بين الدولتين في طرسوس في المنطقة الواقعة بين الطرف الجنوبي الشرقي لآسيا الصغرى وبين شمالي الشام. فقد تناثرت في هذه المنطقة إمارات وقبائل تأرجحت في ولائها بين الدولة العثمانية ودولة المماليك. وكان هذا التأرجح مبعث اضطراب في العلاقات بين الدولتين ومصدر نزاع مستمر. وأراد السلطان سليم الأول بادئ ذي بدء أن يحسم مسألة الحدود بالسيطرة التامة على منطقتها وسكانها.

3- تفشي ظلم الدولة المملوكية بين الناس ورغبة أهل الشام وعلماء مصرـ في التخلص من الدولة المملوكية والإنضمام الى الدولة العثمانية، فقد اجتمع العلماء والقضاة والأعيان والأشراف وأهل الرأي مع الشعب، وتباحثوا في حالهم، ثم قرروا

---

(1) انظر: القوة العثمانية بين البر والبحر ، د. نبيل رضوان ، ص111.

أن يتولى قضاة المذاهب الأربعة والأشراف كتابة عريضة ، نيابة عن الجميع، يخاطبون فيها السلطان العثماني سليم الأول ويقولون أن الشعب السوري ضاق "بالظلم" المملوكي وإن حكام المماليك "يخالفون الشرع الشريف"، وإن السلطان إذا قرر الزحف على السلطنة المملوكية، فإن الشعب سيرحب به، وتعبيراً عن فرحته، سيخرج بجميع فئاته وطوائفه الى عينتاب -البعيدة عن حلب- ولن يكتفوا بالترحيب به في بلادهم فقط، ويطلبون من سليم الأول أن يرسل لهم رسولاً من عنده، وزيراً ثقة، يقابلهم سراً ويعطيهم عهد الأمان، حتى تطمئن قلوب الناس [1] .

ولقد ذكر الدكتور محمد حرب أن هذه الوثيقة موجودة في الأرشيف العثماني في متحف طوب كابي في استانبول، رقم 11634 (26) وبين أن ترجمة الوثيقة من العثمانية الى العربية كما يلي : (يقدم جميع أهل حلب: علماء ووجهاء وأعيان وأشراف وأهالي، بدون استثناء طاعتهم وولاءهم - طواعية- لمولانا السلطان عزنصره -وبإذنهم جميعاً، كتبنا هذه الورقة لترسل الى الحضرة السلطانية العالية. إن جميع أهل حلب، وهم الموالون لكم، يطلبون من حضرة السلطان، عهد الأمان، وإذا تفضلتم بالتصريح فإننا نقبض على الشراكسة، ونسلمهم لكم، أو نطردهم، وجميع أهل حلب مستعدون لمقابلتكم واستقبالكم، بمجرد أن تضع أقدامكم في أرض عينتاب، خلصنّا أيها السلطان من يد الحكم الشركسي، احمنا أيضاً من يد الكفار، قبل حضور التركمان، وليعلم مولانا السلطان، إن الشريعة الاسلامية ، لاتأخذ مجراها هنا، وهي معطلة، إن المماليك إذا اعجبهم أي شيء ليس لهم، يستولون عليه، سواء كان هذا الشيء مالاً أو نساءً أو عيالاً ، فالرحمة لاتأخذهم بأحد، وكل منهم ظالم، وطلبوا منا رجلاً من ثلاثة بيوت، فلم نستجب لطلبهم، فأظهروا لنا العداء، وتحكموا فينا ، (ونريد) قبل أن يذهب التركمان أن يقدم علينا وزيراً من عندكم أيها السلطان صاحب الدولة، مفوض بمنح الأمان لنا ولأهلينا ولعيالنا، أرسلوا لنا رجلاً حائزاً على ثقتكم يأتي سراً ويلتقي

(1) انظر: العثمانيون في التاريخ والحضارة، د. محمد حرب ، ص170.

بنا ويعطينا عهد الأمان، حتى تطمئن قلوب هؤلاء الفقراء وصلى الله على سيدنا محمد وعلى آله أجمعين)[1] .

أما علماء وفقهاء مصر فقد ذكر عبدالله بن رضوان في كتابه: تاريخ مصر- 'مخطوط رقم 4971' بمكتبة بايزيد في استانبول ، إن علماء مصر 'وهم نفس الشعب المصري وممثلوه' يلتقون سرّاً بكل سفير عثماني يأتي الى مصر، ويقصون عليه 'شكواهم الشريف' و 'يستنهضون عدالة السلطان العثماني' لكي يأتي ويأخذ مصر'.

لقد كان علماء مصر يراسلون السلطان سليم الأول لكي يقدم الى مصر- على رأس جيشه ، ليستولي عليها، ويطرد منها الجراكسة 'المماليك)[2] .

4- رأى علماء الدولة العثمانية بأن ضم مصر- والشام يفيد الأمة في تحقيق أهدافها الاستراتيجية، فإن الخطر البرتغالي على البحر الأحمر والمناطق المقدسة الاسلامية وكذلك خطر فرسان القديس يوحنا في البحر المتوسط كان على رأس الأسباب التي دعت السلطان العثماني لأن يتوجه نحو الشرق، فتحالف مع القوات المملوكية لهذا الغرض في البداية، ثم تحمل العبء الكامل في مقاومة هذه الأخطار بعد سقوط الحكم المملوكي)[3] .

ونستدل على ذلك بما قاله السلطان سليم الأول العثماني لطومان باي آخر سلاطين المماليك بعد أن هزمه في معركة الريدانية 'أنا ما جئت عليكم إلا بفتوى علماء الأعصار والأمصار ، وأنا كنت متوجهاً الى جهاد الرافضة 'ويعني الصفويين' والفجار 'ويعني بهم البرتغاليين وفرسان القديس يوحنا' ، فلما بغي أميركم الغوري وجاء بالعساكر الى حلب واتفق مع الرافضة واختار أن يمشي- الى مملكتي التي هي مورث آبائي

---

(1) انظر: العثمانيون في التاريخ والحضارة ، ص170،171.
(2) انظر: العثمانيون في التاريخ والحضارة ، ص169.
(3) انظر: قراءة جديدة في التاريخ العثماني، ص70.

وأجدادي، فلما تحققت تركت الرافضة، ومشيت إليه[1] .

أ- وقوع الصدام:

بعد التطورات التي حدثت بين الدولة العثمانية والدولة الصفوية كان على السلطان المملوكي قانصوه الغوري أن يتخذ أحدى المواقف تجاه الحدث اما:

1- ان يأخذ جانب العثمانيين ضد الصفويين.

2- ان يأخذ جانب الصفويين ضد العثمانيين.

3- ان يقف على الحياد بين الطرفين.

وفضل الغوري ان يقف على الحياد في ظاهره إلا أن المخابرات العثمانية عثرت على خطاب تحالف سري يؤكد العلاقة الخفية بين المماليك والفرس والخطاب محفوظ في أرشيف متحف طوب قابو في إستانبول.

وكان السلطان سليم يريد الكرة على الشيعة الصفوية في بلاد فارس ومع توتر الأحداث رأي السلطان سليم تأمين ظهره وذلك بضم الدولة المملوكية الى أملاكه.

وألتقى الجمعان على مشارق حلب في مرج دابق عام 1517م وانتصر العثمانيون وقُتِلَ الغوري سلطان المماليك وأكرم العثمانيون الغوري بعد مماته وأقاموا عليه صلاة الجنازة ودفنوه في مشارف حلب ودخل سليم حلب ثم دمشق ودُعي له في الجوامع وسُكَّتْ النقود باسمه سلطان وخليفة[2] ومن الشام أرسل السلطان سليم الى زعيم المماليك في مصر- طومان باي على أن يلتزم بالطاعة للدولة العثمانية وكان رد المماليك

(1) انظر: قراءة جديدة في التاريخ العثماني ، ص71.
(2) انظر: العثمانيون في التاريخ والحضارة ، ص29.

السخرية برسول السلطان ثم قتله.

وقرر السلطان سليم الحرب وتحرك نحو مصر وقطع صحراء فلسطين قاصداً مصر ونزلت الأمطار على أماكن سير الحملة مما يسرت على الجيش العثماني قطع الصحراء الناعمة الرمال بعد أن جعلتها الأمطار الغزيرة متماسكة يَسهل اجتيازها.

يروي المؤرخ سلاحثور صاحب مخطوطة فتح نامه ديار العرب -وكان مصاحباً لسليم- أن سليم الأول كان يبكي في مسجد الصخرة بالقدس بكاءً حاراً وصلى صلاة الحاجة داعياً الله أن يفتح عليه مصر[1].

وحقق العثمانيون انتصاراً ساحقاً على المماليك في معركة غزة ثم معركة الريدانية.

وتعود الأسباب التي أدت الى هزيمة المماليك وانتهاء دولتهم وانتصار العثمانيين وعلو نجمهم الى:

1- التفوق العسكري لدى العثمانيين: فسلاح المدفعية المملوكي كان يعتمد على مدافع ضخمة ثابتة لاتتحرك، في حين كان سلاح المدفعية العثماني يعتمد على مدافع خفيفة يمكن تحركيها في كل الاتجاهات.

2- سلامة الخطط العسكرية العثمانية: فرغم قطع العثمانيين لمسافات طويلة في سرعة اضطروا إليها ومحاربتهم في ارض يسيطر عليها عدوهم ومباغتتهم للمماليك كل ذلك كان مما يدخل في عوامل النصر، ومن سلامة التخطيط أيضاً استدارة القوات العثمانية من خلف مدافع المماليك الثقيلة الحركة -إذا أريد تحريكها- ودخول هذه القوات العثمانية القاهرة عن طريق المقطم مما شل دور المدفعية المملوكية وأحدث بالتالي الاضطراب في صفوف الجيش المملوكي لتدافعهم بلا انتظام خلف العثمانيين.

3- معنويات الجيش العثماني العالية وتربيته الجهادية الرفيعة واقتناعه بأن حربه عادلة بعكس القوات المملوكية التي فقدت تلك الصفات.

---

(1) انظر: العثمانيون في التاريخ والحضارة، ص30.

4- حرص الدولة العثمانية على الالتزام بالشرع في جميع نواحي حياتها واهتمامها البالغ بالعدل بين رعايا الدولة، بعكس الدولة المملوكية التي انحرفت عن الشريعة الغراء ومارست الظلم على رعاياها [1] .

5- قناعة مجموعة قيادية من أمراء المماليك بالإنضمام لجيش السلطان سليم وكانوا مستعدين للتعاون مع الدولة العثمانية وتحمل مسؤولية الحكم تحت إطار الحكم العثماني ومن أمثال هؤلاء: فاير بك الذي اسند إليه سليم الأول حكم مصر- وجان بردي الغزالي الذي تولى حكم دمشق [2] .

لقد تلقى المماليك الهزيمة في سنة 1516 /1517م وهم في شيخوخة دولتهم ومن آخر صفحة من صفحات تاريخهم كقوة اسلامية كبرى سواء في الشرق الأوسط أو في العالم، فقد كانوا فقدوا حيويتهم وقدرتهم على تجديد شبابهم ، فكان أن زالت دولتهم، وذهبت البلاد التي كانت حكمهم للنفوذ العثماني [3] .

وقد نقل الدكتور علي حسون عن الجبرتي من كتابة تاريخ عجائب الآثار في التراجم والآخبار في المجلد الأول وصفاً لفترة حكم العثمانيين في مصر إبان عهد سلاطينهم العظماء أقتطف بعضاً منها:

' ...وعادت مصر الى النيابة كما كانت في صدر الاسلام ولما خلص له (أي السلطان سليم) أمر مصر، عفا عمن بقي من الجراكسة وأبنائهم ولم يتعرض لأوقاف السلاطين المصرية بل قرر مرتبات الأوقاف والخيرات والعلوفات وغلال الحرمين والأنبار ورتب للأيتام والمشايخ والمتقاعدين ومصارف القلاع والمرابطين وأبطل المظالم والمكوث والمغارم ولما توفي تولى ابنه الغازي السلطان سليمان عليه الرحمة والرضوان

(1) انظر: العثمانيون في التاريخ والحضارة، 31.
(2) انظر: الشعوب الاسلامية ، د. عبدالعزيز نوار، ص93.
(3) المصدر السابق نفسه، ص92.

فأسس القواعد وأتم المقاصد ونظم المماليك وانار الحوالك ورفع منار الدين وأخمد نيران الكافرين.. لم تزل البلاد منتظمة في سلكهم ومنقادة تحت حكمهم .. وكانوا في صدر دولتهم من خير من تقلد أمور الأمة بعد الخلفاء المهديين وأشد من ذبَّ عن الدين وأعظم من جاهد في المشركين فلذلك أتسعت ممالكه بما فتحه الله على أيديهم وأيدي نوابهم .. هذا مع عدم إغفالهم الأمر وحفظ النواحي والثغور وإقامة الشعائر الاسلامية والسنن المحمدية وتعظيم العلماء وأهل الدين وخدمة الحرمين الشريفين)[1] .

ب- مسألة انتقال الخلافة:

إن مسألة انتقال الخلافة الى آل عثمان ترتبط بالفتح العثماني لمصر وقد قيل أن آخر الخلفاء العباسيين في القاهرة قد تنازل لسليم عن الخلافة، فالمؤرخ ابن إياس المعاصر لضم العثمانيين لمصر- لم يتطرق إليها، كما أن الرسائل التي أرسلها السلطان سليم الى أبنه سليمان لم ترد فيها أية إشارة لتنازل الخليفة عن لقبه للسلطان، كما أن المصادر المعاصرة لاتشير الى مسألة نقل الخلافة الى آل عثمان الذين لاينتسبون الى الرسول.

إن الواقع التاريخي يقول بأن السلطان سليم الأول أطلق على نفسه لقب "خليفة الله في طول الأرض وعرضها" منذ عام 1514م (920هـ) أي قبل فتحه للشام ومصر وإعلان الحجاز خضوعه لآل عثمان.

فالسلطان سليم وأجداده كانوا قد كسبوا مكانة عظيمة تلائم استعمال لقب الخلافة في الوقت الذي كان فيه مركز الخليفة في القاهرة لايعتد به. كما أن فتوح سليم اكسبته قوة ونفوذاً معنوياً ومادياً وخصوصاً بعد دخول الحرمين الشريفين تحت سلطانه وأصبح السلطان العثماني مقصداً للمستضعفين المسلمين الذين يتطلعون الى مساعدته بعد أن هاجم البرتغاليين المواني الاسلامية في آسيا وإفريقيا. ملخص المبحث

---

(1) انظر: تاريخ الدولة العثمانية ، ص63.

أن السلطان سليم لم يكن مهتماً بلقب الخلافة، وكذلك سلاطين آل عثمان من بعده وأن الاهتمام بهذا اللقب قد عاد بعد ضعف الدولة العثمانية [1].

ج- اسباب انهيار الدولة المملوكية:

هناك مجموعة من العوامل تجمعت وساعدت في وضع نهاية لدولة المماليك أهمها:

1- عدم تطوير المماليك، اسلحتهم وفنونهم القتالية، فبينما كان المماليك يعتمدون على نظام الفروسية الذي كان سائداً في العصور الوسطى كان العثمانيون يعتمدون على استخدام الاسلحة النارية وبخاصة المدفعية.

2- كثرة الفتن والقلاقل والاضطرابات بين المماليك حول ولاية الحكم مما أدى الى عدم استقرار الحكم في أحرج الأوقات.

3- كره الرعايا للسلاطين المماليك الذين كانوا يشكلون طبقة استقراطية مترفعة منعزلة عن الشعوب.

4- وقوع بعض الانشقاقات بين صفوف المماليك، كما فعل والي حلب "خاير بك وجانبرد الغزالي" مما أدى الى سرعة انهيار الدولة المملوكية.

5- سوء الأحوال الاقتصادية، وبخاصة عندما تغيرت طرق التجارة المارة بمصر واكتشاف طريق رأس الرجاء الصالح .

6- العامل الجامع للأسباب السابقة ضعف التزام المماليك بمنهج الله ويقابله قوة تمسك العثمانيين بشرع الله [2].

د- خضوع الحجاز للعثمانيين:

---

(1) انظر: الدولة العثمانية في التاريخ الاسلامي الحديث، ص61،62.
(2) انظر: تاريخ العرب الحديث، مجموعة من العلماء ، ص40.

كانت الحجاز تابعة للمماليك وعندما علم شريف مكة بمقتل السلطان الغوري ونائبه طومان باي بادر شريف مكة "بركات بـن محمـد " الى تقـديم السـمع والطاعـة الى السـلطان سـليم الأول وسلمه مفاتيح الكعبة وبعض الآثار فأقر السلطان سليم شريف الحجاز بركات باعتباره أميراً علـى مكة والحجاز، ومنحه صلاحيات واسعة . ⁽¹⁾

وبذلك أصبح السلطان سليم خادماً للحرمين الشريفين وأصبحت مكانته أقـوى أمـام الشـعوب الاسلامية وبخاصة أن الدولة أوقفت أوقافاً كثيرة على الاماكن المقدسة، وكانت ايراداتها تصب في خزانة مستقلة بالقصر السلطاني وقد أدى ضم الحجاز الى العثمانيين الى بسط السيادة العثمانية في البحر الأحمر مما أدى الى دفع الخطر البرتغالي عن الحجاز والبحر الأحمر واستمر هذا حتى نهايـة القرن الثامن عشر . ⁽²⁾

س- اليمن:

بعد انهزام المماليك قدّم حاكم اليمن المملـوكي الجركسي- (اسـكندر) وفـداً الى السـلطان سـليم ليقدم فروض الولاء والطاعة له فوافق السلطان العثماني على إبقائه في منصبه وكانت اليمن تشكل بعداً استراتيجياً وتعتبر مفتاح البحر الأحمر وفي سلامتها سلامة للأماكن المقدسة في الحجاز وكانت السيطرة العثمانية في بداية الأمر ضعيفة، بسبب الصراعات الداخليـة بـين القـادة والمماليك الى جانب نفوذ الأمامة الزيدية بين قبائل الجبال، هذا فضـلاً عـن الخطر البرتغالـي الـذي كـان يهـدد السواحل اليمنية وهذا دفع السلطان الى ارسال قوة بحرية إلا أنها فشلت بسبب النزاع الـذي دب بين قائدها "حسين الرومي" متصرف جدة و"الريس سلمان" احد قادة البحر العثمانيين . ⁽³⁾

ثم ارسل السلطان سليمان حملـة "سـليمان باشا ارناؤطي" سـنة 945هـ/1538م وقد ضـمت الحملة 74 سفينة و 20.000 شخص وكان هدف الحملة احتلال اليمن

---

(1) المصدر السابق نفسه، ص40.
(2) انظر: تاريخ العرب الحديث، ص41.
(3) نفس المصدر السابق ، ص41.

وبخاصة عدن ثم اغلاق مضيق باب المندب أمام السفن البرتغالية ودخل العثمانيون عدن عام 946هـ/1539م، وتعز عام 952هـ/1545م وسقطت صنعاء في قبضتهم عام 954هـ/1547م وتحرك "سلمان باشا" باسطوله ليستولي على بعض الموانئ العربية في حضرموت ومنها "الشحر ، والمكلا" واجتاح ساحل الحبشة، وسواكن ومصوع على الجانب الغربي من البحر الأحمر 964هـ/1557م.

وقد ظلت اليمن في فترة خضوعها للحكم العثماني (1538-1635م) تنازعها قوى العثمانيين والأئمة الزيدية، فالعثمانيون لم يستطيعوا أن يضمنوا سيطرة حقيقية على البلاد نتيجة لحركة المقاومة التي تواجههم[1] .

وقد ظلت اليمن في فترة هيمنة الدولة العثمانية عليها (1538-1635م) تتنازعها قوى العثمانيين والأئمة الزيدية، فالعثمانيون لم يستطعوا أن يسيطروا كلياً على البلاد بسبب تمرد بعض القبائل[2] .

واستفاد العثمانيون من وجدوهم في اليمن فقاموا بحملات بحرية الى الخليج بقصد تخليصه من الضغط البرتغالي[3] .

ثالثاً: الصراع العثماني البرتغالي:

قامت دولة البرتغال في عام 1514م بتحريك حملة على المغرب الأقصى- يتزعمها الامير هنري الملاح واستطاعت تلك الحملة أن تحتل ميناء سبتة المغربي، وكان ذلك بداية لسلسلة من الاعمال العدوانية المتتالية[4] ثم واصلت البرتغال حملاتها على الشمال

(1) انظر: تاريخ العرب ، مجموعة من الاساتذة، ص41.
(2) المصدر السابق نفسه، ص42.
(3) المصدر السابق نفسه، ص42.
(4) التاريخ الأوروبي الحديث في عصر النهضة الى مؤتمر فينا ، د. عبدالعزيز نوار، ص48.

الأفريقي حتى تمكنت من الاستيلاء على اصيل، والعرائش ثم طنجة في عـام 1471 للميلاد ⁽¹⁾ .

وواصلت بعد ذلك أطماعها في مراكز هامة جداً مثل ميناء "أسفى وأغادير، وأزمورة، وماسة" ⁽²⁾ .

وأما عن توجه البرتغال الى المحيط الأطلسي ومحاولتهم الإلتفاف حول العالم الاسلامي فقد كان العمل مدفوعاً بالدرجة الاولى بدوافع صليبية شرسة ضد المسلمين ، حيـث اعتبرت البرتغال انهـا نصيرة المسيحية وراعيتها ضد المسلمين ، حيث اعتبرت قتال المسلمين ضرورة ماسـة وصـارمة ورأت الاسلام هو العدو اللدود الذي لابد من قتاله في كل مكان ⁽³⁾ .

وكان الأمير هنري الملاح شديد التعصب للنصرانية عظيم الحقد على المسلمين وقد تحصـل هـذا الأمير من البابا نيقولا الخامس حقاً في جميع كشوفه حتى بلاد الهند، حيث قال : (إن سرورنا العظيم إذ نعلم أن ولدنا هنري أمير البرتغال، إذ يترسم خُطى والده العظيم الملك يوحنا، وإذ تلهمه الغـيرة التي تملك الأنفس كجندي باسل من جنود المسيح، قد دفع باسم اللـه الى آقاصي البلاد وأبعادهـا عـن مجال علمنا كما أدخل بين أحضان الكاثوليكية الغادرين من أعداء اللـه وأعداء المسـيح مثل العـرب والكفرة...) ⁽⁴⁾ .

وقال البوكيرك في خطابه الذي ألقاه على جنده بعد وصوله الى "ملقا" مانصه: (إن ابعاد العرب عن تجارة الأفاوية هي الوسيلة التي يرجو بها البرتغاليون إضعاف قوة الاسلام).

وفي نفس الخطبة قال :(الخدمـة الجليلـة التي سـنقدمها لله بطردنا العـرب مـن هـذه الـبلاد وبإطفاءنا شعلة شيعة محمد بحيث لا يندفع لها هنا بعد ذلك لهيب وذلك لأني

---

(1) انظر: الكشوف الجغرافية، شوقي عبد اللـه ، ص99،100.
(2) المصدر السابق نفسه، ص99،100.
(3) انظر: آسيا الوسطى الغربية، بانيكار ، ص24،25.
(4) دراسات متميزة في العلاقات بين الشرق والغرب، يوسف الثقفي، ص58.

على يقين أننا لو انتزعنا تجارة "ملقا" هذه من أيديهم (يقصد المسلمين) لاصبحت كل من القاهرة ومكة أثراً بعد عين ولامتنعت عن البندقية كل تجارة التوابل مالم يذهب تجارها الى البرتغال لشرائها من هناك[1].

وقال في يومياته: (كان هدفنا الوصول الى الأماكن المقدسة للمسلمين واقتحام المسجد النبوي وأخذ رفاة النبي محمد صلى الله عليه وسلم رهينة لنساوم عليها العرب من اجل استرداد القدس[2].

وقال ملك البرتغال عمانويل الأول معلناً أهداف الحملات البرتغالية: إن الغرض من اكتشاف الطريق البحري الى الهند هو نشر النصرانية والحصول على ثروات الشرق[3].

وهكذا يظهر للباحث المنصف أن الدافع الديني للكشوف البرتغالية كان من أهم العوامل التي دفعت البرتغال لارتياد البحار والإلتفاف حول العالم الاسلامي، فصدرت المراسيم والأوامر، ورسم الصليب والمدفع كشعار للحملات، وكان القصد من ذلك أن على المسلمين اعتناق المسيحية وإلا عليهم مواجهة المدفع.

وكان الدافع الاقتصادي في الدرجة الثانية كعامل مؤثر في سير الكشوف الجغرافية البرتغالية، فقد سهل اكتشاف طريق رأس الرجاء الصالح في عام 904هـ/1497م بواسطة فاسكو دي جاما مهمة وصول منتجات الشرق الاقصى للأسواق الأوروبية دون الحاجة الى مرورها عن طريق مصر- ولهذا ساعد تحويل الخط التجاري عن مناطق العبور العربية والاسلامية -ساعد- على تحقيق الهدف الديني وذلك لما للمجال الاقتصادي من اثر فعال في إضعاف القوة الاسلامية التي كان لها ابلغ الأثر في زعزعة

---

(1) انظر: دراسات متميزة، ص59.
(2) انظر: الدولة العثمانية دولة اسلامية مفترى عليها (698/2).
(3) انظر: موقف أوروبا من الدولة العثمانية، د.يوسف الثقفي، ص37.

أوروبا خلال عدة قرون، فضلاً عن الركود الاقتصادي الذي مُنيت به الدولة المملوكية بسبب هذا التحول المفاجئ [1].

ومما يجدر ذكره أن البرتغاليين استعانوا في حملاتهم باليهود الذين استخدموا كجواسيس، وقد ساعدهم في ذلك معرفتهم باللغة العربية، وعلى سبيل المثال فقد ارسل ملك البرتغال يوحنا الثاني خادمه الخاص ومعه رفيق آخر يهودي الى مصر والهند والحبشة وكان من نتائج رحلتها تقديمها تقرير يتضمن بعض الخرائط العربية عن المحيط الهندي [2].

وذكر ابن اياس إنه في زمن الشريف بركات أمير مكة تسلل ثلاثة أشخاص الى مكة وكانوا يحومون حول المسجد الحرام وعليهم لباس عثماني ويتحدثون العربية والتركية، فأمر بالقبض عليهم وبالكشف على اجسامهم اتضح أنهم مسيحيون لأنهم كانوا بغير ختان، وبعد التحقيق معهم ظهر أنهم جواسيس، ارسلوا للعمل كأدلاء للجيش البرتغالي الصليبي عند دخوله لمكة، وتم بعد ذلك إرسالهم الى السلطان قانصوه الغوري [3].

ولتحقيق الأهداف البرتغالية رأى رواد الكشوف وساستهم ضرورة التحكم في مضيقي "هرمز" و "باب المندب" لكي يحكم أعداء الاسلام غزوهم للعالم الاسلامي من الخلف ودق عصب الإقتصاد في المناطق العربية والاسلامية ثم بالتالي نشر المسيحية في كل موقع يصلون إليه [4].

ونجح البرتغاليون في خططهم وتمكنوا من السيطرة على معابر التجارة في الساحل الأفريقي والخليج العربي وبحر العرب، وقاموا بمنع وصول المنتجات الشرقية الى

---

(1) دراسات متميزة ، ص60،61.
(2) انظر: أوروبا في مطلع العصور الحديثة للشناوي، (123/1).
(3) انظر: بدائع الزهور في وقائع الدهور (191/4).
(4) انظر: موقف أوروبا من الدولة العثمانية، ص38.

أوروبا عن طريقها، وقد ساعدهم في تحقيق ذلك عدم وجود منافس بحـري لهـم، ممـا سهـل لهم السيطرة على المراكز الهامة بيسر وسهولة، ثم لم يتـورع البرتغـاليون بعـد ذلك عـن استخدام العنف فشهدت المناطق التي وصلوا إليها واحتلوها الكثير من المجازر وإشعال النـيران والتـدمير، والاعتداء على حرمات الناس ومنع المسلمين من الذهاب الى الحج وهدم المساجد عليهم [1] .

إما عن موقف المسلمين من هذا الغزو الغاشم فقد كان المماليك آنذاك في موقف لايحسـدون عليه حيث اصابهم الوهن الاقتصادي والسياسي وانشغل السـلاطين بمشـاكلهم الداخليـة ومجابهـة الدولة العثمانية وقمع نشاط الفرسان الإسبارتية في شرق البحـر الأبـيض المتوسـط [2] ولهـذا واجـه السكان في الساحل الأفريقي والخليج واليمن مصيرهم بأنفسهم، فهـاجموا الحاميـات البرتغاليـة في كل مكان، في شرق أفريقيا وفي مسـقط والبحـرين وقريـات وعـدن ، ولكـن دون جـدوى لاخـتلاف ميزان القوى [3] .

ثم ان المماليك شعروا بالمسؤولية على الرغم من المشاكل التي كانت تعيشها دولتهم ، وبـذلوا مافي استطاعتهم للحد من وصول البرتغاليين الى الأماكن المقدسة، فقـام السـلطان قانصـوه الغـوري بإرسال حملة بحرية مكونة من ثلاثة عشرة سفينة عليه ألف وخمسـائة رجل بقيادة حسـين الكردي الذي وصل الى جزيرة "ديو" ثم "شول" وألتقى مـع الأسطول البرتغـالي بقيـادة "الـونز دي الميدا" وذلك في عام 914هـ/1508م فكان النصر- حليفـه [4] ، ثـم ان البرتغال عـززوا قواتهم وأعـادوا الكـرة مـرة أخـرى ممـا أدى الى هزيمـة الاسطول الاسلامي سـنة 915هـ/1509م في معركـة "ديـو" المشهورة في

(1) انظر: علاقة ساحل عمان ببريطانيا، عبدالعزيز عبدالحي ، ص19.
(2) انظر: دراسات في التاريخ المصري، أحمد سيد دراج ، ص114.
(3) انظر: موقف أوروبا من الدولة العثمانية، ص38.
(4) انظر: بدائع الزهور في وقائع الدهور (142/4).

التاريخ ⁽¹⁾ .

أما عن الدولة العثمانية فكانت في البداية بعيدة عن ساحة المعركة ويفصل بينها وبين البرتغال دولة المماليك والدولة الصفوية ومع ذلك لبى السلطان بايزيد الثاني طلب السلطان الغوري مساعدته ضد البرتغال ، فأرسل في شهر شوال سنة 916هـ/ 1511م عدة سفن محملة بالمكاحل والأسهم وأربعين قنطاراً من البارود وغير ذلك من المستلزمات العسكرية والأموال اللازمة ⁽²⁾ . ولكن هذه المساعدة لم يكتب لها الوصول سالمة بسبب تعرضها لقرصنة فرسان القديس يوحنا ⁽³⁾ .

وبعد أن ضم العثمانيون بلاد مصر والشام ودخلت البلاد العربية تحت نطاق الحكم العثماني ، واجهت الدولة العثمانية البرتغاليين بشجاعة نادرة، فتمكنت من استرداد بعض الموانئ الاسلامية في البحر الأحمر مثل: مصوع وزيلع، كما تمكنت من إرسال قوة بحرية بقيادة مير علي بك الى الساحل الأفريقي فتم تحرير مقديشو وممبسة ومُنيت الجيوش البرتغالية بخسائر عظيمة ⁽⁴⁾ .

وفي عهد السلطان سليمان القانوني 927-974هـ/1520-1566م تمكنت الدولة العثمانية من إبعاد البرتغاليين عن البحر الأحمر ومهاجمتهم في المراكز التي استقروا بها في الخليج العربي.

لقد ادرك السلطان سليمان أن مسؤولية الدفاع عن الأماكن المقدسة هي مسؤولية الدولة العثمانية، فبادر بعقد اتفاق مع حاكمي "قاليقوط" و"كامباي" وهما الحاكمان الهنديان اللذان تأثرا من الغزو البرتغالي وكان ذلك الاتفاق ينص على العمل المشترك

---

(1) انظر: النفوذ البرتغالي في الخليج العربي، نوال صيرفي، ص106.
(2) انظر: المماليك الفرنج، أحمد سيد دراج، ص115.
(3) انظر: تاريخ كشف أفريقيا واستعمارها، شوقي الجمل، ص172.
(4) انظر: موقف أوروبا من الدولة العثمانية، ص39.

ضد البرتغال، ثم أعقب ذلك الإتفاق إصداره مرسوماً الى سليمان باشا الخادم والي مصر- هذا نصه: (عليك يابيك البكوات بمصر- سليمان باشا، أن تقوم فور تسلمك أوامرنا هذه ، بتجهيز حقيبتك وحاجتك، وإعداد العدة بالسويس للجهاد في سبيل الله، حتى إذا تهيأ لك إعداد أسطول وتزويده بالعتاد والميرة والذخيرة وجمع جيش كافٍ، فعليك أن تخرج الى الهند وتستولي وتحافظ على تلك الأجزاء، فإنك اذا قطعت الطريق وحاصرت السبل المؤدية الى مكة المكرمة تجنبت سوء ما فعل البرتغاليون وأزلت رايتهم من البحر)[1] .

وقام سليمان الخادم بتنفيذ أوامر السلطان العثماني ، ووصل بعد سبعة أيام الى جدة ثم اتجه الى كمران وبعد ذلك سيطر على عدن وعيّن عليها أحد ضباطه وزودها بحامية بلغ عدد جنودها ستمائة جندي ، ثم واصل سيره الى الهند، وعند وصوله الى ديو لم يتمكن من الإستيلاء عليها وانسحب عائداً بعد ان فقد حوالي اربعمائة من رجاله، وحاول مرة اخرى الاستيلاء على الأمامية حتى استسلمت إحداها وتم أسر ثمانين برتغالياً ، ولولا الإمدادات الجديدة للجيش البرتغالي لاستسلمت جميع القلاع، وتمّ طرد البرتغاليين من الهند ولخضعت قلعة ديو للعثمانيين خضوعاً تاماً[2] .

وهكذا تمكن العثمانيون من صد البرتغال وإيقافهم بعيداً عن المماليك الاسلامية والحد من نشاطهم ، وهكذا نجحت الدولة العثمانية في تأمين البحر الأحمر وحماية الأماكن المقدسة من التوسع البرتغالي المبني على أهداف استعمارية وغايات دنيئة ومحاولات للتأثير على الاسلام والمسلمين بطرق مختلفة.

إن النجاح الذي حققته الدولة العثمانية في دره الخطر البرتغالي على العالم الاسلامي يستحق كل تقدير وثناء، فدولة المماليك المتهالكة كانت على وشك الانهيار، ولم تكن على مستوى من القوة يكفل لها الوقوف أمام الغزو البرتغالي فتحملت الدولة العثمانية

---

(1) انظر: موقف اوروبا من الدولة العثمانية، ص40.
(2) انظر: صراع المسلمين مع البرتغاليين في البحر الأحمر ، غسان الرمال، ص226.

أعباء الدفاع عن حقوق المسلمين وممتلكاتهم، ونجحت أيما نجاح في الحد من مطامع الغزاة ووصولهم الى الأماكن المقدسة كما كانوا يرغبون [1].

أما عن الدولة الصفوية فقـد تخلـت عـن مساعدة سكان المناطق التي وصل إليها الغزو البرتغالي، فتركت مدن الخليج العربي تواجه مصيرها بنفسها، وزادت على ذلك أن سارت الدولة الصفوية في فلك الأعداء ولبت رغباتهم خاصة وأنها على عداء وخلاف مذهبي مع المماليك والدولة العثمانية ولذلك نجد البوكيرك القائد البرتغالي يستغل هذا الموقف ويرسل في عـام 915هـ/1509م مبعوثه "روى جومير" ومعه رسالة ذكر فيها: "اني أقدّر لك احترامك للمسيحيين في بـلادك، واعرض عليك الأسطول والجند والأسلحة لاستخدامها ضد قلاع الـتـرك في الهند، وإذا أردت أن تـنقـض على بلاد العرب أو أن تهاجم مكة فستجدني بجانبك في البحر الأحمر أمام جـدة أو في عـدن أو في البحرين أو في القطيف أو في البصرة ، وسيجدني الشاة بجانبه على امتداد الساحل الفارسي ، وسأنفذ له كل مايريد" [2].

وقد صادف هذا العرض أو هـذا الموقف الفترة التي كانت القوات العثمانية تتوجـه فيها لمجابهة الصفويين على الحدود، حيث كانت بعد ذلك معركة جالديران سنة 920هـ/1514م التي انهزم فيها الفرس هزيمة ساحقة أمام الجيش العثماني، مـما جعلهـم - أي الفرس - أكثر استعداداً للتحالف مع البرتغاليين ضد العثمانيين، فكانت فرصة البرتغال التي لاتعوض لاسيما وأنهم يـدركون مدى الخطر الذي يُهددهم ويقلق أمنهم من قبل الدولة العثمانية ، فاستغلوا احتلالهم لهرمز عام 921هـ/1515م وارتبطوا بعد ذلك مباشرة مع الصفويين بمعاهدة كان مـن أهم بنودهـا؛ تقديم البرتغال أسطولها لمساعدة الشاة في حملته على البحرين والقطيف مقابل اعتراف الشاة بالحماية البرتغالية

(1) انظر: موقف أوروبا من الدولة العثمانية، ص40.
(2) التيارات السياسية في الخليج العربي ، صلاح العقاد، ص17.

على هرمز، وتوحيد القوتين وفي حالة المواجهة مع الدولة العثمانية عدوهما المشترك [1] .

ويظهر أن البرتغال رأوا في تحالفهم مع الصفويين وسيلة تحقق عدم الوفاق بين الدول الاسلامية التي فيما لو اتحدت ضدها لما تمكنت من السيطرة على مقدرات الشعوب في مناطق الخليج والبحر الأحمر وعدن وغير ذلك من الاماكن التي خضعت للسيطرة البرتغالية؛ ومن جهة اخرى فإن التحالف الصفوي البرتغالي والوضع السياسي والاقتصادي المتدهور لدى دولة المماليك، كل ذلك جعل الدولة العثمانية تتحمل المسؤولية كاملة في الدفاع عن الأماكن الاسلامية في كل موقع حاول البرتغاليون الوصول إليه والسيطرة عليه [2] .

لقد كان من نتائج الصراع العثماني البرتغالي:

1- احتفظ العثمانيون بالاماكن المقدسة وطريق الحج.

2- حماية الحدود البرية من هجمات البرتغاليين طيلة القرن السادس عشر.

3- استمرار الطرق التجارية التي تربط الهند واندونيسيا بالشرق الادنى عبر الخليج العربي والبحر الأحمر.

4- استمرار عمليات تبادل البضائع الهندية مع تجار أوروبا في أسواق حلب، والقاهرة واسطنبول ففي سنة 1554م اشترى البندقيون وحدهم ستة آلاف قنطار من التوابل وفي الوقت نفسه كانت تصل الى ميناء جدة عشرين سفينة محملة بالبضائع الهندية (توابل ، أصباغ، أنسجة) [3] .

وفاة السلطان سليم:

(1) التيارات السياسية في الخليج العربي، ص98.
(2) انظر: موقف أوروبا من الدولة العثمانية، ص41.
(3) انظر: تاريخ العرب الحديث ، مجموعة من العلماء ، ص45،46.

في التاسع من شوال سنة ست وعشرين وتسعمائة، ليلة السبت توفي السلطان سليم -رحمه الله-، فأخفى موته الوزراء، وأرسلوا يعلمون ولده السلطان سليمان، فلما وصل الى القسطنطينية أعلنوا موت السلطان سليم، وصلوا عليه في جامع السلطان محمد، ثم حملوه ودفنوه في محل قبره، وأمر السلطان سليمان خان ببناء جامع عظيم ، وعمارة لطعام الفقراء صدقة على والده.

وكان رحمه الله عالماً فاضلاً ذكياً، حسن الطبع، بعيد الغور، صاحب رأي وتدبير وحزم، وكان يعرف الألسنة الثلاثة: العربية والتركية والفارسية، ونظم نظاماً بارعاً حسناً، وكان دائم الفكر في أحوال الرعية والمملكة، وقَهَر الملوك وأبادهم، ولما كان بمصر كتب على رخام في حائط القصر الذي سكن فيه بخطه، فقال:

الملك لله من يظفر بنيل مني   يردده قهراً ويضمن بعده الدركا

لو كان لي أو لغيري قدر أنملة   فوق التراب لكان الأمر مشتركاً

توفي رحمه الله تعالى وله من العمر أربع وخمسون سنة، وكانت مدة ملكه تسعة أعوام وثمانية أشهر [1] .

_____

(1) انظر: تاريخ السلاطين آل عثمان للقرماني، ص40.

المبحث الثالث

السلطان سليمان القانوني

ولد سليمان القانوني في مدينة (طرابزون) كان والده آنذاك والياً عليها اهتم به والده اهتماماً عظيماً، فنشأ محباً للعلم والأدب والعلماء والادباء والفقهاء، واشتهر منذ شبابه بالجدية والوقار، أرتقى عرش السلطنة في السادسة والعشرين من عمره وكان متأنياً في جميع شـؤونه ولا يتعجـل في الأعمال التي يريد تنفيذها بل كان يفكر بعمق ثم يقرر واذا اتخذ قراراً لايرجع عنه [1] .

أولاً: الفتن التي واجهته في بداية حكمه:

ابتلى سليمان في السنوات الأولى في عهده بأربع تمردات شغلته عن حركة الجهاد، حيـث ظـن الولاة الطموحون أن فرصة الاستقلال بأقاليمهم حان وقتها، فقام جان بـردى الغـزالي والى الشـام بتمرد على الدولة وأعلن العصيان عليها وحاول أن يستولي على حلب إلا أنه فشل في ذلك وأمـر السلطان سليمان بقمع الفتنة فقمعت وقطع رأس المتمرد جـان بـردى وأرسل الى اسـتنبول دلالـة على انتهاء التمرد.

وأما التمرد الثاني فقد قام به أحمد شاه الخائن في مصر وكان هـذا عـام 930هـ/1524م وكـان هذا الباشا طامعاً في منصب الصدر الأعظم ولم يفلح في تحقيـق هدفـه، وطلب مـن السـلطان أن يعينه والياً على مصر فعينه. وما أن وصل الى مصر حتى حاول استمالة الناس وأعلن نفسه سـلطاناً مستقلاً إلا أن أهل الشرع وجنود الدولة العثمانية من الإنكشارية قاموا ضد الوالي المتمرد وقتلوه وظل اسمه في كتب التاريخ مقروناً باسم الخائن.

---

(1) انظر: السلاطين العثمانيون الكتاب المصور، ص51.

والتمرد الثالث ضد خليفة المسلمين هو تمرد شيعي رافضي قام به بابا ذو النون عـام 1526م في منطقة يوزغاد حيث جمع هـذا البابا مـابين ثلاثـة آلاف وأربعـة آلاف ثائر وفرض الخـراج عـلى المنطقة، وقويت حركته حتى أنه استطاع هزيمة بعض القواد العثمانيـين الـذين توجهوا لقمـع حركته، وانتهت فتنة الشيعة هذه بهزيمة بابا ذو النون وأرسل رأسه الى استانبول.

والتمرد الرابع ضد الدولة العثمانية في عهد سليمان القانوني كان تمرداً شيعياً رافضياً أيضاً وكان على رأسه قلندر جلبي في منطقتي قونيـة ومـرعش وكان عـدد أتباعـه 30.000 شـعياً قامـوا بقتـل المسلمين السنيين في هاتين المنطقتين. ويقول بعض المؤرخين أن قلندر جلبي جعـل شـعاره أن مـن قتل مسلماً سنياً ويعتدي على امرأة سنية يكون بهذا قد حاز أكبر الثواب.

توجه بهرام باشا لقمع هذا العصيان فقتله العصاة، ثـم نجحت الحيلـة معهـم إذ أن الصـدر الأعظم إبراهيم باشا قد استمال بعض رجال قلندر جلبي ، فقلت قواته وهزم وقتل.

بعد هذا هدأت الأمور في الدولة العثمانيـة وبـدأ السـلطان في التخطيط لسياسـة الجهـاد في أوروبا ⁽¹⁾ .

ثانياً: فتح رودس:

كانت رودس جزيرة مشاكسة إذ كانت حصـن حصـين لفرسـان القـديس يوحنا الـذين كانوا يقطعون طريق الحجاج المسلمين الأتراك الى الحجاز، فضلاً عن اعمالهم العدوانية الموجهة لخطوط المواصلات البحرية العثمانية، فأهتم السلطان سليمان بفتحها وأعد حملـة عظيمـة سـاعده عـلى تحقيقها عدة أمور:

---

(1) انظر: العثمانيون في التاريخ والحضارة، د. محمج حرب، ص91.

1- انشغال اوروبا بالحرب الكبرى بين شارل الخامس (كنت) -امبراطور الدولة الرومانية المقدسة وفرانسوا ملك فرنسا.

2- عقد الصلح بين الدولة العثمانية والبندقية.

3- نمو البحرية العثمانية على عهد سليم الأول.

وشن سليمان القانوني حرباً كبيرة ضد رودس ابتداء من منتصف عام 1522م، وفتحها وأعطى للفرسان حق الانتقال منها، فذهبوا الى (مالطة) وهناك أعطاهم (شارك كنت) حق حكم هذه الجزيرة [1].

ثالثاً: قتال المجر وحصار فينا:

كان ملك المجر (فيلاد يسلاف الثاني جاجليو) قد عزم على فك أي تعهدات كانت قد اعطيت من قبل اسلافه لسلاطين الدولة العثمانية، وذهب الى حد قتل مبعوث السلطان سليمان إليه.

وكان المبعوث يطالب بالجزية السنوية المفروضة على المجر. ولهذا رد سليمان في عام 1521م بغزوة كبيرة ضد المجر، ولكن استمرت المعارك حتى أحرز الاتراك انتصارهم الكبير، في موقعة موهاكس عام 1526م، ودخل سليمان القانوني (بودا) في 11 سبتمبر (أيلول) عام 1526م واستمرت المقاومة الهنغارية رغم هذا، وتابع السلطان ضغطه حتى بلغت جيوشه أسوار فينا عاصمة الامبراطورية الرومانية المقدسة عام 1529م، إلا أن طول خطوط المواصلات وتحول (شارل كنت) من قتال فرانسوا الى التصالح معه للتفرغ لحرب العثمانيين ولانقاذ عاصمة الهايسبورج جعل من المستحيل على سليمان القانوني فتح هذه العاصمة، وتراجع عنها بينما استمر الصراع بين سليمان والقوى الأوروبية المؤيدة لملك المجر من أجل السيطرة على هذه المملكة حتى وفاة سليمان.

---

(1) انظر: الشعوب الاسلامية ، د.عبدالعزيزنوار.

على أن أبرز حدث تاريخي في السياسة الخارجية العثمانية على عهد سليمان القانوني هو علاقته مع فرانسوا، تلك العلاقة التي تحولت الى محالفة ⁽¹⁾.

رابعاً: سياسة التقارب العثماني الفرنسي:

كان عهد السطان سليمان القانوني يمثل رأس الهرم بالنسبة لقوة الدولة العثمانية ومكانتها بين دول العالم آنذاك. ويعتبر عصر ـ السلطان ـ سليمان ـ هو العصر ـ الذهبي للدولة العثمانية، حيث شهدت سنوات حكمه من 926-972هـ الموافق 1520-1566م توسعاً عظيماً لم يسبق له مثيل، وأصبحت أقاليم الدولة العثمانية منتشرة في ثلاث قارات عالمية.

وكان لهذا البروز أثره على دول العالم المعاصرة وبالأخص على دول أوروبا التي كانت تعيش انقسامات سياسية ودينية خطيرة، ولهذا تنوعت مواقف الدول الأوروبية من الدولة العثمانية حسب ظروف كل دولة. وكان تشارلز الخامس ملك الامبراطورية الرومانية المقدسة ينافس فرانسوا الأول ملك فرنسا على كرسي الحكم للامبراطورية الرومانية، وكان البابا ليو العاشر منافساً للراهب الألماني مارتن لوثر زعيم المقاومة البروتستانتية ⁽²⁾.

وكانت بلغراد تعاني من اضطرابات داخلية بسبب صغر سن ملكها لويس الثاني مما أدى الى نشوب النزاع بين الأمراء ⁽³⁾.

ولهذا رأى فرانسوا الأول أن يستغل مكانه وقوة الدولة العثمانية ويكسبها صديقاً له، فوقف منه موقف التودد والرغبة في الوفاق معتقداً أن الدولة العثمانية هي التي ستحد

(1) انظر: الشعوب الاسلامية ، ص147.
(2) انظر: دراسات متميزة ، يوسف الثقفي، ص92.
(3) المصدر السابق نفسه، ص92.

من طموحات تشارلز الخامس وتوقفه عند حده، ومما يثبت هذا التوجه الفرنسي ماذكره للسفير الفينسي عندما قال :(سعادة السفير لايمكنني أن أنكر أنني أرغب بشدة في أن أرى الأتراك أقوياء جداً ومستعدون للحرب ، ليس فقط لمصلحة السلطان العثماني الذاتية بل لإضعاف قوة الامبراطور تشارلز الخامس وتكليفه غالياً، وإعطاء جميع الحكومات الأمن والأمان ضد عدو عظيم كهذا "الامبراطور تشارلز" .[1]

بدأت مفاوضات فرنسا مع الدولة العثمانية بعد معركة "بافيا" التي أسر فيها ملك فرنسا "فرانسوا الأول" عام 1525م، فأرسلت والدته والوصية على العرش مبعوثها "جون فرانجيباني" ومعه خطاب منها وخطاب من الملك الأسير يطلبان فيهما مهاجمة قوات عائلة الهابسبرج وإطلاق سراح الأسير .[2]

وعلى الرغم من أن الأسير أطلق بموجب معاهدة تم عقدها في مدريد بين فرنسا وأسرة الهابسبرج سنة 1526م، إلا أن فرنسوا، بعد إطلاق سراحه أرسل في عام 941هـ/1535م سكرتيره "جان دي لافوريه" الى السلطان سليمان بهدف عقد تحالف في شكل معاهدة [3]، سُميت فيما بعد بـ "معاهدة الامتيازات العثمانية الفرنسية"، ونظراً لما ستكون عليه هذه المعاهدة من أهمية كبرى بعد ذلك نورد هنا أهم نصوصها:

1.حرية التنقل والملاحة في سفن مسلحة وغير مسلحة بحرية تامة.

2.حق التجارة والمتاجرة في كل أجزاء الدولة العثمانية بالنسبة لرعايا ملك فرنسا.

3.تدفع الرسوم الجمركية وغيرها من الضرائب مرة واحدة في الدولة العثمانية.

4.الضرائب التي يدفعها الفرنسيون في الدولة العثمانية هي نفسها التي يدفعها الرعايا الأتراك.

---

(1) انظر: موقف أوروبا من الدولة العثمانية ، ص47.
(2) انظر: موقف أوروبا من الدولة العثمانية ، ص47.
(3) المصدر السابق نفسه، ص47.

5.حق التمثيل القنصلي، مع حصانة قنصلية ولأقاربه وللعاملين معه.

6.من حق القنصل الفرنسي النظر في القضايا المدنية والجنائية التي يكون أطرافها مـن رعايا ملك فرنسا، وان يحكم في هذه القضايا وإنما للقنصل الحق في الاستعانة بالسلطات المحلية لتنفيـذ أحكامه.

7.في القضايا المختلفة التي يكون أحد أطرافها رعية من رعايا السلطان العثماني ، لا يستدعي ولا يستجوب رعية الملك الفرنسي ولا يحاكم إلا بحضور ترجمان القنصلية الفرنسية.

افادات رعية الملك في القضايا مقبولة ويؤخذ بها عند اصدار الحكم.

8.حرية العبادة لرعايا الملك.

10.منع استعباد رعية الملك.

وكان من نتائج هذه المعاهدة زيادة التعاون بين الأسطولين الفرنسي والعثماني وشـن الاسطول العثماني هجمات قوية على شواطئ مملكة نابولي التي كانت تابعة لـ"شارل كنت" وفي عـام 1543م تجمعت وحدات الاسطولين العثماني والفرنسي وهاجمت نسير التابعة لدوق سافوي حليف شـارل كنت . ⁽¹⁾

واستفادت فرنسا من تقاربها مع الدولة العثمانية عسكرياً واقتصادياً وسياسياً واتخـذت مـن المعاهدة السابقة وسيلة لفتح أبواب التجارة مع المشرق دون الخضوع للاحتكار التجاري الـذي فرضته البرتغال بعد اكتشافها طريق رأس الرجاء الصالح، كما حصلت بموجبها على الحق الكامل في الحماية تحت علمها رعيا الدول الغربية الاخرى، مـما جعـل لهـا مكانـة مرموقـة بـين دول الغـرب الأوروبي.

هذه المعاهدة بكل أسف لم يستفد منها رعايا الدولة العثمانية وكأنها عقدت فقط

---

(1) انظر: موقف أوروبا من الدولة العثمانية ، ص47.

لتلبية المطالب الغربية ، وتحقيق مصالح الأعداء دون مقابل يذكر وقد كانت هـذه المعاهـدة الأساس الذي بني عليه وسار على نهجه الكثير من المعاهدات التي عقـدت فيما بعـد بـين الدولـة العثمانية والدول الأوروبية بصفة عامة . [1]

لم يستطع ملك فرنسا ان يلتزم بـالعهود مـع الدولـة العثمانيـة بسبب الـرأي العـام النصرـاني، فيضطر الى التراجع ونقض العهود ثم يعود مـن جديـد فيستجدي عطف وتأييـد العثمانيـين مـن جديد فيثور عليه الرأي العام والحقيقة التاريخية تقول أنـه لا يمكـن للصـليبيين أعـداء الاسلام أن يتخلى بعضهم عـن بعض أمـام تحدِّيـه القـوى لهـم وإن كـانوا مختلفـين ظاهريـاً تبعـاً للمصـالح والأهواء.

وإن أعداء الاسلام من الصليبيين الحقادين لا أحلاف ولا مواثيق لهم في تعاملهم مـع المسـلمين كما يبين لنا اللـه عز وجل في كتابه الكريم. وحينما تتبين لهم بادرة ضعف عند المسلمين فإنهم سرعان مايقوى ساعدهم كي يجهزوا عليهم وهم في الوقت نفسه لايسمحون لحاكم منهم مهما كان اتجاهه او وضعه أن يتعاون مع المسلمين وأنـه مهـما اختلفت المصـالح فهـم جميعـاً يتفقون في محاربة هذا الدين وتقتيل أهله في كل زمان ومكان . [2]

لقد كانت تلك الامتيازات التي أعطيت للدولـة الفرنسـية أول إسفين يـدق في نعـش الدولة العثمانية ظهرت آثاره البعيدة فيما بعد.

وفي أواخـر أيام الدولة العثمانية صارت دول أوروبا النصرانية تتدخل في شـؤونها تحت حمايـة الامتيازات وللدفاع عن نصارى الدولة الذين كانوا يعدون رعايـا للـدول الأجنبيـة وخاصـة في بـلاد الشام . [3]

_____

(1) انظر: موقف أوروبا من الدولة العثمانية، ص48.
(2) انظر: تاريخ الدولة العثمانية ، د.علي حسون ،ص75.
(3) انظر: قراءة جديدة في تاريخ العثمانيين ، ص77، 78.

المبحث الرابع

الدولة العثمانية وشمال أفريقيا

كان من آثار التهجير الجماعي للمسلمين من الأندلس ونزوح أعداداً كبيرة منهم الى الشمال الأفريقي حدوث العديد من المشكلات الاجتماعية والاقتصادية في ولايات الشمال الأفريقي ولما كان من بين المسلمين النازحين الى هذه المناطق أعداداً وفيرة من البحارة، فكان من الضروري أن تبحث عن الوسائل الملائمة لاستقرارها، إلا أن بعض العوامل قد توافرت لتدفع بأعداد من هؤلاء البحارة الى طريق الجهاد ضد القوى المسيحية في البحر المتوسط. ويأتي في مقدمة هذه الأسباب الدافع الديني بسبب الصراع بين الاسلام والنصرانية وإخراج المسلمين من الأندلس ومتابعة الاسبان والبرتغال للمسلمين في الشمال الأفريقي.

وقد ظلت حركات الجهاد الاسلامي ضد الاسبان والبرتغاليين غير منظمة حتى ظهور الأخَوان خير الدين وعروج بربروسا واستطاعا تجميع القوات الاسلامية في الجزائر وتوجيها نحو الهدف المشترك لصد اعداء الاسلام عن التوسع في موانئ ومدن الشمال الافريقي.

وقد اعتمدت هذه القوة الاسلامية الجديدة في جهادها أسلوب الكر والفر في البحر بسبب عدم قدرتها في الدخول في حرب نظامية ضد القوى المسيحية من الأسبان والبرتغاليين وفرسان القديس يوحنا، وقد حقق هؤلاء المجاهدين نجاحاً أثار قلق القوى المعادية، ثم رآو بنظرهم الثاقب أن يدخلوا تحت سيادة الدولة العثمانية لتوحيد جهود المسلمين ضد النصارى الحاقدين.

وقد حاول المؤرخون الأوروبيون التشكيك في طبيعة الحركة الجهادية في البحر

المتوسط ووصفوا دورها بالقرصنة وكذلك شككوا في أصل أهم قادتها وهما خيرالدين وأخوه عروج الأمر الذي يفرض ضرورة إلقاء الضوء على دور الأخوين وأصلهما، وأثر هذه الحركة على الدور الصليبي في البحر المتوسط في زمن السلطان سليم والسلطان سليمان القانوني.

أولاً : أصل الأخوين عروج وخير الدين:

يرجع أصل الأخوين المجاهدين الى الأتراك المسلمين وكان والدهما يعقوب بن يوسف من بقايا الفاتحين المسلمين الأتراك الذين استقروا في جزيرة مدللي إحدى جزر الأرخبيل[1] . وأمهم سيدة مسلمة أندلسية كان لها الأثر على أولادها في تحويل نشاطهم شطر بلاد الأندلس التي كانت تئن في ذلك الوقت من بطش الأسبان والبرتغاليين[2] . وكان لعروج وخير الدين أخوان مجاهدان هما إسحاق ومحمد إلياس ولقد استند المؤرخون المسلمون الى أصلهم الأسلامي الى الحجج التالية:

1- ماذكره المؤرخ الجزائري "أحمد توفيق مدني" مستنداً على أثرين مازالا موجودين في الجزائر أولهما رخامة منقوشة كانت موضوعة على باب حصن شرشال، وثانيهما رخامة كانت على باب مسجد الشواس بالعاصمة الجزائرية، وقد نقش على الرخامة الأولى: (بسم الله الرحمن الرحيم وصلى الله على سيدنا محمد وآله، هذا برج شرشال أنشأه القائد محمود بن فارس التركي في خلافة الأمير الحاكم بأمر الله المجاهد في سبيل الله "أورج بن يعقوب" بإذنه بتاريخ أربعة وعشرين بعد تسعمائة (1518م) ونقش على الرخامة الثانية : (إسم "أوروج"بن أبي يوسف يعقوب التركي"). وهناك ثالثة مسجل عليها بعض ماشيده خير الدين في الجزائر سنة 1520م[3] .

(1) انظر: المغرب في بداية العصور الحديثة ، د. صلاح العقاد، ص37.
(2) انظر: حرب الثلاثمائة سنة بين الجزائر وأسبانيا، ص160،161.
(3) انظر: حرب الثلاثمائة سنة بين الجزائر واسبانيا، ص160،161.

2- إن اسم "عروج" - "أوروج" مأخوذ من حادثة الاسراء والمعراج التي يرجح أنه ولد ليلتها، وأن الترك ينطقونه "أوروج" ثم عرب الى "عروج" [1].

3- إن ماذكر عن الدور الذي لعبه الأخوان يؤكد حرصهما على الجهاد في سبيل الله ومقاومة أطماع أسبانيا والبرتغال في الممالك الأسلامية في شمالي أفريقيا ولقد أبدع الأخوان في الجهاد البحري ضد النصارى وأصبحت لحركة الجهاد البحري في القرن السادس عشر مراكز مهمة في شرشال ووهران والجزائر ودلي وبجاية وغيرها في أعقاب طرد المسلمين من الأندلس ، وقد قويت بفعل انضمام المسلمين الفارين من الأندلس والعارفين بالملاحة وفنونها والمدربين على صناعة السفن [2].

ثانياً: دور الأخوين في الجهاد ضد الغزو النصراني:

اتجه الأخوان عروج وخير الدين الى الجهاد البحري منذ الصغر، ووجها نشاطهما في البداية الى بحر الأرخبيل المحيط بمسقط رأسهما حوالي سنة 1510م، لكن ضراوة الصراع بين القوى المسيحية في بلاد الأندلس وفي شمالي افريقيا بين المسلمين هناك، والذي اشتد ضراوة في مطلع القرن السادس عشر، قد استقطب الأخوين لينقلا نشاطهما الى هذه المناطق وبخاصة بعد أن تمكن الاسبان والبرتغاليون من الاستيلاء على العديد من المراكز والموانئ البحرية في شمالي افريقيا [3].

وقد حقق الأخوان العديد من الانتصارات على القراصنة المسيحين الأمر الذي أثار أعجاب القوى الاسلامية الضعيفة في هذه المناطق ، ويبدو ذلك من خلال منح السلطان "الحفصي" لهم حق الاستقرار في جزيرة جربة التونسية وهو أمر عرضه لهجوم أسباني متواصل اضطره لقبول الحماية الاسبانية بالضغط والقوة، كما يبدو من

---

(1) انظر : الدولة العثمانية العلية ، ص95.
(2) انظر: قراءة جديدة في التاريخ العثماني، ص79،80.
(3) انظر: الدولة العثمانية ، د.علي حسون ،ص53.

خلال استنجاد أهالي هذه البلاد بهما، وتـأثيرهم داخـل بلادهـم مـما أسـهم في وجـود قاعـدة شعبية لهما تمكنهما من حكم الجزائر وبعض المنـاطق المجـاورة ويـرى بعـض المـؤرخين أن دخـول "عروج" وأخيه الجزائر وحكمهما لها لم يكن بناءً على رغبة السكان، ويستند هؤلاء الى وجود بعض القوى التي ظلت تترقب الفرص لطرد الأخوين والأتراك المؤيدين لهما، لكن البعض الآخر يـرون أن وصول "عروج" وأخيه كان بناءً على استدعاء من سكانها لنجدتهم من الهجوم الأسباني الشرس، وأن القوى البسيطة التي قاومت وجودهما كانت تتمثل في بعض الحكام الذين أبعدوا عن الحكم أمام محاولات الأخوين الجادة في توحيد البلاد حيث كانت قبل وصولهما أشبه بدولة ملوك الطوائف في الأندلس، وقد ساند أغلب أهل الـبلاد محـاولات الأخـوين واشـتركت أعـداداً كبـيرة مـنهم في هـذه الحمـلات، كـما سـاندهما العديـد مـن الحكـام المحليـين الـذين شـعروا بخطـورة الغـزو الصـليبي الأسباني [1].

ويظهر دور الأخوين المجاهدين بمحاولة تحرير بجاية مـن الحكـم الاسـباني سـنة 1512م، وقـد نقلا -لهذا الغرض- قاعدة عملياتها ضد القوات الأسبانية في مينـاء جيجـل شرقـي الجزائـر بعـد أن تمكنا من دخولها وقتل حماتها الجنوبيين سنة 1514م لكي تكون محطة تقويـة لتحريـر بجايـة مـن جهة ولمحاولة مساعدة مسلمي الأندلس من جهة أخرى ويبدو أن الأخوين قد واجها تحالفاً قويـاً نتج عنه العديد من المعارك النظامية وهو أمر لم يتعـودوه لكـن أجـبروا عليـه بفعـل الاسـتقرار في حكم الجزائر، وزاد من حرج الموقف قتل "عروج" في إحدى المعـارك سـنة 1518م مـما اضـطر خـير الدين للبحث عن تحالف يعينه على الاستقرار والمقامة ومواصلة الجهاد وكانـت الدولـة العثمانيـة هي أقوى القوى المرشحة لهذا التحالف سواء لدورها البارز في ساحة البحر المتوسط أم لأن القـوى المحلية في الشمال الأفريقي كانت متعاطفة معها [2].

---

(1) انظر: المغرب في بداية العصور الحديثة، ص 38،37.
(2) انظر: الدولة العثمانية دولة إسلامية مفتر عليها (902/2).

وتتابع انتصاراتها على الساحة الأوروبية منذ فتح القسطنطينية وأن الاتجاه لمحالفتها سيكسب دور خير الدين مزيداً من التأييد من قبل هذه القوى، والى جانب ذلك فإن الدولة العثمانية قد أبدت استجابة للمساعدة حين طلب منها الأخوان ذلك، كما أبدت رغبتها في مزيد من المساعدة لدوره وكذلك لبقايا المسلمين في الأندلس، ومن منظور ديني أسهم في إكساب دورها تأييداً جماهيرياً وجعل محاولة التقرب منهما أو التحالف معهما عملاً مرغوباً [1].

ومن جهة أخرى كانت الظروف في الدولة العثمانية على عهد السلطان سليم الأول مهيأة لقبول هذا التحالف وبخاصة بعد أن اتجهت القوات العثمانية الى الشرق العربي، وكان من أبرز أهدافها في هذا الاتجاه -كما سبق التوضيح- هو التصدى لدور البرتغاليين والأسبان وفرسان القديس يوحنا في المنطقة، وكان من المنطقي التحالف مع أي من القوى المحلية التي تعينها على تحقيق هذه الأهداف [2].

ثالثاً: التحالف مع العثمانيين:

اختلف علماء التاريخ حول بداية التحالف بين العثمانيين والأخوين عروج خيرالدين ، فتذكر بعض المراجع أن السلطان سليم الأول كان وراء إرسالهم الى الساحل الأفريقي تلبية لطلب المساعدة من سكان الشمال الأفريقي وعملاً على تعطيل أهداف البرتغاليين والأسبان في منطقة البحر المتوسط. وعلى الرغم من عدم تداول هذه الرواية بين المؤرخين إلا أنها توضح أن العثمانيين لم يكونوا بمعزل عن الأحداث التي تدور على ساحة البحر المتوسط [3].

ويرجع بعض المؤرخين التحالف بين الجانبين الى سنة 1514م في أعقاب فتح

(1) انظر: الدولة العثمانية دولة إسلامية (902/2).
(2) انظر: قراءة جديدة في تاريخ العثمانيين، ص83.
(3) المصدر السابق نفسه، ص83.

عروج وخير لميناء "جيجل" حيث ارسل الأخوان الى السلطان سليم الأول مجموعة من النفائس التي استوليا عليها بعد فتح المدينة، فقبلها السلطان ورد لهما الهدية بإرسال أربع عشر سفينة حربية مجهزة بالعتاد والجنود [1] وكان هذا الرد من السلطان العثماني يعكس رغبته في استمرار نشاط دور الأخوين ودعمه. على أن بعض المؤرخين يذكرون أن الدعم العثماني لهذه الحركة كان في أعقاب وفاة "عروج" سنة 1518م وبعد عودة السلطان العثماني من مصر الى استانبول سنة 1519م [2].

على أن الرأي الأكثر ترجيحاً أن الاتصالات بين العثمانيين وهذه الحركة كان سابقاً لوفاة عروج وقبل فتح العثمانيين للشام ومصر، وذلك يرجع الى أن الأخوين كانا في أمس الحاجة لدعم أو تحالف مع العثمانيين بعد فشلهما في فتح "بجاية" ، كما أنهما حوصروا في "جيجيل" بين الحفصيين الذين أصبحوا من أتباع الاسبان وبين "سالم التومي" حاكم الجزائر الذي ارتكز حكمه على دعم الأسبان له هو الآخر، فضلاً عن قوة الاسبان وفرسان القديس يوحنا التي تحاصرهم في البحر؛ فكان لوصول الدعم العثماني أثره على دعم دورهما وشروعهما في دخول الجزائر برغم هذه العوامل حيث اتفق العثمانيون مع الأخوين على ضرورة الإسراع بدخولهما قبل القوات الاسبانية لموقعها الممتاز من ناحية ولكي يسبقوا الاسبان إليها، لاتخاذها قاعدة لتخريب الموانئ الاسلامية الواقعة تحت الاحتلال الاسباني كبجاية وغيرها من ناحية اخرى.

وقد تمكن عروج من دخول الجزائر بفضل هذا الدعم وقتل حاكمها بعد أن تأكد من مساعيه للاستعانة بالقوات الاسبانية، كما تمكن من دخول ميناء شرشال، واجتمع له الأمر في الجزائر وبويع في نفس السنة التي هزمت فيها القوات المملوكية أمام القوات العثمانية في الشام سنة 1516م في موقعة مرج دابق [3].

(1) انظر: قراءة جديدة في تاريخ العثمانيين، ص84.
(2) انظر: الدولة العثمانية دولة اسلامية (909/2).
(3) انظر: حرب الثلاثمائة سنة بين الجزائر واسبانيا، ص174، 175.

ولم يكن من الممكن للأخوين أن يقوما بهذه الفتوحات لولا تشجيع السلطان العثماني ودعمه الى جانب دعم شعوب المنطقة وقد سبق أن فشلا من دخول بجاية أمام نفس القوات المعادية [1].

بعد أن بويع "خير الدين" في الجزائر في أعقاب ماحققه من انتصارات على الأسبان والزعماء المحليين المتحالفيين معهم أصبح محط آمال كثير من الولايات والموانئ التي كانت مازالت خاضعة سواء للأسبان أو لعملائهم ، وكان أول الذين طلبوا نصرته أهل تلمسان. ومع أن استنجاد الأهالي كان من الممكن أن يكون كافياً لتدخل "خير الدين" إلا أن موقع تلمسان الاستراتيجي الذي كان يجعل وجود "خير الدين" في الجزائر غير مستتب قد جعله يفكر في التدخل قبل أن يطلب الأهالي نجدته، وأن مطالبهم قد دعته للتعجيل بذلك [2].

وأعد "خير الدين" جيشاً كبيراً زحف به الى تلمسان سنة 1517م، وأمن الطريق إليها. وبعد أن نجح في السيطرة عليها تمكن الاسبان ، وعملاؤهم من بني حمود، من استعادتها ولقي أحد إخوة "خير الدين" حتفه وهو "اسحاق" ، كما قتل "عروج" وكثيرون من رجاله أثناء حصارهم للمدينة ذلك الحصار الذي أمتد لستة أشهر أو يزيد أمتد حتى سنة 1518م.

وقد تركت هذه الأحداث أثراً بالغاً في نفس خير الدين مما دفعه الى التفكير في ترك الجزائر لولا أن أهلها ألحو عليه بالبقاء. وكانت موافقته على البقاء تفرض عليه ضرورة بذلك المزيد من الجهد خشية أن يهاجمه الاسبان ومؤيديهم، كما أن ذلك قد أدى الى أتجاهه الى مزيد من الارتباط بالدولة العثمانية، وبخاصة بعد أن والت لها مصر والشام، فكان ذلك يؤكد احتياج الجانبين الى مزيد من الارتباط بالآخر [3].

---

(1) انظر: قراءة جديدة في تاريخ العثمانيين ، ص58.
(2) المصدر السابق نفسه، ص86.
(3) انظر: قراءة جديدة في تاريخ العثمانيين، ص86.

رابعاً: سكان مدينة الجزائر يرسلون رسالة استغاثة للسلطان سليم الأول:

قام الأستاذ الدكتور عبدالجليل التميمي بترجمة وثيقة تركية محفوظة في دار المحفوظات التاريخية باستنبول -طوب قابي سيراى- تحت رقم 4656، وهذه الوثيقة عبارة عن رسالة موجهة من سكان بلدة الجزائر على اختلاف مستوياتهم ومؤرخة في أوائل شهر ذي القعدة عام 925هـ في الفترة من 26من شهر اكتوبر (تشرين الأول) الى 3 من شهر نوفمبر (تشرين الثاني) عام 1519م، وكتبت بأمر من خير الدين الى السلطان سليم بعد عودته من مصر والشام الى استانبول وكان الغرض من تلك الرسالة ربط الجزائر بالدولة العثمانية. وجاء في الرسالة أن خير الدين كان شديد الرغبة في ان يذهب بنفسه الى استانبول ليعرض على السلطان سليم الأول شخصياً ابعاد قضية الجزائر. ولكن زعماء مدينة الجزائر توسلوا إليه أن يبقى فيها كي يستطيع مواجهة الأعداء إذا تحركوا. وطلبوا منه أن يرسل سفارة تقوم بالنيابة عنه وكانت الرسالة التي حملتها البعثة موجهة باسم القضاة والخطباء والفقهاء والأئمة والتجار والأعيان وكافة سكان مدينة الجزائر العامرة، وهي تفيض بالولاء العميق للدولة العثمانية وكان الذي يتزعم السفارة "الفقيه العالم الاستاذ أبو العباس احمد بن قاضي" وكان من أكبر علماء الجزائر ، كما كان قائداً عسكرياً وزعيماً سياسياً وكان بمقدوره أن يصور أوضاع بلاده والأخطار التي تحيط بها من كل جانب.

لقد أشاد الوفد بجهاد بابا عروج في مدافعة الكفار وكيف كان ناصراً للدين وحامياً للمسلمين وتكلموا عن جهاده حتى وقع شهيداً في حصار الاسبانيين لمدينة تلمسان وكيف خلفه أخوه "المجاهد في سبيل الله أبو التقى خير الدين. وكان له خير خلف فقد دافع عنا ، ولم نعرف منه إلا العدل والإنصاف واتباع الشرع النبوي الشريف، وهو ينظر الى مقامكم العالي بالتعظيم والإجلال، ويكرس نفسه وماله للجهاد لرضاء رب العباد وأعلاء كلمة الله ومناط آماله سلطنتكم العالية مظهراً

إجلالها وتعظيمها. على أن محبتنا له خالصة ونحن معه ثابتون ونحـن وأميرنـا خـدام أعتـابكم العالية. وأهالي أقليم بجاية والغرب والشرق في خدمة مقامكم العـالي وإن المـذكور حامـل الرسـالة المكتوبة سوف يعرض على جلالتكم مايجري في هذه البلاد من الحوادث والسلام)[1] .

إن الرسالة السابقة تبين للباحث آراء الجزائريين تجاه الدولة العثمانية وكان من تلك الآراء:

- أن خير الدين يمثل الحاكم المسلم الأمثل في شمال افريقية، فهو يحترم وينفذ مبادئ الشريعة الاسلامية ويتخذ من العدل شرعة ومنهاجاً له في الحكم .

- أن نشاطه يتركز في قيادة عمليات الجهاد ضد النصارى.

- أنه يكن للدولة العثمانية وسلطانها كل تقدير واحترام.

- تدل الرسالة على تماسك الجبهة الداخلية ووضوح الهدف أمام مسلمي الجزائر[2] .

خامساً: استجابة السلطان سليم الأول لأهل الجزائر:

سارع السلطان سليم الى منح رتبة بكلر بك الى خير الدين بربروس وأصبح القائد الأعـلى للقـوات المسلحة في اقليمه ممثلاً للسلطان وبذلك أصبحت الجزائر تحت حكـم الدولـة العثمانيـة وأصـبح أي اعتداء خارجي على أراضيها يعتبر اعتداء عـلى الدولـة العثمانيـة ودعـم السـلطان سـليم هـذا القـرار بقرارات تنفيذية، إذ أرسل الى الجزائر قوة من سلاح المدفعية، وألفين مـن الجنـود الانكشـارية ومنـذ ذلك الوقت (1519م) بدأ الانكشاريون يظهرون في الحياة السياسية والعسكرية في الأقاليم العثمانية في شمال افريقيا وأصبحوا

(1) انظر: الدولة العثمانية دولة اسلامية (910/2).
(2) المصدر السابق نفسه (911/2).

عنصراً بارزاً ومؤثراً في سير الأحداث بعد أن كثر إرسالهم الى تلك الأقاليم، وأذن السلطان سليم لمن يشاء من رعاياه المسلمين في السفر الى الجزائر والانخراط في صفوف المجاهدين وقرر منح المتطوعين الذين يذهبون الى الجزائر الامتيازات المقررة للفيالق الإنكشارية تشجيعاً لهم على الانضمام الى كتائب المجاهدين ولقد هاجر سكان الأناضول الى الجزائر شوقاً الى عمليات الجهاد ضد النصارى ولقد ترتب على القرارات التي اصدرها السلطان سليم الأول عدة نتائج هامة كان من بينها:

1- دخول الجزائر رسمياً تحت السيادة العثمانية اعتباراً من عام 1519م ودعي للسلطان سليم على المنابر في المساجد وضربت العملة باسمه.

2- إن إرسال القوات العثمانية جاء نتيجة استغاثة أهل بلدة الجزائر بالدولة العثمانية واستجابة لرغبتهم فلم يكن دخول القوات العثمانية غزواً أو فتحاً عسكرياً ضد رغبة أهل البلد.

3- إن إقليم الجزائر كان أول أقليم من أقاليم شمال أفريقيا يدخل تحت السيادة العثمانية ، وأصبحت الجزائر ركيزة لحركة جهاد الدولة العثمانية في البحر المتوسط [1] وكانت حريصة على امتداد نفوذها بعد ذلك الى كل اقاليم الشمال الأفريقي لتوحيده تحت راية الاسلام والعمل على تخليص مسلمي الأندلس من الأعمال الوحشية التي كان يقوم بها الاسبان النصارى.

لقد كان زمن السلطان سليم البداية المتواضعة لمد النفوذ العثماني الى أقاليم شمال أفريقية من أجل حماية الاسلام والمسلمين وواصل ابنه سليمان ذلك المشروع الجهادي.

لقد استجاب السلطان العثماني سليم لنداء الجهاد من أخوة الدين وشرعت الدولة العثمانية في انشاء أسطول ثابت لهم في شواطئ شمال أفريقيا والذي ارتبط منذ البداية باسم الأخوين عروج وخير الدين بربروسة [2] .

---

(1) انظر: الدولة العثمانية دولة اسلامية (912/2).
(2) انظر: المشرق العربي والمغرب العربي ، د. عبدالعزيز قائد، ص97.

سادساً: التحديات التي أمام خير الدين:

كان أمام خير الدين بربروس في وضعه السياسي والعسكري الجديد أن يحارب على جبهتين:

1- الجبهة الاسبانية لطرد الاسبانيين من الجيوب التي أقاموها فضم إليه عنابة وقالة في شرقي الجزائر وحقق انتصاراً باهراً على الإسبانيين حين استولى عام 1529م على حض بينون الاسباني على الجزيرة المواجهة لبلدة الجزائر وقد كان قد استمر يقصف الحصن بقذائف مدافعه طوال عشرين يوماً حتى تداعت جوانبه، ثم اقتحم الحصن مع قوات كثيفة العدد كانت تحملها خمس وأربعون سفينة جاءت من الساحل وأسر قائد الحصن مع كبار ضباطه.

إن استيلاء خير الدين على البينون سنة 1529م يعد بداية تأسيس ما عرف باسم نيابة الجزائر ومنذ ذلك التاريخ أصبح ميناء الجزائر عاصمة كبرى للمغرب الأوسط بل ولكل شمال افريقية العثمانية فيما بعد. وبدأ استخدام مصطلح الجزائر للدلالة على إقليم الجزائر حتى نهاية القرن الثامن عشر.

2- الجبهة الداخلية وكانت تتمثل في محاولة توحيد المغرب الأوسط التي لم تخلوا من مؤامرات بني زيان والحفصيين ومن بعض القبائل الصغيرة ولكنه استطاع مد منطقة نفوذه باسم الدولة العثمانية ودخلت الامارات الصغيرة تحت السيادة العثمانية لكي تحتمي بهذه القوة من الأطماع الصليبية الاسبانية ومن قهرها على اعتناق النصرانية وما لبث أن مد خير الدين النفوذ العثماني الى بعض المدن الداخلية الهامة مثل القسطنطينية [1].

لقد نجح خيرالدين في وضع دعامات قوية لدولة فتية في الجزائر وكانت

---

(1) انظر: الدولة العثمانية دولة اسلامية (913/2).

299

المساعدات العثمانية تصله بإستمرار من السلطان سليمان القانوني واستطاع خير الدين أن يوجه ضرباته القوية للسواحل الاسبانية وكانت جهوده مثمرة في انقاذ آلاف المسلمين من اسبانيا فقد قام عام 936هـ/1529م بتوجيه ست وثلاثون سفينة خلال سبع رحلات الى السواحل الاسبانية للدولة العثمانية في الحوض الغربي للبحر المتوسط وبفضل الله ثم مساعدات الدولة العثمانية وموارد خزينة الجزائر المتنوعة من ضرائب وسبي ومغانم وزكاة والعشر والجزية والفيء والخراج ومايقوم به الحكام ورؤساء القبائل والعشائر من دفع العوائد وغيرها أصبحت دولة الجزائر لها قاعدة اقتصادية قوية (1).

لقد تضررت اسبانيا من نجاح خير الدين في الشمال الإفريقي وكانت إسبانيا يتزعمها شارل الخامس إمبراطور الدولة الرومانية المقدسة والتي كانت تضم وقتذاك إسبانيا وبلجيكا وهولندا وألمانيا والنمسا وإيطاليا وكانت الدولة الرومانية المقدسة تدافع عن أوربا المسيحية الخطر العثماني نحو شرق ووسط أوربا، لذا يمكن القول بأن الصراع بين شارل الخامس وبين ببليربكية الجزائر كان بمثابة فتح جبهة حربية جديدة ضد الدولة العثمانية في الشمال الإفريقي، لذلك لم يكتف شارل بالهجوم المفاجئ على سواحل الجزائر، بل أرسل مبعوثاً للتجسس في شمال افريقيا سنة 940هـ / 1533م وهو الضابط (أوشوا دوسلا) الذي طاف بأنحاء تونس وهناك وجد استعداد الحفصيين للتعاون مع شارل الخامس، وحذر من امتداد النفوذ العثماني على تونس، وذكر أن هذا الإستيلاء سيسهل على العثمانيين السيطرة على افريقيا، ثم يتجهون بعد ذلك لاسترداد الأندلس، وهذا مايخشاه العالم المسيحي.

كانت سياسة المملكة الحفصية في تونس تسير نحو انحطاط مستمر، كان السلطان الحفصي ـ الحسن بن محمد قد أساء السيرة في البلاد وقتل عدداً من أخوته، فاضطربت

---

(1) انظر: جهود العثمانيين لإنقاذ الأندلس، د. نبيل عبدالحي، ص311.

الأحوال في تونس وخرج البعض عن طاعة السلطان الحفصي، وكان أخو الحسن المسمى بالأمير الرشيد قد هرب من أخيه خوفاً من القتل ولجأ عند العرب في البادية، ثم ذهب إلى خير الدين في الجزائر وطلب منه الحماية والعون ضد أخيه [1]، فمنحه ذلك خير الدين، الذي كان مركزاً اهتمامه على تونس بسبب ضعف الحفصيين والخلافات الداخلية التي مزقت الأسرة الحفصية، كما كان لتونس في نظره أهمية استراتيجية كبيرة لاشرافها على المضيق الصقلي بحيث تسمح له السيطرة عليها في تحديد وقطع المواصلات بين حوضي المتوسط الشرقي والغربي بالإضافة إلى رغبة خير الدين في توحيد بلاد المغرب تحت حكم الدولة العثمانية ليتمكنوا من استرداد الأندلس [2].

سابعاً: سفر خير الدين إلى استنبول

عزم السلطان سليمان القانوني بعد أن استولى على بلغراد، السفر بسائر جنوده إلى اسبانيا للاستيلاء عليها، وبدا للسلطان سليمان، أنه لابد له من رجل يعتمد عليه في دخول تلك البلاد على أن يكون عالماً بأحوالها فوقع اختياره على خير الدين لما يعرفه عنه من شجاعة وإقدام، وكثرة هجومه على تلك النواحي، وما فتحه من بلاد العرب في الشمال الإفريقي وكيف أقر الحكم العثماني فيها، فوجه إليه خطابا يطلبه فيه إلى حضرته ويأمره باستنابة بعض من يأمنه في الجزائر، وأن لم يجد من يصلح لذلك، يبعث إليه السلطان نائباً وبعث ذلك الخطاب مع رجل يدعى سنان جاوشي، فوصل الجزائر، وأوصل خطاب السلطان إلى خير الدين فقبله ووضعه فوق رأسه ولما قرأه وعلم ما فيه نصب ديواناً عظيماً، وأحضر كافة العلماء والمشايخ وأعيان البلاد، وقرأ عليهم خطاب السلطان، الذي وجهه إليهم وأعلمهم أنه لايمكنه التخلف عن أمره، وعندما سمع اندريا دوريا زعيم الأسطول النصراني في البحر المتوسط بما عزم السلطان عليه

(1) انظر: جهود العثمانيين لإنقاذ الأندلس ، د.نبيل عبدالحي ،ص311.
(2) المصدر السابق نفسه ،ص315.

من فتح اسبانيا واستقدام خير الدين من الجزائر لذلك، أراد أن يشغل خير الـدين مـن سـفره إلى حضرة السلطان [1] ، وأشاع بـين الأسرى المسيحيين في الجزائـر، عـن عـزم الحكومـة الاسبانية في الهجوم على الجزائر، وتخليصهم من الأسر، ففرح الأسرى الاسبان لـذلك الخبـر وتمـردوا علـى خيـر الدين، الذي رأى أن مـن المصلحة العامة اعـدام اولئك الأسرى ليـأمن غـائلتهم، ثم قام بتقوية الاستحكامات في الجزائر وزاد من عدد القلاع مظهراً أتم الطاعة للسلطان [2] .

عزم خير الدين على السفر الى استانبول 940هـ / 1533م، وعين مكانه حسن آغا الطوشي، وكان رجلاً عاقلاً وصالحاً، صاحب علم واسع [3] .

أبحر خير الدين شرقاً في البحر المتوسط وبرفقته أربع وأربعين سفينة وهزم في طريقه فرقة من اسطول آل هابسبرج بالقرب من المورة [4] ، واستمر خير الدين في رحلته ووصل إلى مدينـة بـيروازن، وفرح أهالي المدينة لمقدمه وكانوا خائفين من هجوم اندريا دوريا، الذي ابتعد عندما سـمع بمقـدم خير الدين، ثم واصل خير الدين سفره، ورست مراكبه في قلعـة اوارين " انا وارنيه " ، فصادف هنالك اسطولاً للسلطان سليمان القانوني وفرحوا بذلك، ثم خرجوا جميعاً حتى وصلوا إلى قرون، ثم كتب خير الـدين إلى السـلطان يعلمـه بوصـوله ويسـتأذنه بالقـدوم علـى حضرته، فوجه إليـه السلطان خطاباً يستحثه بالقدوم عليه [5] ، اقلع خير الدين من قرون ولم يزل مسافراً حتى وصل إلى استانبول ورسا بها ورموا بالمدافع كـما هـي العـادة في ذلك، ومثل خيـر الـدين بحضرة السـلطان ووقف بين يديه، فأمر بأن يخلع عليه وعلى خواص أصحابه الجرايات

(1) انظر: سيرة خير الدين باشا، عبدالقادر عمر، ق48 أ 48ب.
(2) انظر: حقائق الاخبار عن دول البحار، اسماعيل سر هنك (361/1).
(3) انظر: فتوحات خير الدين ، محمد أمين ق270أ، 270.
(4) انظر: جهود العثمانيين لإنقاذ الأندلس، ص316.
(5) المصدر السابق نفسه، ص316.

الوافرة، وأنزلهم بقصر من قصوره وفوض إليه النظر في دار الصناعة[1] ، ومنحه لقب قبودان باشا وزير بحرية - حتى تظل له السلطة الكاملة لمساندة النظام في الجزائر لتحقيق هدف الدولة في استعادة الأندلس.

كان الصدر الأعظم في ذلك الوقت بمدينة حلب، فسمع بقدوم خير الدين على السلطان وقد كانت أنباء غزواته ونكايته بالمسيحيين تصل إليه، فاشتاق إلى لقاء خير الدين، فوجه خطاباً للسلطان يلتمس منه أن يوجه إليه خير الدين لمقابلته فأرسل السلطان إلى خير الدين مخبراً عن رغبة الصدر الأعظم فأجابه خير الدين بالموافقة، وسافر خير الدين متوجهاً إلى حلب، واحتفل الصدر الأعظم بمقدم خير الدين في حلب وأنزله في بعض القصور المهيبة، وفي اليوم الثاني من وصول خير الدين، وصل مبعوث من قبل السلطان ومعه خلعة وأمر بمقتضاه أن خير الدين من وزراء السلطان، ويلبس الخلعة فنصب الديوان الأعظم وألبسوه خلعة الوزارة واحتفل به احتفالاً مهيباً، وأكرم إكراماً عظيماً لما قدمه من خدمات للإسلام والمسلمين في حوض البحر المتوسط.

ثم رجع خير الدين إلى استنبول وأكرمه السلطان سليمان غاية الإكرام وشرع خير الدين في النظر في أمر دار الصناعة كما رسم له السلطان[2] .

وبعد أن تم إعداد الأسطول العثماني الجديد خرج خير الدين بربروسا بأسطوله القوي من الدردنيل متجهاً نحو سواحل ايطاليا الجنوبية، فاستطاع أن يأسر الكثير منها، وأغار على مدنها وسواحلها، ثم اتجه نحو جزيرة صقلية، فاسترجع كورون وليبانتو[3] ، كان السلطان سليمان قد تشاور مع خير الدين بربروسا بأهمية تونس وضرورة دخولها في

(1) المصدر السابق نفسه، ص 316.
(2) انظر: جهود العثمانيين لإسترداد الأندلس، ص317.
(3) انظر: ليبيا بين الماضي والحاضر، حسن سليمان محمود، ص 166.

إطار استراتيجية الدولة العثمانية، لتحقيق هـدفها نحـو اسـترداد الأنـدلس، وتـأتي أهميـة تـونس بالنسبة للدولة من حيث موقعها الجغرافي إذ تقع في منتصف الساحل الشمالي لأفريقيا، وتوسطها بين الجزائر وطرابلس، ولقربها من إيطاليا التي تعتبر أحد جناحي الإمبراطورية الرومانيـة المقدسـة، بيـنما يمثل الجناح الآخر اسبانيا، علاوة على ذلك مجاورتها لجزيرة مالطة مقر فرسان القديس يوحنا حلفـاء الإمبراطور شارل الخامس، وأشد الطوائف المسـيحية عـداوة للمسـلمين ثـم الامكانيـات الهائلـة التـي تتيحها موانئ تونس في التحكم في المواصلات البحرية في البحر المتوسط وهكذا تضافرت تلك العوامل على اضفاء الأهمية العسكرية على تونس[1] .

كانت المرحلة الثانية بالنسبة لخير الدين بعد هجومه على السواحل الجنوبية لإيطاليا وجزيرة صقلية هي تونس، وذلك لتنفيذ خطة الدولـة، والتـي تقتضيـ تطهـير شـمال افريقيـا مـن الاسـبان كمقدمة لاستعادة الأندلس، إذ سبق وأن أشار خير الدين بربروسا على السـلطان سـليمان القـانوني في خطابه للسلطان الذي بعثه قبيل استدعاء السلطان له في 940هــ / 1533م، إذ قـال فيـه " ... إن هدفي إذا قدر لي شرف الاشتراك هو طرد الاسبان في أقصر وقت من أفريقيا، ومن الممكن أن تسمع بعد ذلك أن المغاربة قد أغاروا على الاسبان من جديد ليستعيدوا مملكة قرطاجـة وأن تـونس قـد أصبحت تحت سلطانك أنني لا أبغي مـن وراء ذلـك أن أحـول بينـك وبـين توجيـه قواتـك ناحيـة المشرق كلا ... لأن هذا لن يحتاج لكل ما تملك من قـوات ولاسـيما أن حروبـك في آسـيا أو أفريقيـا تعتمد أكثر ما تعتمد على قوات برية، أما هذا الجزء الثالث من العالم فإن كل ما أطلبـه هـو جـزء من أسطولك وسيكون ذلك كافياً، لأن هذا الجزء يجب أن يخضع لسلطانك أيضاً ... "[2] .

وصل الأسطول العثماني تحت قيادة خير الدين إلى السواحل التونسية فعرج على مدينة

(1) انظر: الدولة العثمانية دولة اسلامية مفترى عليها (915/2-916).
(2) فتح العثمانيين عدن، محمد عبداللطيف البحراوي ، ص127.

عنابة، وتزود ببعض الامدادات، ثم تقدم نحو بنزرت ثم اتجه إلى حلق الواد، إذ تمكن منها بدون صعوبة [1]، واستقبل خير الدين من قبل الخطباء والعلماء، وأكرموه وتوجهوا إلى تونس في نفس الوقت وهرب السلطان الحفصي الحسن بن محمد إلى اسبانيا [2]، ثم عين خير الدين الرشيد أخو الحسن بن محمد على تونس، وأعلن ضم تونس للأملاك العثمانية، في وقت بدت فيه سيادة العثمانيين في حوض البحر المتوسط الغربي [3].

ثامناً: أثر جهاد خير الدين على المغرب الأقصى

استفاد السلطان أحمد الأعرج السعدي من الجهود التي بذلتها الدولة العثمانية والشعب الجزائري بقيادة خير الدين بربروسا، فقام بمحاصرة مدينة آسفي بأزمور وذلك سنة 941هـ/ 1534م، وكادت المدينة أن تقع بيد السعديين لولا النجدات التي بعثها البرتغاليون للمدينة المحاصرة، وقد بدا وكأن تعاوناً قد حصل بين العثمانيين والقوى الإسلامية في المغرب ضد المسيحيين ومراكزهم في الشمال الأفريقي وعندما سمع الملك البرتغالي جان الثالث بوصول الأسطول العثماني في 3 ربيع الأول 941هـ/ 13 سبتمبر؟ بقيادة خير الدين بربروسا إلى الشمال الأفريقي، فكر في الجلاء عن بعض المراكز مثل سبته وطنجة باعتبارها مناطق حيوية للدفاع عن مصالح المسيحيين في غرب البحر المتوسط، ولصد الهجوم العثماني عن شبه الجزيرة الايبرية بعث الملك يوحنا الثالث استفتاء الى جميع الوجهاء والأعيان والأساقفة في بلاده يستشيرهم في موضوع الجلاء عن بعض مراكز الوجود البرتغالي في جنوبي المغرب، وكان المطلوب الاجابة على الأسئلة الآتية: هل ينبغي ترك آسفي وأزمور للمغاربة، هل ينبغي الجلاء عنهما أو عن بعضهما؟ وإذا كان ينبغي الاحتفاظ بهما هل تحول إلى حصون للتقليل من حجم المصروفات؟ ثم

(1) انظر: حرب الثلاثمائة سنة، ص230.
(2) انظر: جهود العثمانيين لاسترداد الأندلس، ص319.
(3) انظر: فتح العثمانيين عدن، ص128.

ماهي الأضرار الناتجة عن ذلك؟ وكيف نتفاداها؟ .

تلقى الملك البرتغالي أجوبة عديدة بين مؤيد في الابقاء على المناطق الجنوبية في حوزة البرتغاليين وبين معارض، وكانت أجوبة رجال الدين للملك جان الثالث موحدة تقريباً تضمنت النصح بالتخلي عن المراكز الجنوبية، يحول الملك كل وسائل الدفاع الموجودة هناك إلى المركز الشمالي لصد الخطر العثماني بقيادة خير الدين بربروسا فأسقف ينصح بإخلاء سانتاكروز وأسفي وأزمور لأن أهميتها أقل بكثير من النفقات التي تصرف عليها، ويرى توجيه القوى ضد فاس، كما ينصح بتحسين وسائل الدفاع عن سبتة خوفاً من هجوم خير الدين عليها [1] .

إن الوجود العثماني في الجزائر أثر على موقف الملك البرتغالي في المغرب إذ تراجع عن القيام بعمليات عسكرية فيه، كما أدخل استيلاء العثمانيين على تونس الحيرة لدى البابا، والإمبراطور شارل الخامس الذي اعتبر ذلك تهديداً مباشراً للمسيحية، ولخطوط مواصلاته البحرية مع أطراف مملكته [2] ، فوصل التهديد العثماني أقصاه فضلاً عن أن الدولة العثمانية ضمنت السيطرة على الممرات الضيقة بين صقلية وأفريقيا [3] .

تاسعاً: استيلاء شارل الخامس على تونس

كان الموقف ملائماً بالنسبة لاسبانيا وذلك للقيام برد عنيف فقد انشغلت الدولة العثمانية بالحرب مع الشيعة الروافض في بلاد فارس، وطغى على الصراع في أوربا ووعد فرنسوا الأول ملك فرنسا شارل الخامس بالحياد - تردد شارل في اختيار المكان الذي سيوجه إليه ضربته في شمال أفريقيا الجزائر أو تونس ولكن استنجاد السلطان

(1) انظر: جهود العثمانيين لإسترداد الأندلس، ص320.
(2) رسالة غرناطة الى السلطان سليمان ، عبدالجليل التميمي عدد(3) تونس.
(3) انظر: جهود العثمانيين لإسترداد الأندلس، ص321.

الحفصي الحسن بن محمد والرغبة في عزل استانبول دفع شارل الخامس إلى اختيار تونس للهجوم [1] قاد شارل الخامس عملية بحرية شاقة تكونت من ثلاثين ألف مقاتل اسباني وهولندي وألماني ونابولي وصقلي، على ظهر خمسمائة سفينة، وركب الأمبراطور البحر من ميناء برشلونة وعندما رست سفنه أمام تونس قامت المعارك العنيفة بين الطرفين [2]، الأمر الذي أعاد السيطرة الاسبانية على تونس في 942هـ/1535م [3] إذ لم تكن قوة خير الدين بكافية للرد على ذلك الهجوم، فكان الجيش الاسلامي تعداده سبعة آلاف جندي عثماني وصلوا مع خير الدين ونحو خمسة آلاف تونسي، كما تخلف الأعراب عن الجهاد فكانت النتيجة الحتمية أن استولى شارل على معقل حلق الوادي مرسى تونس، تونس [4]، ونصب الاسبان الحسن بن محمد حاكماً عليها، وعملاً بمنطوق المعاهدة كان الحسن بن محمد سيسلم بونه والمهدية الى شارل الخامس، فاستولى على بونة، وبما أن المهدية كانت في حوزة العثمانيين ، فإن الحسن لم يستطع الوفاء بعهده فاشترط الاسبان عليه أن يكون حليفاً ومساعداً لفرسان القديس يوحنا بطرابلس [5]، وأن يقوم بمعاداة العثمانيين وأن يتحمل نفقات ألفي اسباني على الأقل يتركون كحامية في قلعة حلق الواد وعاد شارل الخامس الى اسبانيا واستقبل استقبال الغزاة الفاتحين في الوقت الذي كان فيه السلطان يحارب فيه الدولة الصفوية الشيعية الرافضية لبلاد فارس [6].

عاشراً: عودة خير الدين إلى الجزائر:

(1) انظر: تاريخ الجزائر الحديث، محمد خير فارس، ص34.
(2) انظر: حقائق الأخبار عن دول البحار (420/1).
(3) انظر: جهود العثمانيين لإسترداد الأندلس، ص321.
(4) انظر: حرب الثلاثمائة سنة ، ص321.
(5) انظر: الأتراك العثمانيون في أفريقيا الشمالية، عزيز سامح، ص38.
(6) انظر: فتح العثمانيين عدن ،ص130.

عاد خير الدين إلى الجزائر بعد هزيمته في تونس، واستقر أول الأمر بمدينة قسطنطينية، ومن هناك أخذ يستعد لاستئناف الجهاد ضد الاسبان في الجبهات التي يحددها، وكان لزاماً على خير الدين وقد استقر مؤقتا بمدينة الجزائر نظراً لالتزاماته التي تفرضها عليه خطته الجديدة كقبودان باشا للأسطول الإسلامي العثماني أن يشعر شارل الخامس بوجوده، وأن يرد على ضربة تونس بضربة مثلها فقام بالهجوم على جزر البليار الاسبانية وعلى سواحلها الجنوبية، فاجتاز مضيق جبل طارق، وأطلق العنان لنفسه بالانقضاض على السفن الاسبانية والبرتغالية العائدة من الأراضي الأمريكية، والمحملة بالذهب والفضة، فاهتزت لتلك الأحداث جميع الأوساط المسيحية، وأقلقت شارل الخامس الذي اعتقد أن خير الدين لن يقوى شأنه بعد حادثة تونس السابقة في 942هـ / 1935م[1]، من ناحية أخرى دخلت الدولة العثمانية في تحالف ر سمي مع فرنسا في 943هـ/1536م، ويعتبر ذلك هو رد الفعل على الهجوم المضاد الذي قام به الاسبان على تونس[2] وبدا وكأن الإمبراطورية الرومانية المقدسة قد طوقت من قبل خصومها الفرنسيين والعثمانيين مما أدى إلى استئناف الحروب بينهما من جديد كما صارت أهداف اسبانيا والبرتغال واحدة وذلك في احتلال مراكز في بلاد المغرب بالاضافة إلى خوفهم من تقدم العثمانيين داخل شبه الجزيرة الايبيرية.

الدبلوماسية البرتغالية وتفتيت وحدة الصف في الشمال الأفريقي :

تلقى الملك أحمد الوطاس هزيمة 943هـ/1536م من السعديين في موقعة بير عقبة قرب وادي العبيد، بسبب تخلي قبائل الخلوط التي كادت تكون القوة الأمامية للجيش الوطاسي، ونشرت الفوضى في سائر الجيش وأثر هذه الهزيمة تقرب أحمد الوطاسي من البرتغال وذلك نتيجة شعوره بانشغال العثمانيين في حروبهم ضد الاسبان ووقع معهم

---

(1) انظر: حرب الثلاثمائة سنة ، ص227،236،241، 242.
(2) انظر: جهود العثمانيين لإسترداد الأندلس، ص323.

معاهدة لمدة أحد عشر- عاماً[1] تقضي- بوضع المغاربـة المقيمـين في ضـواحي أصـيلا وطنجـة والقصر الصغير تحت السلطة القضائية لملك فاس، كما يجوز لرعايا الملك الوطاسي المتاجرة بحريـة داخل تلك المناطق باستثناء تجارة الأسـلحة والبضـائع المحظـورة وإذا وصـلت مراكـب عثمانيـة أو فرنسية أو تابعة لمسيحيين من غير الاسبان ولا البرتغاليين إلى أراضي برتغالية، محملة بغنائم أخذت من المغاربة فلن يشتري منها شيء، وكذلك الحال بالنسبة للمغاربة لن يشتروا من العثمانيين ويـتم الاستيلاء على الغنائم وترد من طرف لآخر مالم يسمح قوات العدو في مهاجمتها[2].

حاول البرتغاليون كذلك عقد هدنة مع السعديين، فبعثوا وفداً إلى مراكش للتفاوض مع المـولى أحمد الأعرج الذي استجاب لذلك، لأنه كان في حاجة إلى تنظيم أمـور دولتـه الناشـئة سيما بعـد الانتصـارات التـي حققهـا ضـد خصـومه الوطاسـيين في موقعـة بـير عقبـة 943هــ/1536م، واتفـق البرتغاليون مع السعديين لعقد هدنة بينهما في 25 ذي القعدة 944هـ/ 25ابريل 1537م لمـدة ثـلاث سنوات، مع إقامـة تبـادل تجـاري بـين رعايـا الطـرفين[3] كـان هـدف البرتغـاليين مـن التقـرب مـع الوطاسيين والسعديين هو الحيلولة دون قيام تعاون حقيقي بين العثمانيين من ناحية والوطاسـيين والسعديين من ناحية أخرى، لأن أي تعاون من هـذا القبيـل معنـاه تهديـد لمصـالح شـبه الجزيـرة الايبرية في المغرب، والأهم من ذلك خوف اسبانيا والبرتغال من تقدم الدولة العثمانية داخـل شـبه الجزيرة الايبرية، وتحقيق هدفها في استرداد الأندلس[4].

---

(1) انظر: جهود العثمانيين لإسترداد الأندلس، ص323.
(2) المصدر السابق نفسه، ص323.
(3) المصدر السابق نفسه، ص324.
(4) المصدر السابق نفسه، ص324.

المبحث الخامس

المجاهد الكبير حسن آغا الطوشي

اشتغل خير الدين بربروسا بحكم منصبه قبودان باشا بالعمل في الأسطول العثماني وبدأ نشاطه في الحوض الشرقي للبحر المتوسط، بينما استمر حسن آغا الطوشي في منصبه المستخلف عليه نائب البيلر بك يعمل على قهر القرصنة الأوربية فأبلى في سبيل ذلك البلاء الحسن، وصار شخصه في الجزائر مثالاً بارزاً في البطولة والتضحية الإسلامية في سبيل الدفاع عن بلاد الإسلام في الشمال الإفريقي فاكتسب الجزائر مهابة وجلالاً وجعلت الأمم المسيحية تهرع على عاهلها الأكبر الإمبراطور شارل الخامس مستنجدة بسلطانه منضوية تحت لوائه، ومن بينها البابا بول الثالث، وقد حاول شارل الخامس 946هـ/1539م عقد هدنة مع خير الدين إلا أنه خاب أمله[1]، مثل ما خاب في محاولته السابقة عندما عرض على خير الدين سراً الاعتراف به حاكماً لشمال افريقيا مقابل جزية بسيطة، إذ كان شارل الخامس يأمل في قيام تحالف اسباني جزائري يجابه به التحالف الفرنسي العثماني ويعمل على فصل شمال افريقيا عن استنبول على أمل أنه إذا تحقق ذلك فلن تستطيع شمال افريقيا إبداء مقاومة قوية يكون من السهل سقوطها[2].

انهمك حسن آغا الطوشي في توطيد الأمن، ووضع الأسس للإدارة المستقرة ومحاولة جمع أطراف البلاد حول السلطة المركزية الجزائرية[3]، فأخضع مدينة مستغانم لدولته ثم تقدم نحو الجنوب الشرقي فاستولى على عاصمة الزاب بكرة وملحقاتها، وشيد هناك حصناً وأقام به حامية.

(1) انظر: تاريخ الجزائر العام، عبدالرحمن الجيلالي (63،62/3).
(2) انظر: تاريخ الجزائر الحديث، ص35.
(3) انظر: حرب الثلاثمائة سنة، ص279.

ركب الجيش العثماني في شهر جمادي الأول 949هـ/ سبتمبر 1539م البحر، وكان قوامه 1300 رجل ، على ظهر ثلاث عشرة سفينة واندفعوا عنها من الاسبان نزل حسن آغا وجيشه إلى البر فاحتل البلدة وتمكن منها، واستحوذ على مافيها من خيرات وأرزاق وغنائم للمسلمين وتوغل في جهات الساحل الاسباني الجنوبي، وغنم ماوقع تحت يده من أموال ومتاع الاسبان ويختار من بينهم جماعات من الأسرى والسبايا يسوقهم للبيع في المدن المغربية الشمالية خاصة تطوان ثم يعود للميدان وعندما أراد الرجوع إلى الجزائر اعترضت طريقه عمارة اسبانية كبيرة العدد، وقامت المعركة بين القوتين وكانت عنيفة قاسية، أسفرت عن غرق عدد من سفن الجانبين ومع ذلك كانت خسائر الاسبان في هذه المعركة عظيمة [1].

عزم شارل الخامس على القيام بحملة عسكرية تستهدف القضاء على حركة الجهاد الإسلامي في الحوض الغربي للبحر المتوسط وقبل أن يشرع في تنفيذها كان هدوءاً نسبياً يسود القارة الأوربية إثر عقد هدنة نيس في محرم 945هـ/ يونيو 1538م مع فرنسا والتي كانت مدتها عشر سنوات [2] رسا شارل الخامس أمام مدينة الجزائر في يوم الثامن والعشرون من شهر جمادي الأخيرة سنة 948هـ الموافق الخامس عشر من شهر اكتوبر 1541م وعندما شاهده حسن آغا الطوشي، اجتمع في ديوانه مع أعيان الجزائر وكبار رجال الدولة، وحثهم على الجهاد والدفاع عن الإسلام والوطن قائلاً لهم " ... لقد وصل العدو عليكم ليسبي أبناءكم وبناتكم، فاستشهدوا في سبيل الدين الحنيف... هذه الأراضي فتحت بقوة السيف ويجب الحفاظ عليها، وبعون الله النصر حليفنا، نحن أهل الحق... "، فدعا له المسلمون وأيدوه في جهاد العدو، ثم بدأ حسن آغا في إعداد جيوشه والاستعداد للمعركة [3].

---

(1) المصدر السابق نفسه، ص280.
(2) انظر: تاريخ الجزائر الحديث، محمد خير ، ص36.
(3) انظر: جهود العثمانيين ، ص326.

من ناحية أخرى بدأ الاسبان في تحضير متاريسهم وتعجب شارل الخامس لاستعدادات حسن آغا وأراد أن يستهزئ به، فأمر كاتبه بإعداد خطاب لحسن آغا جاء فيه " ... أنت تعرفني أنا سلطان .. كل ملة المسيحيين تحت يدي إذا رغبت في مقابلتي سلمني القلعة مباشرة.. أنقذ نفسك من يدي وإلا أمرت بإنزال أحجار القلعة في البحار، ثم لا أبقي عليك ولاسيدك ولا الأتراك، وأخرب كل البلاد... " وصل ذلك الخطاب إلى حسن آغا وأجاب عليه "...أنا خادم السلطان سليمان ... تعالى واستلم القلعة ولكن لهذه البلاد عادة، أنه إذا جاءها العدو، لايعطي إلا الموت " (1)، وفي رواية : غزت اسبانيا الجزائر في عهد عروج مرة، وفي عهد خير الدين مرة، ولم تحصل على طائل، بل انتهبت أموالها وفنيت جنودها، وستحصل المرة الثالثة كذلك إن شاء الله " (2).

وفي الليلة ذاتها، وصل إلى معسكر شارلكان رسول من قبل والي الجزائر يطلب إذناً للسماح بحرية المرور لمن أراد من أهل الجزائر وخاصة نساءها وأطفالها مغادرة المدينة عبر (باب الواد) وعرف (شارلكان) أن حامية الجزائر مصممة على الدفاع المستميت، وأنه من المحال احتلال الجزائر إلا إذا تم تدميرها تدميراً تاماً. ولم يكن الإمبراطور قد أنزل مدفعية الحصار حتى تلك الساعة، فلم يتمكن بذلك من قصف الجزائر بالمدفعية، وفي الوقت نفسه كان المجاهدون يوجهون ضرباتهم الموجعة إلى القوات الاسبانية، في كل مكان، حتى قال أحد فرسان مالطة في تقريره عن المعركة: " لقد أذهلتنا هذه الطريقة في الحرب، لأننا لم نكن نعرفها من قبل " (3). وكانت أعداد المجاهدين تتعاظم باستمرار بفضل تدفق مقاتليهم من كل مكان بمجرد سماعهم بإنزال القوات الاسبانية وكان المجاهدون يستفيدون في توجيههم لضرباتهم من

(1) المصدر السابق نفسه، ص326.
(2) انظر: خير الدين بربروس ، بسام العسلي ، ص108.
(3) المصدر السابق نفسه، ص153.

معرفتهم الدقيقة بالأرض واستخدامهم لميزاتها بشكل رائع وسخر اللـه لجنود الإسلام الأمطار والرياح والأمواج (وهبت ريح عاصف استمرت عدة أيام واقتلعت خيام جنود الحملة وارتطمت السفن بعضها ببعض مما أدى إلى غرق كثير منها وقذفت الأمواج الصاخبة ببعض السفن إلى الشاطئ وهجم عليها المدافعون المسلمون واستولوا على أدواتها وذخائرها، أما الأمطار فقد أفسدت مفعول البارود. وفي وسط هذه الكوارث حاول الإمبراطور مهاجمة مدينة الجزائر، إلا أن كل محاولاته باءت بالفشل ..)[1] وظهرت بطولات رائعة من القائد (الحاج البشير) الذي استطاع بجنوده أن يحصد رؤوس النصارى بشجاعة فائقة، وبسالة نادرة، وبطولة رائعة لقد استطاعت القيادة العسكرية الجزائرية أن تستفيد من الوضع المحيط بالنصارى، ووجهت جنودها بطريقة متميزة في الكر والفر أفنت جزءاً كبيراً من الأعداء واضطر الإمبراطور إلى الانسحاب مع بقية جنوده على ما تبقى لهم من سفن واتجه بأسطوله إلى إيطاليا بدلاً من اسبانيا وكان من العوامل التي ساعدت على إلحاق هذه الهزيمة بالإمبراطور، القيادة الرشيدة والتفاف الشعب الجزائري حولها وتدفق رجال القبائل إلى ساحة الوغى طلباً للشهادة في سبيل اللـه، ودفاعاً عن الإسلام والمسلمين، وقد شبه أهل الجزائر هذه الهزيمة بهزيمة أصحاب الفيل التي ورد ذكرها في القرآن الكريم فقالوا في رسالة وجهوها إلى السلطان سليمان إن اللـه سبحانه وتعالى عاقب شارل الخامس وجنوده " بعقاب أصحاب الفيل، وجعل كيدهم في تضليل، وأرسل عليهم ريحاً عاصفاً وموجاً قاصفاً، فجعلهم بسواحل البحر مابين أسير وقتيل، ولانجا منهم من الغرق إلا قليل "[2] .

لقد قام سكان الجزائر - سواء أهل الأقليم الأصليين أو مسلمي الأندلس الذين فروا بدينهم إلى الجزائر - بعثوا برسالة في الشهر التالي لهزيمة شارل الخامس إلى

---

(1) انظر: الدولة العثمانية دولة اسلامية (919/2).
(2) الدولة العثمانية دولة اسلامية مفترى عليها (920/2).

السلطان سليمان وقد أوضحت هذه الرسالة الأحوال المؤلمة والمفجعة التي تحيط بالمسلمين الذين احتفظوا بدينهم في إسبانيا بعد أن طويت صفحة الحكم الإسلامي في الأندلس وتعرضهم لاضطهاد السلطات المسيحية ولمحاكمات ديوان التحقيق - محاكم التفتيش وإحراقهم، وأشادت الرسالة بالخدمات الجليلة التي أداها للإسلام خير الدين باشا " المجاهد في سبيل الله، وناصر الدين، وسيف الله على الكافرين ". ومضت الرسالة تقول إن أهل الأندلس قد سبق لهم أن استغاثوا به فأغاثهم " وكان سبباً في خلاص كثير من المسلمين من أيدي الكفرة المتمردين ونقلهم إلى أرض الإسلام " وأصبحوا من رعايا الدولة العثمانية المخلصين. وحددت الرسالة مطلبين أساسيين:

1- إرسال نجدات عسكرية " لنصرة الجزائر، لأنها سياج لأهل الإسلام، وعذاب وشغل لأهل الكفر والطغيان، وهي موسومة باسمكم الشريف، وتحت إيالة مقامكم المنيف، وقد أصبحت القلوب المنكسرة بها عزيزة، والرعية المختلفة بها مؤتلفة أليفة "[1].

2- إعادة خير الدين باشا إلى منصبه السابق - بكلر بك الجزائر - " فهو المتمثل لأوامر مولانا، لأنه أحيا هذا الوطن، وأرعب قلوب الكفار وخرب ديار المردة والفجار، .... وإنه لهذا الوطن نعم ناصر، وجميع أهل الشرك منه خائف وحائر "[2].

وصل خير الدين بربروسا إلى مدينة الجزائر للاسهام في الدفاع عنها توفيق الله للمسلمين وسواعدهم قد قضت على أسطول الاسبان فاكتفى بتفقد أمور البليربكية واطلع على سير الأمور فيها، ثم انطلق بأسطوله نحو البلاد الاسبانية يذيقها العذاب الأليم، وأنعم السلطان سليمان على حسن آغا الطوشي برتبة الباشوية، لدوره الفعال

(1) الدولة العثمانية دولة اسلامية مفترى عليها (921/2).
(2) المصدر السابق نفسه (921/2).

في النصر وخلى البحر المتوسط تقريباً من الأساطيل الأسبانية التي كانت تضمد جراحها وتحاول استرجاع قوتها، فانطلقت السفن العثمانية نحو السواحل الاسبانية والايطالية وتوالت هنالك الغزوات وساد الرعب والفزع تلك النواحي التي بقيت مفتوحة في وجه العثمانيين يتوغلون داخلها ويغنمون مافيها [1]، كما صارت الدولة الأوربية تعمل للعثمانيين حساباً، فاهتز بذلك مركز الاسبان في وهران وغيرها من مناطق نفوذهم في الشمال الافريقي [2]، وحقق السعديون على صعيد آخر نصراً كبيراً على البرتغاليين وفتحوا حصن سانتاكروز، وما أن علم الملك البرتغالي جان الثالث بهذا الخبر حتى أمر حاميات آسفي وأزمور بالجلاء فوراً عنها، وقد وجه الملك جان الثالث في هذا الشأن إلى سفيره بمدريد رسالة مؤرخة في الثاني والعشرين رمضان 948هـ/ ديسمبر سنة 1541م، يطلع فيها الامبراطور الاسباني شارل الخامس، حيث جاء فيها ذكر للاسباب التي اجبرت البرتغال على اتخاذ قرار الجلاء عن قاعدتي لاسفي وأزمور فبالاضافة إلى موقعها الحرج هناك تزايد قوات السعديين بفضل المساعدات العثمانية، حيث صار الحاكم السعدي يملك المدفعية العثمانية، والآلات الحربية، وعلى جنود مدربين وظهرت تلك الإمدادات عند حصار سانتاكروز، مما جعل الاحتفاظ بهذين المركزين أمراً شاقاً وصعباً، ثم أن الجلاء عن أسفي وأزمور ليس معناه التخلي عن المغرب، فقد أعطيت الأوامر لتحصين مازكان لسهولة استغلال مينائها طوال أيام السنة [3]، يظهر من ذلك مدى اهتمام الدولة العثمانية في تقديم المساعدة للقوى الإسلامية في المغرب ضد المسيحيين المتواجدين فيها وذلك لأن الدولة ترغب في تأمين ظهرها حتى يتسنى لها الهجوم، فرغبت الدولة هنا في مساعدة السعديين لينهوا التواجد البرتغالي في المراكز الجنوبية من المغرب، ثم ليعبروا للأندلس، لأن المغرب

(1) انظر: حرب الثلاثمائة سنة، ص213.
(2) انظر: المغرب العربي الكبير، شوقي عطا الله الجمل، ص9.
(3) انظر: جهود العثمانيين ، ص328.

يمثل أقرب نقطة للعبور [1].

مصير شارلكان :

كان فشل شارلكان (شارل الخامس) في حملته على الجزائر، ذا أثر عميق لا على الإمبراطورية الاسبانية، ولا على ملكها شارلكان، وإنما على مستوى الأحداث العالمية. وقد حفظ الشعر العربي هذا الحدث الذي قيل فيه:

سلوا شرلكان كم رأى من جنودنا   فليس له إلا هُمُ من زواجر

فجهز اسطولاً وجيشاً عرمرماً   ولكنه قد آب أوبة خاسر

ونزلت أنباء الهزيمة نزول الصاعقة على أوروبا وتطورت الأحداث هناك هنالك بسرعة. فلم يبقى حليف للإمبراطور سوى هنري الثالث ملك إنكلترا، وانضم إلى ملك فرنسا الدوق (دي كليف) وملك الدانمارك وملك اسكندينافيا. وكان فرح الفرنسيين عظيماً لأن سقوط الجزائر كان يؤدي لامحالة إلى سقوط فرنسا، وبادر ملكها فرنسوا الأول لإبرام معاهدات مع السلطان العثماني وكان لهذه الغارة أيضاً نتائج معنوية داخل الشمال الأفريقي وأما في أوربا (بقى رعب المسلمين في قلوب أهل أوربا لمدة طويلة). ولم يعد شارل الخامس قادراً على التفكير في حملة أخرى ضد الجزائر وطغى شبح خير الدين وحسن آغا على العامة والخاصة حتى أصبح الناس إذا رأوا جفناً عن بعد نسبوه إلى خير الدين، فيتصاعد الصراخ ويكثر العويل ويفر السكان من ديارهم ومن حقولهم ومتاجرهم. وإذا حطمت الزوابع مركباً توهم الناس أن خير الدين بربروسة هو الذي أثار البحر وهيجه وأغراه على اغراق سفنهم. وبلغ الخوف من قادة الجزائر أقصى ـ درجة حتى أصبح أهل اسبانيا وإيطاليا إذا ما حدثت جريمة أو سرقة أو وقع فساد أو تخريب أو مرض أو وباء أو قحط قالوا خير الدين وأصحابه هم

---

(1) المصدر السابق نفسه، ص328.

السبب في ذلك [1] - وكانوا في نحيبهم يقولون:

بربروشـــــة بربروشـــــة

أنـت صاحب كـل شر

مـا كـان مـن ألم أو عمـل

مـؤذ وجهنمـي مـدمر

إلا والسـبب فيــه

هذا القرصان الـذي

لانظيـر لـه في العـالم [2]

وفاة حسن آغا الطوشي :

استمر حسن آغا في القيام بواجبه المقدس حتى وفاته 951هـ/ 1544م فأجمع أهل الديوان في الجزائر على تولية الحاج بكير مكانه، وريثما يعين الباب العالي باستانبول الحاكم الجديد، الذي عين حسن ابن خير الدين وقدم في نفس السنة [3] .

---

(1) انظر: خير الدين بربروس ، ص200.
(2) مجلة تاريخ وحضارة المغرب في كلية الآداب في الجزائر 1969م العدد6 ص5934.
(3) انظر: تاريخ عام الجزائر، عبدالرحمن الجيلالي (84/3).

المبحث السادس

المجاهد حسن خير الدين بربروسة

شرع حسن بن خير الدين حال وصوله، ليستعد للجهاد ومواجهة المسيحيين، فعمل على تحصين مدينة الجزائر، وذلك في المناطق التي أظهر هجوم شارل الخامس عن ضعفها، كما أخذ يعمل على توطيد النظام في الجزائر وبين صفوف الجيش، ثم انصرف إلى حل مشكلة تلمسان، إذ تبين له أن بقاء الأسرة الزيانية ووجود الاسبان في وهران يعيقان حل المشكلة [1].

كان حاكم تلمسان (أبو زيان) أحمد الثاني قد تولى الحكم بدعم من العثمانيين، غير أنه مالبث أن خضع لمؤامرات خارجية وانساق في تيارها وأخذ يتقرب من الاسبان، مما أدى إلى كره الأهالي له وقرروا خلعه عن العرش ومبايعة أحد أخوته (الحسن) فتوجه أبو زيان إلى وهران طالباً للدعم من الاسبان، مقدماً لهم التعهدات بأن يحفظ على ولائه لهم، فقرر حاكم وهران انتهاز هذه الفرصة، فجهز جيشاً، وانضم اليه جموع الخاضعين للاسبان من بني عامر وفليتة وبني راشد وعلى رأسهم القائد المنصور من بو غنام، وتقدموا إلى تلمسان لابعاد الحسن، واعادة تنصيب أبو زيان على عرش المدينة، وما أن علم حسن بن خير الدين بتحرك القوة الاسبانية، حتى قاد الجيش الإسلامي في تلمسان ليمنع الاسبان من الوصول إلى هدفهم، وتمكن حسن بن خير الدين من ذلك، ودعم حليفه الملك حسن في تلمسان [2]، الذي اعترف بسلطة الدولة العثمانية كما ترك الباشا حسن بن خير الدين حامية عثمانية بقيادة القائد محمد في قلعة المشوار في

---

(1) انظر: تاريخ الجزائر الحديث لمحمد فارس، ص38،39.
(2) انظر: الجزائر والحملات الصليبية، ص21-22.

تلمسان، إلا أنه مع ذلك ظل نفوذ الدولة العثمانية مهتزاً خارج تلمسان، بسبب مضايقات بعض القبائل المجاورة بقيادة المزوار بن بوغنام، الذي يرغب في مساندة زوج ابنته الأمير مولاي أحمد، حليف الاسبان [1]. قامت الدولة العثمانية بدعم السلطان الشريف السعدي بنحو عشرين ألف مجاهد، فالتفوا حوله، ودفعوه إلى بناء مراكب حربية للإستيلاء على اسبانيا، فوافق الشريف السعدي على ذلك وصرف لهم أجورهم ومكافآت لهم [2].

واستطاع الشريف السعدي أن ينهي الحكم الوطاسي وأصبح الأسبان متخوفين من هجوم عثماني سعدي مشترك، فقاموا بإنهاء استحكامات مليلة، وفرضت عدة إجراءات أمنية على جبل طارق وقادش وغير ذلك من الاحتياطات.

لقد ظهر السعديون أول الأمر كمحررين للمغرب من الوجود المسيحي فأكسبهم ذلك تأييد المسلمين، إذ اعتبروا ذلك نوعاً من الجهاد فقدمت الدولة العثمانية مساعدات كبيرة لتحقيق ذلك، ثم عرضت على السعديين مشروع استرداد الأندلس، إلا أنه بعد أن دانت بلاد المغرب للشريف السعدي وانتهاء الحكم الوطاسي، توجه الشريف بأنظاره نحو تلمسان، فأرسل جيوشاً كبيرة لإنهاء الحكم العثماني فيها، وعندما شعر العثمانيون بتلك الأطماع وانحراف الشريف السعدي عن الهدف الإسلامي أرسلت له حملات ليعود إلى بلاده [3].

استمر المجاهدون في شمال افريقيا يهددون أمن غرب البحر المتوسط فقاموا بمناوشات بحرية أزعجت التجارة والسفن المحملة بين اسبانيا وايطاليا وغض المجاهدون من أهالي الشمال الأفريقي الجزء من البحر المتوسط بين سردينيا والساحل

---

(1) انظر: جهود العثمانيين ، ص329.
(2) المصدر السابق نفسه، ص330.
(3) انظر: جهود العثمانيين، ص334.

الأفريقي، وبذلك اضطرت السفن المسيحية أن تطرق الطرق الأكثر أماناً بـالقرب مـن رأسي كورسيكا ولكن الاحتلال الفرنسي للرأس بمساعدة العثمانيين هـددوا أيضـاً الاتصـالات بـين اسبانيا وايطاليا، ولم تكن هناك مهلة لشارل الخامس في الدفاع عن الطرق البحرية ضد القسطنطينية التي كانت حلمه منذ سنوات طفولته، كما أنه صار غير قادر على تقديم مصالح مباشرة لاسبانيا [1].

أولاً: أخر أيام خير الدين بربوسة:

استمر خير الدين في قيادة الأسطول العثماني وحقق انتصارات رائعة هزت أوروبـا كلهـا وبعـد أن تحالفت الدولة العثمانية مع فرنسا جعل خير الدين من مدينة (مارسيليا) قاعدة لقيادته ومقراً لاسطوله وهناك -في مارسيليا- باع خير الدين ورجـال اسطوله الغنـائم التـي حملوهـا معهـم مـن اسبانيا، كما بـاعوا فيهـا رقيق الاسبان مـن الرجـال والنسـاء. فتـداولتهم أيـدي القـوم، واشـتراهم الفرنسيون بضاعة رابحة، ثم اخذوا يبيعونهم بأرباح طائلة الى يهود (ليفورنو) الإيطالية، وكـان هؤلاء بدورهم يعيدون بيع الأسرى الارقاء الى الامبراطور (شارلكان) بأربـاح خياليـة. وأنضم الاسطول الفرنسي الى الاسطول العثماني بأمر من ملك فرنسا. ووضع قائد الاسطول الفرنسي- (الأمير فرانسوا دبو بوربون) قواته تحت قيادة (خيرالـدين) باعتبـاره القائـد العـام للقـوات المتحالفـة (العثمانيـة-الفرنسية) وكان أول عمل قام به (خير الدين) هو قيادة القوات لمهاجمة (نيس) وطرد حاكمها (دوق سافوا) وانتزاعها من الحكم الاسباني وإعادتها لملك فرنسا. ثم استقر خير الدين باسطوله في مدينـة (طولون) وجعلها قاعدة للجيش الاسلامي والاسطول الاسلامي ، بعد أن غادرها معظم سكانها بـأمر ملك فرنسا وتركوها في ايدي المسلمين. ثارت ثائرة المسيحية جمعاء ضد هـذا التصرف الأفرنسي- ، وأخذت الدعاية المضادة للمسلمين تجتاح أرجاء أوروبا ، يحملها الاسبان وغلاة

---

(1) المصدر السابق نفسه، ص356.

الصليبية، ويستثمرونها الى أقصى الحدود. ومن ذلك قولهم : (ان خير الدين قد اقتلع أجراس الكنائس، فلم تعد تسمع في طولون إلا أذان المؤذنين) وبقي خير الدين والجند الاسلامي بمدينة طولون حتى سنة 1544م.

وكان (شارلكان) أثناء ذلك قد هاجم شمال شرقي فرنسا وانهزم تحت جدران (شاتوتييري)[1] ثم اضطر للذهاب الى ألمانيا ، حيث كانت حركة التمرد البروتستانتي ضد الكاثوليكية بصفة عامة، وضده بصورة خاصة ، قد أخذت أبعاداً خطيرة. وأرغمه ذلك بعد أن هوى نجمه وذبل عوده بنتيجة نكبته أمام الجزائر -الى عقد معاهدة مع ملك فرنسا يوم 18 أيلول (سبتمبر) 1544م في مدينة (كريسبي دي فالوا). ونتج عن هذه المعاهدة جلاء (خير الدين) وقواته عن مدينة (طولون) ورجع الى العاصمة (استانبول). وبما أن الحرب لم تتوقف بين اسبانيا والمسلمين، فقد استمر (خير الدين) في ممارسة الأعمال القتالية أثناء طريق عودته، فتوقف أمام مدينة جنوة، وارتاع مجلس شيوخها فأرسل له مجموعة من الهدايا الثمينة مقابل عدم التعرض للمدينة بأذى، فتابع (خير الدين) طريقه حتى وصل جزيرة (البا) التي كانت تحت حكم اسبانيا -والتي أصبحت منفى نابليون بونابرت فيما بعد- فاحتلها، وغنم مابها، كما احتل عدداً من المدن الساحلية، من بينها مدينة (لبياري) ورجع الى العاصمة بسفنه مثقلة بالغنائم فاستقبل كأحسن ماتستقبل به الأم أبناءها البررة.

ولم يعمر خير الدين بعد ذلك طويلاً، ومضى الى جوار ربه ، وكان قد سبقه رفيق جهاده حسن باشا الطوشي سنة 1544م.

وغاب بوفاة (خير الدين) نجم طالما أضاءت له سماء المسلمين في البر والبحر ، وانطوت بغيابه صفحة ناصعة من صفحات الجهاد في سبيل الله لتبدأ صفحة جديدة.

لقد قاد خير الدين حروب الإيمان وحقق فوزاً عظيماً واتصف بالوفاء والاخلاص

---

(1) انظر: خير الدين بربروس للعسلي ، ص166.

وإنكار الذات والاستعداد الدائم للتضحية والصدق والشجاعة بكل أشكالها ويحفظ لنا التاريخ رده على شارلكان عندما قال له (يجب ألا تنسى أن الاسبان لم يخذلوا في معركة، وأنهم قتلوا أخويه الياس وعروج، وان تمادى فيما هو عليه وركب رأسه فإن عاقبته ستكون كعاقبة أخويه). فأجاب خير الدين: (سترى غداً، وإن غداً ليس ببعيد، أن جنودك ستتطاير أشلاؤهم وإن مراكبك ستغرق، وإن قوادك سيرجعون إليك مكللين بعار الهزيمة). وعندما حاصر شارلكان الجزائر بعد وفاة عروج بربروسة خرج له خيرالدين ومعه حزم وعزم، وتلا على جميع قواده وجنوده قوله تعالى: ﴿إن تنصروا الله ينصركم ويثبت أقدامكم﴾ وتقدم للميدان ومعه رجاله، وقال لهم : (إن المسلمين في المشرق والمغرب يدعون لكم بالتوفيق ، لأن انتصاركم انتصار لهم، وإن سحقكم لهؤلاء الجنود الصليبيين سيرفع من شأن المسلمين وشأن الاسلام)[1] .

فصاحوا كلهم (الله أكبر) وهاجموا الاسبان فأبادوهم عن آخرهم)[2] .

إن هذه الصورة لا تختلف أبداً، لا في شكلها ولا في مضمونها عن صور أولئك القادة المجاهدين في سبيل الله ، والذين خرجوا من جزيرتهم فحملوا الى الدنيا رسالة الاسلام. غير أن الموقف العام لم يكن في عهد (خير الدين) مشابهاً لما كان عليه أيام الفتح، فقد أخذ الضعف طريقه الى قلوب المسلمين وانظمتهم فقد كانوا من قبل تحت قيادة واحدة لاتسمح لأعداء الداخل بالظهور أو بممارسة دروهم في التأثير على التيار العام.في حين أصبح لهؤلاء دورهم في توجيه الأحداث وكان أخطر ما في الأمر أن هؤلاء كانوا يحتلون مراكزاً قيادية تسمح لهم بممارسة دور خطير ضد مواطنيهم وإخوانهم في الدين.

لقد كان من المحال تحقيق النجاح في مثل هذه العمليات لو لم تتوافر كفاءة قيادية

(1) انظر: خير الدين بربروسه ، ص170،171.
(2) المصدر السابق نفسه، ص171.

عالية، تتولى إدارة المعركة في كل مرحلة من مراحلها الصعبة.

وقد توافرت العوامل الثلاثة للنصر: شعب مجاهد في سبيل الله ، وتطبيق رائع للعقيدة القتالية الاسلامية وقيادة على درجة عالية من الكفاءة.

بذلك انتصر (شعب الجزائر) وبذلك انتصر خيرالدين ، فكتب شعب الجزائر مع خير الدين تحت سيادة الدولة العثمانية قصته الرائعة في الجهاد والمجاهدين.

ولم يكن (خير الدين) قادراً على تحقيق مايريده لولا ما قام به شعب الجزائر المجاهد، وما كان شعب الجزائر ليصل الى هدفه لولا توافر قيادة حازمة مارس (خير الدين) دوره في تكوينها ووضعها لتصبح على مستوى الأحداث.

لقد مضى خيرالدين الى جوار ربه راضياً مرضياً، وبقي وبقيت الأمة الأسلامية تردد على مدى الدهر تلك المواقف البطولية التي صنعتها العقيدة ومبادئ الجهاد وقيمه في سبيل الله [1] .

ثانياً: عزل حسن بن خير الدين عن الجزائر:

كان حسن بن خير الدين بربروساً بعد أن هزم السعديين في تلمسان ووطد دعائم الحكم العثماني فيها 959هـ/1151م، انتهج سياسة مضادة لكل الدول الأجنبية ، بما فيها فرنسا التي كانت ترتبط بالدولة العثمانية بروابط رسمية جيدة، ساعدت الفرنسيين على الإفادة من الامتيازات الاقتصادية التي منحت لها مع استانبول والتي شملت جميع أقاليم الدولة العثمانية، غير أن حسن ابن خير الدين لم يلتزم بذلك ، وأعلن عداءه لفرنسا في مناسبات عديدة فما كان من فرنسا إلا أن أرسلت سفيرها المعتمد في استانبول الى الجزائر يهدف معرفة المدى الذي سيصل إليه حسن بن خير الدين في عدائه لفرنسا ، وفيما إذا كان هذا العداء سيؤثر على العلاقة الاقتصادية مابين

(1) انظر: خير الدين بربروسة للعسلي، ص176.

فرنسا وبيلربكة الجزائر.

اجتمع سفير فرنسا بالبيلربك حسن بن خير الدين ، وعرض عليه تقديم مساعدات عسكرية ، لتنفيذ مشروع الدولة العثمانية في مهاجمة اسبانيا ، ونجدة مسلمي الأندلس ، لكـن حسـن رفض هذا العرض، لمعرفته بمواقف فرنسا السابقة من الدولة العثمانية نفسها، وأعلـن صراحـة أن قضية الجهاد هي قضية خاصة بالمسلمين ، وبين بأنه لاينتصر بكافر على كافر ورجع السـفير الفرنسيـ الى استانبول ، حتى أوغر صدر الباب العالي بقوله: ⟨ان السلطة الواسعة المطلقـة التـي يمارسها حسـن بن خير الدين ومحاولته توسيع مملكته ستحطم وحدة الدولة العثمانية وتهدد كيانها بالانقسام⟩[1] خاصة وأن والدته من الاسر الجزائرية المعروفة.

رأت الدولة العثمانية أنه لزاماً عليها من تغيير سياستها في المنطقة خاصة بعد أن صار المغرب حليفاً قوياً للاسبان، مما أدى الى قلب الموازين الاستراتيجية رأساً على عقب فأتخذ السـلطان عـدة تدابير لمواجهة الحالة الجديدة، ومن ذلك عزل السلطان سليمان القانوني بيلـر بـك الجزائر حسن بن خير الدين بدعوى الاساءة الى حسن الجوار مـع المغرب، كـما دعـا الى الوحـدة الاسلامية والى حسن الجوار[2] .

اسندت الدولة العثمانية بيلربيكيه الجزائر الى صالح رايس في صفر 960هـ/ينـاير 1552م، بـدلاً من حسن بن خير الدين[3] .

ثالثاً: رسالة السلطان سليمان القانوني الى حاكم فاس محمد السعدي:

(1) انظر: الجزائر والحملات الصليبية للعسيلي، ص30-32.
(2) انظر: بداية الحكم المغربي للسودان الغربي لمحمد الغربي ، ص90-91.
(3) انظر: المغرب في عهد السعدية، عبدالكريم كريم ، ص79.

(... هذا مثالنا الشريف العالي السلطاني وخطابنا المنيف السامي الخاقاني لازال نافذاً مطاعاً بالعون الرباني والصون الصمداني اصدرناه الى الجناب العالي الاميري الكبير الأكرمي الافخمي الاكملي الارشدي، الاعدلي الهامي الماجد النصيري الذخيري الحسبي النسبي نسل السلالة الهاشمية فرع الشجرة الزكية النبوية طراز العصابة العلوية المحفوف بصنوف لطايف عواطف الملك الصمد حاكم ولاية فاس يومئذ الشرف محمد دام علوه وزاد سموه.

اصدرنا هذا المثال الشريف العالي الى جنابة العالي نخصه منا سلام بتكميل صلاة (الصلات) المحبة بالتحيات الطيبات وتتأكد بعطره صلات المودة بالتسليمات الزكيات وبعد فإن الله جلت قدرته وعظمت مشيئته منذ أقامنا في دولة هائلة نركب خيولها، ونعمة طائلة نسحب ذيولها وسيادة سائدة كالشمس وضحيها، وسعادة ساعيه كالقمر اذا تليها ، وخصنا خلافة جليلة عضد الايمان بها منصور ومنحنا سلطة ساعد الاسلام بها مرفوع لاجرم وجب علينا وتحتم على ذمتنا اداء (شكر) هذا اللطف الجسيم والاحسان العميم، ذلك فضل الله يؤتيه من يشاء و الله ذو الفضل العظيم ، وكان ابداد ابنا، ودائماً عادتنا الاهتمام باجراء الشرع المبين وانقاذ سيد الأولين عليه الصلوة وعلى آله اجمعين والقيام في اطفاء نايرة الكفر والطغيان وطي الظلم والعدوان ونشر العدل والاحسان ولما بلغ سمعنا الشريف ان أمير الأمراء بولاية الجزائر سابقاً حسن باشا لم يحسن المجاورة مع جيرانه ومال الى جانب العنف والاعتساف ونبذ وراء ظهره طرق الوفاق والائتلاف وسد باب الاتحاد مع المجاهدين حماة الدين، لذلك بدلناهم غيره، فأنعمنا بولاية الجزائر على مملوك حضرتنا العلية وخلاصة خدام اعتابنا الجليلة امير الأمراء الكرام كبير الكبراء الفخام ذي الجلال والاكرام والاحترام صاحب الفرد والاحتشام المختص بمزيد عناية الملك الاعلى صالح باشا دام اقباله لفرط شهامته وشجاعته وكمال دينه وديانته فوضنا إليه تلك الديار وأمرنا باقامة الشراع (الشرع) الشريف المتين، واحياء تواقر سيد المرسلين وصون الرعايا وحفظ البرايا الذين هم ودائع

الله تعالى وان يكون مع الاهالي الاسلام على أكمل اتحاد واجمل اتفاق مجداً فيما يتعلق بالدولة والدين وقيام ناموس سلطاننا المتين مثابراً على دفع اعداء الدين وقمع الكفرة الفجرة المتمردين على ان اقصى مراد حضرتنا العلية احياء مراسم الاسلام واطفاء ثائرة الكفرة والمتمردين اللئام وذلك المرام يكون باتفاق امراء الاسلام واتحاد امناء شرع سيد الانام ويتم به النظام ولاينفي لاثارهم في الشهور والاعوام.

وأمرناه أيضاً أن ينظر الى احوال المسلمين بنظر الاشفاق والمراحم وينظر بينهم بكمال العدالة وحسن المكارم ليكونوا في ايام دولتهم العادلة أمنين مطمئنين لا خوف عليهم ولا هم يحزنون.

ولابد لكم ان تحسنوا المجاورة وتذهبوا طريق حسن المعاشرة مع كونكم أولاد سيد الأنبياء ، واحفاد سيد الاصفياء سمعنا عدلكم وانصافكم وبكمال التقوى وصفات الكمال اتصافكم ، ولذلك الشأن كتبنا اليكم منشوراً يوجب مضمونة المصافات ويشفي مكنونة ان تكون المودة في اقصى ـ الغايات ولك ان تنبئوا باخباركم صحتكم الغالية الى اعتبانا العالية...⁽¹⁾ .

تحريراً في أوائل شهر محرم سنة تسع وخمسين وتسعمائة، الموافق يناير 1552م بمقام ادرنة كما بعث السلطان سليمان القانوني بخطاب آخر الى حاكم المغرب محمد الشيخ السعدي، يمنحه بخلع، والخطاب عبارة عن مرسوم سلطاني قال فيه: ' ... هذا مثالنا الشريف ..الخ اصدرنا الى الجناب العالي حاكم فاس يومئذ الشريف محمد ... نخصه بسلام تتكمل به صلات المحبة بالتحيات الطيبات وتتأكد بعطره صلات المودة بالتسليمات الزاكيات وبعد.

فان الله جلت قدرته وتعالت عظمته منذ اقامنا في دولة هايلة نركب خيولها، ونعمة طائلة نسحب ذيولها وسيادة سايدة كالشمس وضحيها.

(1) انظر: جهود العثمانيين ، ص364.

وامضاء سني سنن سيد الاولين والآخرين ومظاهرة حماة الدين ومجاهدين الكفرة المتمردين وانت من اولاد سيد المرسلين وقائد الغر المحجلين صلوات الـله عليه وسلامه وقد سمع سيدتنا العلية حسن اقدامك وكمال دينك وديانتك وخلوص طويتك وصفاء سيرتك وقيامك في الـذب عـن المسلمين وقمع اعداء الدين ولذلك الشأن حباك احساننا الشريف العـالي السـلطاني ورعاك جزيل فضلها السامي الخاقاني فأنعمنا عليك وعلى ولديك بثلاث خلع سنية لتكون صلة للمحبة منا وسبباً لنسج المودة بيننا، على ان اقصى مراد حضرتنا العلية ان تكون اهالي الاسلام وحماة دين النبي عليه السلام في ايام دولتنا العادلة في اكمل الراحة وأجمـل الاسـتراحة آمنـين مطمئنين لا خـوف علـيهم ولاهم يحزنون ان شاء الـله تعالى.....[1] .

رابعاً : مرسوم السلطان العثماني بتقليد صالح رايس مقاليد الولاية:

بعث السلطان العثماني مرسومه الى العلماء والفقهاء وسائر رعايا الجزائر يعلمهم فيه بتقليـد صالح رايس مقاليد الولاية وقد جاء في ذلك المرسوم مايلي: (... هذا مرسومنا .. ارسلناه الى العلماء والفضلاء والفقهاء والأئمة والخطباء وجميع العلماء والقواد والنقباء وسـائر رعايانا بولايـة الجـزائر الغربية، زيد توفيقهم يتضمن اعلامهم ان صدقاتنا الشريفة العالية الخاقانية وعوارضنا السـنية السامية السلطانية قد انعمت على مملوك حضرتنا العالية ومعتمد دولتنا القانية امير الأمراء الكرام... صالح باشا دام اقبالاً ، بولاية الجزائر لفرط شهامته وشجاعته وكمال قوته وصلابته وحسن سيرته وصفاء سريرته فوضنا إليه تلك الارض وأمرناه باحياء السنن والفروض والرعايا الـذين هـم ودائع الـله تعالى وحفظ الثغور وسد خارق الأمور، لتكون رعايا أهل الاسلام ثمـة في ايام دولتنـا العادلة في اكمل الراحة، واجمل الاستراحة آمنين مطمئنين لاخوف عليهم ولا هم يحزنون، فليكونوا مع امير الأمراء المشار إليه على احسن حال

---

(1) انظر: جهود العثمانيين، ص365.

328

واكمل اتفاق مراد حضرتنا قيام قاموس الشرع القويم والصراط المستقيم واحيائه مراسم الاسلام وطريقة سيد الانام وحفظ العباد وصون البلاد وقمع الكفرة الفجرة بكل ناد وتقبلوا ذلك وتعتمدونه و الله تعالى هو الموفق بمنه ويمنه والعلامة الشريف حجة بمضمونه)[1] .

تحريراً في أوائل محرم سنة تسع وخمسين وتسعمائة الموافق يناير 1552م.

(1) المصدر السابق نفسه، ص366.

المبحث السابع

سياسة صالح الرايس

عمل صالح رايس في سياسته الداخلية على تحقيق امرين:

1- تحقيق الوحدة بصفة تامة مطلقة بين كل اجزاء الجزائر .

2- ادخال بقية اجزاء الصحراء الجزائرية ضمن هذه الوحدة حتى يتفرغ للاندلس، اما سياسته الحربية الخارجية فقد كانت ترمي الى ثلاثة اهداف:

أولها: ابعاد الاسبان نهائياً عن اراضي الجزائر.

ثانيهما: وضع حد فاصل للمشاغبات والمفاجأت التي تقوم بها الدولة المغربية السعدية.

وثالثها :اعلان نفير الجهاد العام والسير براً وبحراً على رأس الجيوش الاسلامية الى بلاد الاندلس [1].

ابتدأ صالح رايس في مستهل ولايته بتحقيق الوحدة الداخلية، واستطاع ان يخضع الامارات المستقلة لنفوذ الدولة العثمانية واصبح وضع العثمانيين في الجزائر أقوى مما كان عليه ثم بدأ صالح رايس في مخططه نحو المغرب الأقصى واستفاد من الظروف التي تمر بها تلك الديار ووقف مع احد افراد اسرة بني وطاس الذي فقد أمله في وقوف الاسبان والبرتغاليين معه.

وتحركت القوات العثمانية للوقوف مع ابي حسون الوطاسي وحصلت اصطدامات

(1) انظر: جهود العثمانيين ، ص366.

عسكرية بين قوات محمد الشيخ والقوات العثمانية قرب بادس التي رسا بها الاسطول العثماني إلا أن الهزيمة لحقت بالقوات السعدية، مما أفسح المجال امام العثمانيين لكي يواصلوا زحفهم نحو الداخل، وقبل أن تنتهي سنة 963هـ/1553م، سقطت مدينة تازة في يد العثمانيين الذين اشتبكوا مع السعديين في معارك متواصلة اهمها بكدية المخالي في ساحة فاس، عند ذلك تقدمت القوات العثمانية ومعها ابوحسون نحو فاس التي دخلتها في 3 صفر سنة 964هـ/ 8 يناير 1554م [1].

واعلن الباب العالي ضم المغرب الى الدولة العثمانية بعد ان خطب الامام للسلطان العثماني [2].

ازداد فزع الاسبان والبرتغال لرؤية الاساطيل العثمانية وهي تسيطر على بعض الموانئ المغربية القريبة من مراكز احتلالهم التي سيطر عليها العثمانيين ومن ثم التوجه للاندلس، وقد جاء في الرسالة التي بعثها الملك البرتغالي (جان الثالث) الى الامبراطور شارل الخامس، مايدل على هذا الفزع اذ كتب إليه يحثه على التدخل في المغرب للحيلولة دون توطيد العثمانيين لاقدامهم في هذه البلاد، لان ذلك يشكل خطراً كبيراً على مصالح الأمتين [3].

مكث صالح رايس بمدينة فاس اربعة اشهر ضمن خلالها استقرار الامور للدولة العثمانية، وفي خلال تواجده في فاس لم يترك الجهاد ضد الاسبان فأرسل فرقة من جيشه الى الريف المغربي استرجع من الاسبان معقلهم الكبير باديس او صخرة فالين كما يدعونها [4]، كما حاول صالح رايس ان يستبدل الباشا العثماني ابا حسون بالشريف الادريسي الراشدي مولاي بوبكر، بناء على اقتراح المرابطين الصوفيين للقيام على

---

(1) انظر: المغرب في عهد الدولة السعدية، ص80-81.
(2) انظر: بداية الحكم المغربي في السودان الغربي، ص91.
(3) انظر: المغرب في عهد الدولة السعدية، ص81.
(4) انظر: حرب الثلاثمائة سنة ، ص342.

حكم فاس باسم السلطان العثماني، إلا ان ثورة الأهالي اضطرت صالح رايس لاعادة بوحسون الى حكم فاس، فأذعن بوحسون لشروط العثمانيين بشأن الحفاظ على السيادة العثمانية من حيث الخطبة باسم السلطان العثماني واقامة حامية عثمانية في مقر بلاطة [1].

تمهيده للعمل المشترك في استرداد الاندلس:

لم يكن صالح رايس يهتم قبل كل شيء إلا بمحاربة الاسبان، ولا يهدف من وراء أي عمل إلا جمع القوى الاسلامية من أجل تطهير البلاد من التواجد المسيحي، كان يرى قبل كل شيء وجوب طرد الاسبان من وهران، من النزول الى الاندلس، لكن كيف يتسنى له ذلك وسلطان السعديين بالمغرب يترقب به الفرص وسلطان قلعة بني عباس ببلاد مجانة يعلن انفصاله واستقلاله، ترامت لصالح رايس يومئذ الانباء عن ضعف القوى الاسبانية بمدينة مجانة، علاوة عن معاناة الحامية بالضيق فرأى صالح أن يغتنم الفرصة وأن يبدأ بتطهير الشرق من الاسبان قبل أن يطهر الغرب ولعل انقاذ بجاية سيكون له اثر في عودة ملك بجاية الى حظيرة الوحدة الاسلامية تحت ضغط السكان سار صالح رايس في ربيع اول سنة 963هـ/ يناير 1555م نحو مدينة بجاية على رأس قوة كبيرة بنحو ثلاثين ألف رجل عززهم في الطريق بالمجاهدين في امارة كوكو، فوطدت الجيوش العثمانية وحاصروا المدينة، بينما جاء الاسطول العثماني يحمل الاسلحة والمدافع بجانب الجيش وصوب المسلمين قذائفهم على القلعة [2] ودارت معركة عنيفة ونجح صالح رايس في انتزاع بجاية من الاسبان في ذو القعدة سنة 963هـ/سبتمبر 1555م، ولم يستطيع حاكم نابولي من نجدة حاكمها في الوقت

(1) انظر: اطوار العلاقات المغربية العثمانية ، ابراهيم شحاتة، ص147.
(2) انظر: حرب الثلاثمائة سنة ، ص343-344.

المناسب [1] ، كما استسلم الحاكم الاسباني للقوات العثمانية [2] .

أولاً : مقتل بوحسون الوطاسي:

واجه بوحسون منافسة محمد الشيخ السعدي الذي جمع قوات من السوس والحوز واتى بجنوده الى ان وصل رأس الماء من احواز فاس [3] وكان بوحسون بعد انسحاب العثمانيين قد اخذ في اعداد الجيوش وآلات الحرب الى ان قضت ثمانية شهور فأمر بالخروج لمواجهة مولاي محمد الشيخ والوصول الى مراكش ولما تقابل الجيشان قام بينهم قتال عظيم واستطاع بوحسون أن ينزل بالسعديين هزيمة شنيعة حتى استطاع أن يردهم على أعقابهم، ثم أرسل بوحسون لمولاي محمد الشيخ وقال له: أخرج أنت وأولادك الى لقائي وأنا أخرج إليكم بنفسي ونترك المسلمين بدون قتال، فتظاهر محمد ورجع الى والده وأخوته الستة الذين اجتمعوا على بوحسون فجعل يطاردهم حتى طمر به فرسه فسقط فطعنوه فأجتزوا رأسه وأتوا به جيشه، فأنهزموا بلا قتال، واخذ محمد الشيخ فاس [4] وهكذا مات بوحسون بعد تسعة شهور من عودته لحكم فاس، وان كانت قد ضاعت بموته الفرصة الاولى لاعلان السيادة العثمانية على فاس ، إلا ان احداث هذه الوقائع كانت تعني ان الفرصة مازالت واسعة امام العثمانيين لتطبيق غزوهم المحلي للمغرب، لاسيما وان محمد الشيخ السعدي باسم القضاء على الحزب العثماني بين المغاربة أنزل القتل في اكثر من مائتين من كبار اعيان فاس فضلاً عن الفقيهين المرينيين الى محمد عبدالوهاب الزقاق قاضي فاس، والى الحسن علي حزوز خطيب فاس [5] .

(1) انظر: تاريخ الجزائر الحديث محمد خير فارس، ص41.
(2) انظر: تاريخ الجزائر العام (88/3).
(3) انظر: تاريخ افريقيا الشمالية ، شارل جوليان (344/1).
(4) انظر: تاريخ الدولة السعدية لمؤلف مجهول، ص20،21.
(5) انظر: اطوار العلاقات المغربية، ص148.

ثانياً: التعاون البرتغالي الاسباني السعدي ضد العثمانيين:

بعد عودة فاس للسعديين ظهر محمد الشيخ كخصم عنيد للعثمانيين، ومن المعارضين لسياستهم التوسعية في بلاد المغرب، بل والأكثر من ذلك انه اعلن اثر دخوله فاس بأنه عازم على الذهاب الى الجزائر لمنازلة العثمانيين هناك، فهذا التنافس السعدي العثماني على شمال افريقيا، بل وعلى الخلافة الاسلامية كان في صالح الاسبان والبرتغال، ولا عجب اذا رأينا بعد ذلك تقارباً بين هؤلاء جميعاً ضد العثمانيين[1] .

بعث الملك جون الثالث رسالة الى حاكم مازكان البرتغالي الفارودي كالفولو رداً على الطلب الذي تقدم به المولى محمد الشيخ الى كل من مدريد ولشبونة لتزويده بقوات عسكرية ضد العثمانيين كما حددت الرسالة بعض الشروط التي يراها البرتغاليون لمساعدة السعديين كتسليم بعض المراكز البحرية المغربية مثل بادس بنيون والعرائش، بالاضافة الى تموين القوات المسيحية التي سيرسلها لمساعدته ، وأخيراً يختتم الملك البرتغالي يوحنا الثالث بضرورة إخبار الأمبراطور الاسباني بذلك للتنسيق في عمل مشترك ضد العثمانيين ، ونتيجة لهذا التقارب فقد عقدت هدنة بين السعديين والبرتغال بواسطة حاكم مازكان لمدة ستة أشهر وذلك في مطلع 962هـ/1555م، وظل مفعول هذه الهدنة زمناً طويلاً.

إذا كان حاكم مازكان هو الذي قام بدور الوساطة مع السعديين فإن المزوار بوغانم هو الذي كلف من قبل المولى محمد الشيخ بالوساطة مع الاسبان وأول رسالة للمنصور في هذا الصدد، تلك التي بعثها الى حاكم وهران الاسباني الكونت دي الكودين في مطلع ربيع أول 963هـ/يناير 1555م ، وقد أخبر المزوار الكونت الاسباني بوصول رسائله وأنه أعلم بها المولى محمد الشيخ وابنه عبدالله الذين أعربا عن سرورهما لقدوم وفد اسباني للتفاوض معه، وقد ارسل حاكم وهران بالفعل الى فاس

(1) انظر: تاريخ الدولة السعدية، عبدالكريم كريم ، ص83.

وفداً يتألف من ثلاثة أشخاص جاؤوا للاتفاق مع المولى محمد الشيخ حول إعداد حملة مشتركة اسبانية - مغربية ضد العثمانيين [1].

وقد جاء في التقرير الذي رفعه الوفد للكونت حاكم وهران الاسباني الذي اشرف على سير المحادثات '... بعد أسلمناه الرسائل ... طلب إلينا الملك السعدي أن نقول له شفوياً عن سبب المهمة التي قدموا من أجلها الى فاس .. إننا جئنا استجابة لطلب مولاي عبدالله والقائد منصور بن غانم حيث طلب من حاكم وهران إرسال بعض الرجال للتفاوض في أمر الجزائر.

أجابنا الشريف بأنه لايزال عند فكرته وأنه يرغب في طرد العثمانيين من بقايا افريقيا ومن أجل ذلك فهو يطلب من جلالة الامبراطور امداده بعشرة آلاف مقاتل مسلحين بأسلحة نارية، وأنه ' أي الشريف' يرى بأنه من المناسب أن يقوم جلالة الأمبراطور بكل مايلزم لهؤلاء المقاتلين من نفقات ، ذلك لأن طرد العثمانيين انما هو عمل تستفيد منه ممالك الأمبراطور والمسيحية جمعاء ... وطالت المذكرات كثيراً وأخيراً علمني القائد برشميده، بأن الشريف قد ادخر كثيراً من المال لمحاربة العثمانيين، وأنه يسعده أن يعين الأمبراطور على ذلك وأن الأمر مستعجل جداً ...'.

'... جاء ذكر الجزائر ماذا نصنع بها بعد احتلالها، فكان من رأي الملك السعدي تحطيم هذه المدينة وإزالتها تماماً، أما أهلها فتؤخذ أموالهم، وإذا امتنعوا فيقتلوا ورفض الملك السعدي أن يؤخذوا عبيداً للمسيحيين، وذكر الوفد أن الأتراك أجانب عن البلاد وأنهم أعداء له فيجب معاملتهم معاملة الأعداء، أما العرب فيمكن أن تترك لهم حريتهم في حالة استسلامهم دون مقاومة. إلا أن الملك السعدي أوضح أنه لن يسمح أبداً بأن يصبح أي عربي عبداً، لأن هذا مخالف للشريعة' [2].

(1) انظر: تاريخ الدولة السعدية، ص83،84.
(2) انظر: حرب الثلاثمائة سنة ، ص61،62.

يتبين من خلال ذلك مدى حقد الشريف السعدي على العثمانيين ، الذي لم يتورع في الاستنجاد بالقوى المسيحية اسبانيا والبرتغال في سبيل تحقيق أهداف شخصية، حتى لو كان على حساب عقيدته الاسلامية ومصالح المسلمين.

نتيجة لذلك التقرير فقد بعث الكونت الكوديت حاكم وهران ذلك الى الأمير فليب ابن الأمبراطور شارل مشفوعة بخطاب هذا نصه: (... يجب علينا أن نعتبر أنفسنا سعداء جداً في الوقت الذي يبذل فيه ملك فرنسا عدونا الألد كل جهوده للحصول على أسطول السلطان العثماني، حتى يهاجم ممتلكات جلالة الأمبراطور وكون أمير عربي يعرض علينا نفوذه في مهاجمة العثمانيين في الجزائر ومحاربتهم وابعادهم عن الأرض التي يحتلونها في افريقيا وذلك فيما إذا قدمنا له اثنى عشر ألف من المقاتلين الاسبان على حسابه، كذلك يتعهد الشريف السعدي في حالة الموافقة أن أبعث بأحد أبنائي رهينة لديه، وأن يصنع المال اللازم لتجهيز هذه الحملة بكل سرعة ، بما أن هذه الصفقة ستجر خيراً عظيماً على جلالته وعلى المسيحية جمعاء فأنا لا أتردد في قبول طلب الشريف وأرسل إليه ابني رهينة حتى لو كنت على يقين أنه يريد أن يذبحه بل أنني وجميع من حولي مستعدين لتقديم أنفسنا كرهائن حتى لو كان الشريف يريد بيعنا عبيداً....)[1] .

ثالثاً: المخابرات العثمانية تكتشف المؤامرة:

أطلع صالح ريس على تلك المؤامرة التي كانت تحاك ضد الدولة العثمانية بين ملك المغرب والاسبان والتي كان هدفها طرد العثمانيين من الجزائر، لأنه طالما أن الدولة في الجزائر معناه خطر على اسبانيا، فبعث صالح ريس للباب العالي يخبره بشأن تلك المحادثات، فكان جواب السلطان سليمان سريعاً وحاسماً بوجوب مهاجمة وهران قبل أن تستمر المحادثات بين الجانبين السعدي والاسباني عن نتيجة عملية، فأرسل

---

(1) انظر: حرب الثلاثمائة سنة، ص364-365.

السلطان سليمان أربعين سفينة لمساعدته في الاستيلاء على وهران والمرسى الكبير، ومنذ ذلك الوقت كانت الهجرة والتجنيد الطوعي من مختلف أنحاء الدولة العثمانية هي التي تغذي الأوجاق، الذي كان تبعاً لذلك يتجدد على الدوام[1].

رابعاً: وفاة صالح ريس:

استعد صالح ريس لفتح وهران، وضم اسطوله الى جانب أسطول السلطان وصار لديه نحو سبعين سفينة، واجتمع لديه من الجند ما يقارب من اربعين ألف جندي، وكان ينوي من اتمام زحفه هذا بالمسير الى مراكش للقضاء على الفتن والاضطرابات واخضاعها لسلطانه، ولكن القدر لم يمهله فتوفى صالح ريس بالطاعون في شهر رجب 963هـ/1556م عن عمر سبعين سنة[2].

إن الدولة العثمانية سعت الى ضم المغرب في نطاق توحيد البلاد الاسلامية والوقوف بها صفاً واحداً ضد الهجمات المسيحية، ذلك أن استقراره في قواعد بحرية تنتشر على طول سواحل المغرب الأقصى المطلة على المحيط الاطلسي، يعني في حقيقة الأمر نجاح الأساطيل العثمانية في اعتراض الطرق البرية للبرتغال أو اسبانيا مع العالم الجديد والشرق، من هنا نرى أن نجاح الفكرة كان يعتمد اساساً على وصول العثمانيين الى تلك السواحل ليشاركهم في ذلك المجاهدون الذين عملوا سنوات طويلة تحت أمرة أمراء البحر العظام، أمثال خير الدين وعروج بربروسا وصالح رايس[3].

قام القائد يحيى بإكمال خطة صالح ريس فأبحر نحو وهران وفي الطريق وصلت الأوامر السلطانية بتعيين حسن قورصو لمنصب بيلرباي ، ووصلت الجيوش البرية والبحرية الى وهران وحوصرت حصاراً شديداً، إلا أنها لم تفتح رغم استعدادات

(1) انظر: تاريخ الجزائر الحديث، ص81.
(2) تاريخ الجزائر العام للجيلالي (3/88-89).
(3) انظر: صراع المسلمين مع البرتغاليين في البحر الأحمر، ص343.

العثمانيين الكبيرة وذلك بسبب النجدات المتواصلة التي كانت تبعثها اسبانيا الى المدينة المحاصرة[1].

خامساً: احتلال محمد الشيخ السعدي لتلمسان:

انتهز الشريف السعدي محمد الشيخ فرصة عودة الأسطول العثماني الى استنبول فأسرع بإرسال جيوشه نحو تلمسان التي كان رجالها قد انضموا الى صفوف المجاهدين في محاولتهم لاسترجاع وهران فدخلها الشريف السعدي على غفلة ووضع على رأسها القائد ابن غنام زعيم القبائل بني راشد ، ووزير آخر ملوك الزيانيين المحتمين باسبانيا، أما الحامية العثمانية الموجودة في تلمسان بقيادة القائد محمود صفا بك فقد استطاعت الصمود في وجه السعديين حتى احتوت ذلك الهجوم السعدي.

إن السعديين كانوا يرون في ضم تلمسان عاملاً قوياً في توطيد سيطرتهم على المغرب الشرقي لصد كل تدخل عثماني في المغرب بعكس العثمانيين الذين كانوا يرون في التمركز بتلمسان تدعيماً لوجودهم في الجزائر وقاعدة حصينة لغزو المغرب[2]، باعتبارها أقرب نقطة للوصول للأندلس كما أن شواطئ المغرب الشمالية والغربية تعتبر قواعد رئيسية لتهديد المواصلات البحرية للبرتغاليين والاسبان[3].

بدأت الدولة العثمانية بتغيير سياستها مع الحكام السعديين، عندما بعث السلطان سليمان القانوني برسالة الى سلطان الدولة السعدية يهنئه بما أحرزه من انتصارات ويعلمه لما كان عليه بنو مرين من الهدايا والرد والخدمة والميل إليه، وأن السلطان في نصرتهم وقد سبق وأن ظهر ذلك في آخر ملوك دولتهم أبي حسون، الذي زوده بأربعة آلاف جندي كان ذلك في محاولة من السلطان لتكوين اتحاد اسلامي كبير يواجه به

---

(1) انظر: حرب الثلاثمائة سنة، ص366،367.
(2) انظر: صراع المسلمين مع البرتغاليين في البحر الأحمر ، ص345.
(3) انظر:جهود العثمانيين ، ص378.

الأخطار الخارجية، غير أن ذلك قوبل بالرفض من السلطان السعدي محمد الشيخ، الذي رد على مبعوث السلطان بقوله : (سلم على أمير القوارب سلطانك وقل له أن سلطان الغرب لابد أن ينازعك على محمل مصر ويكون قتاله معك عليه إن شاء الله ويأتيك الى مصر والسلام) [1] .

يظهر من ذلك استياء محمد الشيخ الذي لم يكن يرى شرعية الخلافة العثمانية، كما أظهر طموح محمد الشيخ الذي كان يحلم بإمامة المسلمين في مشارق الأرض ومغاربها [2] .

سادساً: مقتل محمد الشيخ:

قتل محمد الشيخ في عام 964هـ/1557م من قبل حرسه الخاص وتطورت الأحداث بالمغرب وخاصة فيما يتعلق بالدولة السعدية، إذ لم يعد هناك مجال للشك في أن العثمانيين إنما يسعون جادين للاستيلاء على المغرب لا باعتباره الجزء المتمم للشمال الأفريقي فحسب، بل ولأهميته الاستراتيجية كأقرب نقطة الى بلاد الاسبان والبرتغال [3] .

عودة حسن بن خير الدين الى الجزائر:

رأى السلطان العثماني ضرورة إعادة حسن بن خيرالدين الى الجزائر وذلك بعد مصرع حسن قور عام 964هـ/1557م بعد انقطاع استمر لعدة أعوام قضاها في الجهاد في مواطن اخرى، واستبشر الناس برجوعه، وشرع في ترتيب أمور الجزائر، فنظم الادارة ، ورتب الجيش ترتيباً أعانه على ضبطه وبدأ في رحلته الجهادية ووضع أمامه

---

(1) تاريخ الدولة السعدية لمؤلف مجهول ، ص26،27.
(2) انظر: جهود العثمانيين ، ص379.
(3) انظر: تاريخ الدولة السعدية، عبدالكريم كريم ، ص85.

هدفين عظيمين ، تطهير الشمال الأفريقي من الوجود المسيحي واسترداد الأندلس لحوزة المسلمين[1] .

سابعاً : الثورات الداخلية في المغرب الاقصى:

اندلعت الثورات المناهضة للإمارة السعدية بعد مقتل محمد الشيخ في تارودانت، فقامت ثورة المولى عثمان في السوس بالجنوب في جمادى الأول عام 965هـ/ فبراير عام 1558م، وثورة المولى عمر في دبدو بالمشرق في رجب عام 965هـ/ ابريل عام 1558م وثورة المولى عبدالمؤمن في مراكش في ربيع الأول عام 966هـ/ ديسمبر عام 1558م، ثم كانت المذبحة الجديد التي أنزلها عبدالله الغالب بثلاث من أخوته لرفضهم البيعة بولاية العهد لابنه محمد المتوكل، مما اضطر أخوته للهروب الى تلمسان والجزائر فهرب المولى عمر والمولى عبدالمؤمن وعبدالملك وأحمد المنصور، وذلك خوفاً من القتل[2] .

قصد عبدالله الغالب الى مراكش ثم تارودانت حيث انتقم من قتلة أبيه، كما قضى على ثورة السوس التي نزعها عثمان ، ثم عاد سريعاً الى فاس لاعداد قواته، لصد الحملة العسكرية التي يقودها حسن بن خير الدين الذي حاول اغتنام فرصة الأحداث الداخلية المغربية لاحتلال البلاد[3] وقامت بين الطرفين معركة على وادي اللين بالقرب من فاس لم تسفر عن شيء إلا أن حسن بن خير الدين الذي وصلته أنباء عن تحرك الاسبان من مدينة وهران بما يوشك أن يقطع عنه خط العودة، فذهب الجيش العثماني الى مرفأ قصاصة في الشمال فركب سفينة وعاد للجزائر بينما ذهب قائد تلمسان الى حاميته استعداداً للحوادث المقبلة[4] .

---

(1) انظر: جهود العثمانيين ، ص380.
(2) انظر: أطوار العلاقات المغربية العثمانية، ص17.
(3) انظر: تاريخ الدولة السعدية، عبدالكريم كريم ، ص86.
(4) انظر: حرب الثلاثمائة سنة ، ص372.

ثامناً: مقتل حاكم وهران الكوديت:

كان دو الكوديت حاكم وهران يدرك أن استرجاع العثمانيين لتلمسان يهدد الوجود الاسباني تهديداً خطيراً فقرر الاستيلاء على مستغانم التي جعلها العثمانيون قاعدة لهم للهجوم على وهران، وكان دا الكوديت يأمل أن يجعلها قاعدة للهجوم على الجزائر [1] لذلك أعد قوة كبيرة تتكون من أثنى عشر ألف مقاتل وخرج على رأسها فهاجم مدينة مستغانم ، إلا أن محاولته باءت بالفشل إذ تكبدت القوات الاسبانية في ذي القعدة عام 965هـ/ أغسطس عام 1558م خسائر فادحة وكان حاكم وهران الكوديت من بين القتلى، ورغم فشل الحملة الاسبانية ضد مستغانم فإن العثمانيين لم يعد لديهم أدنى شك في تواطئ المولى عبدالله الغالب بالله مع الاسبان مما جعلهم يتخذون جانب الحيطة والحذر عند محاولة القيام بمساعدة الثائرين ضد الحكام السعديين، فعندما ثار المولى عبدالمؤمن في مراكش في ربيع الأول عام 966هـ/ ديسمبر 1558م واستنجد بوالي الجزائر الذي لم يمده بأية مساعدة عسكرية بل رحب به في بلاد الجزائر وزوجه بإحدى بناته ثم ولاه مدينة تلمسان [2] .

---

(1) انظر: لسان المعرب ، لأبي عبد الله السليماني ، ص94.
(2) انظر: تاريخ الدولة السعدية، ص87.

المبحث الثامن

سياسة حسن بن خير الدين

في التضييق على الاسبان

أراد حسن بن خير الدين أن يغتنم فرصة انتصار مستغانم لتطهير المركـز الاسباني في وهـران وأخذ يستعد في مدينة الجزائر لجمع قوى جديـدة منظمـة منقـادة الى جانـب الجيـش العثمـاني، فجند عشرة آلاف رجل من زواوة [1]، كما أنشأ قوة أخـرى ووضع على رأسـها أحـد أعـوان والـده القدامى وفي الوقت نفسه حاول الحصول على تأييد القوة المحلية فتزوج مـن ابنـة سـلطان كوكو ابن القاضي وكان هذا الزواج يخدمه من ناحية اخرى في الاستعانة بقوة ابن القاضي لمواجهة زعيـم قبلي آخر (عبدالعزيز بن عباس) الـذي أعلـن استقلاله في المغرب [2]، بذلك صـار اسطول الدولـة العثمانية يتردد دائماً على مدينتي حجر باديس وطنجة [3].

عين حسن بن خير الدين في عام 965هـ/1558م بـويحيى الـرايس [4] قائداً علـى بـاديس، فقـام بتخريب الساحل الاسباني من قرطاجنة حتى رأس سانت فنست، وصار تحـت قيادتـه في بـاديس عدة سفن وتلقب بحق سيد مضيق جبل طارق، وقـد جـاء في تقريـر اسباني بقلم فرانسكوا دي ايبانير أن يحي يملك أربع سفن حربية الأولى بقيادته وعلى ظهرهـا 90 عثماني مسلحين بالسهام والأقواس والمناجيق والثانية يقودها

---

(1) انظر: حرب الثلاثمائة سنة ، ص377.
(2) انظر: تاريخ الجزائر الحديث، ص45.
(3) انظر: حقائق الأخبار عن دول البحار (319/1).
(4) انظر: جهود العثمانيين ، ص381.

قره مامي وعلى ظهرها 80 عثماني مسلحين بنفس الأسلحة والثالثة بقيادة مـراد الـرايس بقـوة 70 جندي، والرابعة تحمل نفس العدد وبنفس الأسلحة وبالاضافة الى هذه السفن الأربعة العاملـة عبر مياه المضيق، كان في حوزة بويحي سفينتان في باديس ويقوم بصـنع سـفينة اخرى، ويتصل بنشاط سفن باديس سفن تطوان العرائش وسلا، ففي تطوان ثلاث سفن صـغيرة، وفي العرائش ثلاث سفن اخرى على شاكلة سفن تطوان، وفي سلا سفينتان من النوع الآخر، إلا أن السفن الأخيرة لم تتبع قيادة بـويحي ودعا حسـن بـن خـير الـدين السـفن الحربيـة الاسلامية للنهوض بنشـاط يستهدف تخريب سواحل الأندلس والاستيلاء على سفن الهند ورفع تجار اشبيلية نتيجة لـذلك شكواهم للملك الاسباني يشكوون فيها الفظائع التي تركتها سفن باديس والسفن الاسلامية الأخرى ضد السفن الاسبانية على طريق الملاحة والتجارة الهندية [1] ، ولم تستطع السفن العبور دون إذن من بويحي، فعم الخوف سكان الساحل الاسباني ، لدرجة أن هؤلاء لم يكونوا يزرعون أراضيهم إلا بكل حذر، وغالباً ما كان العثمانيون يحاصرونهم أثناء عملهم وكذلك الصيادون لم يكونوا يبتعـدون كثيراً عن الشاطئ [2] .

سياسة المولى عبدالله :

تابع المولى عبدالله سياسة والده الرامية الى مقاومة الهدف في المغرب والاستعانة في سبيل ذلك بأعداء العثمانيين من اسبان وبرتغال عن طريق مهادنتهم ، والمحافظـة علـى أحـوال السـلم معهم وقد دفعته سياسة المهادنة مع النصارى الى الاستجابة لكثير من المطالب التـي تقدمت بهـا بعض الدول الأوروبية كفرنسا التي استقبل سفيرها وحملـه الى الأمـير أنطونيو دي بربون رسالة يعبر فيها عن استعداد المغرب للاستجابة للمطالب الفرنسية، ثم عقد الأمير الفرنسي ـ معاهـدة في شوال 966هـ/ يوليو 1559م

---

(1) انظر: أطوار العلاقات المغربية العثمانية، ص219.
(2) انظر: تاريخ الدولة السعدية ، ص90.

مع المولى عبدالله الذي تنازل عن المرسى الصغير لفرنسا مقابل مده بالاسلحة والعتاد الحربي ، وإرسال فرقة عسكرية تكون بمثابة حرس خاص للغالب، بعد ان فقد ثقته بالحرس التركي الذي سبق وأن أغتال والده محمد الشيخ كانت فرنسا بعد أن عقدت معاهدة كاتوكمبر سيس في 21 جمادى الأولى في سنة 966هـ/ 13 ابريل 1559م مع اسبانيا والتي أنهت الحرب الايطالية، أخذت تبحث عن أسلوب جديد يمكن الاعتماد عليه في حالة تجدد النزاع مع اسبانيا، خصوصاً وقد صار لفليب الثاني نفوذ قوى في اوروبا، لأن المعاهدة المذكورة دعمت نفوذ اسبانيا في ايطاليا والأراضي المنخفضة مما يهدد فرنسا، فأخذ في التقرب من المغرب البلد الاسلامي. ومما لاشك فيه أن فرنسا كانت ترى في المغرب حليفاً يمكن الاعتماد عليه، كما كانت ترى في ميناء القصر الصغير الاستراتيجي الذي لايبعد إلا بضع كيلومترات عن جبل طارق منطقة هامة يمكن إتخاذها للهجوم على اسبانيا.

ولعل ذلك كان سبباً في عدم قيام الدولة العثمانية بموقف إيجابي تجاه المعاهدة لأنها كانت تأمل في أن تقوم فرنسا بدور الوسيط مع السعديين ، فهدف الدولة العثمانية وفرنسا واحد في مسألة الهجوم على اسبانيا وإن اختلفت من الناحية العقائدية ففرنسا كانت ترغب في الهجوم على اسبانيا من أجل تحقيق نصر عسكري لتكون سيدة الموقف في غرب البحر المتوسط، بينما الدولة العثمانية تهدف الى انقاذ المسلمين من الحكام الاسبان ثم استرداد الاراضي الاسلامية في الأندلس حَوَّلَ حسن بن خير الدين انظاره سنة 966هـ/1559م وتحرك بجيوشه نحو النواحي التابعة لأمير قلعة بني عباس عبدالعزيز فاستولى على المسيلة وحصنها وبني برجاً وذلك لتثبيت الوجود العثماني هناك، ووضع حامية بلغ عددها أربعمائة جندي، ثم عاد حسن بن خيرالدين متوجهاً الى بلاد حمزة في أنحاء بربرة، عندها انقض أمير قلعة بني عباس على الحصن العثماني ونشبت معارك بين الحامية العثمانية لقي فيها الأمير عبدالعزيز بن عباس صاحب القلعة حتفه وخلفه أحمد مقران الذي أمتلك نواحي بلاد كوكو فاعترف به حسن بن

خير الدين [1].

اشتدت حملة ازعاج تجارة المسيحيين من ناحية موانئ تونس والجزائر وذلك بالاغارة على السفن المسيحية، كما بعثت تلك الموانئ ببعض القوات العسكرية البرية وجزء من الأسطول، لمساندة السلطان في الشرق [2].

أولاً : الاسطول العثماني يهاجم جربة في تونس:

قام الاسطول العثماني بقيادة بيالي باشا بالهجوم على جزيرة جربة في رمضان سنة 967هـ/مايو 1560م، ونجح الاسطول في تحقيق أهدافه ضد الاسبان [3]، الذين لم يجدوا حرجاً من الاستنجاد بفرنسا [4]، بعد ذلك كان من المقرر أن يقوم بيالي باشا ببعض الغارات في البحر المتوسط قبيل عودته لقسطنطينية، ولكن درغوث باشا الذي سبق وأن ضايقه الثوار في الداخل، أقنع بيالي باشا بالتوجه الى طرابلس لمساعدته في القضاء على التمرد قرب تاجوراء، وقد وصل بيالي باشا الى طرابلس وصول الفاتحين ودخلت السفن العثمانية المزينة بالأعلام والشارات التي غنمها من الاعداء بينما كانت أعلام الأعداء منكسة فوق سواري السفن وقام بيالي باشا بطرابلس أياماً قليلة كافية لمعاقبة سكان تاجوراء، ثم أقلع بأسطوله صوب عاصمته [5].

ثانياً: اعتقال حسن خير الدين وأرساله الى استانبول:

استمر حسن خير الدين في استعداداته لمهاجمة المغرب، فشرع في تكوين قوة من

---

(1) انظر: تاريخ الدولة السعدية، ص87-88.
(2) انظر: تاريخ الجزائر العام (91/3).
(3) انظر: جهود العثمانيين ، ص384.
(4) المصدر السابق نفسه، ص384.
(5) انظر: ليبيا منذ الفتح العربي، اتوري روسي، ص190.

رجال القبائل كان ينوي أن يوكل إليها حراسة الجزائر أثناء غيابه لعـدم ثقتـه بالانكشـارية ،
الذين احسوا بالخطر فقاموا في صيف 696هـ/1561م بإعتقال حسن باشا وأعوانه وأرسـلوه مقيـداً
الى استانبول ورافق حسن باشا عدد من زعماء الجند مهمتهم أن يوضحوا للسلطان الأسباب التي
دفعتهم الى هذا التصرف متهمين حسن باشا أنه كـان ينـوي القضـاء علـى الأوجـاق والاعتـاد علـى
جيش محلي بغرض الاستقلال عن السلطان، لكن السلطان ارسل أحمد باشا مع قوة بحرية لمعاقبة
المتمردين والقضاء على الفوضى ونجح احمد باشا في اعتقال زعماء التمرد وأرسلهم الى استانبول .[1]

ثالثاً: عودة حسن بن خير الدين الى الجزائر:

أعاد السلطان العثماني سليمان القانوني حسن بن خير الدين الى بيلربكية الجزائر للمرة الثالثة
في أواخر سنة 970هـ/1562م معززاً بعشرة سفن حربيـة ومزوداً بقـوة عسـكرية مسـلحة[2] قضـى
بعدها حسن بن خير الدين خمسة أشهر بعد عودته يهيء العدة والعتاد لمهاجمة وهران والمـرسى
الكبير وهما كل مابقي لاسبانيا ببلاد الجزائر[3] .

خرج حسن بن خير الدين في سنة 971هـ/1563م من مدينة الجزائر نحو الغرب ، يقـود جيشـاً
كبيراً مؤلفاً من خمسة عشر ألف رجل من رماة البندقية وألف فارس مـن الصـباحية تحـت أمـرة
احمد مقرن الزواوي ، واثنى عشر ألف رجل من زواوة وبني عباس، أما مؤن وذخيرة الجيـش فقـد
حملها الاسطول العثماني الى مدينة مستغانم التي اتخـذها قاعـدة للعمليـات وفي 13 ابريل وصل
حسن خير الدين بكامل قوته أمام مدينة وهران وضرب حصـار حولهـا، وكـان الاسبان مستعدين
لتلقي الصدمة وراء حصونهم

---

(1) انظر: تاريخ الجزائر الحديث، ص46.
(2) انظر: تاريخ الجزائر العام (93/3).
(3) انظر: حرب الثلاثمائة ، ص379.

وقلاعهم [1] ، بعد أن توالت النجدات الاسبانية والبرتغالية على وهران استجابة لنداء حاكمها، ومنذ أن صارت القوات العثمانية على مسافة مرحلتين، وبينهما كان البيلربك نفسه على بعد ست مراحل مما اضطر حسن بن خير الدين الى رفع الحصار قبل وصول المزيد من هذه النجدات التي اتخذت من مالطة مركزاً لتجمعها [2] وهكذا لم يستطع حسن بن خير الدين من تحقيق هدفه ذلك لأن فيليب الثاني كان قد وضع برنامجاً طموحاً للأسطول الاسباني، والبناء البحري في ترسانات إيطاليا وقطالونيا، كما وردت لخزانة اسبانية إعانة من البابوية واجتمعت سلطة قشتالة التشريعة في جلسة غير عادية ، وأقرت وجوب امداد اسبانيا بمعونات مالية، لتساندها في حربها مع العثمانيين ، ومما كانت ثمرة تلك المجهودات وإعادة التنظيم لهيكل اسبانيا وهزيمة العثمانيين في وهران سنة 971هـ/1563م.

بدأ فيليب الثاني يستعد لاحتلال جزيرة باديس وتشجع بذلك النصر الذي حققه في وهران ، وتوجه لذلك اسطولاً في نفس السنة 971هـ/1563م، فقاومه المجاهدون مقاومة عنيفة، اضطرت الأسطول الى التراجع [3] والجدير بالذكر أن جزيرة باديس كانت أقرب نقطة مغربية الى جبل طارق، وأنها كانت بالنسبة للمجاهدين ميناءً هاماً [4] ، إذ يمكنهم من خلالها العبور للأندلس ، كما يمكنهم التسلل لداخل الأراضي الاسبانية لتقديم المساعدة للمسلمين هناك والذين أطلقوا على أنفسهم الغرباء، وهذا مادفع الاسبانيين الهجوم عليها من خلال محاولتهم السابقة كما كانت جزيرة باديس بالإضافة الى ذلك مثار رعب وخوف لدى السلطان السعدي الغالب بالله، إذ خاف السلطان أن يخرج الأسطول العثماني من تلك الجزيرة الى المغرب، فاتفق مع الاسبان

---

(1) انظر: حرب الثلاثمائة سنة ، ص379.
(2) انظر: أطوار العلاقات المغربية العثمانية ، ص213.
(3) انظر: جهود العثمانيين، ص389.
(4) انظر: تاريخ الدولة السعدية، عبدالكريم كريم ، ص36.

أن يخلي لهم الادالة من حجرة باديس ويبيع لهم البلاد ويخليها من المسلمين ، وينقطع اسطول العثمانيين في تلك الناحية [1]، مقابل الدفاع عن شواطئ المغرب إذ هاجمها الاسطول العثماني الذي علم بتلك المؤامرة فانسحب ورجع الى الجزائر [2] كما عزل بويحي رايس من منصبه في باديس في أواخر عام 971هـ/1563م، وانصرف العثمانيون عن الحرب في غرب البحر المتوسط، إذ توجه نشاط الاسطول الحربي الى جزيرة مالطة في الشرق [3].

رابعاً: الصراع على مالطة:

كان السلطان العثماني سليمان القانوني قد عزم على فتح جزيرة مالطة التي كانت أكبر معقل للمسيحيين في وسط البحر المتوسط، والتي سبق وأن استقر فيها فرسان القديس يوحنا، فأرسل السلطان العثماني أسطوله بقيادة بيالي باشا نفسه، كما طلب من درغوث رايس حاكم طرابلس وجربة، وحسن خيرالدين أن يتوجها على رأس أسطوليهما الاسلاميين للمشاركة في عملية مالطة واخضاعها استعداداً لمنازلة بقية المعاقل الاسلامية بعد ذلك فسار حسن بن خير الدين على رأس عمارة تشمل 25 سفينة وثلاثة آلاف رجل ووصل الاسطول الاسلامي أمام مالطة يوم 18 مايو وفرض الحصار عليها، واستمر الحصار ضيقاً شديداً الى أن جهزت المسيحية رجالها وأساطيلها ووصل المدد تحت قيادة نائب الملك في صقلية، برفقة اسطول تعداده 28 سفينة حربية تحمل عدد كبير من المقاتلين ونشبت المعركة بين الطرفين، وتمكن الاسطول الأسلامي من الانسحاب في 18 ربيع الأول 973هـ/8 ديسمبر 1565م [4].

(1) انظر: تاريخ الدولة السعدية لمؤلف مجهول، ص89.
(2) انظر: تاريخ المغرب لمحمد بن عبود، ص17.
(3) انظر: أطوار العلاقات المغربية العثمانية، ص190-191.
(4) انظر : حرب الثلاثمائة سنة ، ص383.

خامساً : حسن بن خير الدين بربروسة القائد العام للأسطول العثماني:

خلف السلطان سليمان القانوني السلطان سليم الثاني، الذي اسند منصب القائد العام للأسطول العثماني الى حسن بن خير الدين ؛ فترك الجزائر متوجهاً الى استانبول سنة 975هـ/1567م [1] ، وتولى منصب بيلر بي الجزائر بعد حسن بن خير الدين محمد بن صالح رايس، في ذي الحجة 974هـ/يونيو 1567م وصادف في تلك السنة انتشار الأوبئة والمجاعة، صحبها تمرد الجند العثماني واضرب الشعب، فاضطر الى صرف وقته في مواساة المصابين وتسكين الفتن، ثم فاجأت محمد صالح رايس ثورة عامل قسنطية المتأثرة بولاة تونس الحفصيين فعزله البيلر باي وقضى على ثورته وولى على قسنطنية القائد رمضان بن تشولاق، وفي ربيع الأول سنة 975هـ/سبتمبر 1567م، هاجم الاسبان مدينة الجزائر، إلا أنهم ردوا على أعقابهم ، ثم لم تطل ولاية محمد صالح بن رايس، إذ تعين نقله الى ولاية أخرى في أنحاء الدولة [2] .

سادساً : قلج علي تولى بيلر بك الجزائر:

اسند منصب بيلربك الجزائر الى قلج علي في 14 صفر سنة 976هـ/الموافق 8 أغسطس 1568م وعرف عنه بالعزم في تسيير الادارة والبطولة الحربية والشجاعة [3] .

اتخذ قلج علي خطوات عملية لتنفيذ مشروع خطير للغاية وهو إعادة الحكم الاسلامي في اسبانيا وتحرير الشمال الافريقي من الجيوب الصليبية فوجه اهتمامه الى الأسطول أكثر من غيره وصار بعده مبعث قلق ورهبة للأوروبيين [4] ، كما انتزع من الفرنسيين حق احتكار المرجان بمركز القالة بسبب تماطلهم وتخلفهم عن دفع الضريبة

---

(1) المصدر السابق نفسه، ص385.
(2) انظر: تاريخ الجزائر العام (95،94/3).
(3) المصدر السابق نفسه (95/3).
(4) انظر: تاريخ أفريقيا الشمالية، شارل جوليان (346/3).

لثلاث سنوات مضت وتصرفهم في المنطقة التي نزلوا فيها تصرف السادة [(1)].

سابعاً: إعادة تونس للحكم العثماني:

صمم قلج علي على ضرورة تصفية القواعد الاسبانية في تـونس، قبـل أن يبـدأ نشـاطه في شبه الجزيرة الايبيرية [(2)] ، وذلك لتعبئة الدفاع عن طرابلس والجزائر وكان الاسبان قد اتخذوا مـن تـونس نقطة ارتكاز وقاعدة انطلاق على العثمانيين في طرابلس والجزائر [(3)] ، لذلك لابد من تأمينها.

كان قلج علي على اتصال بالوزير الحفصي أبي الطيب الخضار ورأى ذلك الوزير أن فـتح تـونس قد حان وقته وأرسل الى قلج علي يهون عليه أمرها ويتعهد له بتقديم العون [(4)] .

جهز بيلربك الجزائر قلج علي جيشاً مؤلفاً من نحو سبعة آلاف مقاتل وزحف بـه نحـو تـونس فقابل سلطانها أبي العباس أحمد بباجة، ثم بعد قتال عنيف انهزم الأمير الحفصي وتقدم قلـج عـلي بمجموعة نحو تونس وأخذ بيعة أهلها للسلطان سليم الثاني ورتب حامية لحراسـة البـلاد تحـت رعاية حيدر باشا وعاد الى مقره بالجزائر [(5)] ، وبقيت منطقة حلق الواد بيد الاسبان، وكانـت قـوات قلج علي لاتكفي وحدها لتطهير البلاد من الاحتلال الاسباني ، لـذا فإنه كتب الى اسـتانبول يطلـب مده بقوة تكفي لتحرير الموقع [(6)] ، وكان اهتمام قلج علي بشرق الجزائر سياسة اختص بهـا مـن دون اسلافه،

---

(1) انظر: المغرب العربي الكبير، شوقي الجمل، ص 100.
(2) انظر: المغرب العربي الكبير، جلال يحيى، ص84.
(3) انظر: الاتراك العثمانيون في شمال افريقيا، عزيز سامح، ص84.
(4) انظر: تاريخ الجزائر الحديث ، ص49..
(5) انظر: تاريخ الجزائر العام (96/3).
(6) انظر: الاتراك العثمانيون في افريقيا الشمالية، ص85.

فكان يرى أنه لابد من تأمين ظهره ليتسنى له التقدم للغرب، ثم التوجه للأندلس، بعد أن يكون قد أضعف التواجد الاسباني في الشمال الأفريقي [1].

ثامناً: ثورة مسلمي الأندلس:

كانت حركة الجهاد في الشمال الأفريقي قد شجعت مسلمي الأندلس وفجرت طاقاتهم الكامنة وجعلتهم يتغلبون على الحواجز النفسية التي بنيت في نفوسهم على مر السنين وسادت الاقاليم الاسبانية موجة من الظلم والارهاب والفظائع، فهذه الحالة المربكة وماصاحبها من مظالم وويلات جعلت بقية مسلمي اسبانيا في الجنوب سواء من الذين ظلوا محافظين على دينهم أو المنتصرين ظاهرياً، يتأهبون للانقضاض على الحكم الاسباني [2].

سادت اسبانيا ارهاصات ثورة المسلمين في غرناطة فشكل الملك الاسباني فيليب الثاني نوعاً جديداً من الميلشيات تقيم في كل مدينة من مدن اسبانيا لمواجهة الثورة بين الذين استقبلوا مبعوثين من ملك فاس لجمع الخراج على تبعيتهم في الولاء لسيادة الأمير السعدي، كما تلقى مسلمي الأندلس مساعدات عثمانية [3]، اصبح الموقف صعباً بالنسبة لاسبانيا خاصة غرناطة ومما زاد الحالة خطورة أن بحرية فيليب الثاني كانت متفرقة في أنحاء بعيدة، وحصونه غير معززة والسواحل مكشوفة، خاصة الشواطئ الجنوبية موقع المجاهدين.

بعد أن أعيت النصارى كل الوسائل للقضاء على الروح الدينة لمسلمي الأندس وتحويلهم للمسيحية لجأوا الى العنف فحرموا على المسلمين التحدث بالعربية والاتصال بالمسلمين في الشمال الافريقي وفي بعض اقاليم اسبانيا كما حرموا على

(1) انظر: جهود العثمانيين ، ص395.
(2) انظر: حرب الثلاثمائة ، ص392.
(3) انظر: أطوار العلاقات المغربية العثمانية، ص179-204.

النساء الخروج الى الشوارع متحجبات وقفل أبواب دورهم وتحطيم الحمامات وإقامة الحفلات حسب تقاليدهم، كل ذلك فجر الثورة وقاد مسلمي الأندلس الى حرب البوشارات التي هي أهم حرب أو ثورة مسلحة قام بها المسلمون بعد سقوط غرناطة كانت هذه الحرب في 1568م وتزعمها محمد بن أمية [1].

تاسعاً: خيانة السلطان السعدي الغالب بالله لمسلمي الأندلس:

بذل السلطان السعدي الغالب بالله الوعود المعسولة لرسل الثوار البورشارات ووعدهم بالنصر وتقديم كل مايحتاجونه من عتاد وسلاح ورجال... ، لكن استمر الغالب بالله محافظاً على روابطه الودية مع فيليب الثاني، وعمل على خذلان أهل الأندلس: (وأما أهل الأندلس وغشه لهم وتوريطهم للهلكة في دينهم وأقوالهم وأولادهم وفي نفوسهم فأمر مستعظم عند جميع من في قلبه ذرة من الايمان، وأدنى مملكة من الاسلام وذلك أنه لما احتوى عليهم النصراني ، وأخذ جميع أراضيهم وشملها سلطانه، بقي المسلمون بضع سنين تحت الذمة والذلة فقهروهم بكثرة المكس ، فصاروا يكتبون الى ملوك المسلمين شرقاً وغرباً وهم يناشدونه الله في الإغاثة وأكثر كتبهم الى مولاي عبدالله لأنه هو القريب الى أراضيهم ، زمان قد قوي سلطانه وصحت أركانه وجندت أجناده وكثرت أعداده فأمرهم غشاً منهم بأن يقوموا مع النصارى ليثق بهم في قولهم ويظهروا فعلهم، فما قاموا على النصارى تراخى عما وعدهم به من الإغاثة وكذب عليهم وغشا منه لهم ولدين الله عز وجل ومصلحة لملكه الزائل وكانت بينه وبين النصارى مكاتبات في ذلك ومراسلات، وأنه استشار معهم وأشار عليهم أن يخرجوا أهل الأندلس الى ناحية المغرب وقصده بذلك تعمير سواحله ويكون لهم بمدينتي فاس ومراكش جيش عظيم ينتفع به في صالح ملكه) [2].

(1) انظر: محنة المورسيكوس في اسبانيا لمحمد قشتيليو ، ص 33-34-35.
(2) مؤلف مجهول : تاريخ الدولة السعدية، ص37،38.

تسارعت الاحداث في اسبانيا، وبلغ عدد المجاهدين في أوائل سنة 976هـ/1569م أكثر من مائة وخمسين ألف، وصادف تلك الثورة صعوبات كبيرة بالنسبة للحكومة الاسبانية ، إذ كانت غالبية الجيش متقدمة مع دوق البابا في الأراضي المنخفضة وأثبتت الدوريات البحرية أنها غير قادرة على حرمان الثوار المسلمين من الاتصال بالعثمانيين في الجزائر [1] .

عاشراً : قلج علي يقف موقف الأبطال مع مسلمي الأندلس:

كان قلج علي على اتصال مباشر بقيادة مسلمي الأندلس عبر قنوات خاصة أشرف عليها جهاز الاستخبارات العثمانية واستطاع هذا القائد أن يمد الثوار في اسبانيا بالرجال والاسحلة والعتاد، وتم الاتفاق مع مسلمي الاندلس على القيام بثورة عارمة في الوقت الذي تصل فيه القوات الاسلامية من الجزائر الى مناطق معينة على الساحل الاسباني [2] .

جمع قلج علي جيشاً عظيماً قوامه أربعة عشر ألف رجل من رماة البنادق وستين ألفاً من المجاهدين العثمانيين من مختلف أرجاء البلاد، وأرسلهم الى مدينتي مستغانم ومازغران استعداداً للهجوم على وهران ثم النزول في بلاد الأندلس، وكان يرافق ذلك الجيش عدداً كبيراً من المدافع وألف وأربعمائة بعير محملة بالبارود الخاص بالمدافع والبنادق.

وفي اليوم المتفق عليه وصلت اربعون سفينة من الأسطول العثماني أمام مرسى المرية الاسباني ، لشد آزر الثورة ساعة نشوبها لكن أخفق ذلك المخطط وذلك بسبب سوء تصرف أحد رجال الثورة الأندلسيين إذ انكشف أمره فداهمه الاسبان، وضبطوا

---

(1) انظر: جهود العثمانيين ، ص398.
(2) انظر: الدولة العثمانية دولة اسلامية مفترى عليها (926/2).

ماكان يخفيه من سلاح [1] بعد أن نجح قلج علي في انزال الأسلحة والعتاد والمتطوعين على الساحل الاسباني [2]، لم تقع الثورة في الموعد المحدد لها، وضاعت بذلك فرصة مفاجئة الاسبان [3].

لقد قام قلج علي في شعبان سنة 976هـ/ يناير سنة 1569م ببعث اسطول الجزائر لتأييد الثائرين في محاولتهم الأولى، وحاول انزال الجند العثماني في الأماكن المتفق عليها ، لكن الاسبان كانوا قد عرفوا ذلك بعد اكتشاف المخطط فصدوا قلج علي عن النزول وكان الثورة في عنفوانها، وزوابع الشتاء قوية في البحر فالأسطول الجزائري صار يقاوم الاعاصير من أجل الوصول الى أماكن أخرى من الساحل ينزل بها المدد المطلوب ، إلا أن قوة الزوابع أغرقت 32 سفينة جزائرية تحمل الرجال والسلاح، وتمكنت ست سفن من انزال شحنتها فوق سواحل الأندلس، وكان فيها المدافع والبارود والمجاهدين [4].

استمر قلج علي في امداد مسلمي الأندلس رغم الكارثة التي حلت بقواته ، وتمكن ذلك المجاهد الفذ من انزال اربعة آلاف مجاهد من رماة البنادق مع كمية كبيرة من الذخائر وبعض من قادة المجاهدين العثمانيين، للعمل في مراكز قيادة جهاد مسلمي الأندلس [5].

وعاد العثمانيون فأرسلوا دعماً جديداً من الرجال والسلاح وإعانة للثورة الاندلسية، فصدرت الأوامر الى قلج علي بذلك في 23 شوال 977هـ/31 مارس 1570م (... عليك بالتنفيذ بما جاء في هذا الحكم حال وصوله وأن تعاون أهل

---

(1) انظر: حرب الثلاثمائة سنة ، ص392-393.
(2) انظر: الدولة العثمانية دولة اسلامية مفترى عليها (926/2).
(3) انظر: جهود العثمانيين، ص399.
(4) انظر: حرب الثلاثمائة سنة، ص393.
(5) انظر: حرب الثلاثمائة سنة، ص394.

الاسلام المذكورين بكل مايتيسر ـ تقديمه لهم وأن الغفلة عـن الكفار أصابهم الـدمار غـير جائزة...﴾ وكان القائد المجاهد قلج علي قد عزم على الذهاب بنفسه ليتولى قيادة الجهاد هناك لكن ماشاع عن تجمع الاسطول الصليبي للقيام بمعركة حاسمة مع المسلمين وأمر السلطان العثماني له بالاستعداد للمشاركة في هذه المعركة جعله مضطراً للبقاء في الجزائر منتظراً لأوامر استانبول (1).

وفي غمرة الثورة الاندلسية اتهم زعيم الثورة ابن أمية بالتقاعس عن الجهد وهاجمه المتآمرون وقتل في منزله واختير مولاي عبدالله بن محمد بن عبو بدلاً منه وبعث قلج علي تعزيـزات لـه ونجح الزعيم الجديد في حملاته الأولى ضد النصارى الاسبان وطوق جيشه مدينة أرجيه.

انزعجت الحكومة الاسبانية لهذا التطورات وعينت دون جوان النمساوي على قيادة الاسطول الأسباني ﴿وهو ابن غير شرعي للأمبراطور شارل﴾ فباشر قمع الثورة في سنواتها 977-987هـ/1569- 1570م، وأتى من الفظائع مابخلت بأمثاله كتب الوقائع فذبح النساء والأطفال أمام عينيـه، وأحرق المساكن ودمر البلاد وكان شعاره لاهـوادة وانتهـى الأمـر بإذعـان مسلمـي الأنـدلس، لكنـه إذعان مؤقت، إذ لم يلبث مولاي عبدالله أن عاد الكرة، فاحتال الاسبان عليه ، حتى قتلوه غيلة ونصبوا رأسه منصوباً فوق أحد أبواب غرناطة زمناً طويلاً (2).

---

(1) انظر: جهود العثمانيين، ص400.
(2) انظر: حرب الثلاثمائة سنة، ص395.

المبحث التاسع

المتوكل على اللـه ابن عبداللـه الغالب السعدي

تولى أمر السعديين بعد وفاة عبداللـه الغالب بالله ابنه المتوكل على اللـه الذي كان يضمر الشر لعميه عبدالملك ابي مروان وأحمد المنصور فخرجا من المغرب واتجها الى السلطان العثماني يستنجدوا به [1] ، وما من شك في أن انتصار العثمانيين في تونس ضد الاسبان واستتباب الأمر فيها، قد شجعهم على مساعدة المولى عبدالملك المطالب بالعرش المغربي، لبسط نفوذه على البلاد، ولأن الاستيلاء على المغرب يؤمن الحدود الغربية للدولة العثمانية،ويوطد أقدام العثمانيين في مجموع الشمال الأفريقي علاوة على أن ضم المغرب من شأنه أن يبعث الرعب في قلوب الاسبان والبرتغال ويبعثهم على طلب ود السلطان في استانبول [2] .

تابع المتوكل على اللـه خطة والده في التقرب من الدول المسيحية ومسالمتها لصد العثمانيين ، حيث لم يعد لديه شك في أنهم سينجدون عميه بقوات عسكرية فعقد اتفاقاً مع انجلترا، التي كانت ترغب في تجارتها مع المغرب للفوائد التي تعود على التجار الانجليز من وراء ذلك، زيادة على أنها تدرك الأهمية العظمى التي للمغرب ، خصوصاً وقد كانت انجلترا في حالة حرب ضد اسبانيا [3] وتوقيع المتوكل للاتفاقية التجارية مع الانجليز ، يعد العمل الوحيد الذي قام به خلال حكمه القصير، وقد فعل ذلك باعتبار أن الانجليز كانوا من بين التجار الاجانب الذي يبيعون مواد الحرب من ذخائر وأسلحة للمغاربة منذ زمن بعيد، ولا تخفى علينا حاجة المتوكل في هذا

---

(1) انظر: الحروب الصليبية في المشرق العربي لمحمد العمروسي، ص265.
(2) انظر: جهود العثمانيين ، ص368.
(3) انظر: بداية الحكم المغربي في السودان الغربي، ص94.

الوقت الى السلاح لصد الخطر العثماني ولمقاومة عمه المطالب بالعرش.

وجدت الدولة العثمانية في انشغال ملك اسبانيا فيليب الثاني بأحداث أوروبا الغربية حيث ثورة الأراضي المنخفضة، فرصة مناسبة للتدخل في المغرب[1] ، فأمدوا المولى عبدالملك بجيش قوامه خمسة آلاف مقاتل مسلحين بأحسن الأسلحة، ودخل المولى عبدالملك فاس بعد أن أحرز انتصاراً كبيراً على ابن أخيه المتوكل وعاد الجيش أدراجه الى الجزائر[2] .

وقام عبدالملك بإصلاحات في دولته من أهمها:

1- أمر بتجديد السفن، وبصنع المراكب الجديدة، فانتعشت بذلك الصناعة عامة.

2- اهتم بالتجارة البحرية ، وكان للأموال التي غنمها من حروبه على سواحل المغرب سبب في انتعاش ونمو الميزان الاقتصادي للدولة.

3- أسس جيشاً نظامياً متطوراً واستفاد من خبرة الجندية العثمانية وتشبه هم في التسليح والرتب.

4- استطاع أن يبني علاقات متينة مع العثمانيين وجعل منهم حلفاء واصدقاء وإخوة مخلصين للمسلمين في المغرب.

5- فرض احترامه على أهل عصره، حتى الأوروبيين ، احترموه وأجلوه قال الشاعر الفرنسي-أكبريبا دو بين المعاصر لأحداث هذه الفترة: (كان عبدالملك جميل الوجه، بل أجمل قومه، وكان فكره نيراً بطبيعته، وكان يحسن اللغات الاسبانية والإيطالية والأرمنية والروسية، وكان شاعراً مجيداً في اللغة العربية ، وباختصار، فإن معارفه لوكانت عند أمير من أمرائنا لقلنا إن هذه أكثر مما يلزم بالنسبة لنبيل، فأحرى لملك)[3] .

---

(1) انظر: المغرب في عهد الدولة السعدية، عبدالكريم كريم، ص97،99.
(2) انظر: بداية الحكم المغربي في السودان، ص94.
(3) وادي المخازن ، ص37.

6- أهتم بتقوية مؤسسات الدولة ودواوينها وأجهزتها، واستطاع أن يشكل جهازاً شورياً للدولة اصبح على معرفة بأمور الدولة الداخلية، وأحوال السكان عامة، وعلى دراية بالسياسة الدولية وخاصة الدول التي لها علاقة بالسياسة المغربية وكان أخوه أبوالعباس أحمد المنصور بالله الملقب في كتب التاريخ بالذهبي ساعده الأيمن في كل شؤون الدولة[1] .

أولاً: تحالف محمد المتوكل السعدي مع ملك البرتغال سبستيان:

كان محمد المتوكل بعد هزيمته من عمه عبدالملك قد اتصل بملك البرتغال سبستيان واتفق معه على أن يعينه على طرد عمه من حكم المغرب، وأن يتنازل له مقابل ذلك عن جميع شواطئ المغرب، فقبل سبستيان ذلك العرض المغربي[2] .

انتقل المتوكل الى سبته وأقام بها أربعة شهور، ومنها اتجه الى طنجة في انتظار دون سبستيان على رأس القوات العسكرية.

وفي أثناء استعدادات الدول المسيحية وخاصة البرتغال للوثوب على المغرب، وإخضاعه بالكامل ، أرسل العثمانيون مدربين وأسلحة متنوعة ، واشفعوا في ذلك بفيلق عسكري[3] ، حيث تتجلى هنا الروح الاسلامية في الدفاع عن عقيدتهم لأن المعركة معركة المسلمين جميعاً وخصوصاً الدولة العثمانية التي كانت تحمل على عاتقها حماية المسلمين واراضيهم بعيدة عن المصالح المادية[4] .

ثانياً: معركة وادي المخازن:

إن من الأعمال العظيمة التي قامت بها الدولة السعدية في زمن السلطان عبدالملك

---

(1) المصدر السابق نفسه، ص39،40.
(2) انظر: تاريخ المغرب، محمد بن عبود (19/2).
(3) انظر: بداية الحكم المغربي في السودان الغربي ، ص94.
(4) انظر: جهود العثمانيين، ص471.

انتصارهم الرائع والعظيم على نصارى البرتغال في معركة الملوك الثلاثة، والتي تسمى في كتـب التاريخ معركة القصر الكبير أو معركة وادي المخازن بتاريخ : 30 جمادي الثانيـة 986هــ الموافـق 4 آب (أغسطس) 1578م.

لقد كان لتلك المعارك أسباب من أهمها:

1- أراد البرتغاليون أن يمحو عن أنفسهم العار والخزي الذي لحقهم بسبب ضربـات المغاربـة الموفقة والتي جعلتهم بنسحبون من أسفى وأزمور وأصيلا وغيرها في زمن يوحنا الثالث آب (1521- 1557م).

2- أراد ملك البرتغال الجديد سبستيان ابن يوحنا أن يخوض حربـاً مقدسة ضد المسـلمين حتـى يعلو شأنه بين ملوك أوروبا، وزاد غروره بعد ماحققه البرتغاليين من اكتشافات جغرافيـة جديـدة أراد أن يستفيد منها من أجل تطويق العالم الاسلامي يدفعه في ذلك حقده علـى الاسـلام وأهلـه عموماً، وعلى المغرب خصوصاً، لقد جمع ذلك الملك بين الحقد الصليبي والعقلية الاستعمارية التي ترى أن يدها مطلقة ، في كل أرض مسلمة تعجز عن حماية نفسها من أي خطر خارجي من جهـة اخرى، ومن جهة اخرى خطط لغزو واحتلال المغرب (1).

ثالثاً: حشود النصارى:

استطاع سبستيان أن يحشد من النصارى عشرـات الألـوف مـن الاسـبان والبرتغـاليين والطليـان والألمان وجهز هذه الألوف بكافة الأسـلحة الممكنـة في زمنه، وجهز ألـف مركب لتحمـل هـؤلاء الجنود نحو المغرب (2).

ووصلت قوات النصارى الى طنجة واصيلا في عام 1578م.

---

(1) انظر: وادي المخازن ، ص45،46.
(2) المصدر السابق نفسه، ص49.

رابعاً: الجيش المغربي:

كانت الصيحة من جنبات المغرب الأقصى: "أن أقصدوا وادي المخازن للجهاد في سبيل الـلـه".

والتقت جموع المغاربة حول قيادة عبدالملك المعتصم بالله، وحاول المتوكل المخلوع أن يخترق ذلك التلاحم فكتب الى أهل المغرب مااستنصرت النصارى حتى عدمت النصرة من المسلمين وقد قال العلماء: إنه يجوز للانسان أن يستعين على من غصبه حق بكل ماأمكنه وتهددهم[1] قائلاً: ﴿فإن لم تفعلوا، فأذنوا بحرب من الـلـه ورسوله﴾ (سورة البقرة، آية).

فأجابه علماء المغرب عن رسالته برسالة دحضت أباطيله، وفضحت زوره وبهتانه وكذبه، ومما جاء فيه : (الحمدلله كما يجب لجلاله، والصلاة والسلام على سيدنا محمد خير أنبيائه ورسله، والرضى به، حتى أسس الـلـه دين الاسلام بشروط صحته وكماله وبعد:

فهذا جواب من كافة الشرفاء والعلماء والصلحاء والأجناد من أهل المغرب.

لو رجعت على نفسك اللوم والعتاب، لعلمت أنك المحجوب والمصاب .. وأما قولك في النصارى فإنك رجعت الى أهل العدوة واستعظمت أن تسميهم بالنصارى، فيه المقت الذي لايخفى ، وقولك رجع إليهم حين عدمت النصرة من المسلمين ففيه محظورات يحضر عندهم غضب الرب جل جلاله، أحدهما: كونك اعتقدت أن المسلمين كلهم على ضلال ، وأن الحق لم يبق من يقوم به إلا النصارى والعياذ بالله.

والثاني: إنك استعنت بالكفار على المسلمين: قال عليه الصلاة والسلام. إني لا استعين بمشرك.. الاستعانة بهم -بالمشركين- على المسلمين فلا يخطر إلا على بال من قلبه وراء لسانه، وقد قيل قديماً : لسان العاقل من وراء قلبه .. وقولك: فإن لم تفعلوا

---

(1) انظر: وادي المخازن ، ص51.

فأذنوا بحرب من الـلـه ورسوله، إيه أنت مع الـلـه ورسوله ولما سمعت جنود الـلـه وأنصاره وحماة دينه من العرب والعجم قولك هذا، حملتهم الغيرة الاسلامية والحمية الايمانية ، وتجدد لهم نور الايمان وأشرق عليهم شعاع الايقان؛ فمن قائل يقول لا دين إلا دين محمد صلى الـلـه عليه وسلم ، ومن قائل يقول: سترون ما أصنع عند اللقاء، ومن قائل يقول: ﴿وليعلمن الـلـه الذين آمنوا وليعلمن المنافقين..﴾ (سورة العنكبوت: آية 110) وقد افتخرت في كتابك بجموع الروم وقيامهم معك، وعولت على بلوغ المُلك بحشودهم ، وأني لك هذا[1] مع قول الـلـه تعالى : ﴿ويأبى الـلـه إلا أن يتم نوره ولو كره الكافرون﴾ ولما عاين أهل القصر الكبير النصارى واستبطؤوا وصول السلطان عبدالملك أرادوا الفرار والتحصن في الجبال، فقام الشيخ أبو المحاسن يوسف الفاسي بتثبيت الناس.

وكتب عبدالملك بالله المعتصم بالله من مراكش الى سبستيان : (إن سطوتك قد ظهرت في خروجك من أرضك، وجوازك العدوة، فإن ثبت الى أن تقدم عليك، فأنت نصراني حقيقي شجاع، وإلا فأنت كلب بن كلب)[2] . فليس من الشجاعة ولا من روح الفروسية أن ينقض على سكان القرى والمدن العزل، ولا ينتظر مقابلة المحاربين وكان لذلك الخطاب أثر في غضب سبستيان وقرر أخيراً التريث رغم مخالفة أركان جيشه الذين أشاروا عليه بالتقدم لاحتلال تطوان والعرايش والقصر[3] .

وتحركت قواد عبدالملك المعتصم بالله، وسار أخوه أحمد المنصور بأهل فاس وماحولها وكان اللقاء قرب محلة القصر الكبير.

---

(1) انظر: وادي المخازن ، ص53.
(2) المصدر السابق نفسه، ص53.
(3) انظر: وادي المخازن ،ص 54.

خامساً: قوى الطرفين (البرتغالي النصراني والاسلامي المغربي):

الجيش البرتغالي :

125.000، ومايلزمهم من المعدات والرواية الأوروبية تقلل بعد الهزيمة عدد جيشها، وتضخم عدد جيش المغرب، فهي تتحدث عن 14.000راجحل، و2000 فارس ، و36 مدفعاً، ومقابل 50.000 راجل في الجيش المغربي و22.000 ، 1.500 من الرماة، 20 مدفعاً. ذكر ابو القاضي في (المنتقى المقصور): (عدد الجيش البرتغالي مئة ألف وخمسة وعشرون ألفاً)[1] .

وقال أبو عبدالله محمد العربي الفاسي في (مرآة المحاسن): أن مجموعهم كان مئة وعشرين ألفاً، وأقل ماقيل في عددهم ثمانون ألف مقاتل[2] .

كان مع الجيش البرتغالي: 20.000 إسباني، 3000 ألماني، 7000 إيطالي... وغيرهم عدد كبير .. مع ألوف الخيل، وأكثر من أربعين مدفعاً.. وكل هذه القوى البشرية والمادية بقيادة الملك سبستيان.

وكان معهم، المتوكل المسلوخ بشرذمة تتراوح مابين 300-600 رجل على الأكثر[3] .

الجيش المغربي:

وكان جيش المغاربة تعداده 40.000 مجاهداً يملكون تفوقاً في الخيل ومدافعهم أربعة وثلاثون مدفعاً فقط وكانت معنوياتهم مرتفعة جداً بسبب :

1- ذاقوا حلاوة الانتصار على النصارى المحتلين واستخلصوا من ايديهم ثغوراً كثيرة كانت محاطة بالأسوار العالية، والحصون المنيعة، والخنادق العميقة.

---

(1) المصدر السابق نفسه، ص56.
(2) انظر: الاستقصا (69/5) نقلاً عن وادي المخازن، ص56.
(3) انظر: وادي المخازن ،ص56.

2- إلتفاف الشعب حول القيادة، تم إلتحام القبائل والطرق الصوفية وأهل المدن لأن المعركة كانت حاسمة في تاريخ الاسلام وفاصلة في تاريخ المغرب وكان الشيخ ابو المحاسن الفاسي زعيم الطريقة الشاذلية الجزولية لا يكل ولا يمل في شحذ الهمم ورفع المعنويات وقد قاد هذا الشيخ أحد جناحي الجيش المغربي وأبلى بلاءً حسناً رائعاً وثبت الى أن منح الله المسلمين النصر، وركبوا أكتاف العدو يقتلون ويأسرون وتورع أبو المحاسن عن الغنيمة بعد الانتصار العظيم ، وعفَّ عنها، ولم يأخذ منها شيئاً[1] .

وأظهر عبدالملك المعتصم بالله وأخوه ابوالعباس والقادة العثمانيون عبقرية فذة في المعركة. " لقد حنكت التجارب عبدالملك المعتصم بالله، فعزل عدوه عن اسطوله بالشاطئ بمكيدة عظيمة، وخطة مدروسة حكيمة، عندما استدرج سبستيان الى مكان حدده عبدالملك ميداناً للمعركة. وكان عزله عن أسطوله محكماً عندما أمر عبدالملك بالقنطرة أن تهدم ووجه إليها كتيبة من الخيل بقيادة أخيه المنصور فهدمها"[2] .

لقد جعل عبدالملك المدفعية في المقدمة، ثم صفوف للرماة المشاة، وجعل قيادته في القلب وعلى المجنبتين رماه فرسان والقوى الاسلامية المتطوعة وجعل مجموعة من الفرسان كقوة احتياطية لتنقض في الوقت المناسب وهي في غاية الراحة لمطاردة فلولا البرتغاليين ، واستثمار النصر[3] .

كان صباح الاثنين 30 جمادى الآخرة 986هـ/1578م يوماً مشهوداً في تاريخ المغرب، ويوماً خالداً في تاريخ الاسلام.

وقف السلطان عبدالملك المعتصم بالله خطيباً في جيشه، مذكراً بوعد الله للصادقين المجاهدين بالنصر[4] :

---

(1) المصدر السابق نفسه ، ص58.
(2) انظر: وادي المخازن ، ص62.
(3) المصدر السابق نفسه، ص62.
(4) المصدر السابق نفسه، ص62.

﴿ولينصرن الـلـه من ينصره إن الـلـه لقوي عزيز﴾ (الحج: آية 40).

﴿وما النصر إلا من عند الـلـه إن الـلـه عزيز حكيم﴾ (الانفال: آية 10).

كما ذكر بوجب الثبات:

﴿يا أيها الذين آمنوا إذا لقيتم الذين كفروا زحفاً فلا تولهم الأدبار﴾ (الانفال: آية 15).

﴿يا أيها الذين آمنوا إذا لقيتم فئة فاأثبتوا واذكروا الـلـه كثيراً لعلكم تفلحون﴾ (الانفال: 45).

وبضرورة الانتظام:

﴿إن الـلـه يحب الذين يقاتلون في سبيله صفاً كأنهم بنيان مرصوص﴾ (الصف: 4).

وذكر أيضاً حقيقة لا مراء فيها: إن انتصرت الصليبية اليوم، فلن تقوم للاسلام بعدها قائمة.

ثم قرئت آيات كريمة من كتاب الـلـه العزيز، فاشتاقت النفوس للشهادة[1].

ولم يأل القسسُ والرهبان في إثارة حماس جند أوروبا الذين يقودهم سبستيان، مذكرين أن البابا أحل من أوزار والخطايا أرواح من يلقون حتفهم في هذه الحروب التي أتسمت بطابع الحروب الصليبية.

وانطلقت عشرات الطلقات النارية من الطرفين كليهما إيذاناً ببدء المعركة.

لقد قام السلطان عبدالملك برد الهجوم الاول منطلقاً كالسهم شاهراً سيفه يمهد الطريق لجنوده الى صفوف النصارى، وغالبه المرض الذي سايره من مراكش ودخل خيمته وماهي إلا دقائق حتى فاضت روحه في ساحة الفدى، لقد رفض أن يتخلف عن المعركة قائلاً ومتى كان المرض يثني المسلمين عن الجهاد في سبيل الـلـه، وأمر هذا القائد المجاهد عجيب في الحزم والشجاعة، ولقد فاضت روحه وهو واضع سبابته على فمه مشيراً أن يكتموا الأمر حتى يتم النصر، ولا يضطربوا وكان كذلك، فلم يعلم

---

(1) انظر: وادي المخازن ، ص66.

أحد بموته إلا أخوه أحمد المنصور وحاجبه رضوان العلج، وصار حاجبه يقول للجند : (السلطان يأمر فلاناً أن يذهب الى موضع كذا، وفلاناً يلزم الراية، وفلاناً يتقدم وفلاناً يتأخر) [1] .

وقاد احمد المنصور مقدمة الجيش وصدم مؤخرة الجيش البرتغالي ، وأوقدت النار في برود النصارى، وصدم المسلمون رماتهم، فتهالك قسم منهم صرعى، وولى الباقون الادبار قاصدين قنطرة نهر واد المخازن وكانت تلك القنطرة أثر بعد عين ، نسفها المسلمون بأمر سلطانهم ، فارتموا بالنهر، فغرق من غرق وأسر من أسر ، وقتل من قتل ، وصُرع سبستيان وألوف من حوله ، ووقع المتوكل رمز الخيانة غريقاً في نهر وادي المخازن.

واستمرت المعركة أربع ساعات وثلث الساعة، وكتب الله فيها النصر للاسلام والمسلمين [2] .

جاء في (درة السلوك) لأحمد بن القاضي ، وهو معاصر لأحداث المعركة "مخطوط بدار الوثائق بالرباط د 428، ص14" [3] :

وابن أخيه [4] بالنصارى اعتصما	وصار يستجدهم لمن سَمَا
أجابه اللعينُ بستيان [5]	بجيشه ومعه الاوثان
وعدد الجيوش الذي جمعا	ينيف عن مائة ألف سُمِعا
فخلص الاسلام من يَدِ اللعين	بصبره على لقاء المشركين
مامنهم إلا قتيل وأسير	في ساعة من الزمان [1] ذا شهيد
مات بها بستيان اللعين	فماله عن الردى معين

(1) انظر: وادي المخازن، ص66.
(2) المصدر السابق نفسه، ص66،67.
(3) دعوة الحق السنة 19،العدد 8،رمضان 1398هـ ص56 نقلاً عن وادي المخازن ، ص67.
(4) اشارة الى المتوكل .
(5) بستيان (لضرورة الوزن) وإلا فهو سبستيان.

ثـــم محمـــــد[1] الـــذي أتى بـــه	مـــات غريقـــاً يومـــاً فانتبـــهِ
لحكمـــه اللـــه العظـيم القــاهر	أفـــــادهم وزيَّـــــنَ المنـــــابر
بـــذكر عمــــه أبي العبــــاس	الحـــازم الـــرّ أي شـــديد البـــاس
نجـلُ الرسـول المصـطفى المختـار	بـــه زهـــا المغـــربُ عـــلى الأقطـــار[3]

سادساً: أسباب نصر وادي المخازن:

1- القيادة الحكيمة التي تمثلت في زعامة عبدالملك المعتصم بالله وأخيه أبي العباس، ولحاجبه المنصور، وظهور مجموعة من القادة المحنكين من أمثال أبي علي القوري ، والحسن العلج، ومحمد أبي طيبة، وعلي بن موسى، الذي كان عاملاً على العرائش.

2- التفاف الشعب المسلم المغربي حول قيادته بسبب أبي المحاسن يوسف الفاسي والذي استطاع أن يبعث روح الجهاد في القوى الشعبية.

3- رغبة المسلمين في الذود عن دينهم وعقيدتهم وأعراضهم، والعمل على تضميد الجراح بسبب سقوط غرناطة، وضياع الأندلس ، والانتقام من النصارى الذين عذبوا المسلمين المهاجرين والذين تحت حكمهم في الأندلس.

4- اشتراك خبراء من العثمانيين تميزوا بالمهارة في الرمي بالمدفعية وشارك كذلك مجموعة من الاندلسيين تميزوا بالرمي والتصويب بدقة مما جعل المدفعية المغربية تتفوق على المدفعية البرتغالية النصرانية .

5- الخطة المحكمة التي رسمها عبدالملك المعتصم بالله مع قادة حربه حيث

---

(2) اشارة الى قصر مدة المعركة.
(1) محمد المتوكل المخلوع.
(3) برده الغزو الصليبي وانتصاره الباهر في معركة وادي المخازن .

استطاع أن يستدرج خصومه الى ميدان تجول فيه الخيل وتصول، مع قطع طرق تموينه وإمداده ثم نسفه للقنطرة الوحيدة على نهر وادي المخازن.

6- القدوة والأسوة المثالية التي ضربها للناس كل من عبدالملك وأخيه أحمد المنصور حيث شاركوا بالفعل والسنان في القتال فكان حالهما له أثر أشد في اتباعهم من قولهم.

7- تفوق القوات المغربية بالخيل حيث استطاع الفرسان أن يستثمروا النصر ويطوقوا النصارى المنهزمين ومنعتهم خيل المسلمين الخفيفة الحركة من أي فرصة للفرار.

8- استبداد سبستيان بالرأي وعدم الأخذ بمشورة مستشاريه وكبار رجال دولته مما جعل القلوب تتنافر.

9- وعي الشعب المغربي المسلم بخطورة الغزو النصراني البرتغالي وقناعته بأنه جهاد في سبيل الله ضد غزو صليبي حاقد . [1]

10- دعاء وتضرع المسلمين لله بإنزال النصر عليهم وخذل وهزيمة أعدائهم ، وغير ذلك من الاسباب.

سابعاً: نتائج المعركة:

1- أصبح سلطان المغرب بعد عبدالملك أحمد المنصور بالله الملقب بالذهبي وبويع بعد الفراغ من القتال بميدان المعركة، وذلك يوم الاثنين 30 جمادى الآخرة سنة ست وثمانين وتسع مئة للهجرة.

2- وصلت أنباء الانتصار بواسطة رسل السلطان أحمد الذهبي الى مقر السلطنة العثمانية، وفي زمن السلطان مراد خان الثالث، والى سائر ممالك الاسلام المجاورة للمغرب وغيرها، وحل السرور بالمسلمين وعم السعد في ديارهم ووردت الرسائل

---

(1) انظر: وادي المخازن ، ص72،73،74،75.

من سائر الاقطار مهنئين ومباركين للشعب المغربي نصرهم العظيم.

3- ارتفع نجم الدولة السعدية في آفق العالم وأصبحت دول أوروبة تخطب ودها واضطر ملك البرتغال الجديد وملك اسبانيا أن يرسلوا وفوداً محملة بالهدايا الثمنية. ثم قَدِمَتْ رسل السلطان العثماني مهنئة ومباركة ومعهم هدياهم الثمينة وبعدها رسل ملك فرنسا واصبحت الوفود (تصبح وتمسي على اعتاب تلك القصور) [1].

4- سقط نجم نصارى البرتغال في بحار المغرب واضطربت دولتهم، وضعفت شوكتهم ، وتهاوت قوتهم.

يقول لويس ماريه -المؤرخ البرتغالي- واصفاً نتائج المعركة:

" وقد كان مخبوءاً لنا في مستقبل الاعصار ، العصر، الذي لو وصفته -كما وصفه غيره من المؤرخين- لقلت: هو العصر النحس البالغ النحوسة ، الذي انتهت فيه مدة الصولة والظفر والنجاح، وانقضت فيه أيام العناية من البرتغال ، وانطفأ مصباحهم بين الأجناس، وزال رونقهم، وذهبت النخوة والقوة منهم، وخلفها الفشل الذريع ، وانقطع الرجاء واضمحل إبان الغنى والربح، وذلك هو العصر الذي هلك فيه سبستيان في القصر الكبير في بلاد المغرب" [2].

5- مات في تلك المعركة ثلاثة ملوك، صليبي حاقد سبستيان ملك البرتغال، وملك مخلوع خائن محمد المتوكل، ومجاهد شهيد، عبدالملك المعتصم بالله.

6- سارع البرتغاليون النصارى بفكاك أسراهم ودفعوا أموالاً طائلة للدولة السعدية.

7- سادت فترة هدوء ورخاء وبناء وازدهار في العلوم والفنون والصناعات في بلاد المغرب.

8- حدث تحول جذري في التفكير والتخطيط على مستوى أوروبا حيث رأوا أهمية

---

(1) الاستقصاء (92/5) نقلاً عن وادي المخازن ، ص70.

(2) المصدر السابق نفسه (85/5-86) نقلاً عن وادي المخازن، ص71.

الغـزو الفكـري لـبلاد المسـلمين، لأن سياسـة الحديـد والنـار تحطمـت أمـام إرادة الشـعوب الاسلامية في المشرق والمغرب [1].

استمر احمد المنصور على منهج أخيه في بناء المؤسسـات واقتناء ماوصلت إليـه الكشـوفات العلمية وتطوير الادارة والقضاء والجيش، وترتيب الأقاليم وتنظيمهـا، وكـان أحمـد المنصور يتابـع وزراءه وكبار موظفيه ويحاسبهم على عدم المحافظة على أوقات العمل الرسمية، أو التأخير في الرد على المراسلات الإدارية والسياسية.

وأحدث حروف لرموز خاصة بكتابة المراسلات السرية حتى لايعرف فحواها إذا وقعت في يـد عدو، وهذا يدل على اهتمامه الشخصي بجهاز الأمـن والاسـتخبارات التـي تحمـي بـه الدولـة مـن الاخطار الداخلية والخارجية.

واهتم بالجهاز القضائي ، وفصل السلطة القضائية عن السلطة التنفيذية تماماً، ومنع السـلطة التنفيذية من التدخل في السلطة القضائية.

وقد قارن مؤرخ فرنسي بين القضاء الأوروبي والقضاء المغربي في القرنيين الحادي عشرـ والثاني عشر الهجريين (16، 17م) فقال: "في الوقت الذي كانت أوروبة في العصرـ السـعدي يحـتفظ الملـوك فيها وحدهم بحق الحكم في عدد من القضايا ، فإن الملـوك السعديين لا ينظـرون إلا في القضايا المرفوعة ضد رجال السلطة ، وهذا ماكان يدعى بقضاء المظالم [2].

وترأس أحمد المنصور مجلس المظالم وجعله في جامع القصبة في مراكش ، بجوار قصره وشكل لجنة تراقب مجرى القضاء في الاقاليم ويهتم بمطالعة ودراسة تقاريرهم بعناية واهتم بضبط الادارة وإحكـام دولته وإقامة العدل على رعاياه وعمل على إقامة محطات في أرجاء البـلاد يحرسـها جنـود مقيمـون لا يبعد بعضهم عن بعض إلا بمسافة عشرين كيلومتراً بحيث يسـتطيع المسـافرون والقوافـل أن تمـر عبر القرى والبوادي بأمن وسلام.

---

(1) انظر: وادي المخازن ، ص76.
(2) انظر: دعوة الحق نقلاً عن وادي المخازن ، ص41.

وطور عمل المؤسسات الاستشارية وأوجد مجلس الديوان أو مجلس الملاء واختصاصاته سياسية وقضائية وعسكرية، وهو أعلى مرجع قانوني للبلاد، إلا أنه لايستطيع أن يتجاوز أحكام السلطة القضائية ، ولوكانت ضد المجلس كله أو بعض رجاله وكان مجلس الديوان من المرونة وسعة الافق بحيث يسمع بدخول المختصين أو ممثلين المدن والمراكز القروية عندما يقتضي الامر استشارات على نطاق شعبي واسع [1].

وطور السلطان احمد المنصور جيش دولته واقتدى بالنظام العثماني في التسليح والرتب واللباس واهتم بإسناد القيادات لمن أظهر كفاءة عسكرية عالية واثبتت الايام انه أهل لذلك ومن أهم هذه القيادات ، إبراهيم محمد السُّفياني قائد الجبهة الامامية في وادي المخازن، وأحمد بن بركة، وأحمد العمري المعقلي.

ودعمّ جيشه بالوحدات الطبية من جراحين وغيرهم وأقام مستشفيات متنقلة ميدانية تستقبل الجرحى والمرضى في الحروب واهتم بتأهيل التقنيين المتخصصين في جيشه، وقام السعديون ببناء دار العدة لصناعة المدافع واهتموا بتطوير الأسطول، خصوصاً في مينائي العرائش وسلا [2].

ومد نفوذ الدولة السعدية نحو الجنوب وضم بلاد السودان الغربي إلى نفوذه ودخل في لعبة الموازنات الدولية بين الاسبان والانجليز والعثمانيين، وظهرت منه مواهب سياسية متميزة، واستطاع أن يحقق الأمن والأزدهار والرفاه والخصب لبلاده [3].

ثامناً: اقتراح عثماني على السعديين:

بدأت القوات الاسبانية في اكتساح الأراضي البرتغالية، ولم يستطع الأمير البرتغالي

(1) انظر: وادي المخازن ، ص42،43.
(2) انظر: وادي المخازن ، ص44.
(3) انظر: تاريخ عصر النهضة الأوروبية ، نورالدين حسام ، ص456،457،458.

دون أنطونيو مقاومة تلك القوات الاسبانية، التي ضمت أراضيه لسنة 988هـ/1580م عند ذلك اقترح السلطان العثماني مراد الثالث عقد تحالف عسكري ضد الاسبان على أساس امداده بأسطول حربي وقوات عسكرية فبعث برسالتين في رجب 988هـ/ سبتمبر 1580م، قـال فيهـا " .. فلـما وصل بمسامعنا الشريفة ومشاعرنا الحقانية المنيفة خبر طاغية قشتالة وأنه احتوى على سلطنة برتغالي، أو كاد وأنه جعل أهلها في الأغلال والأصفاد، وأنه لكم جار وعدو مضرار حركتنا الحمية الإسلامية .. لإظهار الألفة الأزلية أن تتخذ عهداً وتؤكد أن المملكتين محروستا الجوانب ونعلق العهـد بالكعبـة ... فإذا تم هذا الشأن .. نوجه لكم ثلاثمائة غرابا سلطانية وجيش عز ونصر وكماه عثمانية تستفتح بها إنشاء اللـه بلاد الأندلس .. ".

كان قلج علي بعد استقرار الدولة العثمانية في تونس بدأت أنظاره تتطلع إلى المغرب⁽¹⁾ ، وأخـذ يعمل في توحيد الوجهة السياسية لبلاد المغرب الإسلامي، لضمه إلى الدولة العثمانية⁽²⁾ ، خاصة بعـد تذبذب موقف المولى أحمد المنصور الأخير من الدولة صدرت الأوامر إلى قلج علي قائد الأسطول العثماني بالتوجه إلى المغرب لضمه للدولة العثمانية، فوصل قلج علي إلى الجزائر في جمادي الثانيـة 989هـ/ يونيو 1581م، بينما كان المنصور يرابط بقواته عند نهر تانسيفت، وكانت القـوات المغربيـة قد استعدت لمواجهة التدخل العثماني، إذ جهز المنصور جنوده وتقدم بها حتى حـدود بـلاده، كـما سد مدخل مملكته، وحصن الثغور، وإلى جانب تلك الاستعدادات وجه المنصور سـفارة خاصـة لأسطنبول وذلك بعد أن توصل إلى شبه اتفاق عسكري مع الملك الاسباني الذي انتهى مـن مشاكله بدخوله للعاصمة البرتغالية لشبونة في 27 جمادي الثانيـة 989هـ/ 31 يوليـو 1581م، عـلى أسـاس تقديم المساعدة العسكرية للمغرب، لمواجهة التدخل العثماني، مقابل التنازل عن مدينـة العـرائش وامتيازات أخرى وأمام تطور الأحداث لم يجد السلطان العثماني بداً من قبول الأمر الواقع والتراجع عن غزو المغرب بأن أمر قلج

(1) انظر: تاريخ الجزائر الحديث ، محمد خير فارس، ص52.
(2) انظر: تاريخ الجزائر الحديث للجيلاني، ص101.

علي [1]، وجعفر باشا نائب قلج علي في الجزائر، بالتخلي عن العمل بالمغرب والانتقال إلى الشرق، حيث اضطربت الأمور بالحجاز فتخلى قلج علي عن هدفه الطموح في استرداد الأندلس، بعد توحيد الجبهة لبلاد المغرب الإسلامي [2].

تردد السفراء بين الاستانة وفاس فتوجهت سفارات أحمد بن ودة والشاظمي وابي الحسن علي بن محمد التمكروتي بين عامي 979هـ/ 1588م، 999هـ/1590م، واستقبل أحمد المنصور سفيراً عثمانية في 998هـ/ 1589م [3] لم تتحقق رغبة السلطان العثماني في التحالف مع السعديين لاسترداد الأندلس وذلك بسبب انشغال الدولة بحروبها المضنية ضد الشيعة الصفوية في إيران، والهابسبرج في وسط أوروبا، بالإضافة إلى واجبها نحو حماية مقدسات الأمة الإسلامية في الحجاز، وتدعيم حزامه الأمني [4].

تاسعاً: جهاد الوالي الجزائري وتغير الأوضاع :

جهز الوالي العثماني في الجزائر أسطوله في سنة 990هـ/1582م لمحاربة اسبانيا فوق أرضها، فنزل المجاهدون المسلمون في برشلونة فأعملوا فيها تدميراً ثم عبروا مضيق جبل طارق وهاجموا جزر الكناري التي تحتلها اسبانيا فدمروا المراكز العسكرية وغنموا مافيها ولم يكن الأسطول العثماني يذهب للأندلس لمجرد التنكيل بالاسبانيين ولتدمير منشآتهم بل كان بالدرجة الأولى لانقاذ المسلمين من نكبتهم وتعرض المجاهدون أثناء ذلك لمعارك قاسية وهزائم أحياناً [5].

ازداد تطاول الانكشارية في الجزائر على الأهالي في الوقت الذي انصرف رجال

(1) انظر: المغرب في عهد الدولة السعدية، ص112.
(2) انظر: تاريخ الجزائر للجيلاني ، ص101.
(3) انظر: بداية الحكم المغربي بالسودان، ص97.
(4) انظر: جهود العثمانيين ، ص532.
(5) انظر: الجزائر والحملات الصليبية، ص59.

البحر ليمارسوا الجهاد البحري على نطاق واسع [1]، لذلك حضر حسن فنزيانو من نشاطه البحري، الذي بادر إلى عودته إلى الجزائر حينما بلغه انتشار الفوضى بين الجنود، فانتصب على الجزائر للمرة الثانية، وفرض طاعته على الرعية وذلك في ربيع الثاني سنة 991هـ/ ابريل 1583م، ولم يعارض الباب العالي في توليه، لما كان له من العقل في حسم الخلاف وإطفاء نار الفتن واستتباب الأمن بالجزائر .

باشر حسن فنزيانو تسيير الإدارة بما عهد منه من نشاط وحزم فإنه لم يترك قيادة الأسطول العثماني بالجزائر لغيره، وكثرت في أيامه المغانم بما كانت تجلبه السفن من السواحل الاسبانية والجزر الشرقية من نفائس، وبما كان يستولي عليه من الأسرى والمغانم في غزواته.

وفي 992هـ/1584م أبحر حسن فنزيانو بأسطوله على ثغر بلنسية وحمل أعداداً كبيرة من مسلمي الأندلس، إذ أنقذهم من اضطهاد الاسبان، كما استطاع في السنة التالية انقاذ جميع سكان كالوسا، إذ حملهم إلى الجزائر وفي السنة بعدها توغل مراد رايس في المحيط الأطلس فأغار على جزر الكناري وغنم منها غنائم كثيرة بما فيهم زوجة حاكم تلك الجزر، وبقي حسن فنزيانو على رأس الحكومة العثمانية بالجزائر إلى أن استدعاه السلطان في اسطنبول ليتولى منصب إمارة البحر " قبودان دوريا " [2] وذلك بعد وفاة قلج علي سنة 995هـ/1587م .

عاشراً: انتهاء نظام البيلربك في الجزائر:

بوفاة قلج علي انتهى في الجزائر نظم البيلربك الذي جعل من حكام الجزائر ملوكاً واسعي السلطة والنفوذ واستعيض عنه بنظام الباشوية مثلها في ذلك تونس

---

(1) انظر: تاريخ الجزائر الحديث، ص59.
(2) انظر: تاريخ الجزائر العام للجيلاني (103،102/3).

وطرابلس [1]، ويفسر هذا التغيير في شكل الحكم العثماني بخوف السلطان العثماني في أن يتجه البيلربك بسبب قوتهم وضعف البحرية العثمانية نحو الاستقلال.

وكان الباشا موظف ترسله الاستانة لمدة ثلاث سنوات يتولى خلالها حكم البلاد دون أن يكون له سند أساسي أو سند محلي بين القوى التي تسيطر على البلاد [2]، ويكون الباشا في كل من طرابلس وتونس والجزائر وكيلاً للسلطان ويكون مطلق التصرف لبعد الولاية عن العاصمة اسطنبول.

كانت أحداث مابعد 997هـ/1588م في نيابات العثمانية الثلاث طرابلس وتونس والجزائر تفيد بسطوة الجنود ورجال البحرية على السلطنة فيها على حساب سلطة الباشا إلا أن طبيعة علاقات السلطة في داخل الولاية مع امساك السلطنة العثمانية بسلطة إصدار الغرامات، قد ضمنا تحقيق الأهداف العثمانية في الحكم من حيث الخطبة باسم السلطان وتحصيل الأموال سنوياً والمساهمة في حروب الدولة والقبول بالباشا القادم من الاستانة ممثلاً أعلى للسلطان في حكم النيابة وهي جميعها من رموز السيادة العثمانية الرسمية [3].

كان ذلك هو التحول الذي جرى في الدولة نحو الشمال الافريقي، إثر معركة ليبانتوسنه 978هـ/1571م ، فبعد أن كان الشمال الأفريقي تحت مسؤولية البيلربك الموجود في الجزائر، انقسمت المنطقة إلى ثلاث ولايات هي طرابلس وتونس والجزائر وصارت ولايات عادية مثلها مثل سائر الولايات العثمانية الأخرى، لقد كان موقف الدولة السعدية من جهة، وتصرف بعض الانكشاريين من جهة وجبهات المشرق من جهة وغير ذلك من الأسباب أضعف همة الدولة في إرجاع الأندلس .

لقد حالت عدة أسباب دون ضم المغرب الأقصى للدولة العثمانية منها:

---

(1) انظر: حرب الثلاثمائة سنة، ص410.
(2) انظر: المغرب العربي للعقاد، 28.
(3) انظر: جهود العثمانيين، ص477.

1- ظهور شخصية قوية حاكمة في المغرب ونعني به المنصور السعدي.

2- وفاة قلج علي في 1587م ومن بعده أدخل الشمال الأفريقي في نظام الولايات.

3- كان النصر الذي أحرزه المغاربة على البرتغاليين في معركة وادي المخازن سبباً في تقدير السلطات العثمانية للسعديين واحترامهم [1] لقد كانت الدولة العثمانية في جهودها البحرية في البحر المتوسط أكثر توفيقاً من البحر الأحمر والمحيطات لعدة أسباب منها:

1- قرب الشمال الأفريقي من كل من اسطنبول ومصر ـ يجعل الامدادات متلاحقة ويجعل صورة الأحداث واضحة، والتطورات العسكرية مفهومة، بعكس الحال في المحيطات حيث كانت تطورات الأمور لاتصل إلا بعد وقت طويل وبشكل غير واضح.

2- كانت للعثمانيين قواعد قوية في شمال افريقية تستند إلى خلفية إسلامية واسعة وخبرة عملية في محاربة النصارى وكانوا على استعداد للتعاون مع العثمانيين والدخول تحت نفوذهم.

3- لم تكن هناك مقاومة مذهبية عنيفة في شمال افريقية بل كانت الهيمنة للمذهب السني الذي استطاع أن يقف أمام المذاهب المنحرفة ويجتثها من جذورها [2] .

(1) انظر: الشعوب الاسلامية ، د. عبدالعزيز سليمان، ص123.
(2) انظر: الشعوب الاسلامية ، د. عبدالعزيز سليمان، ص124.

المصادر والمراجع

(أ)

1. أخبار الأمراء والملوك السلجوقية، د.محمد نور الدين .

2. أيعيد التاريخ نفسه، محمد العبده ، المنتدى الإسلامي ، طبعة 1411هـ

3. إعلام الموقعين عن رب العالمين ، الإمام ابن القيم ، مراجعة وتعليق طه عبد الرؤوف سعد، دار الجيل، بيروت - لبنان.

4. أوروبا في العصور الوسطى، سعيد عاشور، الطبعة السادسة، مكتبة الأنجلو المصرية 1975م.

5. اقتصاديات الحرب في الإسلام، د. غازي التمام، مكتبة الرشد الرياض، الطبعة الأولى 1411هـ/1991م.

6. أطوار العلاقات المغربية العثمانية، إبراهيم شحاتة، منشأة المعارف، الإسكندرية ، الطبعة الأولى 1980م.

7. إمام التوحيد محمد عبد الوهاب، أحمد القطان، مكتبة السندس الكويت، الطبعة الثانية 1409هـ 1988م.

8. استمرارية الدعوة، محمد السيد الوكيل، دار المجتمع المدينة السعودية، الطبعة الأولى 1414هـ 1994م.

9. أضواء البيان في إيضاح القرآن بالقرآن، لمحمد الأمين الشنقيطي، مطبعة المدني عام 1384- الطبعة الأولى.

10. اقتضاء الصراط المستقيم مخالفة أصحاب الجحيم لابن تيمية، تحقيق محمد حامد الفقي الطبعة الثانية عام 1369هـ مطبعة السنة المحمدية.

11. ابن باديس حياته وآثاره: د. عمار الطالبي، دار الغرب الإسلامي، بيروت الطبعة الثانية 1403هـ - 1983م.

(ب)

12. . البداية والنهاية، أبو الفداء الحافظ ابـن كثـير الدمشـقي، دار الريـان، الطبعـة الأولى، 1408هـ - 1988م.

13. البطولة والفداء عند الصوفية، أسعد الخطيب، دار الفكر، سورية - دمشق.

14. البدر الطالع بمحاسن من بعد القرن السـابع، لمحمـد بـن عـلي الشـوكاني، دار المعرفة، بيروت.

15. بدر التمام في اختصار الاعتصام، اختصره أبي عبد الفتاح محمـد السـعيد الجزائـري، دار الحنان الإسلامية، الطبعة الأولى 1411هـ 1991م، الإمارات العربية المتحدة.

16. بدائع الزهور في وقائع الدهور، محمد بن أحمد ابـن إيـاس، القـاهرة مطابـع الشـعب، 1960.

17. بداية الحكم المغربي من السودان الغربي، محمد الغربي، الدار الوطنية للتوزيع والنشرـ طبعة عام 1982م.

18. البرق اليماني في الفتح العثماني، دار اليمامة، الرياض، قطب الدين محمد بن أحمد المكي، الطبعة الأولى 1387هـ - 1967م.

19. البلاد العربية والدولة العثمانية، ساطع الحصري، بيروت 1960م.

(ت)

20. تاريخ الترك في آسيا الوسطى، بارتولد ترجمة أحمـد السـعيد القـاهرة، مطبعـة الأنجلو المصرية 1378هـ/1958م.

21. تاريخ الأمم والملوك، محمد بن جرير الطبري، دمشق، دار الفكر 1399هـ/1979م.

.22 22. تاريخ الدولة العلية العثمانية، محمد فريد بك، تحقيق الدكتور إحسان حقي، دار النفائس، الطبعة السادسة، 1408هـ - 1988م.

.23 23. تاريخ الإسلام، شمس الدين محمد بن أحمد الذهبي، دار الكتاب العربي، الطبعة الثانية، 1411هـ - 1991م.

.24 24. تاريخ دولة آل سلجوق، لمحمد الاصبهاني، القاهرة، دار الآفاق الجديدة، بيروت الطبعة الثانية 1978م.

.25 25. تاريخ سلاطين آل عثمان، تحقيق بسام الجابي، تأليف يوسف آصاف، دار البصائر، الطبعة الثالثة 1405هـ - 1985م.

.26 26. تاريخ العرب الحديث، رأفت الشيخ، عين للدراسات والبحوث الإنسانية والاجتماعية.

.27 27. تاريخ العرب الحديث، تأليف د. جميل بيفون، د. شحادة الناظور، الأستاذ عكاشة، الطبعة الأولى 1412هـ/ 1992م، دار الأمل للنشر والتوزيع.

.28 28. التقليد والتبعية وأثرها في كيان الأمة الإسلامية، ناصر العقل، دار المسلم، الطبعة الثانية 1414هـ

.29 29. تاريخ الدولة العثمانية، د. علي حسون، المكتب الإسلامي الطبعة الثالثة 1415هـ 1994م.

.30 30. التاريخ العثماني في شعر أحمد شوقي بقلم محمد زاهد عبد الفتاح أبو غدة، دار الرائد كندا، الطبعة الأولى 1417هـ/1996م.

.31 31. تاريخ سلاطين آل عثمان، للقرماني، الطبعة الأولى 1405هـ/1985م، دار البصائر دمشق سوريا.

.32 32. تاريخ المشرق العربي، عمر عبد العزيز عمر، دار المعرفة الجامعية، إسكندرية.

.33 تجربة محمد علي الكبير، دروس في التغيير والنهوض، منير شفيق، دار الفلاح للنشر، بيروت 33. لبنان، الطبعة الأولى بيروت 1997م - 1418هـ

34. 34. التراجع الحضاري في العالم الإسلامي د. علي عبد الحليم، دار الوفاء، الطبعة، 1414هـ/ 1994م.

35. 35. تفسير المنار، محمد رشيد رضا، دار المعرفة، الطبعة الثانية، بيروت.

36. 36. تفسير القرآن العظيم، ابن كثير أبو الفداء إسماعيل، تحقيق: عبد العزيز غنيم، وحمد أحمد عاشور، ومحمد إبراهيم البناء، مطبعة الشعب القاهرة - مصر.

37. 37. تفسير الطبري المسمى جامع البيان عن تأويل القرآن، لابن جرير الطبري، دار الفكر، بيروت - لبنان، 1405هـ

38. 38. تفسير السعدي، المسمى تيسير الكريم الرحمن في تفسير كلام المنان، للشيخ عبد الرحمن بن ناصر السعدي، المؤسسة السعدية بالرياض 1977م.

39. 39. تركيا والسياسة العربية: أمين شاكر وسعيد العريان ومحمد عطا.

40. 40. تفسير القرطبي، لأبي عبد الله القرطبي.

41. 41. تفسير النسفي مدارك التنزيل وحقائق التأويل للإمام أبي البركات عبد الله بن أحمد بن محمود النسفي.

42. 42. تاريخ الدولة العثمانية، يلماز أوزنتونا، ترجمه إلى العربية عدنان محمود سلمان، د. محمود الأنصاري، المجلد الأول. منشورات مؤسسة فيصل للتمويل تركيا استانبول 1988م.

43. 43. تطبيق الشريعة الإسلامية، د. عبد الله الطريقي، مؤسسة الرسالة، بيروت - لبنان، الطبعة الأولى 1415هـ/1995م.

44. 44. التيارات السياسية في الخليج العربي، صلاح العقاد، القاهرة، المطبعة الفنية الحديثة، 1974م.

45. 45. تاريخ الجزائر الحديث، محمد خير فارس، دار الشروق الطبعة الثانية، 1979م.

46. 46. الأتراك العثمانيون في إفريقيا، عزيز سامح، دار النهضة العربية، ترجمة محمود عامر، الطبعة الأولى 1409هـ/ 1989م.

47. تاريخ الجزائر العام، عبد الرحمن الجيلالي، دار الثقافة بيروت، الطبعة الرابعة، 1980م.

48. تاريخ إفريقيا الشمالية، شارل أندري جوليان، الدار التونسية للنشر، تونس 1978م، تعريب محمد مزالي.

49. تاريخ المغرب، لمحمد عبود، دار الطباعة المغربية الطبعة الثانية.

50. تاريخ الفكر المصري الحديث - لويس عوض، ط1 القاهرة سنة 1979م.

51. التيارات السياسية الاجتماعية بين المجددين والمحافظين د. زكريا سليمان موسى، دراسة فكر الشيخ محمد عبده، القاهرة سنة 1983م.

52. تاريخ الإحساء السياسي، د. محمد عرابي، منشورات ذات السلاسل الكويت، 1400هـ/1980م.

53. التحفة الحليمية في تاريخ الدولة العلية، إبراهيم حلمي بك.

54. الاتجاهات الوطنية، لمحمد حسين، بيروت، 1972م.

55. التصوف في مصر إبان العصر العثماني د. توفيق الطويل. مطبعة الاعتماد بمصر ط 1365هـ / 1946م.

(ج)

56. جوانب مضيئة في تاريخ العثمانيين، زيادة أبو غنيمة، دار الفرقان، الطبعة الأولى 1403هـ/ 1983م.

57. جمال الدين الأفغاني المصلح المفترى عليه، د. محسن عبد الحميد، مؤسسة الرسالة، الطبعة الأولى 1403هـ/1983م.

58. جهود العثمانيين لإنقاذ الأندلس في مطلع العصر ـ الحديث، د. نبيل عبد الحي رضوان، مكتبة الطالب الجامعي، الطبعة الأولى 1408هـ/1988م.

59. الجبرتي والفرنسيس، د. صلاح العقاد، ندوة الجبرتي القاهرة 1976م.

(ح)

60. حاضر العالم الإسلامي، د. جميل عبد الله محمد المصري، جامعة المدينة المنورة.

61. حروب البلقان والحركة العربية في المشرق العربي العثماني د. عايض بن خزّام الروقي، 1416هـ/1996م.

62. حروب محمد علي في الشام وأثرها في شبه الجزيرة العربية، د. عايض بن خزّام الروقي، 1414هـ مركز بحوث الدراسات الإسلامية، مكة المكرمة.

63. حركة الجامعة الإسلامية، أحمد فهد بركات، مكتبة المنار، الأردن الطبعة الأولى 1984م/1404هـ

64. الحكم والتحاكم في خطاب الوحي، عبد العزيز مصطفى كامل، دار طيبة، الطبعة الأولى 1415هـ/1995م.

65. الحكومة الإسلامية للمودودي، ترجمة أحمد إدريس، نشر ـ المختار الإسلامي، للطباعة والنشر القاهرة، الطبعة الأولى 1397هـ/1977م.

66. الحسبة في العصر المملوكي د. حيد الصافح، دار الإعلام الدولي، الطبعة الأولى 1414هـ/1993م، القاهرة.

67. حرب الثلاثمائة سنة بين الجزائر واسبانيا، احمد توفيق مدني الطبعة الثانية، 1984م.

68. حقائق الأخبار عن دول البحار، إسماعيل سرهنك، المطبعة الأميرية، ببولاق، مصر ـ الطبعة الأولى 1312هـ

69. الحروب الصليبية في المشرق والمغرب، محمد العمروسي دار الغرب الإسلامي، بيروت، الطبعة الثانية، 1982م.

70. حقيقة الماسونية لمحمد الزعبي، دار العربية، بيروت 1974م.

71. الحركة الإسلامية الحديثة في تركيا د. أحمد النعيمي، دار البشير، عمان، الأردن، الطبعة الأولى 1413هـ/1993م.

72. حركة الإصلاح في عصر السلطان محمود الثاني، د. البحراوي، دار التراث، القاهرة الطبعة الأولى 1398هـ/1978م.

(خ)

73. خراسان، محمود شاكر، الطبعة الأولى، بيروت، المكتب الإسلامي، 1398هـ/1978م.

74. خير الدين بربوس، بسام العسلي، دار النفائس الطبعة الثالثة: 1406هـ/1986م.

75. الخلافة والملك للمودودي، تعريب أحمد إدريس، دار القلم، الطبعة الأولى سنة 1398هـ/1978م.

76. خليفة من خياط تاريخه، تحقيق د. أكرم ضياء العمري، الطبعة الثانية دار القلم بيروت ومؤسسة الرسالة 1397هـ/1977م.

77. خلاصة تاريخ الأندلس، دار مكتبة الحياة، بيروت، شكيب أرسلان.

78. خطط الشام، محمد كرد علي، دار العلم للملايين، بيروت، 1390هـ

(د)

79. الدولة العثمانية والشرق العربي، محمد أنيس، القاهرة، مكتبة الأنجول المصرية.

80. دور الكنيسة في هدم الدولة العثمانية، تأليف ثريا شاهين، ترجمة الدكتور محمد حرب، دار المنارة للنشر والتوزيع، الطبعة الأولى 1418هـ/1997م.

81. دعوة جمال الدين الأفغاني في ميزان الإسلام، مصطفى فوزي عبد اللطيف غزال، دار طيبة، الطبعة الأولى 1403هـ/1983م.

82. الدولة العثمانية، دولة إسلامية مفترى عليها، د. عبد العزيز الشناوي، مكتبة الأنجلو المصرية، مطابع جامعة القاهرة عام 1980م.

83. الدولة العثمانية في التاريخ الإسلامي الحديث، د. إسماعيل مكتبة العبيكان، الطبعة الأولى 1416هـ/1996م.

84. الدولة العثمانية قراءة جديدة لعوامل الانحطاط، قيس جواد العزاوي، مركز دراسات الإسلام والعالم، الطبعة الأولى 1414هـ/1994م.

85. الدولة العثمانية، أخطاء يجب أن تصحح في التاريخ، د. جمال عبد الهادي، د. وفاء محمد رفعت جمعة، علي أحمد لبن، دار الوفاء، الطبعة الأولى، 1414هـ/1994م.

86. دراسات متميزة في العلاقات بين الشرق والغرب على مر العصور، يوسف الثقفي، دار الثقة، الطبعة الثانية، 1411هـ

87. دراسات في التاريخ المصري، أحمد سيد د. أ-ج، والسيد رجب حراز، القاهرة، دار النهضة، 1976م.

88. الدولة السعودية الأولى، عبد الرحيم عبد الرحمن.

89. دولة الموحدين، علي محمد الصلابي، دار البيارق عمان-الأردن، 1998م، الطبعة الأولى.

(ر)

90. الرسالة الخالدة، عبد الرحمن عزام، القاهرة 1946م.

91. رسائل البنا، حسن البنا، دار الأندلس.

92. رياضة الإسماع في أحكام الذكر والسماع، محمد أبو الهدى الصيادي، مطبعة التمدن بمصر- 1903م.

(ز)

93. زاد المعاد في هدى خير العباد، لابن القيم الجوزية.

(س)

94. السلوك، أحمد بن علي المقريزي، الطبعة الثانية، القاهرة 1376هـ/1956م.

95. السلاطين في المشرق العربي، د. عصام محمد شبارو، طبعة 1994م، دار النهضة العربية، بيروت-لبنان.

96. سير أعلام النبلاء، الذهبي، مؤسسة الرسالة، الطبعة السابعة، 1410هـ/1990م.

97. السلطان عبد الحميد الثاني، د. محمد حرب، دار القلم دمشق، الطبعة الأولى، 1410هـ/1990م.

98. الإسلام في آسيا منذ الغزو المغولي د. محمد نصر مهنًا، الطبعة الأولى، 1991/1990، المكتب الجامعي الحديث، طبعة أولى، 1990م.

99. السلطان محمد الفاتح، فاتح القسطنطينية وقاهر الروم، عبد السلام عبد العزيز فهمي، دار القلم، دمشق، الطبعة الرابعة، 1407هـ/1987م.

100. السلاطين العثمانيون، كتاب مصور، طبع في تونس.

101. الإسلام وأوضاعنا القانونية، عبد القادر عودة، الناشر المختار الإسلامي، القاهرة، الطبعة الخامسة سنة 1397هـ.

102. سنن أبي داود، سليمان بن الأشعث، تحقيق، عزت عبيد الدعاس، حمص الناشر: محمد السيد.

103. سنن الترمذي، لأبي عيسى الترمذي، تحقيق أحمد شاكر مصطفى الحلبي، القاهرة.

104. الإسلام في مواجهة التحديات: أبو الأعلى المودودي، الطبعة الأولى عام 1391هـ دار القلم.

105. سد باب الاجتهاد وما ترتب عليه، عبد الكريم الخطيب، دار الأصالة الطبعة الأولى، 1405هـ/1984م.

106. السنن الإلهية في الأمم والجماعات والأفراد، عبد الكريم زيدان.

(ش)

107. الشعوب الإسلامية، الأتراك العثمانيون، الفرس، مسلمو الهند، د. عبد العزيز سليمان نوار، دار النهضة العربية، طبعة 1411هـ/1991م.

108. شذرات الذهب في أخبار من ذهب، لابن العماد الحنبلي دار الآفاق الجديدة بيروت.

109. الشرق الإسلامي في العصر الحديث، حسن مؤنس مطبعة حجازي القاهرة الطبعة الثانية، 1938م.

110. الشوقيات، ديوان أحمد شوقي، دار العودة، بيروت 1986م.

(ص)

111. صحوة الرجل المريض، د. موفق بني مرجه، دار البيارق، الطبعة الثامنة، 1417هـ/1996.

112. صحيح البخاري، للإمام محمد بن إسماعيل.

113. صحيح مسلم، للإمام أبي الحسن مسلم بن الحجاج القشيري النيسابوري، دار الحديث، القاهرة، الطبعة الأولى 1412هـ/1991م.

114. صراع المسلمين مع البرتغال في البحر الأحمر، غسان علي الرمال، جدة، دار العلم، 1406هـ

115. الصراع الفكري بين أجيال العصور الوسطى والعصر الحديث كما صوره الجبرتي، د. أحمد العدوي، أبحاث ندوة الجبرتي، القاهرة، سنة 1976م.

(ط)

116. طبقات الشافعية الكبرى، لتاج الدين أبي نصر عبد الوهاب بن علي بن عبد الكافي السبكي، تحقيق عبد الفتاح محمد، محمود محمد الطناحي، دار إحياء الكتب العربية.

(ع)

117. العثمانيون في التاريخ والحضارة، د. محمد حرب، دار القلم، دمشق، الطبعة الأولى 1409هـ/1989م.

118. العالم العربي في التاريخ الحديث، د. إسماعيل أحمد ياغي، مكتبة العبيكان، 1418هـ/1997م.

119. العلمانية نشأتها وتطورها وآثارُها في الحياة الإسلامية المعاصرة، سفر عبد الرحمن الحوالي، طبعة 1408هـ/1987م.

120. العثمانيون والروس، د. علي حسون، المكتب الإسلامي الطبعة الأولى، 1402هـ/1982م.

121. العبر وديوان المبتدأ والخبر، عبد الرحمن ابن خلدون.

122. علاقات بين الشرق والغرب بين القرنين الحادي عشر والخامس عشر المكتبة العصرية، صيدا-لبنان، ط 1969م. عبد القادر أحمد اليوسف.

123. علاقة ساحل عمان ببريطانيا، دراسة وثائقية، عبد العزيز عبد الغني إبراهيم، الرياض، مطبوعات دار الملك عبد العزيز، 1402هـ/1982م.

124. عجائب الآثار في التراجم والأخبار، دار فارس- بيروت لعبد الرحمن الجبرتي.

125. عقيدة ختم النبوة المحمدية، د. أحمد سعدان حمدان، دار طيبة، الرياض، الطبعة الأولى، 1405هـ/1985م.

126. عقيدة ختم النبوة بالنبوة المحمدية، د. عثمان عبد المنعم، مكتبة الأزهر 1978م.

(ف)

127. فتوح البلدان، احمد يحيى البلاذري.

128. الفتوح الإسلامية عبر العصور، د. عبد العزيز العمري، دار اشبيلية، الرياض، الطبعة الأولى، 1418هـ/1997م.

129. الأفعى اليهودية في معاقل الإسلام، عبد الله التل، المكتب الإسلامي.

130. في أصول التاريخ العثماني، أحمد عبد الرحيم مصطفى، دار الشروق، الطبعة الثانية، 1986م/1406هـ

131. في ظلال القرآن الكريم، سيد قطب، دار الشروق.

132. الفوائد لابن القيم.

133. فتح القسطنطينية وسير السلطان محمد الفاتح ومحمد مصطفى.

134. فتح القسطنطينية وسيرة السلطان محمد الفاتح، محمد صفوت، منشورات الفاخرية، الرياض ودار الكتاب العربي، بيروت بدون تاريخ.

135. فقه التمكين في القرآن الكريم، لعلي محمد الصلاّبي، رسالة دكتوراه لم تطبع بعد.

136. فقه التمكين عند دولة المرابطين، علي محمد الصلاّبي، دار البيارق عمان، بيروت، طبعة أولى 1998م.

137. فتح العثمانيين عدن وانتقال التوازن الدولي من البر إلى البحر، محمد عبد اللطيف البحراوي، دار التراث، القاهرة، الطبعة الأولى، 1979م.

138. فلسفة التاريخ العثماني، محمد جميل بيهم، أسباب انحطاط الإمبراطورية العثمانية وزوالها - شركة فرج الله للمطبوعات، بيروت، 1954م.

(ق)

139. قراءة جديدة في تاريخ العثمانيين، د. زكريا سليمان بيومي، الطبعة الأولى، 1411هـ/1991م، عالم المعرفة.

140. قيام الدولة العثمانية، د. عبد اللطيف عبد الله دهيش، الطبعة الثانية، 1416هـ/1995م، مكتبة ومطبعة النهضة الحديثة، مكة المكرمة.

(ك)

141. الكامل في التاريخ، علي بن محمد بن أبي الكرم بن عبد الكريم، القاهرة.

142. الكشوف الجغرافية البرتغالية والاسبانية، مقالة في كتاب الصراع بين العرب والاستعمار، شوقي عبد الله الجمل، القاهرة، 1415هـ/1995م.

(ل)

143. ليبيا بين الماضي والحاضر، حسن سليمان محمود، مؤسسة سجل العرب، القاهرة، 1962م.

144. ليبيا منذ الفتح العثماني، اتوري، روسي، تعريب خليفة التليسي، دار الثقافة، الطبعة الأولى 1974م.

(م)

145. معركة نهاوند، شوقي أبو خليل.

146. مرآة الزمان لسبط بن الجوزي.

147. الموسوعة العامة لتاريخ المغرب والأندلس، نجيب زبيب، دار الأمير، الطبعة الأولى 1415هـ/1995م.

148. مذكرات السلطان عبد الحميد، تقديم د. محمد حرب، دار القلم، الطبعة الثالثة، 1412هـ/1991م.

149. موقف الدولة العثمانية من الحركة الصهيونية د. حسان علي حلاق، دار الجامعة، الطبعة الثالثة، 1986م.

150. موقف أوربا من الدولة العثمانية، د. يوسف علي الثقفي، الطبعة الأولى، 1417هـ

151. المختار المصون من أعلام القرون، محمد بن حسن بن عقيل موسى دار الأندلس الخضراء للنشر والتوزيع جدة، الطبعة الأولى، 1415هـ/1995م.

152. المسألة الشرقية، دراسة وثائقية عن الخلافة العثمانية، محمود ثابت الشاذلي، مكتبة وهبة، الطبعة الأولى 1409هـ/1989م.

153. محمد الفاتح، د. سالم الرشيدي، الإرشاد، جدة، الطبعة الثالثة 1989م/1410هـ

154. معجم المؤلفين، تراجم مصنفي الكتب العربية، تأليف عمر رضا كحالة، إحياء

التراث العربي.

155. المشرق العربي والمغرب العربي د. عبد العزيز قائد المسعودي، جامعة صنعاء، دار الكتب الثقافية، صنعاء، الطبعة الأولى 1993م.

156. مجموع الفتاوى، جمع وترتيب عبد الرحمن القاسم.

157. الأمر بالمعروف والنهي عن المنكر، خالد السبت، المنتدى الإسلامي.

158. معارج القبول شرح سلم الوصول إلى علم الأصول في التوحيد، تأليف الشيخ الحافظ أحمد حكمي رحمه اللـه، تعليق عمر محمود، دار ابن القيم للنشر والتوزيع، الطبعة الأولى 1410هـ/1990م.

159. مسند الإمام أحمد، المكتب الإسلامي، بيروت، 1405هـ/1985م.

160. المجتمع المدني في عهد النبوة " الجهاد ضد المشركين، الطبعة الأولى 1404هـ

161. مواقف حاسمة، محمد عبد اللـه عنان.

162. منهج الرسول في غرس الروح الجهادية في نفوس أصحابه، د. السيد محمد السيد نوح، الطبعة الأولى 1411هـ/1990م، نشرته جامعة الإمارات العربية.

163. المغرب العربي في بداية العصور الحديثة، صلاح العقاد، مكتبة الأنجلو المصرية، القاهرة الطبعة الثالثة، 1969م.

164. المغرب العربي الكبير، شوقي عطا اللـه الجمل، طبعة أولى، 1977م، مكتبة الأنجلو المصرية، القاهرة.

165. المجتمع الإسلامي المعاصر، محمد المبارك، دار الفكر بيروت، ط 1390هـ/1971م.

166. مشكلات الجيل في ضوء الإسلام، محمد المجذوب ط 1390هـ

167. المغرب في عهد الدولة السعدية، عبد الكريم كريم، شركة الطبع والنشر الدار البيضاء، المغرب، 1977م.

168. المغرب العربي الكبير، جلال يحيى.

169. محنة المورسيكوس في اسبانيا، لمحمد قشتيلو، مطبعة الشويخ، تطوان، 1980م.

170. الموسوعة الميسرة في الأديان، لندوة الشباب العالمي، جدة.

171. المسلمون وظاهرة الهزيمة النفسية، عبد الله بن حمد الشبانة، دار طيبة، الطبعة الثالثة، 1417هـ/1997م.

172. مصر في مطلع القرن التاسع عشر، د. محمد فؤادي شكري، القاهرة سنة 1958م.

173. الماسونية وموقف الإسلام منها، د. حمود أحمد الرحيلي، دار العاصمة. السعودية، طبعة أولى 1415هـ

174. من أخبار الحجاز ونجد في تاريخ الجبرتي، محمد أديب غالب، دار اليمامة السعودية ط1 سنة 1975م.

175. المعالم الرئيسية للأسس التاريخية والفكرية لحزب السلامة، محمد عبد الحميد حرب، ندوة اتجاهات الفكر الإسلامي المعاصر البحرين.

176. مفاهيم يجب أن تصحح، لمحمد قطب، دار الشروق، القاهرة، الطبعة السابعة، 1412هـ/1992م.

177. المجتمع الإسلامي المعاصر، محمد المبارك، دار الفكر ، بيروت ط 1390هـ/ 1971م.

178. مشكلات الجيل في ضوء الإسلام ، محمد المجذوب ط 1390هـ

(ن)

179. الانحرافات العقدية والعلمية في القرنين الثالث عشر والرابع عشر الهجريين وآثارهما في حياة الأمة، تأليف علي بن نجيب الزهراني، دار طيبة مكة، دار آل عمّار الشارقة، الطبعة الثانية،1418هـ/1998م.

180. النظام السياسي في الإسلام د. محمد أبو فارس، دار الفرقان، عمان، الأردن، الطبعة الثانية 1407هـ/1986م.

181. النجوم الزاهرة، لجمال الدين أبي المحاسن يوسف بن تعزي الهيئة المصرية العامة للتأليف والنشر، 1391هـ/1971م.

182. النفوذ البرتغالي في الخليج العربي، نوال صيرفي، الرياض مطبوعات دار الملك عبد العزيز، 1403هـ/1983م.

183. نشوة المدام في العودة إلى مدينة السلام: أبو الثناء الآلوسي. مطبعة ولاية بغداد، 1293هـ

(و)

184. واقعنا المعاصر، محمد قطب، الطبعة الثانية، 1408هـ/1988م. مؤسسة المدينة المنورة.

185. الولاء والبراء في الإسلام، محمد سعيد القحطاني، دار طيبة، مكة الرياض، الطبعة السادسة، 1413هـ

186. وادي المخازن، شوقي أبو خليل.

187. وحي القلم، مصطفى صادق الرفاعي، دار الكتاب العربي، الطبعة الثانية.

188. والدي السلطان عبد الحميد، مذكرات الأميرة عائشة، دار البشير، الطبعة الأولى، 1411هـ/1991م.

(ي)

189. اليهودية والماسونية، عبد الرحمن الدوسري، دار السنة، الطبعة الأولى، 1414هـ/1994م، السعودية.

190. اليهود والدولة العثمانية، د. أحمد نوري النعيمي، مؤسسة الرسالة دار البشير، الطبعة الأولى 1417هـ/1997م.

191. يهود الدونمة، دراسة في الأصول والعقائد والمواقف د. أحمد نوري النعيمي، مؤسسة الرسالة، الطبعة الأولى، 1415هـ/1995م.

فهرس الكتاب

فهرس الجزء الأول